14 उर्दू के क़दीम शायर
और
शायरी का सफ़र

14 उर्दू के क़दीम शायर और शायरी का सफ़र

लेखन एवं संपादन

विक्रम सोनी

स्वराज प्रकाशन
नई दिल्ली-110002

प्रधान कार्यालय

स्वराज प्रकाशन

4648/1, 21-अंसारी रोड, दरियागंज, नई दिल्ली-110002

दूरभाष : 011-23289915

Email : swaraj_prakashan@yahoo.co.in

शाखा

288, ई. डब्लू.एस., शास्त्रीपुरम

आगरा-282007 (उ.प्र.)

मूल्य : ₹ 1095

प्रथम संस्करण : 2018

ISBN : 978-93-83513-43-7

अजय मिश्रा द्वारा **स्वराज प्रकाशन**, 4648/1, 21, अंसारी रोड, दरियागंज, नई दिल्ली-110002 से प्रकाशित तथा ओम आफसेट, जगतपुरी शाहदरा, दिल्ली- 110093 में मुद्रित

अपनी बात

अपने पिताजी की उर्दू से मुहब्बत और उर्दू के प्रति लगाव और हिंदी बोलते हुए भी उनका उर्दू के लफ़्ज़ों का भारी तादाद में इस्तेमाल करना मुझे उर्दू ज़बान के प्रति आकृष्ट करता रहा। हालांकि, वे उर्दू लिखना व पढ़ना जानते थे। लेकिन, मैं उनके उर्दू के इस्तेमाल किए हुए लफ़्ज़ात को दिल से इज़्ज़त देकर कच्ची उम्र के दिमाग़ में रखने लगा। उसके बाद बढ़ती हुई उम्र के साथ-साथ मैं बातचीत के दौरान उर्दू के लफ़्ज़ों का इस्तेमाल करने लगा, इसलिए अपनी उस छोटी उम्र में ही अदबी शख़्सियतों और दानिशवरों की मुहब्बतों का हिस्सेदार बनता गया। मैं यूं तो हिंदी और अंग्रेज़ी का विद्यार्थी रहा। पिताजी जब भी उर्दू के शब्दों का इस्तेमाल करते तो मैं तुरंत उन लफ़्ज़ों को अपनी नोटबुक में लिख लेता था, और उसके बाद अपने पिताजी को दिखाया करता था। देखने के बाद वे हिंदी में लिखे उन उर्दू शब्दों में नुक़्ते कैसे लगाए जाते हैं वे उसे समझाते थे। इस तरह मैं हिंदी में नुक़्तों के इस्तेमाल को अच्छी तरह समझ गया। वे उर्दू को हिंदू या मुसलमान की भाषा नहीं मानते थे, बल्कि इसे हिंदुस्तान की ही ज़बान मानते थे और स्वीकार करते थे।

वक़्त गुज़रता गया और फिर कॉलेज तक पहुंचते-पहुंचते मैं ख़ुद कविताएं और गीत लिखने लगा। मैंने ये महसूस किया कि मेरे गीतों में गाहे-ब गाहे उर्दू के लफ़्ज़ आ ही जाते थे। जिसके कारण उस पर कुछ लोगों ने आलोचनाएं की तो कुछ लोगों ने तारीफ़ भी की। तारीफ़ करने वालों का मैं आज भी शुक्रगुज़ार हूं कि उन्होंने मेरी हौसला अफ़ज़ाई की, मेरे उर्दू प्रेम को बढ़ावा दिया और मैं बिना किसी रुकावट के अपनी राह पर चलता रहा। इस सफ़र के दौरान मैं कवि सम्मेलन के मंचों तक पहुंचा और कई कवि सम्मेलनों में शिरक़त दर्ज की। इन कवि सम्मेलनों के दौरान कई लोगों से मुलाक़ातें हुईं, जिसमें हिंदी के अच्छे कवि थे तो कुछ आधी हल्दी में रंगे हुए कवि भी थे।

अब मैं इस किताब के संपादन का मक़सद और इसके कारण व मुख्य मुद्दे पर आ रहा हूं। इतना सब कुछ करने के पीछे भी एक वजह रही, और एक ज़िद भी रही। एक कवि सम्मेलन के बाद, आपसी बैठक के दौरान जब ख़यालों और विचारों का आदान-प्रदान हो रहा था तो एक कवि की नुक़्ताचीनी ने दिल में एक तीर-सा चुभो दिया। वो भी एक ऐसे कवि ने, जिसकी कविता में कविता नहीं हुआ करती थी, सिर्फ़ चिल्लाकर भाषण पढ़ता था। कांधे तक लंबे बाल और नेतागिरी के सारे गुणों से वो संपन्न था। उस दौर के मेरे साथी कवि फिज़ूल की वाह-वाही कर उसे आसमान पर चढ़ा दिया करते थे। उस भाषणी कवि ने उर्दू शायरी और उर्दू के शायरों पर अपनी कमज़र्फ़ी की मिसाल पेश करते हुए यह टिप्पणी की कि, ''उर्दू के शायरों के पास सिर्फ़ लैला-मजनू, शीरी-फरहाद, शमा-परवाना, शराब-शबाब और हुस्नो इश्क़ के अलावा और रखा ही क्या है?''

दिल में एक नश्तर-सा तो चुभा, लेकिन उर्दू के लिए मुहब्बत और भी ज़्यादह बढ़ गई। उसके बाद उर्दू में पूरी तरह से समा जाने की तमन्ना सिर उठाने लगी। हिंदी से तो प्यार था ही लेकिन, जयशंकर प्रसाद, मैथिलीशरण गुप्त, निराला, महादेवी वर्मा, दिनकर, अज्ञेय और मुंशी प्रेमचंद के साथ-साथ तब मिर्ज़ा ग़ालिब, मीर तक़ी मीर, इक़बाल, अमीर ख़ुसरो, अहमद फ़राज़, सआदत हसन मंटो और साहिर को भी बारीकी से पढ़ने लगा। उस वक़्त बाज़ार में इन सभी का साहित्य हिंदी में भी उपलब्ध हुआ करता था। इतनी सारी तब्दीली अपने आप में लाकर भी दिल के अंदर वो कांटा चुभता ही रहता था कि एक असाहित्यिक शख़्स की आलोचना को बरदाश्त नहीं कर पा रहा था। चूंकि छोटी उम्र से ही अपने पिताजी के मुख से ग़ालिब, बुल्लेशाह, मंसूर मस्ताना के अलावा सूफ़ी संत कवियों के कलामों के साथ-साथ तुलसी, कबीर, मीरा, नानक, रविदास और रसखान को भी भरपूर सुना था। उसके बाद मुझे वक़्त का इंतज़ार था।

आज इस किताब का संपादन करने के पीछे सारा श्रेय उस भाषणी कवि और कमज़र्फ़ शख़्स को जाता है जिसने मुझे कुछ करने के लिए मजबूर कर दिया।

अपनी जिंदगी के इस सफ़र में मैं गीतों के साथ-साथ ग़ज़लें भी लिखने लगा और नशिस्तों में ग़ज़ल कहने लगा। मैं बहुत खुशकिस्मत रहा कि इस दौरान मुझे उर्दू के मशहूरो मारुफ़ शायरों और अदबी दानिशवरों की बेपनाह मुहब्बत मिली और मैं शायरी की गहराई में गोते लगाने लगा। जिस तरह कबीर ने रामानंद को गुरु के रूप में प्राप्त किया, उसी तरह मुझे भी उर्दू और ग़ज़ल के लिए आली जनाब मुहम्मद गुलाम रसूल 'अशरफ़' साहब बतोर उस्ताद हासिल हुए, जिन्होंने मुझे ग़ज़ल की बारीकियां और और गहराई सिखाई, इतना ही नहीं, बल्कि उर्दू लिखना और पढ़ना भी सिखा दिया। हालाकि, वे ख़ुद भी एक नामवर और उस्ताद सुख़नवर हैं। मेरे उस्ताद ने बड़ी ही दिलचस्पी और मुहब्बत से मुझे तराशा। नजीजा ये निकला कि मैं मुशायरों तक पहुंच गया। ये मेरे उस्ताद का मुझपर करम रहा, मैं उनका अहसानमंद हूं और हमेशा रहूंगा।

इस किताब का संपादन करते हुए मुझे बहुत सारी उर्दू अदब की किताबों को खंगालना पड़ा। उर्दू के अदीबों की जानकारी व मालूमात हासिल करने के लिए मुझे अपने कुछ बुज़ुर्ग साथियों की मदद भी लेनी पड़ी। न जाने कितने कुतुबख़ानों में खड़ी आलमारियों को छानना पड़ा और फिर घंटों वहीं पर बैठकर पढ़ाई करनी पड़ी। इतना ही नहीं, बल्कि मुझे ढेर सारी किताबें खरीदकर भी पढ़नी पड़ीं। इसके अलावा इंटरनेट पर भी बैठक जमाई, लेकिन इससे कोई तसल्ली नहीं हुई। चूंकि कुछ तो अधूरी जानकारियां थीं और जानकारियां किताबों से मेल नहीं खाती थीं। चूंकि नेट पर लोड की हुई जानकारियां ऐसी लगीं कि जैसे पूरी तरह उर्दू अदब से अनजान लोगों का क्रियाकलाप मात्र हैं, जिसमें तल्लफ़ुस और नुक़्तों की ख़ामियां रहीं। इस बावत जितनी पुरानी किताबें मिलीं, वे सब बेहद कारगर साबित हुईं। उर्दू में तो इस तरह की बहुत सारी किताबें शाया हुई हैं, लेकिन हिंदी में इस तरह की किताबों की कमी है। मेरी ये दिली तमन्ना रही कि इस तरह की किताबें हिंदी में भी शाया हों ताकि उर्दू अदब और अदीबों के बारे में लोगों को पूरी जानकारी हासिल हो सके और बेकार की बहस करने वालों की ज़ुबान पर ताला लग सके। चूंकि उर्दू अदब हमारी अपनी विरासत है। उर्दू अदब क्या है? और अदीबों की इसमें कितनी मेहनत सही है, ये मालूम हो। यही मेरा मक़सद भी रहा है। इसलिए इस किताब को हिंदी में लिखने की मैंने जवाबदारी ली।

इस किताब में जहां मीर साहब की सादगी और खुद्दारी है तो मीर और सौदा की यारी भी है। मिर्ज़ा ग़ालिब का फ़क्कड़पन है तो उनकी ज़िंदादिली और दरियादिली भी है। शायरी में अगर

सोज़ की मुहावरे वाली ज़ुबान है तो संजिदगी भी है और दाग़ का हुस्न और इश्क़ भी। कहीं पर नज़ीर की इबादत दिखती है तो कहीं पर नासिख़ की अलग ढंग की शायरी और पहलवानी अकड़ है। एक तरफ जहां अकबर के हंसी के गुब्बारे उड़ते दिखाई देते हैं तो हाली की अक्लमंदी, सूझबूझ और समझौते हैं। कहीं पर मोमिन की मुहब्बत है तो कहीं पर सियासत व अखड़पन है, और कहीं पर जनाब अमीर ख़ुसरो की फ़कीरी, दरवेशी रहन-सहन और हरफ़न मौलापन व यकज़हती का पैग़ाम है। शायरों की शायरी और उनकी ज़िंदगी के हवाले देने की कोशिश की गई है। कामयाबी कहां तक मिली है, फ़ैसला पढ़ने वालों पर छोड़ता हूं और उनकी दुआयें मेरे साथ रहें, बस इसी उम्मीद के साथ।

विक्रम सोनी

पता : एफ-3, वास्तु विहार, पार्वती पार्क
महाजन वाड़ी, हिगणा, नागपुर

मो. नं. - 09975741971

अनुक्रम

1

अमीर ख़ुसरो

मज़हबी यकज़हती के नाम पर संत, कवि, शायर और महान सूफ़ी साधू, पीर जनाब अमीर ख़ुसरो एक बेमिसाल शख़्सियत के साथ-साथ किसी मसीहा से कम हैसियत नहीं रखते थे, जो कि ज़ात और मज़हब के दायरे में बंधकर नहीं रहे और न ही किसी एक भाषा या ज़बान के नुमाईंदे बनकर जीये। जितनी मुहब्बत इन्होंने फ़ारसी ज़ुबान से की, उतनी ही मुहब्बत उर्दू और हिंदी से की। इस बात की गवाह इनकी शायरी और रचनाए हैं। फ़ारसी, उर्दू और हिंदी की ख़िदमत समान रूप से की जिसे लोगों ने खुले दिल से सराहा ही नहीं, बल्कि सर आंखों पर रखा और इज़्ज़त बख़्शी। अपनी अदबी रिवायत के ज़रिये हिंदू और मुसलमान दोनों को एकता के सूत्र में बांध लिया व भाईचारे का पैग़ाम दिया, जो कि अपनेआप में मिसाल रही। इनका नाम अबुल हसन यमीनुद्दीन मुहमद था। इनके वालिद का नाम सैफुद्दीन महमूद था जो कि फ़ौज में सिपहसालार थे। अमीर ख़ुसरो का जन्म सन् 1253 माना जाता है, लेकिन इसमें भी अलग-अलग इतिहासकारों के अलग-अलग मत हैं। इनका जन्म उत्तर प्रदेश के ज़िला एटा के पटियाली गांव में गंगा नदी के किनारे हुआ था। उन दिनों उस गांव को मोमिनपुर या उसे मोमिनाबाद के नाम से जाना जाता था। इस गांव में अमीर ख़ुसरो के जन्म की बात हुमायू काल के हामिद बिन फ़ज़लुल्लाह जहमाली ने अपने ही एक ऐतिहासिक गंथ 'तज़किरा सैरुल आरफ़ीन' में सबसे पहले कही थी। अमीर ख़ुसरो का इंतक़ाल सन् 1325 में हुआ था, ऐसा माना जाता है।

अमीर ख़ुसरो की वालिदा दौलत नाज़ हिंदू राजपूत थीं। वे दिल्ली के एक रईस अमीर एमादुल्मुल्क की बेटी थीं। एमादुल्मुल्क बादशाह बलबन के युद्ध मंत्री थे। किसी राजनीतिक दबाव की वजह से नए-नए मुसलमान बने थे। इस्लाम धर्म क़बूल करने के बावजूद भी इनके घर के सारे रीति-रिवाज़ हिंदुओं के थे। ख़ुसरो के ननिहाल में गाने-बजाने और संगीत का माहौल था। इस मिले-जुले घरानों और दो रिवायतों के मेल का असर जवान अमीर ख़ुसरो पर भी पड़ा। जब ख़ुसरो पैदा हुए थे, तब इनके वालिद इन्हें एक कपड़े में लपेटकर एक सूफ़ी दरवेश के पास ले गए थे। दरवेश ने नन्हें ख़ुसरो के मासूम और तबोताब चेहरे को देखते ही तत्काल भविष्यवाणी की थी :

आवरदी कसे राके दो क़दम।
अज़ ख़ाकानी पेश ख़्वाहिद बूद!

अर्थात, तुम मेरे पास एक ऐसे होनहार बच्चे को लाए हो जो कि ख़ाकानी नामक विश्व प्रसिद्ध दानिशवर से भी दो क़दम आगे निकलेगा। चार बरस की छोटी-सी उम्र में ये अपने वालिद के साथ दिल्ली आ गए। आठ वर्ष की उम्र तक ये अपने वालिद और भाईयों से तालीम पाते रहे। अमीर ख़ुसरो के पहले भाई एज्जुद्दीन अली शाह अरबी और फ़ारसी के दानिशमंद थे। दूसरे भाई हिसामुद्दीन

कुतलग अहमद सैनिक थे। इन सभी भाईयों में अमीर ख़ुसरो सबसे ज़्यादा तेज़ और अक़्लमंद थे। अपनी किताब 'गुरेतल कमाल' में अमीर ख़ुसरो ने अपने वालिद को उम्मी अर्थात् अनपढ़ कहा है। लेकिन उनके वालिद सैफ़ुद्दीन ने अपने बेटे की बेहतर तालीम के लिए बहुत नायाब बंदोबस्त किया था। अमीर ख़ुसरो की शुरुआती तालीम एक मकतब में हुई। वे छह बरस की उम्र से ही मदरसे में जाने लगे। उसके बाद उनके वालिद ने उन्हें और एक मकतब में बिठाया व क़ाज़ी असदुद्दीन मुहमद के सुपुर्द कर दिया। उन दिनों सुंदर लिखावट पर काफ़ी ज़ोर दिया जाता था। अमीर ख़ुसरो की लिखावट बेहद ही सुंदर थी। इनकी गहरी अदबी दिलचस्पी और साथ ही साथ अदबी क़ाबिलियत को देखकर उस्ताद असदुद्दीन मुहम्मद इन्हें अपने साथ नायब कोतवाल से मिलवाने ले गए। उस वक़्त वहां पर एक मोतबर शख़्सियत और दानिशवर ख़्वाजा इज्जुद्दीन अज़ीज बैठे थे। उस्ताद ने ख़ुसरो की अदबी और मौसिकी क़ाबिलियत व उनकी मीठी ज़ुबान की बेहद तारीफ़ की, उस्ताद ने ख़्वाजा साहब से ख़ुसरो का इम्तहान लेने की पेशकश की। ख़्वाजा साहब ने तब अमीर ख़ुसरो से मू (बाल), बैज (अंडा), तीर और खरपूजा (खरबूजा), इन चार बेजोड़, बेमेल और बेतरजीब चीज़ों का एक अशआर में इस्तेमाल करने को कहा। ख़ुसरो ने फ़ौरन इन शब्दों को सच्चे मायने के साथ इनकी अहमियत को बरकरार रखते हुए ये रुबाई लिख दी :

हर मूए कि दर दो ज़ुल्फ़ आं सनम अस्त।
सद बैज-ए-अंबरी बर आं मू ए जम अस्त।
चूं तीर मदां रास्त दिलशारा जीरा,
चूं खरपूजा ददांश मियाने शिकम अस्त।

अर्थात : उस प्रियतम के बालों में जो तार हैं उनमें से हर एक तार में अंबर मछली जैसी सुगंध वाले सौ-सौ अंडे पिरोए हुए हैं। उस सुंदरी के दिल को तीर जैसा सीधा मत समझो व जानो क्योंकि उसके भीतर खरबूजे जैसे चुभने वाले दांत भी मौजूद हैं।

ख़्वाजा साहब ख़ुसरो की इस शानदार रुबाई को सुनकर दंग रह गए और दिल खोलकर तारीफ़ की व गले से लगा लिया। अमीर से इतने खुश हुए कि उन्होंने उन्हें अदबी तख़ल्लुस 'सुल्तानी' रखने की सलाह दी, और कहा कि 'सुल्तानी' यह नाम तुम्हारे लिए मुबारक साबित होगा। ख़ुसरो के पहले मजमुअे 'तोहफतुसिग्र' में उनकी लगभग सभी फ़ारसी की ग़ज़लों में तख़ल्लुस 'सुल्तानी' ही है। बचपन से ही अमीर ख़ुसरो का दिल पढ़ाई-लिखाई के बजाय शेरो शायरी और मौसिकी में ज़्यादा लगता था। वे स्वभाव से बड़े ही मज़ाहिया, रसिक और बहुत ही होनहार थे। वे ज़िंदगी को कुछ तरीक़े से जीना चाहते थे। ख़ुसरो के नाना इमादुल्मुल्क और वालिद सैफ़ुद्दीन दोनों ही चिश्तिया सूफ़ी संप्रदाय के महान संत हज़रत निज़ामुद्दीन औलिया उर्फ़ सुल्तानुल मशायख के मुरीद थे। उनके पूरे परिवार ने हज़रत निज़ामुद्दीन औलिया से धर्म दीक्षा ली हुई थी। एक दिन अमीर ख़ुसरो के वालिद उन्हें लेकर हज़रत निज़ामुद्दीन औलिया की ख़िदमत में हाजिर हुए। निज़ामुद्दीन औलिया की खानक़ाह के दर पर वे पहुंचे। वहां कम उम्र अमीर ख़ुसरो को अपने वालिद के इस मक़सद का इल्म हुआ। ख़ुसरो ने कुछ सोचकर और चाहते हुए अपने वालिद से गुज़ारिश की कि मुरीद इरादा करने वाले को कहते हैं और मेरा इरादा अभी मुरीद होने का नहीं है। आप अकेले अंदर जाईए, मैं यहीं दरवाज़े पर बैठा रहूंगा। अगर निज़ामुद्दीन चिश्ती वाक़ई कोई सच्चे सूफ़ी पीर बाबा हैं तो मैं ख़ुद बख़ुद उनका मुरीद बन जाऊंगा। जब उनके वालिद अंदर गए तो ख़ुसरो ने वहीं दरवाज़े पर बैठे दो शेर बनाए, और फिर दिल ही दिल में सोचने लगे कि यदि औलिया हक़ीकत में पहुंचे हुए

पीर और ख़ुदाई इल्म से लबरेज़ होंगे तो वे मेरे दिल की बात जान लेंगे। मेरे लिखे हुए इन शेरों का जवाब अंदर से भेजेंगे। वो फ़ारसी के शेर कुछ यूं थे :

तू आं शाहे कि बर ऐवाने कसरत,
कबूतर गर नशीनद बाज़ गरदद।
गुरीबे मुस्तमंदे बर दर आमद,
बयायद अंदरुँ या बाज़ गरदद।

अर्थात, तू ऐसा शहनशाह है कि अगर तेरे आस्ताने के गुम्बद पर कबूतर भी बैठ जाए तो तेरी करम नवाज़िश से वो बाज़ बन जाए।

ख़ुसरो मन ही मन में यही सब कुछ सोच ही रहे थे कि अंदर से एक ख़ादिम आया और ख़ुसरो के सामने ये दो शेर पढ़े-

बयायद अंदरुँ मरदे हक़ीक़त,
कि बामा यकनफ़स हमराज़ गरदद।
अगर अबलह बुअद आं मरदे नांदा,
अजां राहे कि आमद बाज़ गरदद।

यानी कि, ऐ सच्चाई की खोज करने, तुम अंदर आ जाओ, ताकि कुछ समय हमारे रहस्य भागी बन सको। अगर आने वाला बेअक्ल या बेइल्म है तो जिस रास्ते से आया है, उसी रास्ते से वो लौट जाए।

ख़ुसरो ने जब ये शेर सुने तो वे मारे ख़ुशी के झूमने लगे, इस चमत्कार से मस्त हो गए। इसी मस्ती में झूमते हुए वह अंदर चले गए। अंदर जाकर औलिया के पाक क़दमों पर गिर पड़े। इसके पश्चात एक मुर्शिद ने अपने मुरीद को अपना लिया और उसे दीक्षा दी। इस घटना की तसदीक़ एक जानेमाने इतिहासकार और लेखक जनाब हसन सानी निज़ामी ने अपनी किताब तज़किदह-ए-ख़ुसरबी में की है। इस घटना के बाद अमीर ख़ुसरो जब अपने घर पहुंचे तो वे किसी मदमस्त हाथी की तरह झूम रहे थे। वे बहुत ही गहरी दिली ख़ुशी और भावनाओं में डूबे हुए थे और अपनी वालिदा के सामने मस्ती में गुनगुनाते जा रहे थे, जैसे कि उन्हें कोई बेशक़ीमती ख़ज़ाना मिल गया हो। आज कव्वाली और शास्त्रीय या उप-शास्त्रीय संगीत में अमीर ख़ुसरो का लिखा कलाम गाया जाता है। वो इन्हीं ख़ुशनुमा पलों का मिसाले यादगार है।

आज रंग है ऐ मां रंग है री।
मेरे महबूब के घर रंग है री।
मोहे पीर पायो निज़ामुद्दीन औलिया,
अरे अल्लाह तू है हर,
मेरे महबूब के घर रंग है री।

ख़ुसरो जब आठ बरस के थे तब इनके वालिद एक लड़ाई में शहीद हो गए थे। तब इनकी तालीम की सारी जवाबदारी इनके नाना नवाब एमादुल्मुल्क रावत ने अपने ऊपर ले ली। इनकी वालिदा ने इन्हें बड़े ही नाज़ो अंदाज़ से पाला। वे ख़ुद पटियाली में रहती थीं या फिर दिल्ली में अपने रईस बाप की शानदार हवेली में रहती थीं। नाना ने थोड़े ही दिनों में अमीर ख़ुसरो को ऐसी तालीम दी कि ये हर हुनर के उस्ताद हो गए। युद्ध कला की बारीक़ियां भी ख़ुसरो ने पहले अपने वालिद और

फिर नाना से सीखी। इनके नाना भी लड़ाई के मैदान में अपने जलवे का मुजाहिरा कर चुके थे। वे ख़ुद भी बहुत ही निडर और बहादुर शख़्सियत रहे और ख़ुसरो को भी वैसी ही तालीम और तरबियत दी। एमादुल्मुल्क अकसर ख़ुसरो से कहा करते थे कि डरपोक और कमज़ोर सिपाही किसी देशद्रोही से कम नहीं होता। यही वह दौर था जब ख़ुसरो अपने वक़्त के बहुत सारे दानिशमंदों और शासकों के क़रीब आए। ख़ुसरो ने बेझिझक और बेहिजाब होकर सारे हुनर और वस्फ़ को अपने अंदर तक उतारा। ख़ुसरो का अपने लड़कपन से शेरो शायरी और अदब के लिए भरपूर दिलचस्पी व लगाव रहा। जवानी के शुरुआती दौर में ही इन्होंने उर्दू और फ़ारसी के बड़े-बड़े अदीबों और उनकी शायरी की गहराई से मुतालिया करना शुरू कर दिया था। उनमें से कुछ शायरों के नक़्शे क़दम पर चलकर अपने कलाम लिखने शुरू कर दिए। जब ये बीस बरस के भी नहीं हुए थे तब इन्होंने अपना पहला मजमुआ लिखा जो कि 'तुहफतुसिग्र' नाम से मशहूर हुआ। यह दीवान फ़ारसी के प्रसिद्ध शायर अनवरी, ख़ाकानी, सनाई आदि शख़्सियतो से प्रभावित रहा। इसमें बचपन की बातें, जवानी के हालात का ज़िक्र है और हर इक क़सीदे के पहले शेर हैं, जो क़सीदे के विषय का खुलासा करता है। इन तमाम शेरों को जमा करने से एक क़सीदा तैयार हो जाता है, जो ख़ुसरो की अपनी ईजाद है। ये क़सीदे भी ज़्यादातर सुल्तान गयासुद्दीन बलबन और उसके बड़े बेटे सुल्तान नसीरुद्दीन की तारीफ़ में लिखे गए हैं। एक तरक़ीब बंद में अपने नाना इमादुल्मुल्क का मरसिया लिखा है जो गयासुद्दीन बलबन के करीबी सलाहकारों और हमराज़ों में से एक थे। ख़ुसरो के पास कई नाज़ुक व गुप्त सियासी जानकारियां भी रहती थीं। इसमें ख़ुसरो ने अपना तख़ल्लुस सुल्तानी ही रखा। उस दौर में भी अमीर ख़ुसरो केवल एक होनहार शायर के रूप में ही मशहूर नहीं हुए, बल्कि उन्होंने संगीत सहित उन तमाम हुनर और विधाओं को भी अच्छी तरह से सीख लिया जो उस दौर के तहज़ीबपरस्त इंसान के लिए ज़रूरी थी।

अमीर ख़ुसरो ने अपनी किताब 'तुहफतुसग्र' में ख़ुद लिखा है कि 'ऊपर वाले की नज़रे इनायत और करम से मैं बारह बरस की छोटी-सी उम्र में रुबाईयां कहने लगा, जिसे सुनकर अदब के बड़े-बड़े उस्ताद और दानिशमंद दंग रह जाते थे और आश्चर्य करते थे। उनके आश्चर्य करने से मेरा हौसला दोगुना बढ़ जाता था और उनकी दुआओं और मुहब्बत की वजह से मेरी शायरी में रवानी आती गई। उस समय तक मुझे कोई शायरी का उस्ताद नहीं मिला था जो कि मुझे उमदा तालीम देकर मेरी शायरी को बेचाल चलने से रोकता। मैं क़दीम और नए शायरों की शायरी को बड़ी ही बारीक़ी व गंभीरता से अपनेआप दिलो दिमाग़ में उतारता रहा। इसी तरह मै उन्हीं से शायरी की तालीम और हुनर को हासिल करता रहा।' इससे ये साबित होता है कि अदब और शायरी का हुनर इनमें जन्मजात और ख़ुदा की देन रहा। इनकी शायरी की बेइन्तिहा क़ाबिलियत पर हज़रत निज़ामुद्दीन औलिया को भी बहुत ज़्यादा फ़ख़्र था। बेशक अमीर ख़ुसरो एक जन्मजात शायर थे, इन्होंने कलाम लिखने और पढ़ने का तरीक़ा और सलीक़ा किसी से नहीं सीखा था, फिर भी ख़्वाजा शम्सुद्दीन को इनका उस्ताद माना जाता है। इसका कारण यह बताया जाता है ख़्वाजा शम्सुद्दीन ख़्वारिजी ने ख़ुसरो की दो मशहूर रिसालों 'पंचगंज' अथवा 'ख़म्साए ख़ुसरो' पर अपना इसलाह दिया था।

सन् 1273 में ख़ुसरो जब बीस बरस के थे, तब इनके नाना का 113 बरस की उम्र में इंतकाल हो गया था, तब इनके दिल को एक बड़ा सदमा लगा, चूंकि इनके वालिद तो बहुत पहले ही इस दुनिया से रुख़सत हो चुके थे। हालांकि उस वक़्त तक ये शायरी की ऊंचाईयों को छू रहे थे और

मशहूर भी हो चुके, फिर भी रोटी और रोज़ी की चिंता तो थी ही। इसलिए अब इन्हें फराख़दिल और चाहने वाला मेहरबान मिल गया। वो शख़्स था दिल्ली के सुलतान जनाब गयासुद्दीन बलबन का भतीजा अलाऊद्दीन मुहम्मद किलशी खां उर्फ़ मलिक छजू। सन् 1273 में कड़ा इलाहाबाद के हाकिम थे। मलिक छजू अपनी बहादुरी के लिए मशहूर रहे, साथ ही साथ इनके दबदबे और सियासी दख़ल के चलते मंगोल हलाकू ने उसे आधे इराक़ की गवर्नरी का प्रस्ताव दिया। अमीर ख़ुसरो ने मलिक छजू को एक बेहतर इन्सान के साथ-साथ इन्साफ़ पसंद बादशाह पाया। दो बरस तक वे उनके राजदरबार में शान से बने रहे। मलिक छजू भी उन पर मेहरबान थे और बड़ा ही प्यार भरा सलूक़ करते थे। एक बार ख़ुसरो देर से दरबार में पहुंचे। बादशाह गुस्से में थे क्योंकि कुछ चुगलख़ोरों व ख़ुसरो से जलने वाले लोगों ने उन्हें ख़ुसरो के ख़िलाफ भड़का दिया था कि आजकल ख़ुसरो अपने पीर निज़ामुद्दीन औलिया की ख़िदमत में ज़्यादा वक़्त गुज़ारते हैं और दरबार से उन्हें कोई देना-देना नहीं है। बादशाह ने ज़रा सख़्ती से दरबार में देर से आने की वजह पूछी। ख़ुसरो ने अपने मजाहिया, चुलबुले अंदाज़ व हाज़िरजवाबी का सबूत देते हुए बादशाह की तारीफ़ की और उनके सवाल के जवाब में एक फ़ारसी का मजाहिया क़सीदा सुनाया :

सुभा राव गुफ़्तम कि ख़ुरशीद अब खुजास्त
अस्मां रुहे मलिक छज्जो नमोद

अर्थात, आज जब मैं घर से दरबार के लिए निकला तो मेरी मुलाक़ात सुबह से हो गई। मैंने पूछा कि, 'बता तेरा सूरज कहां है? तो आसमान ने मुझे मलिक छजू की शक्ल दिखा दी।' यह वाक़या क़सीदे के रूप में सुनकर बादशाह के चेहरे पर यकायक मुस्कुराहट आ गई और उनका सारा गुस्सा काफूर बनकर उड़ गया। दरबारियों के भी वाह-वाह निकली। ख़ुसरो से जलने वाले सभी मायूस होकर रह गए। बादशाह ने ख़ुश होकर अमीर ख़ुसरो को दरबार में देर से आने पर माफ़ ही नहीं किया, बल्कि इस मज़ाहिया क़सीदे को सुनाने पर इनाम भी दिया। मलिक छजू के दरबार में ख़ुसरो केवल दो बरस ही टिक पाए। हुआ यूं कि एक रात शहंशाह हिंदुस्तान गयासुद्दीन बलबन के बड़े साहबज़ादे बुगरा ख़ां मलिक छजू से मिलने आए। बुगरा ख़ां ने फ़रमाईश की 'मेरे अज़ीज़ भाई छजू, तुम्हारा बड़ा नाम है। एक से एक नामवर तुम्हारे सामने सर झुकाए बैठते हैं, सूरमां, गवैये और शायर भी, हम भी तो ज़रा उनकी झलक देखें।' यह सुनकर मलिक छजू ने हुक्म दिया, 'ख़ुसरो अपना कलाम पेश करे।' तब अमीर ख़ुसरो ने अपनी एक फ़ारसी की ग़ज़ल सुनाईः

सर इन खदुदु जुई न दौरत की तिदौरी
इन नरगिसी जौबई न दौलत कि तिदौरी
ई नुश्ते अमा जुल खबमा श्यास ख़्रामा
इन हल्कई गेसूई न दौरत कि तिदोरी

अर्थात, तेरी इन नरगिसी आंखों और काली हसीन ज़ुल्फों के आगे दौलत क्या चीज़ है। यह मीठी और कानों को भाने वाली ग़ज़ल सुनकर बुगरा खां बोला, "वाह, अरे ऐसा बेशक़ीमती हीरा लिए बैठे हो ब्रादर। अरे, ऐसे आबदार हीरे-मोती तो हमारे ख़ज़ाने में भी नहीं हैं। हम बहुत ख़ुश हुए हैं। अशर्फ़ियों का ये थाल हमारी तरफ़ से शायर ख़ुसरो को बाइज़्ज़त दिया जाए।" "ख़ुसरो, अभी तो हम ख़ुद सफ़र में हैं, ख़ुद ही मेहमान हैं। कभी हमारी तरफ़ समाना आओ तो हम तुम्हें और भी ईनाम देंगे। क्यों भाई छजू, तुम्हें नाग़वार तो नहीं गुज़रा कि तुम्हारे दरबारी शायर को हमारी

सरकार की तरफ से इनाम दिया जाए और वो भी तुम्हारी मौजूदगी में व तुमसे पूछे बिना?" ऊपर से मलिक छज्जू ने कह दिया कि उसे बुरा नहीं लगा पर अंदर से उसे अमीर ख़ुसरो पर बेहद ग़ुस्सा आया हुआ था कि उसके दरबार में बिना उसकी इजाज़त के अमीर ख़ुसरो ने दूसरी सरकार से इनाम क़बूल फ़रमाया। कड़ा के होने वाले उस सूबेदार मलिक छजू की कड़ी नज़रें अमीर ख़ुसरो से छुपी न रह सकीं। इससे पहले कि मलिक छजू का तीर ख़ुसरो का निशाना बनाता, वे ख़ुद तीर की तरह से उसकी कमान से निकल गए। उसके बाद वे 1276 में सीधे बलबन के छोटे साहबज़ादे बुगरा ख़ां के यहां गए जो मुलतान (पंजाब) के निकट समाना छावनी का बादशाह और रक्षक था, जो अब मौजूदा दौर में पटियाला, पंजाब में है। बुगरा ख़ां ने ख़ुसरो को अपना नमीदे ख़ास बनाकर रखा। बुगरा ख़ां ने ख़ुसरो को बुलबुले हज़ार दास्तान का खिताब दिया। शेरो शायरी, किताबखानी के रात-दिन मौज-मस्ती के साथ चल रहे थे कि यकायक बंगाल से बग़ावत की ख़बर आ गई। बुगरा ख़ां ने कहा- "सामाने सफ़र का रुख़ करो। तख़्ते देहली से यह हुक्म पहुंचा है कि पंजाब की फौज लेकर बंगाल पहुंचो। हम ख़ुद लश्कर लेकर जाएंगे, शायद ख़ुसरो भी साथ जाएगा। फिर समाना से लखनऊ कूच करेंगे।" मैदाने जंग में भयंकर लड़ाई छिड़ी। जितनी ज़बरदस्त बगावत थी, उतनी ही बेरहमी से कुचली गई। ख़ुसरो ने बड़े पैमाने पर हुई तबाही को महसूस किया। एक कलाकार और शायर होने के नाते उनके नाज़ुक दिल को बहुत ही अफ़सोस हुआ और दुख पहुंचा परंतु उसके होंठ सिले रहे। इस दर्दनाक मंज़र पर ख़ुसरो लिख नहीं पाए, उनकी लेखनी मौन रही। ख़ुसरो जैसे इंसानियत के तरफ़दार शायर को शायरी का कहां होश था। उसके बाद उस मंज़र को देखने के लिए ख़ुद को वहां रोक नहीं पाए और कई प्रकार के बहाने करके वे दिल्ली लौट आए। एक जगह ख़ुसरो ने लिखा है कि "मां की ममता मुर्शिद का अध्यात्मिक लगाव और दिल्ली की मुहब्बत, गंगा-जमुना के किनारे मुझे हर जगह से, हर एक क़द्रदान की चाहत खींच लाती थी। मेरी शायरी तो उड़ती फिरती थी और फिर मैं ख़ुद उड़कर दिल्ली या पटियाली चला आता था, मगर आख़िर घर बढ़ा, ख़र्च बढ़े। उसपे दरबारी आन-बान और ठाठ-बाठ के तो कहने ही क्या थे।"

प्रारंभिक दिनों में ख़ुसरो ने बलबन की तारीफ़ में बहुत सारे क़सीदे लिखे। दिल्ली लौटने पर गयासुद्दीन बलबन ने अपनी जीत की ख़ुशी का जलसा मनाया। उसका बड़ा लड़का सुल्तान मोहम्मद अहमद (मुलतान, दीपालपुर की सरहदी छावनी) भी इस जलसे में शामिल हुआ। ख़ुसरो को भी अपने दूसरे सरपरस्त की ज़रूरत थी। उन्होंने सुल्तान मुहम्मद अहमद को अपनी शायरी सुनाई। उसने ख़ुसरो की शायरी को बेहद पसंद किया और वे उन्हें अपने साथ सन् 1281 में मुल्तान ले गए। वहां सिंध के रास्ते सूफ़ियों, दरवेशों और संत शायरों का काफ़ी आना-जाना लगा रहता था। मुलतान में सिंधी-पंजाबी मिली-जुली बोलियां चलती थीं। ख़ुसरो ने यहां पर लगभग पांच साल तक शायरी और मौसिकी के नए-नए तजुर्बे हासिल किए थे। शहज़ादे की परख ग़ज़ब की थी। वो हर कमाल की जी खोलकर तारीफ़ करता और हौसला बढ़ाता था। एक बार सुल्तान मोहम्मद ने इरान के मशहूरो मआरुफ़ फ़ारसी शायर शेख़ सादी को अपने दरबार में आने की दावत दी। शेख़ सादी ने अपने बुढ़ापे के कारण न आने की मजबूरी ज़ाहिर की और कहा कि हिंदोस्तान में अमीर ख़ुसरो जैसा बाकमाल शायर मौजूद है, इसलिए उनकी जगह उसे बुलाया जाए। ख़ुसरो के लिए शेख़ सादी की यह सिफ़ारिश उनकी फ़राख़दिली अपनेआप में एक मिसाल है। इससे ये साबित होता है कि उस दौर में भी अमीर ख़ुसरो की शोहरत दूर-दूर तक फैली हुई थी। बीच में वे हर बरस दिल्ली ज़रूर जाते थे। आख़री बरस में मंगोलो के लश्कर ने अचानक ही हमला कर दिया। बादशाह के साथ अमीर

ख़ुसरो भी अपने मित्र हसन सिज्जी के साथ इस लड़ाई में शामिल हुए। कितनी रोचक बात थी कि एक शायर लड़ाई के मैदान में डटा हुआ था। कहते हैं कि अमीर ख़ुसरो जंग के मैदान में एक हाथ में तलवार, दूसरे हाथ में किताबदान लेकर बड़ी शान से निकला करते थे। इस युद्ध में दुश्मन की ताक़त का अंदाज़ा बहुत देर बाद हुआ। फ़ौज बेख़बरी का शिकार हो गई और शहज़ादा युद्ध में मारा गया। ख़ुसरो और हसन भी मैदाने जंग में गिरफ्तार किए गए। एक मंगोल सरदार ख़ुसरो को घोड़े के पीछे घसीटता हुआ हिरात और बलख ले गया। वहां ख़ुसरो को एक किले में बंदी बनाकर रखा गया। कारागार में रहते हुए ख़ुसरो ने कई मरसिये लिखे, जिनमें मंगोलो के साथ लड़ाई करते हुए शहज़ादे सुल्तान मौहम्मद की जांबाज़ मौत का ज़िक्र है। ख़ुसरो ने अपनी जेल ज़िंदगी का अफ़सोसनाक ज़िक्र भी अपनी शायरी में किया है कि "शहीदों के ख़ून ने पानी की तरह ज़मीन को लीप दिया था और क़ैदियों के चेहरों को रस्सियों से इस तरह बांध दिया था जैसे हार में फूल गूंथे जाते हैं।" दो बरस के बाद किसी तरह हिम्मत करके अमीर ख़ुसरो दुश्मनों के चंगुल से छूटकर वापिस दिल्ली पहुंचे गए। वहां पहुंचकर वे गयासुद्दीन बलबन के दरबार में गए। वहां उन्होंने शहज़ादे मुहम्मद सुलतान की मौत पर एक दर्द भरा मरसिया पढ़ा। मरसिया सुनकर बादशाह इतना रोये कि उन्हें ज़बरदस्त बुखार आ गया और उसके तीन दिन बाद उनका इंतक़ाल हो गया।

इसके बाद ख़ुसरो दिल्ली में नहीं रहे। अपनी मां के पास गांव पटियाली चले गए। वहां पर कुछ दिन वह अपनेआप में गुम से रहे। ख़ुसरो ने ख़ुद लिखा है- "मैं इन्हीं अमीर उमरावों की सोहबत से कटकर अपनी मां के साये में रहा। दुनियादारी से आंख चुराकर ग़ज़लें लिखीं, दोहे लिखे। अपने भाई के कहने पर पहला दिवान 'तोहफतुसिग्र' तैयार कर लिया था। उसके बाद सन् 1284 में दूसरा दिवान 'हास्तुल हयात' पूरा करने में लग गया। एक किनारे पर पड़ा हुआ दिलों को गरमाने वाली ग़ज़लें लिखता रहा और राग रागीनियां बूझता रहा।" 'वस्तुल हयात' में अठारह से चौबीस और बत्तीस से तैंतीस बरस की उम्र तक के कलाम हैं। क़सीदे ज़्यादातर मोहम्मद सुलतान, हज़रत निज़ामुद्दीन औलिया, कशलू ख़ां, बलबन, बुगरा ख़ां, शम्सुद्दीन अबीर और अलालुद्दीन खिलजी की तारीफ़ में लिखे गए हैं। क़सीदों में खाकानी और कमाल अस्फहानी की शायरी ज़बान को अपनाने की कोशिश की गई है।

सन् 1286 में ख़ुसरो अवध के सूबेदार अमीर अली उर्फ़ हातिम ख़ां के यहां दो साल रहे। यहां ख़ुसरो ने अमीर के लिए 'अस्पनामा' नामक किताब लिखी, जिसमें अवध की सरज़मी, वहां के मीठे और भोले-भाले लोगों की तबियत के साथ-साथ ज़रख़ेज ज़मीं की तारीफ़ की गई है। वे ख़ुद भी वहां के माहौल में समा गए थे। लेकिन सबसे बढ़कर मां का साया, जन्नत की छाव उन्हें वहां पर रोक न पाई और उन्होंने हातिम ख़ां का शुक्रिया अदा किया, माफ़ी मांगी, फिर वहां से निकल आए। अब तक अमीर ख़ुसरो की ज़बान में ब्रज व खड़ी बोली (देहलवी) के अलावा पंजाबी, बंगला और अवधी की भी चाशनी आ गई थी। सन् 1288 में वे दिल्ली आ गए। दिल्ली में वे बुगरा ख़ां के नौजवान पुत्र कैक़ुबाद के दरबार में रहे।

सन् 1298 से 1301 के बीच में इन्होंने पंचगंज़ लिखा, जिसमें पांच मसनवियां हैं, जिसे ख़ुसरो की पंचपदी भी कहा जाता है। इसमें मतला-उल-अनवार, यानी रोशनी निकलने की जगह, सन् 1298 में लिखी, जो कि निज़ामी के मखजनुल इसरार का ज़वाब है। पैंतालीस बरस के शायर जामी ने इसी के हवाले से अपना तोहफ़तुल अबरार लिखा था। मतला-उल-अनवार में ख़ुसरो ने अपनी इकलौती लड़की को सीख दी है जो बहुत सुंदर थी। विवाह के बाद जब बेटी विदा होने लगी

तो ख़ुसरो ने उसे नसीहत की है कि- 'ख़बरदार, चरखा कभी न छोड़ना। झरोखे के पास बैठकर इधर-उधर कभी मत झांकना। चरखा कातना और सीना-पिरोना न छोड़ना, क्योंकि परदापोशी का यह अच्छा तरीक़ा है।''

शीरी व ख़ुसरो : इसमें ख़ुसरो ने प्रेम की पीर को तेज़ बना दिया, इसमें इन्होंने अपने बड़े बेटे को सीख दी। इसमें प्यार व उसे गहराई से समझते हुए उस ख़याल को ज़ाहिर करने की कला को प्रमुखता दी है। मुल्ला अब्दुल क़ादिर बदायूनी और फ़ैज़ी लिखते हैं कि ऐसी मसनबी उसके बाद तीन वर्षों तक नहीं लिखी गई। डॉ. असद अली के अनुसार यह मसनबी अब उपलब्ध नहीं है और इसकी खोज की जानी चाहिए।

मजनू व लैलाः यह मसनवी सन् 1299 में ख़ुसरो ने अपनी छियालिस बरस की उम्र में लिखी थी, जो कि निज़ामी की लैला मजनू का जवाब है। इसमें मुहब्बत और ज़ेबो ज़ीनत के ख़याल को उभारा गया है। 2660 पदों का संग्रह है, जिसका हर शेर गागर में सागर जैसा है। कलात्मक नज़रिए से जो ख़ासियत 'मजनू व लैला' में पाई गई है, वो और किसी मसनवी में नहीं है। प्यार के रहस्य, नायक-नायिका की रहस्यमयी बातें, उसका असर और ख़याल की सुंदरता, रंगीनी, तड़प व लगन के साथ ख़ुसरो ने शायरी का रूप दिया। ख़ुसरो के इस रुमानी शाहकार का ज़िक्र कुछ इस प्रकार है।

कई अफ़सानानिगारों ने फ़क़त एक ख़याल तक ही रखा है, चूंकि इस कहानी को अलग-अलग तरीक़े से पेश किया गया है। ख़ुसरो का मानना है कि बनी उमिया खानदान का कोई शहज़ादा किसी परी हसीना पर आशिक़ हो गया था। अपनी मुहब्बत के रहस्य को छिपाने के लिए वह जो भी अशरार कहता वो 'मजनूं' के नाम से कहता। यह सच्चाई है कि लैला और मजनूं नाम के जो दो क़िरदार थे, वो हक़ीक़त में इस दुनिया में थे। नज़्द इनका वतन था। यह अरब का वो भाग है जो शाम से मिला हुआ है। यह जगह हरीभरी और ख़ूबसूरत वादियों वाली थी, इसके हरेभरे पहाड़ ख़ुशबू से सराबोर थे। लैला और मजनूं दोनों ही बनी अमीर नाम के कबीले से तालुक़ रखते थे। बचपन में दोनों अपने-अपने घरों के जानवर चराया करते थे। ऐसे हालात में दिल धड़के और मुहब्बत के ख़याल ने सर उठाया। जब दोनों ज़रा बड़े हुए तो इश्क़ और हुस्न की चमक कुछ और बढ़ गई। चारो तरफ़ चर्चाएं ज़ोरशोर से होने लगीं तो लैला परदानशीन हो गई। मजनू को ये नाग़वार गुज़रा। मजनू अपने माशूक़ का कैसे दीदार करे, पागलपन कुछ और बढ़ गया। दोनों की प्रेम कहानी एक शोला बन चुकी थी। मजनू के मां-बाप की ममता और प्यार ने लैला के शादी का पैग़ाम भेजा, लेकिन लैला के घर वालों ने बदनामी के डर से इंकार कर दिया। बदनामी का डर यह था कि मजनू कुछ रोज़ी-रोटी कमाता नहीं था, उस पर सारे शहर में आवारा के रूप में मशहूर था। इस इंकार से मजनू के सब्र का दरिया उबल पड़ा। जब कोई गुंजाइश नहीं रही तो मजनू अपने कपड़े फाड़कर दीवानावार जंगलों में भटकने लगा। बेटे की तबाही देखकर मां-बाप का दिल कुढ़ने लगा। वे उसे हरमे-मोहतरफा ले गए और कहा कि काबे का गिलाफ़ पकड़कर दुआ करो कि तुम्हे इस मुहब्बत के जुनून से निजात मिले। मजनू ने गिलाफ़ पकड़कर कहा, 'ऐ मेरे रब, लैला की मुहब्बत मेरे दिल से कभी मत निकालना। ख़ुदा की रहमत हो इस बंदे पर जो मेरी इस दुआ को आमीन कहे।' मसलन इस तरह का ज़िक्र भी ख़ुसरो की लैला-मजनू में मिलता है।

आईने सिकंदरी या सिकंदर नामा भी अमीर ख़ुसरो का निज़ामी के सिकंदरनामा के मुक़ाबिल जवाब है। यह मसनवी अमीर ख़ुसरो ने सन् 1299 में लिखी। इसमें सिकंदरे आज़म और ख़ाकाने

चीन की लड़ाई का ज़िक्र है। ख़ुसरो ने इसमें अपने छोटे फ़रजंद को नसीहत दी है कि रोज़ी-रोटी कमाने और क़ुवते बाज़ू की रोटी को अहमियत दी है व हुनर सीखने, मज़हब की पाबंदी के साथ-साथ सच बोलने की हिदायत की है। इस मसनवी के ज़रिए ख़ुसरो यह साबित करना चाहते हैं कि वे भी निज़ामी की तरह वीर रस की मसनवी लिख सकते हैं।

'हश्त बहिश्त' यह मसनवी निज़ामी के हफ़्त पैकर का जवाब है, जिसे ख़ुसरो ने सन् 1301 में पूरा किया, जो कि फ़ारसी की एक बेहतरीन किताब साबित हुई। इसमें इरान के बहराम गोर और एक चीनी हसीना की प्रेम कहानी का तसब्बुर करके मसनवी में पिरोया गया है। यूं लगता है कि जैसे ख़ुसरो ने ख़ुद के दर्द को पिरोया हो। कहानी मुख्य रूप से विदेशी जमीन पर ही लिखी गई है, इसलिए भारत से मुतअलिक़ बातें बहुत ही कम हैं। इसका वह हिस्सा बेहद ख़ास है जिसमें ख़ुसरो अपनी बेटी से मुख़ातिब होकर नसीहत भरी बातें लिखी है। मौलाना शिबली के मुताबिक़ इसमें ख़ुसरो का लिखने का हुनर, ज़बान और शैली बड़ी ऊंचाई पर पहुंच गई है।

अमीर ख़ुसरो वतन परस्तों के सरताज के ख़िताब से नवाज़े जाने के लायक़ हैं। उनकी सारी ज़िंदगी वतन परस्तों के लिए एक पैग़ाम है। उनका मत था दिलों को जीतने के लिए ज़ात, मज़हब की कोई ज़रूरत नहीं होती बल्कि मज़हबी सब्र, अपने इख़लाक़, सोच की ऊंचाई, इंसान की इंसान दिली मुहब्बत, भलाई और ख़ूलूस और यकज़हती की ज़रूरत होती है।

❖ ❖ ❖

ख़ुसरो की शायरी :

दिल के हाथों यूं मैं दीवाना रहा।
रात भर अफ़सोने ओ अफ़साना रहा।
दिल में उसकी याद थी शोला फ़िशां
इश्क़ में मैं बन के परवाना रहा।
जा रहे थे लोग मस्जिद की तरफ़,
मैं रवाना सूए बुतख़ाना रहा।
जानो दिल और तनबदन इसका ख़याल,
एक थे पर मैं ही बेगाना रहा।
मुंह पे ख़ुसरो ने नहीं कुछ भी कहा,
बनके यूं बेहोश मस्ताना रहा।

❖ ❖ ❖

ज़ुल्फ़ होती है हवा में और ज़ैबे शाना और।
मस्त के लब ने छुआ है साग़रे मस्ताना और।
तेरे ग़म में जां गई फिर भी रहा तेरा ख़याल,
आक़बत अपनी हुआ करती है और बेगाना और।
दिल की आबादी दिगर है और बरबादी दिगर,
दिल की बस्ती और ही होती है और वीराना और।
प्यार में ख़ुद को जलाना और जलना है दिगर,
कर मक शब ताब है कुछ और है परवाना और।
य' कहा कि झूठ समझे हैं जो रखते हैं गुमां,
हमने ख़ुसरो-सा नहीं देखा कहीं फ़रज़ाना और।

❖ ❖ ❖

हज़ार किश्ता वह फ़ितराके ज़ुल्फ़ में लेकर,
चला है ऐसे कि करके कोई शिकार आए।
गो बारे ग़म है तुम्हारा मगर, मगर तुम्हारा है,
य' दिल प' बोझ नहीं है हज़ार बार आए।
तू ही मुराद है दिल की य' तेरी आमद पर,
मुराद ख़ुसरो ए मिस्कीन दर किनार आए।

❖ ❖ ❖

बादशाही से ग़रीबी है भली।
परसाई से तो रिन्दी है भली।
बादशाही है सरासर दर्दे सर,
मैंने देखा है गदाई है भली।
आदमी के सर में है सोदाए सब्र,

जानवर से आशनाई है भली।
इश्क़ में लज़त नहीं बाद अज़ विसाल,
इश्क़बाज़ी में जुदाई है भली।
इश्क़ कमज़र्फां प ख़ुसरो दिल न दे,
इश्क़ में सरे ख़ुदाई है भली।

❖ ❖ ❖

जो तेरे हुस्न की शमअ प नज़र रखता है।
कब वो परवाने के जलने की ख़बर रखता है।
ज़ख़्म को फ़ायदा मरहम से भला क्या होगा,
जब तेरी तेग़ का य ज़ख़्मे जिगर रखता है।
ये तेरी ज़ुल्फ़ें परीशां हैं मेरे दिल का क़रार,
उसका साया मेरी तस्कीं का असर रखता है।
वो फज़लियत जो तेरे हुस्न को ख़ुशीर्द प है,
वो ही ख़ुर्शीद फज़ीलत व क़मर रखता है।

❖ ❖ ❖

जो तू नहीं तो मुझे क्या हजार बार आए।
तेरे बग़ैर न आए अगर बहार आए।
अगर सवार हो बिजली प गर्दे पा न मिले,
जहां गुलाब की ख़ुशबू सबा सवार आए।
तेरा ख़याल छलक जाए आंख से बाहर,
अगर न पावों में उसके मिज़ा का खार आए।
असीर ज़ुल्फ़ करे तेरी आंख का जादू,
कि तेरी ज़ुल्फ़ की जादूगरी बकार आए।

❖ ❖ ❖

तेरी ख़ातिर क़त्ल जो करते हैं मुझ बदनाम को।
तू बता कि क्या करूं अपने दिल ख़ुदकाम को।
एक राब देखे ये मैंने पांव तेरे बाम पर,
रोज़ रंगीं कर कर रहा हूं ख़ूने दिल से बाम को।
चाहता हूं मैं भी अपना ख़ून कर दूं सिर्फ़ जाम,
जानता है? तू जो दौलत दे रहा है जाम को।
क्यों हवा के दोश पर उड़ती रहें ज़ुल्फ़ें तेरी,
तू भी कुछ आराम दे दिलहाये बेआराम को।
गर मेरी आंखों के आंसू दीद के क़ाबिल नहीं,
झोंक न दूं आग में बाज़ारे नंगो नाम को।

❖ ❖ ❖

ऐ तुझे आंखें हैं मेरी जाए ख़्वाब।
दीदा बे ख़्वाब तेरी जाए आब।
शब को सोया कब तुझे देखे बग़ैर,
खुद को दानिस्ता करूं मसरुफ़े ख़्वाब।
बुझ गया है अक्स तेरा आंख में,
आतिशे दिल से करूं उस को गुलाब।
इस ख़्याले जुल्फ़ों रुख़ में मेरी आंख,
अब्र है कुछ और है कुछ आफ़ताब।
वो लब मिस्गुल उड़ा लेता है होश,
रो रहा हूं आग पर जैसे कबाब।

❖ ❖ ❖

ऐ दिल में समाये हुए यूं महरूम जां है।
जैसे कि तू ही तू मेरे सीने में निहां है।
क़ामत है कि इक तीर खींचा जैसे कमान में,
और तीर भी ऐसा कि ख़लिशे रग जां है।
जां खींच के लबों पर भी चली आई है लेकिन,
इक नाम है तेरा कि अभी दर्दे ज़बां है।
मैं डूब रहा हूं मगर अफ़सोस है तुझ पर,
साहिल का तबसुम तेरे चेहरे से अयां है।

❖ ❖ ❖

गया वह चांद नज़र को मजाले ख़्वाब नहीं।
शबे सियह के मुक़द्दर में माहताब नहीं।
रहे न होशो ख़र्द और न सबरो शकीब,
किस का दिल भी यूं बेचारा ओ ख़राब नहीं।
तू मेरे चांद से अब भर रहा है महवे नियाज़?
मैं वो हूं जिसके मुक़द्दर में आफ़ताब नहीं।
मैं क्या कहूं कि तेरा ख़्वाब भी है ऐद मुझे,
न हंस तू इस प' मुझको नसीब ख़्वाब नहीं।
हमारे हाल का ख़ुसरो से पूछ हैरत से,
कि तेरे सामने जुज़ ख़ामोश जवाब नहीं।

❖ ❖ ❖

शराब पी कि यही दौर शादमानी है।
ख़ुशी मना कि तेरा रोज़े कामरानी है।
ग़रूर कर न कर फ़ानी है बांसुरी की सदा,
य' वो सदा है जो आवाज़ का रवानी है।
हर इक लम्हा जो ऐशो निशात में गुज़रे,
असल वही है वही हासिल जवानी है।

वरदे अश्क़ हुआ अक्ल को मिली फुरसत,
य किस कमाल का अंदाज़े कारवानी है।

❖ ❖ ❖

हंसी ऐसा है तुझ सा हुस्न ज़ेबा किसने देखा है।
कि जैसा है तेरा चेहरा य चेहरा किसने देखा है।
छुपा कर रख तू अपने आप को मेरी निगाहों से,
तेरे जैसा कोई ख़ुद आशकारा किसने देखा है।
इधर आ देख लूं मैं हुस्ने सूरत हुस्ने सीरत भी,
न कह फ़ारदा कि य इमरोज़ो फ़र्दा किसने देखा है।
तेरे रुख़ कि ज़ियारत है कि है नज़ाराए जन्नत,
तेरे दीदार से अच्छा नज़ारा किसने देखा है।
चुराया था दिल ख़ुसरो ऐ वापिस किया जाए,
न कह य कब हुआ कैसे हुआ या किसने देखा है।

❖ ❖ ❖

मैं घर मे मकीं हूं प' तन ओ जां प' गुमां और।
है दिल में बसा तू ही मगर दर्दे ज़ुबां और।
गुलशन में भी जाऊं तो मुझे फ़ायदा क्या है,
ग़म दिल में बसा हो तो गुलिस्तां प' गुमां और।
मत कह कि किसी और को चाहूं अगर हो भी,
मिलता है हसीं तुझसा ज़माने में कहां और।
जन्नत की हवा और रहे तेरी गली में,
मिट्टी की ज़मीं और मगर बाग़ जनां और।
अब तू ही बता किस तरह ज़िन्दा रहे ख़ुसरो,
था ख़ुद वो कहीं और मगर जाने जहां और।

❖ ❖ ❖

दिल ही क़िस्मत से कभी शाद न था।
बन्दे ग़म से कभी आज़ाद न था।
यक नफ़स उम्र गुज़श्ता में कभी,
कब कभी ज़ायए ओ बरबाद न था।
देख ले गर दिले वीरां को मेरे,
तू कहेगा कभी आबाद न था।
रात को याद है वह आए थे,
और कभी इसके सिवा याद न था।
जो भी चाहा वो मसीहा ने किया,
ज़आफ़ से यार ऐ फ़रियाद न था।

❖ ❖ ❖

जानां जो मैं कहता हू मस्ताना ओ रिन्दाना।
मस्ती है सबब इसका और नर्गिसे मस्ताना।
आंखों से लहू जारी है जान तेरे ग़म में,
पर हो के रहा आख़िर दर इश्क़े तू बेमाना।
ऐ दोस्त ज़रा जुल्फ़ें खोलो मेरे सीने पर,
ज़ंजीर नहीं दिल को खुल जाएगा ग़मख़ाना।
दो आंखों की चाहत में पहुंचा तेरे कूचे तक,
ख़ुसरो तेरे रस्ते में रिन्दाना ओ याराना।

❖ ❖ ❖

तेरी ख़ातिर है ख़सूमत दिल से।
तेरा सौदा है अदावत दिल से।
तेरी ज़ुल्फ़ों से हो अगर खेली,
मैं रहूंगा न शिकायत दिल से।
गर तेरी आंख इशारा कर दे,
मेरी अक़्ल को राहत दिल से।
क्या करूं इस को नसीहत के सिवा,
अक़्ल को जान को फ़ुरसत दिल से।
एक महबूब है ख़ुसरो के लिए,
वरना आशिक़ को है हरमत दिल से।

❖ ❖ ❖

दिल तो उड़ा लिया था गई जान भी मज़ीद।
फिर कर दिया है बेसरो सामान भी मज़ीद।
याक़ूत से लबों की है ख़्वाहिश कुछ इस तरह,
ज़िंदा है ख़ुद भी और मेरी जान भी मज़ीद।
दिल था मगर हुआ वो तेरी ज़ुल्फ का असीर,
नामो निशां मिटा हुआ हैरान भी मज़ीद।
सर ही नहीं है दिल भी है पाबू से आरज़ू,
मुश्ताक़ ओ नातवां है मेरी जान भी मज़ीद।
ग़म तेरा आशकार था ख़ुसरो ने कब कहा,
कि ज़आफ़ ने किया ग़म पिनहान भी मज़ीद।

❖ ❖ ❖

मेरा अश्क़ भी दिल का महरम नहीं।
कि अब सांस भी अपना हमदम नहीं।
तेरा जलवा बारी से आशिक़ मिटे,
बची पेशे ख़ुर्शीद शबनम नहीं।

तेरी ज़ुल्फ़ से दिल बंधे इसलिए,
किसी दिल की हालत भी बरहम नहीं।
हज़ारों बरस तुझको देखूं मगर,
य बुनियादे उम्र इतनी महकम नहीं।

❖ ❖ ❖

मेरा हर शेर वस्फ़े गुल रखां है।
बहर सूरत हदिसे दिलबरां है।
जो बांधी है सरे फ़िराक तूने,
मेरी जां है सो वो भी दरमियां है।
हमारे दरमियां तो कुछ नहीं है,
मगर जाने सुख़न इसका वहां है।
अगर की है तेरी आंखों ने शोख़ी,
य शोख़ी शेवा हाये दिलबरां है।
लिया है दिल किया है क़त्ल मुझको,
कि तेरी आंख भी फ़ातिह जहां है।

❖ ❖ ❖

नज़र को मेरे हाल पर भी रवा कर।
मेरे दर्दे दिल की किसी दिन दवा कर।
मैं दर्दे ख़ुदाई का मारा हूं,
इलाही तू अपने करम से दवा कर।
कभी तूने मिलने का वायदा किया था,
यही वक़्त है जान वायदा वफ़ा कर।
मुझे हद से ज़ियादा न अब तुम सताना,
कि कुछ खौफ़ आख़िर को रोजे जज़ा कर।
मुहब्बत में ख़ुसरो नहीं दिल की क़ीमत,
फक़त एक जां है सो पेशे फ़ना कर।

❖ ❖ ❖

सब्ज़ा ओ गुल दामने सेहरा वही।
सहन गुलशन का तेरे साया वही।
यूं चमन में हुस्न वाले हैं बहुत,
है मगर दिल को मेरे भाया वही।
हैं मेरे पहलू में यूं तो सैकड़ों,
खींच लेता है मुझे अला वही।
मिट गए हैं जानो दिल लेकिन अभी,
इश्क़ वैसा है तमन्ना है वही।

❖ ❖ ❖

तेरे बग़ैर जहां मेरा तीरह फ़ाम हुआ।
ऐ शमअ आ कि मेरा दिन भी आज शाम हुआ।
तू सो कि तुझ प तेरी नींद का है ऐश हलाल,
किसी ग़रीब प सोना मगर हराम हुआ।
तमाम मर्ग़ो गुला सरो समन शाद हुआ,
य अन्दलीब बेचारा असीर दाम हुआ।
य फ़ख़रो नाज़ो करिश्मा हो ऐ नाज़िरो गुल,
तुझे रवा है कि सुल्तानी तेरा ग़ुलाम हुआ।
तेरे हज़ूर मजाल ख़ुदी मिली किस को,
कि जिसको आलमे हस्ती भी दो ही गाम हुआ।

❖ ❖ ❖

य जो सौदाई है तेरी ज़ुल्फ़ का सौदाई है।
है फक़त तेरी तमना दिल तेरा शैदाई है।
इश्क़ के रस्ते में ज़ाहिद आजीज़ो बेचारा है,
ख़ुद से बेगाना नहीं है ग़म से बेपरवाई है।
दिल उड़ाकर ले गई ज़ुल्फ़ सियह ग़मज़ा तेरा,
गरचे चोरी है सियहकारी है दिल आसाई है।
बाग़बान ने जब से देखा है तुझे ऐ गुलबदन,
अब नहीं कहता चमन के फूल में रानाई है।
तेरा ख़ाले रुख़ तेरे चेहरे पे कुछ ऐसा जचा,
बादशाह समझे कि तू भी साहबे लालाई है।

❖ ❖ ❖

हुस्न वालों से न चाहो कि वफ़ा और करें।
उनसे उल्फ़त ही न मांगो कि जफ़ा और करें।
लोग कहते हैं कि याद आता हूं उसको मैं बसा,
बात य मुझसे ज़रा बहर ख़ुदा और करें।
मार न लोगों को ग़मज़ों से तेरे तेरा बिला,
मार डालें तू कई सैद रहा और करें।
गरचे आशिक़ तुझे कहते हैं जफ़ाकार ओ ख़फ़ीफ़,
अज पये चश्मे बद् ख़ल्के दुआ और करें।

❖ ❖ ❖

जो शाख़े गुल हो उसे जलवागर है।
चटक कलियों की बुलबुल की सहर है।
है नीशे ख़ार जो पहलूए गुल में,
इसी बाइस से बुलबुल नग़्मागर है।
गुलिस्ताने में है जो य रक़्सो ज़ुंबिश,

य खूं बस्तरह की ख़ातिर नेशतर है।
तेरा पेवन्द है चूंकि गुल ऐ ख़ार,
तेरा कांटा कहां उसको हुनर है।
ऐ मेरे सीम तन इतना समझ ले,
कि तेरे वास्ते थोड़ा सा ज़र है।

❖ ❖ ❖

जलवा दिखाकर सब्र का यारा रहा नहीं।
जो भी कहा है तुझसे किसी से छुपा नहीं।
जब से है तेरा पांव रिकाबे जमाल में,
किस दिन हमारी आंख से आंसू बहा नहीं।
खींचा है वर्के लाला पे ख़त यूं कि उसके बाद,
फिर दफ़्तरे गुल और किसी का हुआ नहीं।
कब तक न दिल फ़रीफ़्ता हो तेरी शक्ल पर,
सूरत में तेरी क्या है कि जो दिलरुबा नहीं।
आबे हयात आ न सका जानिब खुसरो,
हालांकि जज़ ओ नसीब के पानी गया नहीं।

❖ ❖ ❖

वो भी क्या दिन हों कि वो शोख़ यहां लौट आये।
पर वो जब जा ही चुका है तो कहां लौट आये।
वो गया आज तो लौटेगा क़यामत ही के दिन,
जल्द आ जा ए क़यामत वो यहां लौट आये।
ऐ सबा कूचए महबूब से कुछ खाक़ तो ला,
यूं कि इस दिल के पलटने का गुमां लौट आये।
या इलाही, वो कहीं बाग़ में तनहा होगा,
अब मैं पूछूंगा सबा से वो यहां लौट आये।

❖ ❖ ❖

सुबह रोशन ले के आया आफ़ताब।
साक़ी रोश जबीं ला दे शराब।
लआल न दे अपना अर्क़े रुख़ ही दे,
फूल है तो फूल भी जैसे गुलाब।
शादमानी ये कि ग़र्के मय रहे,
है ख़याले यार भी खालिस शराब।
आशिक़ी में परसाई का मज़ा,
जिस तरह पानी में मिल जाये शराब।
वो मिला है नाज़नीन मय परस्त,
जो मुझे बरयां करेगा है कबाब।

❖ ❖ ❖

हुए जाते हैं जो सारे शराबी,
फ़रोग़े लाला से कोह का सा गर है।
भरा है लाला ने साग़र पे साग़र,
कि जो पैमाना भर जाये दिगर है।
कली को देख ऐसे अधखिली है,
कि जैसे बोसों पे उसकी गुज़र है।
अजब़ क़ातिल है इन आंखों की मस्ती,
और उस पर नींद की मस्ती दिगर है।
मेरे साक़ी तू अपने हाथ से दे,
इसी इक जाम पे मेरी गुजर है।

❖ ❖ ❖

शमए फ़लक ने उगला शोला ज़ुबाना।
ऐ साक़ी मग़ाना ला दे मय मग़ाना।
कश्ती को यूं रवां कर साहिल न पा सकूं मैं,
दरयाए ग़म तो यूं भी होता है बेकराना।
तू अपने सुर्ख़ लब से छू कर ज़रा सी मय दे,
इस लब को चूमने का हो जाएगा बहाना।
न जलवा हाये रुख़ से बेहोश कर कि बारे,
इक बार मुझसे छूटे ये महनत ज़माना।

❖ ❖ ❖

कुछ दिनों से वह इधर लौट के आया तो नहीं,
पर वो चाहेगा कि अब जल्द यहां लौट आए।
अब वो आये तो कभी लौट न पाये ख़ुसरो,
वो दुआ मांग कि बे वहमो गुमां लौट आये।

❖ ❖ ❖

गुलशने निशात ओ ऐश बोला,
वही ख़ुश है जो मस्त ओ बेख़बर है।
वहां ख़ुसरो डरे कब तक गुनह से,
जहां अफ़वे ख़ुदा ही मोतबर है।

❖ ❖ ❖

एक बार चल चकोर की मानिन्द सूए बाग़,
देखिए कबक तो शर्म से हो चाल से बरूं।
यक बारगी ख़याल ने तेरे ज़बूं किया?
इतना कि इससे पहले किसी का न था ज़बूं।

❖ ❖ ❖

जान वारूं मैं तेरे रस्ते में ऐ बादे सबा,
गर सवेरे ही सवेरे लाये मुझ तक बूए दोस्त।
रोज़ महशर ख़ल्क़ ने जब हर तरफ़ का रुख किया,
ख़ुसरो मिस्कीं ने देखा ही नहीं जुज़ सूए दोस्त।

❖ ❖ ❖

देख शोख़ी दहाने ख़ंदा की,
और खुम तरहा परीशां की।
रूप तो गरमियों का सूरज है,
ज़ुल्फ़ जैसे है शब ज़मिस्तां की।

❖ ❖ ❖

तेरे लब का हूं सवाली क्या करूं,
सख़्त मिलता है तेरे मुंह से जवाब।
मस्त हूं जब से पिया है ख़ूने दिल,
इस कदर मस्ती नहीं देती शराब।

❖ ❖ ❖

हरदम किसी अदा से वो लेकर हमारा दिल,
हल्क़े में काकुलों के निगूं सार कर गया।
दुश्मन अजीब था कि गया राह यार पर,
अफ़सोस फूल हमदमी ख़ार कर गया।

❖ ❖ ❖

ऐ हवा और न बढ़ा गर्द कि इससे पहले,
दिल पे इक बोझ लिगे कोई यहां आता है।
कोहे ग़म से मुझे इक लम्हा भी फ़ुर्सत न मिले,
दिले नाजुक पे बहुत बार गिरां आता है।

❖ ❖ ❖

सब्ज़ा उगने लगा और आब रवां आता है,
अब्र मेरी ही तरह गर ये कनां आता है।
जानो दुनिया मेरे क़ुर्बान अगर मुझसे मिले,
ऐसी राहों में जहां जाने जहां आता है।

❖ ❖ ❖

रात भर हुस्ने यार और मैं रूबरू।
जामे मय खुशगवार और मैं रूबरू।
है गुलाबों का मौसम ख़िजां रुत गई?
आमदे नौ बहार और मैं रूबरू।
यूं ही जोशे नमू है चमन खिल उठा,
हो गए ख़ार ख़ार और मैं रूबरू।

जब से आफ़त का हुआ हूं आशिक़ भी दीवाना भी।
सारी दुनिया मेरी हो गई अपना भी बेगाना भी।
दीवाना है आशिक़ भी है ये तो आग लगा देगा,
सब कुछ इसमें जल जायेगा बस्ती भी वीराना भी।

❖ ❖ ❖

तेरी ज़ुल्फ़ों की दराज़ी वो कशिश रखती है,
खींचकर उनसे मैं शब हाये दराज़ आया हूं।

❖ ❖ ❖

मिला है दिल ज़ हिज़रां पारा पारा।
जिगर भी है प पिनहां पारा पारा।
तुझे देखूं तो ख़ुद हरमिल की सूरत,
मैं छिड़कूं आग पर जां पारा पारा।
मैं घूमूं यूं तेरे कूचे में लेकर,
दिल पर खूं गरेबां पारा पारा।

❖ ❖ ❖

फिर आज बूए गुल मुझे दीवाना कर गई।
फिर अक़्ल से सबा मुझे बेगाना कर गई।
तू जाने जां है और मेरी आशना भी है,
कैसे कहूं कि जान से बेगाना कर गई।

❖ ❖ ❖

फिर हुआ दर्दे जुदाई क्या करूं।
फिर हुई हिज्र आशनाई क्या करूं।
अक्ल कहती है कि बन जा पारसा,
इश्क़ हो तो पारसाई क्या करूं।

❖ ❖ ❖

ग़म कशी रू बरूए यार करूं।
गर य ब तर्ज़ रोज़गार करूं।
कोई मरहम नहीं है ग़म के सिवा,
क्यूं न फिर ग़म को ग़मगुसार करूं।

❖ ❖ ❖

इश्क़ तेरा है कि हर लहज़ा फ़िज़ूं होता है।
और दिल है कि तेरे दर्द में खूं होता है।
य हवस है कि तेरा सिलसिलाए ज़ुल्फ़े दराज़,
होश इस मोड़ पे तब्दीले जुनूं होता है।

❖ ❖ ❖

हाय में मय नज़र उसके चेहरे पे है,
वो रूख़े लालाज़ार और मैं रूबरू।

❖ ❖ ❖

मेरे सिरहाने से उठ जा ऐ मेरे नादां तबीब,
ग़मज़दा के वास्ते काफ़ी नहीं दीदार क्या।
अब्र को उस दीदए पुर अश्क से निस्बत नहीं,
निस्बते बारां हुआ है दीदए खूं बार क्या।
लोग कहते हैं कि ख़ुसरो हो गया है बुतपरस्त,
हां हुआ हूं मैं प' लोगों को है इसका बार क्या।

❖ ❖ ❖

पूछा कि रोशन चांद से बोला मेरा रुख़सार है।
पूछा कि मीठी क़न्द से बोला मेरी गुफ़्तार है।
पूछा तरीक़ आशकां बोला मेरी,
पूछा कि ये ज़ोरो जफ़ा बोला मेरी सरकार है।

❖ ❖ ❖

मैं ख़ुद गुम करदा मंज़िल या जहां कि रात मैं ख़ुद था।
बहर सो रक़्श बिसमिल था जहां कि रात मैं ख़ुद था।
परी पेंकर निगारे सरो क़द लाला रुख़सार है,
सरापा आफ़त दिल था जहां कि रात मैं ख़ुद था।
ख़ुदा ख़ुद मीर मजलिस या मियान लामकां ख़ुसरो,
मुहम्मद शमअे महफिल था जहां कि रात मैं ख़ुद था।

❖ ❖ ❖

ख़ल्क़ को थी हसरत दीदार पर न तूने ये कहा,
कि मुझे य सोज़े ग़म भी बाइसे रुसवाई है।
नाज़ न कर हस्ती ओ नामूस ख़ुसरो कुछ नहीं,
जबकि ये हुस्ने नज़र भी और की ज़ेबाई है।

❖ ❖ ❖

य वो सोज़िश ही नहीं जो कि जला दे सीना,
सोज़ वो है जो मेरे दिल के करीं तक पहुंचा।
तेरे जाने पे किया चांद ने ये रात गिला,
कैसा फ़ितना है कि जो रुअे ज़मीं तक पहुंचा।

❖ ❖ ❖

ख़ुसरो का हिन्दी प्रेम :

जे हाले मिस्कीं मकुन तग़ाफुल,
दो राह नैना बनाये बतियां।
जो ताब हिजतरां नदारम ऐजां,
न लेवगा है लगाए छतियां।
शबान हितरां दराज़ जूं ज़ुल्फ़,
जमान वसलत चू उम्र कोताह।
सखी पिया को जो मैं न देखूं,
तो कैसे काटूं अंधेरी रतियां।
यकायक अज़ दिल दो चश्म जादू,
बसद फ़रतहम दे तसकीन।
किसे पड़ी है कि जा सुनावे,
पियारे पी से हमारी बतियां।

❖ ❖ ❖

सौदागर राजा मी बायद,
बूचे को क्या चाहिए।
तिरना राचा मी बायद,
मिलाप को क्या चाहिए।
शिकार बचा मी बायद,
कुवत मग़्ज़ को क्या चाहिए।

❖ ❖ ❖

चू रामअ सोज़ां चू ज़रा,
हैरान हमेशा गिरयां बाऐरा आ मा।
न नींद नैनां न अंग चैनां।
न आप आवें न भेजे पतियां।
बहक़ आं मा कि रोज़ महशर।
बदाद मारा फ़रेब ख़ुसरो।
पस्त मन की दो राहे राखूं।
जो जाये पाऊं पिया की खतियां।

❖ ❖ ❖

ख़ुसरो ऐसी पीत कर जैसे हिन्दू जोये।
पूत पराये कारने जल जल कोयला होये।

❖ ❖ ❖

गोरी सोवे सेज पर और मुख पर डारे केस।
चल ख़ुसरो घर आपने रैन भई परदेस।

❖ ❖ ❖

ख़ुसरो रैन सुहाग की जागी पी के संग।
तन मेरो मन पीव को दूध बहे इक रंग।

श्याम सैत गोरी ले जनमत भई अनीत।
इक पल में फिर जात है जोगी का के मीत।

❖ ❖ ❖

छाप तिलक सब छीनी रे मोसे नैना मिलायके।
नैना मिलायके नैना लड़ाइके अपनी सी कर ली रे मोसे नैना मिलायके।
छाप तिलक सब छीनी रे मोसे नैना मिलायके।
अरे मतवाली कर ली रे मोसे नैना मिलायके।
छाप तिलक सब छीनी रे मोसे नैना मिलाय के।
ख़ुसरो निजाम की बलि बलि जाऊं रे,
मोहे सुहागन कर की रे मोसे नैना मिलायके।
छाप तिलक सब छीनी रे मोसे नैना मिलायके।

❖ ❖ ❖

पूछे कोई अगर तसनीफ़ क्या,
कह दो अकबर कि लफ़्ज़ बेमानी।
पूछे कोई अगर शरियत क्या,
कह दो अकबर कि लफ़्ज़ बामानी।
पूछे कोई अगर तसूफ़ क्या,
कह दो अकबर कि मानी बे लफ़्ज़।

❖ ❖ ❖

पंखा होकर मैं डली साक़ी तेरा चाव।
मंजा जलती जनम गया तेरे लिखन भाव।

❖ ❖ ❖

गीतः
भाईयों को दीनो महल दुमहले हमको दिया परदेस - रे लखिया बाबुल मोरे।
हम तोरे बाबुल बेले की कलियां घर घर मांगी जाये - रे लखिया बाबुल मोरे।
सोना भी दीनो रूपा भी दीनो रतन चढ़ावे रे - रे लखिया बाबुल मोरे।
नंगे नंगे पांव मोरा बाबुल दौड़ा समधी डोला थाम - रे लखिया बाबुल मोरे।

डोली का परदा उठा कर जो देखा आया पराया देस - रे लखिया बाबुल मोरे।
अमीर खुसरो यू कहें तेरा धन धन भाग सुहाग - रे लखिया बाबुल मोरे।
काहे बियाही बिदेस - रे लखिया बाबुल मोरे।

❖ ❖ ❖

अमां मेरे बाबा को भेजो री,
कि सावन आया।
बेटी तेरा बाबा तो बूढ़ा री,
कि सावन आया।
अमां मेरे भाई को भेजो री,
कि सावन आया।
बेटी तेरा भाई तो बाला री,
कि सावन आया।

❖ ❖ ❖

बरहमन प्यासा क्यों, गधा उदासा क्यों - लोटा न था।
गोश्त क्यों न खाया, डोम क्यों न गाया - गला न था।
जोया क्यों न पहना, समोसा क्यों न खाया - तला न था।
अनार क्यों न चखा, वज़ीर क्यों न रखा - दाना न था।
पान सड़ा क्यों, घोड़ा अड़ा क्यों - पहरा न था।

❖ ❖ ❖

यार नहीं देखा है सुऐ मन,
बे गुनहम साथ अजब रूठा है।
रोये तो रोनक़ शिकन आफ़ताब,
सरो व पेश क़द तू बूठा है।
गाहज़ खुसरो तू न गुफ़्ता कि बैठ,
वो चा कंद भाग मेरा फूटा है।

❖ ❖ ❖

वो तो जहां देखो मोरे संग है री
देखो तो ऐ सखी मोरे संग है री
मोहे पीर पायो निज़ामुद्दीन औलिया,
आहे आहे आहे वा मुंहमांगे वर संग री
पीर पायो मोरे निज़ामुद्दीन औलिया
गंज शकर मोरे संग देख्यो न ऐसे संग री
मैं तो ऐसो रंग और नहीं देख्यो सखी री
देस बदेस ढूंढ फिरी हू देस बदेस में
आहे आहे आहे ऐ गोरा रंग मन भायो

निज़ामुद्दीन मुंह मांगे बर संग है री
सजन मिलावरा आंगन जन सजन मिलावरा
मैं तो रंग और नहीं ऐसो देख्यो सखी री
आज रंग है ऐसा मां रंग है री मोरे संग री
मोहे तो तोरा रंग मन भायो निज़ामुद्दीन
ऐ महबूबे इलाही ऐसो और नहीं देख्यो री
आज रंग है मां मेरे महबूब के घर रंग री
मैं तो ऐसो रंग और नहीं देख्यो सखी री

❖ ❖ ❖

वो आवे तब शादी होवे।
इस बन में दूजा और न कोऐ।
मीठे लागे वा के बोल।
ऐ सखी साजन ना सखी ढोल।

❖ ❖ ❖

और फिटकरी मरदाना संग।
हल्दी ज़ीरा एक एक टंग।
अफयुन चना मिरची चार।
और बराबर थोथा डार।

❖ ❖ ❖

खीर पकाई जतन से और चरखा दिया जला।
आया कुत्ता खा गया, तू बैठी ढोल बजा।

❖ ❖ ❖

ख़ुसरों की पहेलियां :

तरवर से एक त्रिया उतरी उसने बहुत रिझाया।
बाप का नाम जो उससे पूछा आधा नाम बताया।
आधा नाम पता पर प्यारे बूझ पहेली मोरी।
अमीर ख़ुसरो यूं कहें अपना नाम नबोली।

❖ ❖ ❖

एक नार तरवर से उतरी मासूल जनम ना हायू।
बाप का नाम वा से पूछू आधू नाम बतायू।
आधू नाम बतायू ख़ुसरो कौन देस की बोली।
वा का नाम जो पूछा मैंने अपना नाम न बोली।

❖ ❖ ❖

फारसी बोली आई ना।
तुर्की ढूंढी पाई ना।
हिन्दी बोलूं अरसी आये।
ख़ुसरो कहे कोई न बताये।

❖ ❖ ❖

अंधा गूंगा बहरा बोले गूंगा आप कहाये।
एक सफ़ेदी बहुत अंगारा गूंगे से भिड़ जाये।

❖ ❖ ❖

सी सी करे नाम बताया तामें बैठा एक।
उल्टा सीधा हिर फिर देखो वही एक का एक।

❖ ❖ ❖

भेद पहेली ये सुनाई सुन ले मेरे लाल।
अरबी हिन्दी फ़ारसी तीनों करो ख़याल।

❖ ❖ ❖

एक नार भंवरा सी काली।
कान नहीं वो पहने बाली।
नाक नहीं वो सूंघे फूल।
जितना अर्ज़ उतना ही तूल।

❖ ❖ ❖

आधे किये से सबको पाले।
मध कटिये से सबको मारे।
अन्त कटिये से सबको मीठा।
ख़ुसरो वा को आंखों देखा।

❖ ❖ ❖

नर से पैदा होवे नार।
हर कोई उससे रखे प्यार।
एक ज़माना उसको खावे।
ख़ुसरो पेट में वो ना जावे।

❖ ❖ ❖

सावन भादो बहुत चलत है माघ पूस में थोड़ी।
अमीर ख़ुसरो यूं कहे तू बूझ पहेली मोरी।

❖ ❖ ❖

जल जल चलता बसता गांव।
बस्ती में ना वा का ठांव।

खुसरो ने दिया वा का नांव।
बूझो अर्थ नहीं छाड़ो गांव।

❖ ❖ ❖

नर नारी की जोड़ी डीठी।
जब बोले तब लागे मीठी।
इक नहाए इक तापनहारा।
चल खुसरो कर कूच नक़ारा।

❖ ❖ ❖

श्याम बरन और दानत अनेक।
लहचत जैसे नारी।
दोनों हाथ से खुसरो।
खींचे और यूं कहे तो आरी।

❖ ❖ ❖

2

ग़ालिब

हज़रत अमीर ख़ुसरो के बाद उर्दू अदब की तारीख़ में एक नाम जो बेहन्तहां मक़बूलियत के साथ उभरकर आया, जिसे उर्दू शायरी का एक बादशाह भी कहा जा सकता है। इनका पूरा नाम नजमुद्दौला दबीरुल्मुल्क मिर्ज़ा असदुल्ला खां था। इनके वालिद का नाम मिर्ज़ा अबदुल्ला खां था। इनका तखल्लुस 'ग़ालिब' था जो कि किसी भी मक़बूलियत और तआरुफ़ का मोहताज नहीं रहा। ग़ालिब से मक़बूलियत रही, मक़बूलियत से ग़ालिब नहीं। इनका जन्म संवत् 1853 को दिल्ली में हुआ था। इनके इंतक़ाल का वक़्त अमूमन संवत् 1926 माना जाता है।

उर्दू के उम्दा और बेमिसाल शायरों में मिर्ज़ा ग़ालिब का नाम सबसे ऊपर आता है। उर्दू के दिगर शायरों के कलाम में मुहब्बत और जुदाई के ख़ूबसूरत और हसीन मज़ामीन के साथ-साथ शमा परवाना, साक़ी शराब व हुस्नो शबाब इन सारे रसों का भरपूर स्वाद चखने को मिलेगा, लेकिन शायरी नाम की जो चीज़ है वो हमें ग़ालिब के कलामों में मिलती है।

मिर्ज़ा असदुल्ला खां, ग़ालिब तख़ल्लुस से पहले ये अपना तख़ल्लुस 'असद' रखते थे लेकिन उस दौर में एक और शायर हुआ करते थे जो कि 'असद' तख़ल्लुस से शायरी किया करते थे। एक दिन ग़ालिब ने उनका ये शेर सुना-

असद तुमने बनाई यह ग़ज़ल ख़ूब,
अरे ओए शेर रहमत है ख़ुदा की।

ये शेर सुनकर मियां असदुल्ला खां 'असद' एकदम कुढ़कर रह गए। इसी नाराज़गी के चलते इन्होंने संवत् 1885 में अपना तख़ल्लुस 'असद' हटाकर 'ग़ालिब' रख लिया। जबकि 'असद' इस नाम से भी इन्होंने काफ़ी ग़ज़लें लिखी थीं। 'असद' तख़ल्लुस से लिखे कलामों में मक़ते के शेर में कोई फेरबदल नहीं किया। उन कलामों को इन्होंने ज्यों का त्यों ही रहने दिया।

ग़ालिब के ख़ानदान की रिवायत ईरान के बादशाह से मिलती है। ईरानियों की ख्याति और सल्तनत का सूरज जब डूबने के कगार पर था तो ग़ालिब के दादा घरबार छोड़कर वहां से निकले और दिल्ली चले आए। वह शाहआलम का दौर था। उनकी बादशाही तो बस नाम मात्र की रह गई थी और राज्य अंदर से खोखला हो चुका था। फिर भी ग़ालिब के दादा ने दरबार में जगह और ख़र्च के लिए एक जागीर हासिल कर ली। लेकिन ये हालात भी ज़्यादा दिनों तक नहीं रह पाए थे। अपनी आदतें, बेहिसाब ख़र्च, ऐशो-इशरत और आरामतलबी की वजह से सारी की सारी जागीर ख़त्म होती गई। हालात को भांपकर ग़ालिब साहब के वालिद अब्दुल्ला बेग नवाब आसफ़ुद्दौला के दरबार में लखनऊ पहुंच गए। तमाम कोशिशों के बाद वहां पर मुलाज़मत पा ली। लखनऊ में मुलाज़मत करते हुए इनके क़दम ज़्यादा दिन तक नहीं ठहर पाए। थोड़े ही दिनों के बाद मिर्ज़ा अब्दुल्ला बेग वहां

की मुलाज़मत छोड़कर हैदराबाद की तरफ़ चल पड़े। हैदराबाद पहुंचने के बाद वे निज़ाम हैदराबाद की ख़िदमतगारी में लग गए। उनके पैरों में कुदरत का कोई चक्कर दबा था। लगता था कि ऊपर वाले को कुछ और मंजूर था। कुछ दिनों तक वहां पर ख़िदमतगारी की, मगर वहां पर उनके पांव टिक न सके और अलवर आ गए। अलवर आकर वे राजा बख़्तावर सिंह के राज्य में मुलाज़िम हो गए। यहां पर फ़ौज में रहते हुए एक दिन ये लड़ाई में मारे गए। उस वक़्त मिर्ज़ा ग़ालिब की उम्र फ़क़त पांच वर्ष की रही होगी। अब यतीम को सहारे की ज़रूरत थी। ऐसे मुश्किल वक़्त में उनके चचा मियां मिर्ज़ा नसरुल्ला बेग ख़ां ने इन्हें संभाला और पाला पोसा। मगर यहां पर भी इनकी इस कमबख़्ती ने इनका साथ नहीं छोड़ा। बद्नसीबी से थोड़े ही दिनों के बाद मिर्ज़ा नसरुल्ला बेग ख़ां का भी इन्तक़ाल हो गया। एक बार फिर ये पूरी तरह यतीम होकर रह गए। उस वक़्त ग़ालिब की उम्र महज़ नौ बरस की थी। इनके चचा को अंग्रेज़ सरकार की तरफ से तक़रीबन डेढ़ लाख रुपये की जागीर मिली हुई थी जो कि चचा के इंतक़ाल के फौरन बाद ही ज़ब्त कर ली गई। इस बाबत ग़ालिब ने अंग्रेज़ सरकार से काफ़ी लिखा-पढ़ी की लेकिन फ़ायदा कुछ भी नहीं न हुआ। इनके बुरे दिनों की शुरुआत हो चुकी थी। इनके दिन बड़ी ही मुफ़लिसी में गुज़रने लगे। इनकी ये ख़राब हालात देखकर इनके एक दोस्त ने मशविरा दिया कि वे हैदराबाद दक्खन चले आएं। उस दोस्त को अपने ख़त में उन्होंने जो लिखा था, उस ख़त का कुछ हिस्सा इस प्रकार था-

"पांच बरस का था कि मेरा बाप मरा। नौ बरस का हुआ कि मेरे चचा जान इस जहान से रुख़सत हो गए। उसकी जागीर के एवज़ में मेरे और मेरे सुरकाये हक़ीक़ी के वास्ते शामिल जागीर नवाब अहमद बख़्श खां दस हज़ार रुपये सालाना मुक़र्रर हुए, पर उन्होंने दिए नहीं। मगर तीन हज़ार रुपये साल, उसमें से ख़ास मेरी ज़ात का हिस्सा साढ़े सात सौ रुपया सालाना फक़त मैंने सरकार अंग्रेज़ी में ग़बन जाहिर किया। कोलब्रुक साहिब बहादुर रेज़ीडेंट देहली और अस्टरलंग साहिब बहादुर सेक्रेटरी गवर्नमेंट कलकत्ता मुत्तफिक़ हुए। मेरा हक़ दिलाने पर रेज़ीडेंट माजूल हो गए। सेक्रेटरी गवर्नमेंट बमर्ग नागाह मर गए। एक ज़माने के बाद बादशाह देहली ने पच्चास रुपया माहवार मुक़र्रर किया। उनके वलीअहद इस तक़र्रुर के दो बरस बाद मर गए। वाजिदअली शाह बादशाह अवध की सरकार से बसिला मदह-गुस्तरी पांच सौ रुपया सालाना मुक़र्रर किए गए। बदनसीबी से वे भी दो बरस से ज़्यादा ज़िंदा न रह पाए। यानी अगरचे अब तक वे ज़िंदा भी रहते तो भी फ़ायदा न होता चूंकि उनकी सल्तनत हाथ से जाती रही थी। यह तबाही सल्तनत दो ही बरस में हुई। दिल्ली की सल्तनत कुछ सख़्त जान थी, सात बरस मुझको रोटी देकर बिगड़ी। ऐसे ताला मुरब्बी कश और मुहसिन सोज़ कहां पैदा होते हैं। अब जो मैं वालिये दक्खन की तरफ रजूअ करूं, याद रहे कि बिगड़ जाएगा या मर जाएगा या माजूल हो जाएगा और अगर ये अम्र वाक़ा न हुए तो कोशिश इसकी भी ज़ाया जायेगी। बालिये शहर मुझको कुछ न देगा और अहयानन अगर उसने सुलूक़ किया तो रियासत ख़ाक में मिल जाएगी। मुल्क में गधे के हाल फिर जाएंगे।"

इसके बाद संवत् 1887 में ग़ालिब कलकत्ता की तरफ निकल गए। वहां पर इन्होंने गवर्नर जनरल के दफ़्तर में जाकर भी और बहुत सारी कोशिशें करके भी अपनी जायदाद वापिस पाने में एकदम ही नाक़ाम रहे। इनको ख़ाली हाथ लौटकर दिल्ली आना पड़ा। इनका रहन-सहन और ठाठ-बाट अमीरों जैसा ही था लेकिन पास में रुपया-पैसा तो बिल्कुल ही नहीं था। इन परिस्थितियों और माली हालत ख़राब होने के बाद भी ये खुले हाथ के और बड़े ही शाहख़र्च तबिअत के थे। इस वजह से मुश्किलों ने इन्हें चारो तरफ़ से आ घेरा। इन मुसीबतों से घबराकर ये रामपुर चले गए।

रामपुर के नवाब शायरी के क़द्रदां और उस्ताद शायरों की बड़ी ही इज़्ज़त करते थे। बहुत सारे शायरों के तो सरपरस्त और हाफ़िज थे। वैसे नवाब तो ख़ुद भी मिर्ज़ा ग़ालिब के पुराने शागिर्द थे। रामपुर पहुंचने पर नवाब ने इनका खैरमक़दम और ख़ातिरदारी की। वहां पर इन्हें बड़ी इज्जत देकर अपने यहां दौ सौ रुपया माहवार पर रख लिया। रामपुर में कुछ दिनों तक तो ये आराम से रहे, लेकिन दिल्ली की गलियों ने इनका पीछा नहीं छोड़ा। दिल्ली की गलियों की सदायें इन्हें रामपुर तक सुनाई दीं। वैसे भी दिल्ली इन्हें बहुत ही प्यारी थी, इसलिए इनके पांव वहां पर ज़्यादा दिनों तक टिक नहीं पाए और इन्होंने ने वापिस दिल्ली का रुख़ किया।

ग़ालिब क़रीब-क़रीब रोज़ ही शराब पीते थे। इनकी शराबनोशी के बहुत सारे क़िस्से मशहूर हैं। जाड़े का मौसम था। एक दिन नवाब मुस्तफ़ा ख़ां इनके घर पर तशरीफ़ लाये। इन्होंने उनके सामने शराब का गिलास भरकर पेश किया। वे बेचारे इनका मुंह देखने लगे। इन्होंने कहा- लीजिए हुज़ूर। नवाब मुस्तफ़ा ख़ां- भई, मैं तो इस चीज़ से तौबा कर चुका हूं। तब इन्होंने आश्चर्य से कहा- क्या जाड़े के मौसम में भी?

एक बार इसी तरह एक साहब, जिन्हें इनकी शराबनोशी के बारे में मालूम था, उनको सुनाने के लिए कहा कि शराब पीना एक सख़्त गुनाह है। उनकी इस बात पर इन्होंने हंस कर कहा- भला जो पिये तो क्या हो? उन्होंने जवाब दिया कि- बहुत छोटी-सी बात तो यह है कि दुआयें क़बूल नहीं होती हैं। इन्होंने कहा- क्या आप जानते हैं कि शराब पीता कौन है? अव्वल तो वह कि एक बोतल ओल्डटॉम की व सामान सामने हाज़िर हो, दूसरी बात बेफ़िक्री और तीसरी सेहत। अब आप फरमाइए कि जिस शख़्स के ये सब कुछ ही हासिल हो, उसे फिर और कुछ चाहिए ही क्या कि जिसके लिए हम दुआ करें? ये ग़ालिब की अपनी ही सोच का नज़रिया था।

ग़ालिब अपने स्वभाव से काफ़ी हंसमुख और बेहद मज़ाहिया तबिअत के इन्सान थे। एक बार रात के समय घर के बाहर आंगन में बैठे हुए थे। चांदनी रात थी, फैली हुई चांदनी में सितारे छिटके हुए थे। ये आकाश की ओर देखकर कहने लगे- जो काम बेसलाह मशविरा होता है, वह बेढंगा होता है। ख़ुदा ने सितारे आसमान पर किसी से मशविरा करके नहीं बनाए हैं, न कोई सिलसिला, न ज़ंजीरह, न बेल और न ही कोई बूटा रखा है।

इसी तरह के क़िस्सों में एक क़िस्सा और भी काफ़ी मक़बूल है। एक बार कुछ यूं भी हुआ कि ग़ालिब को जब दरबार से माहवारी तनख्वाह मिली तो वे उस सारी की सारी तरख़्वाह को ख़र्च करके बाज़ार से उन सभी रुपयों से शराब ख़रीद ली, और टोकरों के टोकरें शराब की बोतलें भरवाकर कुछ मज़दूरों के सर पे उठवाए घर पहुंचे। जब उनकी बेग़म ने शराब की ढेर सारी बोतलें देखीं तो उनका गुस्सा एकदम सातवें आसमान तक चढ़ गया। बेगम तनख़्वाह की उम्मीद में थीं कि उस तनख़्वाह से घर का सारा दाना-अनाज ख़रीदकर घर में भर देंगी। उसने पूछा- ये क्या है और तनख़्वाह कहां है? तो इन्होंने कहा- सारी तनख़्वाह इन शराब के टोकरों में जो है। बेग़म ने सर के बाल नोचते हुए कहा- सारी की सारी तनख़्वाह इन शराब की बोतलों पर ख़र्च कर आए हो, अब पूरा महीना भर क्या ख़ाक फांकेंगे, बच्चे और हम भूखे मरेंगे क्या? तब उन्होंने जवाब दिया- बीबी जी, हमारा पेट भरने की ज़िम्मेदारी तो ख़ुदा ताला की है, वे कभी भी किसी को भूका सोने नहीं देते हैं लेकिन शराब पिलाने का ठेका ख़ुदा ने नहीं लिया है, इसलिए मैं महीने भर की शराब एक साथ ले आया हूं। आप फ़िक्र न करें और ख़ुदा पर छोड़ दीजिए। उसको हमारी पूरी फ़िक्र है। इतना सुनना था कि बेग़म ने अपना सिर पीट लिया। अब इसे ख़ुदा परस्ती कहा जाए कि अपने परिवार के लिए एक ग़ैर ज़िम्मेदाराना हरक़त कहा जाए?

नवाब इलाही बख़्श ख़ां साहब की बेटी से इनका ब्याह हुआ था। ब्याह के वक्त इनकी उम्र तेरह बरस की थी। इनको अपनी बीवी से जो सुख मिलना चाहिए था वो नसीब नहीं हो पाया। चूंकि इनकी बीवी एक कठोर तबिअत और कर्कश स्वभाव की थी। इसलिए ये हमेशा उससे तंग रहा करते थे। एक बार इनके एक क़रीबी और घनिष्ठ शागिर्द ने इनके एक और शागिर्द उमराव सिंह की बीवी के गुज़र जाने की ख़बर ख़त में लिख भेजी और साथ ही साथ यह भी लिख भेजा कि जनाब उमराव सिंह अपनी दूसरी शादी भी जल्द करना चाहता है। ख़त पढ़कर वे सोच में पड़ गए। कुछ सोचकर इन्होंने उस ख़त का जवाब इस तरह लिख भेजा-

''उमराव सिंह के हाल पर उसके वास्ते रहम और अपने वास्ते रश्क आता है। अल्लाह! अल्लाह!! एक वह है कि जिसकी दो बार बेड़ियां कट चुकी हैं और एक हम हैं कि एक ऊपर पच्चास बरस से जो फांसी का फ़ंदा गले में पड़ा है, तो न फ़ंदा ही टूटता है और न ही दम निकलता है। उसको समझाओ कि भाई तेरे बच्चों को मैं पाल लूंगा, तू इसकी फ़िक्र मत कर। तू क्यों दोबारा इस बला में फंसता है।''

इनके सारे चाहने वालों में से मियां मौलवी फ़ज़ल हक़ साहब इनके दिल लगे दोस्तों में से एक थे। मौलवी फ़ज़ल हक़ साहब की एक आदत थी कि जब भी उनसे कोई घनिष्ठ दोस्त मिलने के लिए आता तो वे ख़ालिक़ बारी का यह मिसरा 'बया बरादर आवरे भाई' पढ़ा करते थे। एक दिन ग़ालिब साहब उनसे मिलने उनके घर तशरीफ़ ले गए। उन्होंने वही मिसरा पढ़कर इनकी ख़ुशामदीद की और बाहर दालान में बिठाया। इतने में उन मौलवी साहब की रंडी भी दूसरे दालान से निकलकर बाहर आ गई। दुआ सलाब के बाद उसने कहा- हां साहब, ख़ालिक़ बारी का एक मिसरा तो इनका तक़िया कलाम बन चुका है, अब आप वह दूसरा मिसरा कहकर शेर को मुक़म्मल कर दीजिए-

बया बिरादर आवरे भाई।
ब नशीं मादर बैठ री माई।

इरा तरह शेर मुकम्मल हुआ जाता रहा।

ग़ालिब साहब के सात बच्चे पैदा हुए, लेकिन बदनसीबी से वे सब के सब एक-एक बरस के होकर ख़ुदा के प्यारे हो गए। अहलिया से पटती बिलकुल ही न थी। इसलिए उन्हें ताउम्र माली तक़लीफ़ को तो सहना ही पड़ा, लेकिन साथ ही साथ अपने कुटुम्ब की तक़लीफ़ भी सहनी पड़ी। एक बार बरसात के मौसम में इनका पुराना मकान जहां-तहां से जर्जर हो चुका था जो कि अब टूटना शुरू हो गया था। छत से पानी टपकने लग गया था। तब मजबूर होकर इन्होंने अपने एक शागिर्द को ख़त लिखा। अपने उस ख़त में कुछ यूं गुज़ारिश की-

''मिया, बड़ी मुसीबत में हूं। महल सरा की दीवारें गिर गई हैं, छत जहां-तहां से टपक रही है। तुम्हारी फूफी कहती रहती हैं कि हाय मरी और हाय दबी। दीवानख़ाने का हाल महल सरा से भी बदतर है। मैं तो मरने से कभी नहीं डरता। फ़क़दानेराहत से घबरा गया हूं। छत छनती रहती है। अब्र अगर दो घंटे बरसे तो छत चार घंटे तक बरसती रहती है। मालिक अगर चाहे कि मरम्मत करे तो क्यों कर करे। मेह खुले तो सब कुछ हो, और फिर आसनाये मरम्मत में बैठा भी किस तरह रहूं। अगर तुमसे हो सके तो भाई से मुझको वह हवेली, जिसमें मीरहसन रहते थे, अपनी फूफी के और कोठी में से वह बालाख़ाना, मय दालान जेरी जो इलाही ख़ां मरहूम का मसकन था, मेरे रहने के लिए दिलवा दो। बरसात गुज़र जायेगी। मरम्मत भी हो जायेगी। फिर साहब, मेम साहब और

बाबा लोग अपने क़दीक मसकन में आकर रहेंगे। तुम्हारे वालिद के ईसार व अताके जहां मुझ पर एहसान हैं, एक यह मुरव्वत का अहसान मेरी पायाने उम्र में और भी सही।'' ख़त में लिखे हुए ये हालात ग़ालिब साहब की तकलीफ़ों और उनकी मुफ़लिसी को बराबर उजागर करते हैं।

एक बार ग़ालिब ने दिल्ली के युवराज जवांबख़्त की शादी खाना आबादी के मौक़े पर एक सेहरा लिखकर पढ़ा। जिसका आख़िरी शेर कुछ यूं था-

हम सुख़न फ़हम हैं ग़ालिब के तरफदार नहीं,
देखें इस सेहरे से कह दे कोई बेहतर सेहरा।

इसे सुनकर बादशाह ज़फ़र को यह ख़याल हुआ कि यह निशाना मुझ पर ही साधा गया है, चूंकि मैंने ही 'ज़ौक़' को दरबारी शायर बना लिया है। 'ज़ौक़' ने भी दरबार में बैठे-बैठे एक सेहरा लिखकर तैयार किया जिसका आख़री शेर भी कुछ इस तरह से था-

जिसका दावा है सुख़न का यं सुना दो उसको,
देख इस तरह से कहते हैं सुख़नवर सेहरा।

वास्तव में ग़ालिब ने 'ज़फ़र' या 'ज़ौक़' पर तीर नहीं चलाया था। उन्हें जब बादशाह की नाराज़गी की ख़बर मिली, तब इन्होंने मुआफ़ीनामे की शक्ल में ये ग़ज़ल लिखकर उनकी ख़िदमत में पेश की-

मंज़ूर है गुज़ारिशे अहवाल वाक़ई,
अपना बयान हुस्ने अबीअत नहीं मुझे।
सौ पुश्त से है पेशये आबा सिपहगरी,
कुछ शायरी ज़रीयए इज़्ज़त नहीं मुझे।
आज़ाद रौ हूं और मेरा मुसलिक है सुलहकुल,
हरगिज़ कभी किसी से अदावत नहीं मुझे।
क्या कम है यह शरफ़ कि ज़फ़र का ग़ुलाम हूं,
माना कि जाहो मसनबो सरवत नहीं मुझे।
उस्तादे शह से हो मुझे परख़ाश का ख़याल,
यह ताब यह मजाल यं ताक़त नहीं मुझे।
जामे जहांनुमा है शहनशाह का ज़मीर,
सौगन्द और गवाह की हाजत नहीं मुझे।
मैं कौन और रेख़ता हां इससे मुद्दआ,
जुज़ इम्बसात ख़ातिरे हज़रत नहीं मुझे।
सेहरा लिखा गया ज़रहे इम्तसाले अम्र,
देखा कि चारह ग़ैर इताअत नहीं मुझे।
मक़ते में आ पड़ी है सुख़न गुस्तराना बात,
मक़सूद इससे क़ता मुकब्बत नहीं मुझे।
रुए सुख़न किसी की तरफ़ हो तो रुसियाह,
सौदा नहीं जूनूं नहीं वहशत नहीं मुझे।
क़िस्मत बुरी सही पै तबीअत बुरी नहीं,

है शुक्र की जगह कि शिकायत नहीं मुझे।
सादिक़ हूं अपने क़ौल में ग़ालिब ख़ुदा गवाह,
कहता हूं सच कि झूट की आदत नहीं मुझे।

ग़ालिब हकीक़त में फ़ारसी के अज़ीमोशान शायर रहे। उर्दू में तो इन्होंने यूं ही मनोरंजन के लिए शायरी करना शुरू की। इससे जो कुछ भी लिखा लेकिन जो कुछ भी लिखा वो भी लाजवाब लिखा। ग़ालिब की शायरी में भरपूर सकून और पूरा मज़ा रहा। कहीं-कहीं पर इनके शेर बेहद नाज़ुक ख़याल और बारीकी लिए हुए रहे। लोग और दानिशमंद उस शायरी के अपने विचित्र और अलग अर्थ करने लगे। यह सब देखकर उन्होंने कहा-

न सतायश की तमन्ना न सिले की परवाह,
न सही गर मेरे अशआर के मानी न सही।

हकीम आग़ाजान ने इनके ख़याल की बारीकियों से तंग आकर एक मुशायरे में यह क़ता पढ़ा था-

अगर अपना कहा तुम आप ही समझे तो क्या समझे,
मज़ा कहने का जब है यह कहे और दूसरा समझे।
कलामे मीर समझे औ ज़ुबाने मीरज़ा समझे,
मगर इनका कहा यह आप समझे या ख़ुदा समझे।

उस दिन से ये अपनी शायरी के लिए कुछ ज़्यादा ही ज़िम्मेदार हो गए। अपनी शायरी में सरल और आम आदमी की समझ को ध्यान में रखा और उसे लिखना शुरू किया। बावजूद इसके भी लोग आसान शायरी के लिए गुज़ारिशें और अर्ज़ करने लगे। तब इन्होंने यह रुबाई कही-

मुश्किल है ज़बस कलाम मेरा ऐ दिल,
सुन सुनके उसे सुख़नवराने कामिल।
आसां कहने की करते हैं फ़रमाइश,
गोयम मुश्किल बगर न गोयम मुश्किल।

उर्दू में इनका एक ही दीवान है, ऐसा कहा जाता है लेकिन फ़ारसी में इनकी कई किताबें हैं कि जिन पर फ़ख़्र किया जा सकता है।

ग़ालिब बड़े ही क़द्रदान और फ़राख़दिल शायर थे। ज़ौक़ से इनकी बिलकुल ही नहीं पटती थी, तो भी ये ज़ौक़ के इस शेर की दिल खोलकर तारीफ़ किया करते थे-

अब तो घबराके ये कहते हैं कि मर जायेंगे।
मर के भी चैन न पाया तो किधर जायेंगे।

इसी तरह मोमिन का यह शेर भी ये बहुत पसंद करते थे-

तुम मेरे पास होते हो गोया।
जब कोई दूसरा नहीं होता।

मीर तक़ी मीर के ये बेहद दीवाने थे। सौदा को भी काफ़ी पसंद करते थे और उनकी तारीफ़ों के पुल बांधा करते थे। इनके भी बहुत सारे क़ाबिल शागिर्द हुए, जिनमें मुंशी हरगोपाल 'तुफ़्ता' सिकंदराबादी, नवाब ज़ियाउद्दीन ख़ां, मिर्ज़ा अलीबेग क़ुर्बान 'सालग', मीर मेहदी हुसैन 'मजरूह' और ख़्वाजा अल्ताफ़ हुसैन 'हाली'।

इस सभी शागिर्दों में ख़्वाजा अल्ताफ़ हुसैन 'हाली' ग़ालिब के ज़्यादा चहेते थे। हाली मुसलमानों के ज़ाती शायर थे। इन्होंने उर्दू शायरी की धारा ही बदल के रख दी। 'यादगारे ग़ालिब' लिखकर इन्होंने अपने उस्ताद के प्रति अक़ीदत पेश की है।

ग़ालिब पद्य तो अच्छा लिखते ही थे, गद्य भी इन्होंने ऐसा लिखा है कि उसके जोड़ का गद्य उर्दू अदब में आज तक कोई शायद लिख नहीं सका। उर्दू गद्य में इनका प्रसिद्ध ग्रंथ 'उर्दूए मुअल्ला' है। इस ग्रंथ में इनके ख़तों का संग्रह है। इसी तरह की इनकी दूसरा रिसाला है 'औद-ए-हिन्दी'।

ग़ालिब ने उर्दू अदब और शायरी में जो फ़लसफ़ाना ख़याल व सोच भरी है वो अपने आप में बेमिसाल ही नहीं बल्कि लोगों के दिल में अंदर तक नमूदार हुई। इन्होंने अपनी खुदमुख़्तार राहें तय की, बिना किसी की मदद लिए ही। न ही किसी की देखा-देखी और न ही किसी की नकल की। इनकी शायरी में दिल की बारीक से बारीक तरंगों में लहराती इतराती और उतराती साफ़ तौर से नज़र आती दिखाई देती है। जिसे पढ़ने के बाद हर ख़ासो आम की तबीअत फड़क जाती है। इनके शेरों में शब्द शिल्प, भाषा, प्रतीक और प्रस्तुतिकरण अपनेआप में बेजोड़, बेमिसाल और निराला है।

इन्होंने अपने उर्दू के दीवान में से बहुत सारी ग़ज़लों को निकालकर उसे छोटा कर दिया। इससे भरती का एक भी शेर रहने नहीं पाया। पीरी में ये कुछ बहरे हो गए थे। ऐसे वक़्त में ये चुपचाप लेटे ही रहते थे। गर किसी से कुछ कहना भी होता था तो ये क़ाग़ज पे लिखकर ही बातें किया करते थे। इस दुनिया-ए-फ़ानी से रुख़सत होने से पहले इन्होंने ये शेर कहा था-

दमे वापसी बरसरे राह है।
अज़ीज़ो अब अल्ला ही अल्लाह है।

ग़ालिब वज़ादारी के बहुत ही पाबंद थे। संवत् 1899 में देहली कॉलेज की बुनियाद रखी गई और कॉलेज खुल गया। उस कॉलेज में फ़ारसी के एक प्रोफ़ेसर की ज़रूरत महसूस की गई। उस वक्त टॉमसन साहब, जो गवर्नमेंट के सेक्रेटरी थे, वे प्रोफ़ेसर की तलाश करने लगे थे। काफ़ी छानबीन और पूछताछ के बाद ग़ालिब ही उनको पसंद आए। बुलाए जाने पर वे वहां पालकी में बैठकर पहुंचे। पालकी से उतरकर, वे वहां साहब का इंतज़ार करने लगे कि वे उनकी ख़ुशामदीदके लिए आयेंगे। लेकिन, न वे उनके पास आए और न ये उनके पास गए। दोनों एक-दूसरे के इंतज़ार में ही रहे। साहब ने चपरासी को इनके पास भेजा। इन्होंने कहलवा भेजा कि जब साहब इनकी ख़ुशामदीद के लिए बाहर नहीं आए तो मैं क्यों जाऊं? इतने में साहब भी बाहर निकल आए। साहब ने कहा- जब आप गवर्नर के दरबार में बहैसियत रियासत तशरीफ़ लाएंगे तब ही आपको वह तंज़ीम होगी। इस समय तो आप नौकरी के लिए आए हैं इसलिए उस मुस्तहक़ तंज़ीम के हक़दार नहीं हैं। तो गालिब ने जवाब दिया- गवर्नमेंट की नौकरी से मैं खुद को मोतबर समझता था, न कि बुज़ुर्गो की इज़्ज़त आबरू को गंवा दूं। साहब ने कहा- माफ़ करना, हम क़ानूनन मजबूर हैं। ग़ालिब वहां से लौटकर आ गए। बाद में साहब ने अस्सी रुपये माहवार पर मोमिन खां 'मोमिन' को वह ओहदा दे दिया।

इस वाक़ये से पहले इनकी पेंशन राजद्रोह का इलज़ाम लगाकर सरकार ने ज़ब्त कर ली थी। लेकिन आख़िर में वो पेंशन सरकार ने जारी कर दी थी। लेकिन, वो मिलती भी थी तो छठे महीने के छठे महीने में। शर्त कुछ ऐसी ही थी। पहले ही उनकी माली हालत ठीक न थी। इस तंगहाली में वे अपनी ज़िंदगी के दिन गुज़ारने लगे थे। एक बार इनकी परेशानी हदें पार कर चुकीं तो इन्होंने

अपनी अर्जी बादशाह के पास ग़ज़ल के रूप में लिखकर भेज दी। उस ग़ज़ल के कुछ शेर हम यहां दे रहे हैं-

ऐ शहनशाह आसमां औरंग,
ऐ जहांदार आफ़ताब आसार।
था मैं एक बे नवाये गोशानशीं,
था मैं एक दर्दमंद सीना फ़िगार।
तुमने तो मुझको आबरू बख़्शी,
हुई मेरी यह गर्मिये बाज़ार।
कि हुआ मुझसा ज़र्रये नाचीज़,
रुशनासे सवाबतो अय्यार।
कुछ तो जाड़े में चाहिए आख़िर,
मुदआये ज़रूरीउल इज़हार।
पीर मुरशद अगरचे मुझको नहीं,
ज़ौक़ आराइशे सरो दस्तार।
रात को आग और दिन को धूप,
भाड़ में जाये ऐसे लैलो निहार।
बस कि लेता हूं हर महीने कर्ज़,
और रहती है सूद की तक़रार।
मेरी तनख़्वाह में तिहाई का,
हो गया है रशीक साहूकार।

❖ ❖ ❖

ग़ालिब की शायरीः

ये न थी हमारी क़िस्मत कि विसाले यार होता।
अगर और जीते रहते यही इंतज़ार होता।
तेरे वादे पर जिये हम तो यह जान झूट जाता,
कि खुशी से मर न जाते अगर एतबार होता।
कोई मेरे दिल से पूछे तेरे तीर नीमकश को,
य ख़लिश कहां से होती जो जिगर के पार होता।
य कहां की दोस्ती कि बने हैं दोस्त नासेह,
कोई चारहसाज़ होता कोई ग़मगुसार होता।
कहूं किससे मैं कि क्या है? शबेग़म बुरी बला है?
मुझे क्या बुरा था मरना अगर एक बार होता।
हुए मरके हम जो रुसवा हुए क्यों न गर्क़े दरिया,
न कभी जनाज़ा उठता न कहीं मज़ार होता।
उसे कौन देख सकता कि यगाना है व यकता,
जो दुई की बू भी होती तो कहीं दो चार होता।

❖ ❖ ❖

आह को चाहिए इक उम्र असर होने तक।
कौन जीता है तेरी ज़ुल्फ़ के सर होने तक।
दाम हर मौज में है हलक़ये सद कामे निहंग,
देखें क्या गुज़रे हैं क़तरे पे गुहर होने तक।
आशिकी सब्र तलब और तमन्ना बेताब,
दिल का क्या रंग करूं ख़ूने जिगर होने तक।
हमने माना कि तग़ाफ़ुल न करोगे लेकिन,
ख़ाक हो जायेंगे हम तुमको ख़बर होने तक।
ग़मे हस्ती का असद किससे हो जुज़मर्ग इलाज,
शमा हर रंग में जलती है सहर होने तक।

❖ ❖ ❖

पूछते हैं वह कि ग़ालिब कौन है?
कोई बतलाओ कि हम बतलायें क्या?

❖ ❖ ❖

दर्द मिन्नत कशे दवा न हुआ।
मैं न अच्छा हुआ बुरा न हुआ।
है ख़बर गर्म उनके आने की,
आज हो घर में बोरिया न हुआ।

कितने शीरीं हैं तेरे लब कि रक़ीब,
गालियां खाके बेमजा न हुआ।
जमा करते हो क्यों रक़ीबों को,
इक तमाशा हुआ गिला न हुआ।
ज न दी हुई उसी की थी,
हक़ तो य है कि हक़ अदा न हुआ।
ज़ख़्म गर दब गया लहू न हुआ,
काम गर रुक गया रवा न हुआ।

❖ ❖ ❖

बस कि दुश्वार है हर काम का आसां होना।
आदमी को भी मयस्सर नहीं इन्सां होना।
गिरिया चाहे है ख़राबी मेरे काशाने की,
दरो दीवार से टपके है बयाबां होना।
वा य दीवानगीये शौक़ कि हरदम मुझको,
आप जाना उधर और आप ही हैरां होना।
हैफ़ उस चार गिरह कपड़े की क़िस्मत ग़ालिब,
जिसकी किस्मत में हो आशिक़ का गरेबां होना।

❖ ❖ ❖

घर हमारा जो न रोते भी तो बीरां होता।
बहर गर बहर न होता तो बयाबां होता।

❖ ❖ ❖

न था कुछ तो ख़ुदा था कुछ न होता ख़ुदा होता।
डुबाया मुझको होने ने होता मैं तो क्या होता।
हुआ जब ग़म से यों बेहिस तो ग़म क्या सर के कटने का,
न होता गर जुदा तन से तो ज़ानू पर धरा होता।
हुई मुद्दत कि ग़ालिब मर पर याद आता है,
वो हरयक बात पर कहना कि यों होता तो क्या होता।

❖ ❖ ❖

मेहरबां हो के बुला लो मुझे चाहो जिस वक़्त,
मैं गया वक़्त नहीं हूं कि फिर आ भी न सकूं।
जोफ़ में तानये अग़यार का शिकवा क्या है?
बात कुछ सर तो नहीं है कि उठा भी न सकूं।
ज़हर मिलता ही नहीं मुझको सितमगर वरना,
क्या क़सम है तेरे मिलने की कि खा भी न सकूं।

❖ ❖ ❖

इश्क़ मुझको नहीं वहशत ही सही।
मेरी वहशत तेरी शुहरत ही सही।
क़ता कीजे न तआल्लुक़ हमसे,
कुछ नहीं है तो अदावत ही सही।
हम कोई तर्के वफ़ा करते हैं,
न सही इश्क मुसीबत ही सही।
यार से छोड़ चली जाये 'असद',
गर नहीं वस्ल तो हसरत ही सही।

❖ ❖ ❖

कोई उम्मीद बर नहीं आती।
कोई सूरत नज़र नहीं आती।
मौत का एक दिन गुऐयन है,
नींद क्यों रातभर नहीं आती।
आगे आती थी हाले दिल प हंसी,
अब किसी बात पर नहीं आती।
है कुछ ऐसी ही बात तो चुप हूं,
वरना क्या बात कर नहीं आती।
हम वहां हैं जहां से हमको भी,
कुछ हमारी ख़बर नहीं आती।
मरते हैं आरज़ू में मरने की,
मौत आती है पर नहीं आती।

❖ ❖ ❖

बात पर वां अज़बान कटती है,
वह कहें औ सुना करे कोई।
बक रहा हूं जूनूं में क्या क्या कुछ,
कुछ न समझे ख़ुदा करे कोई।
न सुनो गर बुरा कहे कोई,
न कहो गर बुरा करे कोई।
रोक लो गर गलत चले कोई,
बख़्श दो गर ख़ता करे कोई।
कौन है जो नहीं है हाजतमन्द,
किसकी हाजत रवा करे कोई।
जब तवक़्क़ा की उठ गई 'ग़ालिब'
क्यों किसी का गिला करे कोई।

❖ ❖ ❖

नुक़्ताचीं है ग़मे दिल उसको सुनाये न बने।
क्या बनें बात जहां बात बनाये न बने।
मैं बुलाता तो हूं उसको मगर ऐ जज़्बये दिल,
उस प बन जाये कुछ ऐसी कि बिन आये न बने।
इस नज़ाकत का बुरा हो वो भले हैं तो क्या,
हाथ आये तो उन्हें हाथ लगाये न बने।
कह सके कौन कि यह ज़लवागिरी किसकी है,
परदा छोड़ा है वह उसने कि उठाये न बने।
इश्क़ पर ज़ोर नहीं है ये वो आतिश ग़ालिब,
कि लगाये न लगे और बुझाये न बने।

❖ ❖ ❖

यं हम जो हिज्र में दीवारों दर को देखते हैं।
कभी सबा को कभी नामाबर को देखते हैं।
वो आये घर में हमारे ख़ुदा की क़ुदरत है,
कभी हम उनको कभी अपने घर को देखते हैं।
नज़र लगे न कभी उसके दस्तो बाज़ू को,
यं लोग क्या मेरे ज़ख़्मे जिगर को देखते हैं।

❖ ❖ ❖

दोस्त ग़मख़्वारी में मेरी सई फ़रमायेंगे क्या?
ज़ख़्म के भरने तलक नाख़ून न बढ़ जायेंगे क्या?
बेनियाज़ी हद से गुज़री बन्दापरवर कब तलक,
हम कहेंगे हाले दिल और आप फरमायेंगे क्या?
आ वां तेग़ो कफ़न बांधे हुए जाता हूं मैं,
उज्र मेरे क़तल करने में वो आप लायेंगे क्या?
गर किया नासेह ने हमको क़ैद अच्छा, यों ही सही,
यह जुनूने इश्क़ के अंदाज़ छूट जायेंगे क्या?
खानअज़ादे जुल्फ़ है ज़ंजीर से भागेंगे क्यों,
हैं गिरफ़्तार वफ़ा ज़िन्दां से घबरायेंगे क्या?
हैं अब इस मामूर में कहते ग़मे उल्फ़त 'असद',
हमने यह माना कि दिल्ली में रहें, खायेंगे क्या?

❖ ❖ ❖

सादगी पर उसके मर जाने की हसरत दिल में है।
बस नहीं चलता कि फिर खंजर कफ़े क़ातिल में है।
देखना तक़रीर की लज़्ज़त कि जो उसने कहा,
मैंने यह जाना कि गोया यह भी मेरे दिल में है।

गरचे है किस किस बुराई से वले बाई हया,
ज़िक्र मेरा मुझे बेहतर है कि उस महफ़िल में है।
बस हुजूमे नाउमेदी ख़ाक में मिल जायेगी,
यह जो इक लज़्ज़त हमारी सइए बे हासिल में है।

❖ ❖ ❖

हमसे खुल जाओ व वक़्ते मयपरस्ती एक दिन।
वरना हम छेड़ेंगे रखकर उज़्रे मस्ती एक दिन।
ग़ुर्रये औहजे बिनाये आलमे इमकां न हो,
इस बुलंदी के नसीबों में है पस्ती एक दिन।
कर्ज़ की पीते थे मय लेकिन समझते थे कि हां,
रंग लायेंगी हमारी फ़ाक़ामस्ती एक दिन।
नग़महाये ग़म को भी ऐ दिन, गनीमत जानिये,
बे सदा हो जायेगी यह साज़े हस्ती एक दिन।

❖ ❖ ❖

हरेक बात प' कहते हो तुम कि तू क्या है?
तुम्हीं कहो कि यह अंदाज़े गुफ़्तगू क्या है?
जला है जिस्म जहां दिल भी जल गया होगा,
कुरेदते हो जो अब राख जूस्तजू क्या है?
रगों में दौड़ते फिरने के हम नहीं क़ायल,
जब आंख ही से न टपका तो फिर लहू क्या है?

❖ ❖ ❖

उनके देखने से जो आ जाती है मुंह पर रौनक़,
वो समझते हैं कि बीमार का हाल अच्छा है।
क़तरए दरिया में जो मिल जाय तो दरिया हो जाय,
काम अच्छा है वो जिसका कि मआल अच्छा है।
हमको मालूम है जन्नत की हक़ीकत लेकिन,
दिल के खुश रखने को 'ग़ालिब' य ख़याल अच्छा है।

❖ ❖ ❖

ग़ैर लें महफ़िल में बोसे जाम के।
हम रहें या तिश्नालब पैग़ाम के।
ख़त लिखेंगे गश्चअ मतलब कुछ न हो,
हम तो आशिक़ हैं तुम्हारे नाम के।
इश्क ने 'गालिब' निकम्मा कर दिया,
वरना हम भी आदमी थे काम के।

❖ ❖ ❖

चाहिए अच्छों को जितना चाहिये।
यह अगर चाहे तो फिर क्या चाहिये।
चाक मत कर जेब बे ऐयाम गुल,
कुछ उधर का भी इशारा चाहिए।
दोस्तों का परदा है बेगानगी,
मुंह छिपाना हमसे छोड़ा चाहिए।
मुनहसर मरने प जिसकी हो उम्मीद,
नाउमेदी उसकी देखा चाहिए।

❖ ❖ ❖

हज़ारों ख़्वाहिशें ऐसी कि हर ख़्वाहिश प दम निकले।
बहुत निकले मेरे अरमान लेकिन फिर भी कम निकले।
निकलना ख़ुल्द से आदम का सुनते आए हैं लेकिन,
बहुत बे आबरू होकर तेरे कूचे से हम निकले।
मुहब्बत में नहीं है फ़र्क जीने और मरने का,
उसी को देखकर जीते हैं जिस काफ़िर प दम निकले।

❖ ❖ ❖

रहिए अब ऐसी जगह चलकर जहां कोई न हो।
हम सुख़न कोई न हो औ हमज़बां कोई न हो।
बेदरो-दीवार सा इक घर बनाना चाहिए,
कोई हमसाया न हो औ पासबां कोई न हो।
पड़िये गर बीमार तो कोई न हो तीमारदार,
औ अगर मर जाइये तो नौहाख़्वां कोई न हो।

❖ ❖ ❖

हम मवाहिद हैं हमारा केश है तर्के रसूम,
मिल्लतें जब मिट गईं अजज़ाये ईयां हो गई।
रंज से ख़ू गर हुआ इन्सां तो मिट जाता है रंज,
मुश्किलें मुझ पर पड़ीं इतनी कि आसां हो गई।
यों ही गर रोता रहा 'ग़ालिब' तो ऐ एहले जहां,
देखना इन बस्तियों को तुम कि वीरां हो गई।

❖ ❖ ❖

हविस को है निशाते कार क्या क्या?
न हो मरना तो जीने का मज़ा क्या?
बलाये जां है 'ग़ालिब' उसकी हर बात,
इबारत क्या, इशारत क्या, अदा क्या?

❖ ❖ ❖

बुलबुल के कारोबार प है खन्दहाये गुल,
कहते हैं जिसको इश्क़ ख़लल है दिमाग़ का।
सौ बार बन्दे इश्क़ से आज़ाद हम हुये,
पर क्या करें कि दिल ही उद् है फराग़ का।

❖ ❖ ❖

इश्क से तबीअत ने ज़ीस्त का मज़ा पाया।
दर्द की दवा पायी दर्द बेदवा पाया।
दोस्तदारे दुश्मन है ऐतमादे दिल मालूम,
आह बे असर देखी नाला ना रसा पाया।
सादगी और पुरकारी बेख़ुदी औ होशियारी,
हुस्न को तग़ाफुल में जुशअ आज़मा पाया।
गुंचा फिर लगा खिलने, आज हमने अपना दिल,
ख़ूं किया हुवा देखा गुम किया हुआ पाया।
हाले दिल नहीं मालूम लेकिन इस क़दर यानी,
हमने बारहा ढूंढा तुमने बारहा पाया।

❖ ❖ ❖

दिल मेरा सोज़े निहां से बे मुहाबा जल गया।
आतिशे खामोश के मानिन्द गोया जल गया।
दिल में ज़ौके वस्ल औ यादे यार तक बाक़ी नहीं,
आग इस घर में लगी ऐसी कि जो था जल गया।
मैं अदम से भी परे हूं वरना ग़ाफ़िल बारहा,
मेरी आहें आतिशे से बाले अनक़ा जल गया।
अर्ज़ कीजे जोहरे अन्देश की गरमी कहां,
कुछ ख़याल आया था वह रात का कि सेहरा जल गया।
मैं हूं और अफ़सुर्दगी की आरज़ू ग़ालिब कि दिल,
देख कर तरज़े तपाके अहले दुनिया जल गया।

❖ ❖ ❖

शौक़ हर रंग रक़ीबे सरो सायां निकला।
क़ैस तस्वीर के परदे में भी उरियां निकला।
ज़ख़्म ने दाद न दी तंगीये दिल की या रब,
तीर भी सीनए बिस्मिल से पुरअफ़शां निकला।
बू ए गुल नालाए दिले दूदे चराग़े महफ़िल,
जो तेरी बज़्म से निकला सो परेशां निकला।
दिल में फिर गर ये ले इक शोर उठाया ग़ालिब,
आह जो क़तरा न निकला था सो तूफ़ां निकला।

❖ ❖ ❖

फिर मुझे दीदये तर याद आया।
दिल जिगर तिश्नए फ़र याद आया।
दम लिया था न क़यामत ने हनोज़,
फिर तेरा वक़्ते सफर याद आया।
सादगी हाये तमन्ना यानी,
फिर वो निरंग नज़र याद आया।
उज़्रे दामांदगी अए हसरते दिल,
नाला करता था जिगर याद आया।
ज़िंदगी यूं भी गुज़र ही जाती,
क्यों तेरा राह गुज़र याद आया।
क्या ही रिज़वां से लड़ाई होगी,
घर तेरा ख़ुल्द में गर याद आया।
आह वो जुराअते फरयाद कहां,
दिल से तंग आ के जिगर याद आया।
फिर तेरे कूचे को जाता है ख़याल,
दिले गुमगश्ता मगर याद आया।
कोई वीरानी सी वीरानी है,
दश्त को देख के घर याद आया।
मैंने मजनूं पे लड़कपन में असद,
संग उठाया था कि सर याद आया।

❖ ❖ ❖

अर्ज़े नियाज़े इश्क़ के क़ाबिल नहीं रहा।
जिस दिल प नाज़ था मुझे वो दिल नहीं रहा।
जाता हूं दाग़े हसरते हस्ती लिए हुअे,
हूं शमऐ कुश्ता दर ख़ुरे महफ़िल नहीं रहा।
मरने की ऐ दिल और ही तदबीर कर कि मैं,
शायाने दस्तो बाज़ुअे क़ातिल नहीं रहा।
बर रुअे शश जहत दरे आईना बाज़ है,
यां इम्तियाज़े नाक़से ओ कामिल नहीं रहा।

❖ ❖ ❖

जोर से बाज़ आये पर बाज़ आयें क्या।
कहते हैं हम तुझको मुंह दिखलायें क्या।
रात दिन गर्दिश में हैं सात आसमां,
हो रहेगा कुछ न कुछ घबरायें क्या।
लाग हो तो उसको हम समझें लगाव,
जब न हो कुछ भी तो धोका खायें क्या।
हो लिये क्यों नामाबर के साथ-साथ,

या रब अपने ख़त को हम पहुंचायें क्या।
मौजे ख़ूं सर से गुज़र ही क्यों न जाये,
आस्ताने यार से उठ जायें क्या।
उम्र भर देखा किये मरने की राह,
मर गए पर देखिए दिखलायें क्या।
पूछते हैं वो कि ग़ालिब कौन है,
कोई बतलाओ कि हम बतलायें क्या।

❖ ❖ ❖

ग़मे दुनिया से गर पायी भी फ़ुरसत सर उठाने की।
फ़लक का देखना तक़रीब तेरे याद आने की।
खुलेगा किस तरह मज़मूं मेरे मकतूब का या रब,
क़सम खाई है उस काफ़िर ने काग़ज़ के जलाने की।
उन्हें मंजूर अपने ज़ख़्मियों का देख आना था,
उठे थे सैरे गुल को देखना शोख़ी बहाने की।
हमारी सादगी थी इल्तफ़ाते नाज़ पर मरना,
तेरा आना न था ज़ालिम मगर तमहेद जाने की।
लक्द कोबे हवादिस का तहमिल कर नहीं सकती,
मेरी ताक़त कि ज़ामिन थी बुतों के नाज़ उठाने की।
लिपटना पर नियां में शोलए आतिश का आसां था,
वले मुश्किल है हिकमत दिल में सोज़े ग़म छुपाने की।
कहूं क्या ख़ूबीये अदज़ाओ अबनाये ज़मां 'ग़ालिब',
बदी की उसने जिससे हमने की थी बारहा नेकी।

❖ ❖ ❖

तस्की को हम न रोयें तो ज़ौके नज़र मिले।
हुदराने ख़ुल्द में तेरी सूरत मगर मिले।
अपनी गली में मुझको न कर दफ़्न बादे क़त्ल,
मेरे पते से ख़ल्क़ को क्यों तेरा घर मिले।
सानी गरी की शर्म करो आज वरना हम,
हर शब पीया ही करते हैं मय जिस क़दर मिले।
मुझसे तो कुछ कलाम नहीं लेकिन ऐ नदीम,
मेरा सलाम कहियो अगर नामाबर मिले।
तुमको भी हम दिखायें कि मजनूं ने क्या किया,
जुसत कशा कशे ग़मे पिनहां से गर मिले।
लाज़िम नहीं कि ख़िज़्र का हम पैरवी करें,
जाना कि इक बुज़ुर्ग हमें हमसफ़र मिले।

❖ ❖ ❖

दिले नादां तुझे हुआ क्या है।
आख़िर इस दर्द की दवा क्या है।
हम हैं मुश्ताक़ और वो बेज़ार,
या इलाही ये माजरा क्या है।
मैं भी मुंह में ज़बान रखता हूं,
काश पूछो कि मुद्दआ क्या है।
जब कि तुझ बिन नहीं कोई मौजूद,
फिर ये हंगामा ऐ ख़ुदा क्या है।
य परी चेहरा लोग कैसे हैं,
ग़मज़ा औ इश्क़ो अदा क्या है।
शिकने ज़ुल्फ़े अनबरें क्यों है,
निगहे चश्मे सुरमा सा क्या है।
सब्ज़ो गुल कहां से आये हैं,
अब्र क्या चीज़ है हवा क्या है।
हमको उनसे वफ़ा की है उम्मीद,
जो नहीं जानते वफ़ा क्या है।
हां भला कर तेरा भला होगा,
और दरवेश की सदा क्या है।
जान तुम पर निसार करता हूं,
मैं नहीं जानता दुआ क्या है।
मैंने माना कि कुछ नहीं 'ग़ालिब',
मुफ़्त हाथ आये तो बुरा क्या है।

❖ ❖ ❖

आ कि मेरी जान को क़रार नहीं है।
ताक़तें बेदादे इन्तज़ार नहीं है।
देते हैं जन्नत हयाते दहर के बदले,
नशा ब अंदाज़ाए ख़ुमार नहीं है।
गर य निकाले है तेरी बज़्म से मुझको,
हाये कि रोने पे अख़्तियार नहीं है।
हम से अबस है गुमाने रंजिशे ख़ातिर,
ख़ाक में उश्शाक़ की ग़ुबार नहीं है।
दिल से उठा लुत्फ़े जलवा हाये मानी,
ग़ैरे गुल आईनाए बहार नहीं है।
क़त्ल का मेरे क्या है अहद तो बारे,
वाये अगर अहद उस्तुवार नहीं है।
तूने क़सम मैकशी की खाई है 'ग़ालिब',
तेरी क़सम का कुछ एतबार नहीं है।

❖ ❖ ❖

मैं उन्हें छेड़ूं और कुछ न कहें,
चल निकलते जो मय पिये होते।
क़हर हो गया बला हो जो कुछ हो,
काश के तुम मेरे लिए होते।
मेरी क़िस्मत में ग़म गर आना था,
दिल भी या रब कई दिये होते।
आ ही जाता वो राह पर 'ग़ालिब',
कोई दिन और भी जिये होते।

❖ ❖ ❖

वो आके ख़्वाब में तस्कीने इज़्तराब तो दे।
देले मुझे तपिशे दिल मजाले ख़्वाब तो दे।
करे हैं क़त्ल लगावट में तेरा रो देना,
तेरी तरह कोई तेग़े निगह को आब तो दे।
दिखा के जुम्बिशे लब ही तमाम कर हमको,
न दे जो बोसा तो मुंह से कहें जवाब तो दे।
पिला ले ओक से साक़ी जो हमसे नफ़रत है,
पयाला गर नहीं देता न दे शराब तो दे।
'असद' ख़ुशी से मेरे हाथ पांव फूल गये,
कहा जो उसने 'ज़रा मेरे पांव दाब तो दे।'

❖ ❖ ❖

कभी नेकी भी उसके जी में गर आ जाये है मुझसे।
जफ़ाये कर के अपनी याद शरमा जाये है मुझसे।
ख़ुदाया जज़्बए दिल की मगर तासीर उल्टी है,
कि जितना खींचता हूं और खीचा जाये है मुझसे।
वो बदख़ू और मेरी दास्ताने अश्क़े तुबलानी,
इबारत मुख़्तसर क़ासिर भी घबरा जाये है मुझसे।
उधर वो बदगुमानी है इधर ये नातवानी है,
न पूछा जाये है उससे न बोला जाये है मुझसे।
संभलने दे मुझे ऐ नाउम्मीदी क्या क़यामत है,
कि दामाने ख़याले यार छूटा जाये है मुझसे।
तकल्लुफ़ बर तरफ़ नज़्ज़ारगी में भी सही लेकिन
वो देखा जाये कब या ज़ुल्म देखा जाये है मुझसे।
हुए हैं पांव ही पहले नबरुदे इश्क़ में ज़ख़्मी,
न भागा जाये है मुझसे न ठहरा जाये है मुझसे।
क़यामत है कि होवे मुद्दई का हमसफ़र 'ग़ालिब'
वो काफ़िर जो ख़ुदा को भी न सौंपा जाये है मुझसे।

'ग़ालिब' तुम्हीं कहो कि मिलेगा जवाब क्या,
माना कि तुम कहा किये और वो सुना किये।

❖ ❖ ❖

आये हो कल औ आज ही कहते हो कि जाऊं,
माना कि हमेशा नहीं अच्छा कोई दिन और।
जाते हुए कहते हो क़यामत को मिलेंगे,
क्या ख़ूब क़यामत का है गोया कोई दिन और।

❖ ❖ ❖

य फ़ितना आदमी की ख़ाना वीरानी को क्या कम है,
हुए तुम दोस्त जिसके दुश्मन उसका आसमां क्यों हो।
यही है आज़माना तो सताना किसको कहते हैं,
उदू के हो लिये जब तुम तो मेरा इम्तहां क्यों हो।

❖ ❖ ❖

इशरते क़तरा है दरिया में फ़ना हो जाना,
दर्द का हद से गुज़रना है दवा हो जाना।
दिल से मिटना तेरा अंगुश्त हिनाई का ख़्याल,
हो गया गोश्त से नाख़ून का जुदा हो जाना।

❖ ❖ ❖

क़हर हो या बला हो जो कुछ हो,
काश कि तुम मेरे लिए होते।
मेरी क़िस्मत में ग़म गर इतना था,
दिल भी या रब कई दिये होते।

❖ ❖ ❖

रोने से और इश्क़ में बेबाक हो गये,
धोये गये हम इतने कि बस पाक हो गये।
कहता है कौन नालये बुलबुल को बेअसर,
परदे में गुल के लाख जिगर चाक हो गये।

❖ ❖ ❖

बोसा नहीं न दीजिये दुश्नाम ही सही,
आख़िर ज़ुबां तो रखते हो गर दहां नहीं।
नुक़सां नहीं जूनूं में बला से हो घर ख़राब,
सौ गज़ ज़मीं के बदले बियाबां गिरां नहीं।

❖ ❖ ❖

गदा समझ के व' चुप या मेरी जो शामत आई,
उठा औ उठ के क़दम मैंने पासबां के लिये।
ज़ुबां पे बारे ख़ुदाया य' किसका नाम लिया,
कि मेरे नुत्क़ ने बोसे मेरी ज़ुबां के लिये।

❖ ❖ ❖

लाग़िर इतना हूं कि गर तू बज़्म में जा दे मुझे।
मेरा ज़िम्मा देख कर गर कोई बदला दे मुझे।
क्या तआज्जुब है कि उसको देखकर आ जाये रहम,
वां तलक कोई किसी हीले से पहुंचा दे मुझे।
मुंह न दिखलावे न दिखला पर ब अंदाज़े अताब,
खोल कर परदा ज़रा आंखें ही दिखला दे मुझे।
यां तलक मेरे गिरफ़्तारी से वो ख़ुश हैं कि मैं,
ज़ुल्फ़ गर बन जाऊं तो शाने में उलझा दे मुझे।

❖ ❖ ❖

इब्ने मरियम हुआ करे कोई।
मेरे दुख की दवा करे कोई।
शरअ ओ आअेयन पर मदार सही,
ऐसे क़ाबिल का क्या करे कोई।
चाल जैसे कड़ी कमान का तीर,
दिल में ऐसे कि जा करे कोई।
बात पर वां ज़बान कटती है,
वो कहें और सुना करे कोई।
बिक रहा हूं जुनूं में क्या नया कुछ,
कुछ न समझे ख़ुदा करे कोई।
न सुनूं गर बुरा कहे कोई,
न कहूं गर बुरा करे कोई।
रोक लो गर ग़लत चले कोई,
बख़्श दो गर ख़ता करे कोई।
जब तो कुअए ही उठा गई 'ग़ालिब',
क्यों किसी का गिला करे कोई।

❖ ❖ ❖

मस्ती ब ज़ौक़े ग़फ़लते साक़ी हलाक है।
मौजे शराब यक मिज़ा ख़्वाबनाक है।
जुज़ ज़ख़्मे तेग़े नाज़ नहीं दिल में आरज़ू,
जैबे ख़याल भी तेरे हाथों से चाक है।

जोरो जूनं से कुछ नज़र आता नहीं 'असद',
सेहरा हमारी आंख में यक मुश्ते ख़ाक है।

❖ ❖ ❖

आईना क्यों न दूं कि तमाशा कहें जिसे।
ऐसा कहां से लाऊं कि तुझसा कहें जिसे।
हसरत ने ला रखी तेरी बज़्में ख़याल में,
गुलदस्ता निगाह सुवैदा कहें जिसे।
फूंका है किसने गोशे मुहब्बत में ऐ खुदा,
अफ़सोने इन्तज़ार तमन्ना कहें जिसे।
सर पर हुजूमे दर्दे ग़रीबी से डालिये,
वो एक मुश्त ख़ाक सहरा कहें जिसे।
है चश्मे तर में हसरते दीदार से निहां,
शौके इनां गुसिख़्ता दरिया कहें जिसे।
दश्कार है शगुफ्तने गुल हाये ऐश को,
'ग़ालिब' बुरा न मान जो वाइज़ बुरा कहे,
ऐसा भी कोई है कि सब अच्छा कहें जिसे।

❖ ❖ ❖

मंज़ूर थी य शक्ल तअल्ली को नूर की।
क़िस्मत खुली तेरे क़दो रुख से ज़हूर की।
वाइज़ न तुम पियो न किसी को पिला सको,
क्या बात है तुम्हारी शराबे तहूर की।
लड़ता है मुझसे हश्र ये क़ातिल कि क्यों उठा
गोया अभी सुनी नहीं आवाज़ सूर की।
आमद बहार की है जो बुलबुल है नग़्मा संज,
उड़ती सी एक ख़बर है ज़बानी तयूर की।
क्या फ़र्ज है कि सबको मिले एक सा जवाब,
आवो न हम भी सैर करें कोहे नूर की।
गश्मी सही कलाम में लेकिन न इस क़दर,
की जिससे बात उसने शिकायत ज़रूर की।
'ग़ालिब' गर इस सफ़र में मुझे साथ ले चलें,
हज का सवाब नज़्र करूंगा हुज़ूर की।

❖ ❖ ❖

रोने से और इश्क़ में बेबाक हो गये।
धोये गये हम इतने कि बस पाक हो गये।
सरफ़े बहाये मय हुये आलाते मयकशी,

ये यही दो हिसाब सो यूं पाक हो गये।
रुसवाये दहर गो हुए आवारगी से तुम,
बारे तबीयतों के तो चालाक हो गये।
कहता है कौन नालये बुलबुल को बेअसर,
परदे में गुल के लाख जिगर चाक हो गये।
पूछे है क्या वजूदो अदम अहले शौक़ का,
आप अपनी आग के ख़सो ख़ाशाक हो गये।
करने गये थे उससे तग़ाफुल का हम मिला,
की एक ही निगाह कि बस ख़ाक हो गये।
इस रंग से उठाई कल उसने 'असद' की नआश,
दुश्मन भी जिसको देखके ग़मनाक हो गये।

❖ ❖ ❖

हम रश्क को अपने भी गवारा नहीं करते।
मरते हैं वले उनकी तमन्ना नहीं करते।
दर परदा उन्हें ग़ैर से है रब्ते निहानी,
ज़ाहिर का य' परदा है कि परदा नहीं करते।
यह बाइसे नउमीदीए अरबाबे हवस है,
'ग़ालिब' को बुरा कहते हो अच्छा नहीं करते।

❖ ❖ ❖

ज़िंदगी अपनी जब इस शक्ल से गुज़री ग़ालिब,
हम भी क्या याद करेंगे कि ख़ुदा रखते थे।

❖ ❖ ❖

कुछ शेरः

सीने का दाग़ है वो नाला कि लब तक न गया।
ख़ाक का रिज़्क़ है वह क़तरा जो दरिया न हुआ।

❖ ❖ ❖

कोई बीरानी सी वीरानी है,
दश्त को देखकर घर याद आया।

❖ ❖ ❖

क़ासिद के आते आते खत इक और लिख रखूं,
मैं जानता हूं जो वो लिखेंगे जवाब में।

❖ ❖ ❖

पूछते हैं वह कि ग़ालिब कौन है,
कोई बतलाओ कि हम बतलायें क्या?

❖ ❖ ❖

इन आबलों से पांव के घबरा गया मैं,
जी ख़ुश हुआ है राह को पुरख़ार देखकर।

❖ ❖ ❖

न लुटता दिन को तो कब रात को यूं बेख़बर सोता,
रहा खटका न चोरी का दुआ देता हूं रहज़न को।

❖ ❖ ❖

शब को किसी के ख़्वाब में आया न हो कहीं,
दुखते हैं आज उस बुते नाजुक बदन के पांव।

❖ ❖ ❖

उग रहा है दरो दीवार से सब्ज़ा ग़ालिब,
हम बयाबां में हैं और घर में बहार आई है।

❖ ❖ ❖

इस सादगी प कौन न मर जाये ऐ ख़ुदा,
लड़ते हैं और हाथ में तलवार भी नहीं।

❖ ❖ ❖

मिलना तेरा अगर नहीं आसां तो सहल है,
दुश्वार तो यही है कि दुश्वार भी नहीं।

❖ ❖ ❖

3

मीर तक़ी मीर

इब्तिदाये-इश्क़ है रोता है क्या?
आगे आगे देखिये होता है क्या?

सिरहाने मीर के आहिस्ता बोलो,
अभी टूक रोते रोते सो गया है।

अदब की दुनिया में मीर को दर्द और मुहब्बत का शायर माना गया है। इनका नाम मुहम्मद तक़ी और पिता का नाम मीर अब्दुल्ला था, 'मीर' इनका उपनाम था। इनका जन्म संवत् 1768 में आगरा में हुआ था। इनकी मृत्यु संवत् 1865 में हुई।

मीर ख़ाबोआम में ख़ाने आरज़ू के भांजे के रूप में प्रसिद्ध थे। ये मीर अब्दुल्ला की पहली पत्नी से पैदा हुए थे। पहली पत्नी के मर जाने के बाद मीर अब्दुल्ला ने ख़ाने आरज़ू की बहन से दूसरा निक़ाह पढ़वाया। इसी संबंध के चलते ये ख़ाने आरज़ू के भांजे कहलाए। इनका रंग गेहुआं, क़द मंझोला और शरीर पतला था। छोटी-सी उम्र में ही पिता के इंतक़ाल के बाद ये दिल्ली चले आये। ख़ान आरजू ने ही इनका पालन पोषण किया, पढ़ाया लिखाया और कविता करना सिखाया। लेकिन किसी धार्मिक मतभेद को लेकर उनसे अलग हो गए।

अपनी शायरी के लिए ये दिल्ली में इतने प्रसिद्ध हुए कि लोग इन्हें इनकी ग़ज़लों के लिए एक शहर से दूसरे शहरों में ले जाने लगे। अपनी स्वतंत्र प्रवृति के कारण इनका जीवन सदा ग़ुरबत में ही बीता। ये संसार में किसी को बड़ा नहीं समझते थे। फिर भला ख़ुशामद पसंद दुनिया इनकी ओर अच्छी दृष्टि क्यों करने लगता? शाह आलम के दरबार में इनका बड़ा सम्मान था, दरबार में अमीर उमरावों की महफ़िलों में इनके लिए सम्मान का स्थान रहता था, लेकिन सिर्फ सम्मान से तो पेट नहीं भर सकता। अपने परिवार के लिए और पालन पोषण व पेट भरने के लिए धन की ज़रूरत तो पड़ती ही है। शाह आलम का कोष ख़ाली पड़ा था। ख़ाली ऊपरी चमक दमक बाक़ी थी, उससे इनको क्या लाभ था? धनाभाव से खिन्न होकर संवत् 1831 में इन्होंने दिल्ली छोड़ दी। दिल्ली से लखनऊ तक जाने का इनके पास गाड़ी भाड़ा भी न था। विवश होकर इन्होंने एक व्यक्ति को साथ कर लिया और दिल्ली को अलविदा की। दोनों व्यक्ति गाड़ी में बैठकर चले। कुछ आगे चलकर उस व्यक्ति ने कुछ बात की, इन्होंने अपना मुंह दूसरी ओर फेर लिया। कुछ देर के बाद उसने फिर कोई बात की तो मीर ने झुंझलाकर कहा- जनाब! आपने किराया दिया है, गाड़ी में बैठिये। बातों से आपका क्या संबंध? उसने कहा- हज़रत, हर्ज़ क्या? राह में बातों से ज़रा जी बहलता है। मीर साहब बिगड़कर बोले- आपका तो जी बहलता है और मेरी भाषा बिगड़ती है। इससे मालूम पड़ता

है कि मीर तक़ी मीर भाषा के प्रति निष्ठावान और समर्पित थे, चूंकि वो भाषा को अदब की आबरू समझते थे।

ख़ैर, जैसे तैसे लखनऊ पहुंचे, वहां एक सराय में ठहरे। उस दिन शहर में पहुंचने पर उन्हें मालूम हुआ कि कहीं मुशायरा है। वे ख़ुद को रोक न सके। उसी वक़्त ग़ज़ल लिखी और कपड़े पहनकर मुशायरे में जा बैठे। पुराना रंग-ढंग, खिड़कीदार पगड़ी, पचास गज़ घेर का जामा, एक पूरा थान कमर से बंधा, पटरीदार तह किया हुआ रूमाल, मशरू का पायजामा, नागफ़नी की अनीदार जूती, जिसकी नोक डेढ़ बिते भर ऊंची थी, कमर में एक सीधी तलवार, दूसरी ओर कटार और हाथ में छड़ी। इस रूप में इनको देखकर लखनऊ की नई कटछंट के बांके तिरछे नौजवान हंसे बिना न रह सके। मीर साहब बिचारे हाथ के तंग, ज़माने के सताए हुए, इस हंसी से और भी मर्माहत हुए।

सब ग़ज़लें पढ़ चुके। इनके सामने जब शमअ आई तो सब की दृष्टि इन पर पड़ी। लोगों ने पूछा- आपका वतन कहां है? मीर साहब ने समस्या पूर्ति वाली ग़ज़ल के कुछ नीचे लिखे मिसरे पढ़े-

क्या बूदोबाश पूछो हो पूरब के साकिनों,
हमको ग़रीब जान के हंस हंस के पुकार के।
दिल्ली जो एक शहर था आलम में इन्तख़ाब,
रहते थे मुन्तख़िब ही जहां रोज़गार के।
उसको फ़लक ने लूट के वीरान कर दिया,
हम रहने वाले हैं उसी उजड़े दयार के।

सबको इनका परिचय प्राप्त हुआ। सबने इनसे हास-परिहास के लिए माफ़ी मांगी। सबेरा होते-होते सारे शहर में मीर साहब के आने की 9ख़बर फैल गई। नवाब आसफ़ुद्दौला ने भी सुना, इन्होंने मीर को दो सौ रुपये महीना वेतन नियत कर लिया।

क्रोध तो इनकी नाक पर रहता था। एक दिन नवाब ने एक ग़जल चाही, दो तीन दिन बाद दरबार में गये नवाब ने पूछा- मीर साहब, हमारी ग़ज़ल ले आये? मीर साहब आपे से बाहर हो गए और बोले- आली जनाब, मज़मून मेरी जेब में तो भरे नहीं रहते कि आपने जब चाहा और मैंने ग़ज़ल निकालकर दे दी। नवाब बेचारे अच्छे स्वभाव के थे, कहने लगे- अच्छा, जब इच्छा हो कह दीजिए।

एक दिन नवाब ने बुला भेजा। जब ये पहुंचे तब वे हौज़ के किनारे खड़े थे। हाथ में छड़ी थी, पानी में हरी, लाल, पीली मछलियां तैर रही थीं। वे उनका खेल देख रहे थे। मीर साहब को देखकर वे ख़ुश हुए और कहा- मीर साहब, कुछ कहिए। मीर साहब ने ग़ज़ल सुनाना शुरू किया। नवाब सुन रहे थे और छड़ी से मछलियों के साथ खेल भी रहे थे। मीर साहब को ये सब अच्छा न लगा। वे प्रत्येक शेर पर कुछ रुक जाते थे, उन्हें तो 'वाह-वाह' कहने वाला चाहिए था। उधर नवाब का ध्यान दूसरी ओर था। नवाब केवल यह कहते जाते थे कि 'हां पढ़िए।' चार शेर पढ़कर मीर साहब ठहर गए और बोले- क्या ख़ाक पढ़ें, आप तो मछलियों से खेल रहे हैं, इधर ध्यान दें तो पढ़ूं। नवाब ने कहा- जो शेर होगा, वो अपनेआप ध्यान आकर्षित कर ही लेगा। मीर को यह बात नागवार लगी। ग़ज़ल को जेब में रखकर घर की ओर रुख़ किया और फिर कभी नहीं गए।

तात्पर्य ये है कि मीर तो ख़ुद अपने दिल के शहनशाह थे। वे क्यों कर किसी की हुकूमत को क़बूल करने लगे। मीर का रहन सहन सादा था, दिल के सीधे और रुह के पाक थे। स्वभाव

अवश्य रूखा था। इसी से दूसरों को खुश रखना उनके लिए नामुमकिन-सा था। गरीब रहकर, भूख और प्यास से बेज़ार होकर उन्होंने ज़िंदगी गुज़ार दी। लेकिन अपनी तक़लीफ़ को औरों पर उजागर नहीं होने दिया। मुलाज़मत के नाम से इन्हें चिढ़-सी थी। लोग इन्हें बद्दिमाग़ कहते थे लेकिन किसी की परवाह नहीं करते थे। नीचे लिखे शेर में इन्होंने इसे ख़ुद क़बूल किया है-

हालत तो यह कि मुझको ग़मों से नहीं फ़राग़।
दिल सोज़िशे दरुनी से जलता है जूं चराग़।
सीना तमाम चाक है सारा जिगर है दाग़।
है नाम मजलिसों में मेरा मीर बद्दिमाग।

निर्धनता की इतनी सज़ा भुगतने पर भी इनका दिमाग़ बहुत ऊंचा उठता था। ये अपनी सोच और ख़याल के बादशाह थे। न किसी के सामने माथा झुकाया और न ही इनकी अब्रू का टेढ़ापन गया। मुसीबतों पर मुसीबतें झेलते रहे, लेकिन अपनी आनबान और शान के साथ गर्दन ऊंची किए हुए ही दुनिया से कूच कर गए। इनके एक एक शेर में इनके दिल की मुलायमियत और दर्द झलक पड़ता है। ये जो ख़ुद न कह पाये वो इनका शेर कह गया।

इन्होंने कभी भी किसी की भी तारिफ़ों के पुल नहीं बांधे थे। यहां तक कि फ़ारसी ज़बान के अजर-अमर शायर हाफ़िज और शेख़ साद़ी के अशआर सुनकर भी सिर को हिलाना ये एक जुर्म समझते थे, सर्वसाधारण शायरों की तो बात ही क्या। ये इनका अपना भरोसा-सा था अपनी शायरी के लिए। एक बार लखनऊ में मीर से किसी ने पूछा- क्यों हज़रत, आजकल शायर कौन-कौन हैं? तो मीर साहब ने फ़रमाया- एक सौदा, दूसरा मैं। फिर कुछ सोच कर बोले- आधे में दर्द। एक दूसरे ने पूछा- और सोज़? मीर ने कुछ नाराज़ होकर कहा- क्या सोज़ भी शायर हैं? पूछने वाले ने कहा- सोज़, आख़िर तो नवाब आसफ़ुद्दौला के उस्ताद हैं। मीर साहब ने कहा- अच्छा, एक चौथाई इन्हें भी गिन लो, कुल पौने तीन शायर हैं।

लखनऊ में एक दिन कुछ साहित्य रसिकों ने एकत्र होकर मीर से भेंट करनी चाही। वे इनके घर गए और आवाज़ दी। लौंडी ने दरवाज़ा खोला। हाल पूछकर वो अंदर गई, और शतरंजी लाकर आंगन में बिछा गई। एक पुराना हुक्का भी तैयार कर रख गई। कुछ देर बाद मीर साहब आए। दुआ सलाम के बाद लोगों ने उनसे कुछ शेर सुनाने की गुज़ारिश की। मीर साहब ने उन्हें टाल दिया। उनकी पुरज़ोर गुज़ारिश पर उन्होंने कहा- मेरे शेर आप लोगों की समझ मे नहीं आ सकते। इस जवाब से खिन्न होकर भी लोगों ने आग्रह किया, पर वे न माने। इस पर उन लोगों ने कहा- हम अनवरी और ख़ाकानी की शायरी को समझते हैं, तो क्या आपकी नहीं समझ सकते? मीर ने कहा- उनकी शायरी पर तो तन्सरे और नुक़्ताचीनी भी बहुत हुआ करती है। मेरी शायरी को समझने के लिए सिर्फ़ लफ़्ज़ों की ही जानकारी होना काफ़ी नहीं है, बल्कि उर्दू के मुहावरों का ज्ञान होना ज़रूरी है। यह कहकर उन्होंने यह शेर पढ़ा-

इश्क़ बुरे ही ख़्याल पड़ा है चैन गया आराम गया।
दिल का जाना ठहर गया है सुबह गया या शाम गया।

फिर कहने लगे- आप इसमें कहें कि ख़याल शब्द को ख़्याल क्यों कहा, इसका तो यहां यही उत्तर है कि मुहावरा यही है।

नवाब आसफ़ुद्दौला जब मर गए, तब सआदतअली ख़ां गद्दी पर बैठे। मीर ने दरबार जाना

पहले ही छोड़ दिया था, किसी ने इनको बुलाया भी नहीं। एक दिन नवाब की सवारी जा रही थी। ये रास्ते में मस्जिद के चबूतरे पर बैठे थे। सवारी पास से गुज़री, सब उठकर खड़े हो गए। मीर साहब वैसे ही बैठे रहे। सैयद इन्शा ख़वासों में थे। नवाब ने पूछा- इन्शा, ये कौन आदमी है? इन्शा ने कहा- हुज़ूर, ये वही आदमी है, जिनकी शायरी के चर्चे आप हमेशा सुनते रहे हैं। जीविका का तो बेहाल है और मिज़ाज का यह हाल है। आज भी भूखा ही बैठा होगा।

सआदतअली ख़ां ने दरबार में आकर मीर साहब को फिर से बहाल कर दिया और एक हज़ार रुपया भेंट स्वरूप भेजा। चोबदार रुपया लेकर गया, पर मीर ने वापस कर दिया और कहा- मस्ज़िद में ख़ैरात के लिए भिजवा देना, मैं इतना मोहताज नहीं हूं। सआदतअली ख़ां ये उत्तर सुनकर हैरान रह गए। मुसाहबों के समझाने-बुझाने पर नवाब की आज्ञा से सैयद इन्शा खिलअत लेकर गए और समझाया कि अपने ऊपर न सही, अपने बालबच्चों पर तो रहम करो। मीर ने कहा- साहब, वे अपने मुल्क के बादशाह हैं और मैं अपने मुल्क का बादशाह हूं। कोई अनजान मेरे साथ ऐसा बर्ताव करता तो मुझे कुछ मलाल न होता। वे मुझे अच्छी तरह जानते हैं और मेरी दशा से भी अच्छी तरह वाक़िफ़ हैं। इतने दिनों के बाद दस रुपल्ली के एक नौकर से ख़िलअत भिजवाई है। मुझे भूखों मरना मंज़ूर है, लेकिन मेरा अपमान मुझे मंज़ूर नहीं है।

मीर साहब को बहुत की कष्ट में देखकर लखनऊ के एक रईस बाल बच्चों सहित इनको अपने घर ले गए और रहने के लिए एक अच्छा-सा मकान दिया। बैठक की बग़ल में एक बाग़ था, बाग की ओर खिड़कियां थीं। उस रईस की ऐसी सोच थी कि खिड़कियों की राह बाग़ को देखकर मीर साहब की तबियत हरी रहेगी। जब वे मकान में पहुंचे, तब खिड़कियां बंद थीं। कई बरस बीत गए, पर इन्होंने खिड़कियां नहीं खोली। इत्तफ़ाकन एक दिन वो रईस दोस्त उनसे मिलने आया। उसने कहा- इधर बाग़ है, आप खिड़कियां खोलकर क्यों नहीं बैठते? मीर साहब ने बड़ी ही हैरानी से कहा- हां! क्या इधर बाग़ भी है? उस दोस्त ने कहा- इसलिए तो आपको यह मकान दिया गया था कि आप बाग को देखकर अपना जी बहलाया करें। मीर साहब ने अपनी ग़ज़लों की ओर देखा, जो फटे पुराने काग़ज़ों पर लिखी हुई आसपास बिखरी पड़ी थीं और कहा- मैं तो इस बाग़ की चिंता में ऐसा उलझा रहता हूं कि उस बाग़ की मुझे ख़बर ही नहीं। इतना कहकर वे चुप रह गए।

शायर की ज़िंदगी भी कितनी विचित्र हुआ करती है। बरसों बीत गए, एक खिड़की तक खोलने की मुहलत भी न मिली। इन्होंने संसार के बाग़ की ओर तो न देखा, लेकिन अल्लाह ने उनकी शायरी की बाग़ को इतना ख़ुशबूदार बना दिया कि सदियां उन ख़ुशबू से नहा उठीं।

बसंत ऋतु के आने के दिन। मीर साहब एक दिन अपने ही ख़याल में मस्त टहल रहे थे। रह-रहकर यह मिसरा पढ़ते जाते थे-

अबके भी दिन बहार के यूं ही गुज़र गये।

एक हज़रत मिलने आए, और सलाम करके बैठ गए। थोड़ी देर तक वो बैठे ही रहे, न कोई बातचीत, न कोई गुफ़्तगू। थोड़ी देर बाद वे उठे और सलाम करके चले गए। मीर साहब को कुछ पता ही न चला। हो सकता है, वे दूसरे मिसरे को मुक़्किमल करने की धुन में दुनिया से दूर थे।

गर्वनर जनरल या दूसरे बड़े-बड़े साहब जब भी लखनऊ आते तो मिलने के लिए मीर साहब को भी बुलाते। पर मीर साहब कोई न कोई बहाना करके कभी मिलने नहीं जाते थे। कारण पूछने पर इन्होंने बताया था कि मुझसे जो कोई भी मिलता है, वो या तो मुझे फ़कीर खानदान का समझ के या मेरी शायरी के कारण। पर मीर साहब को खानदान से कोई मतलब नहीं और उनकी शायरी

की उन साहबान को कोई समझ नहीं। हां, वे लोग कुछ इनाम देंगे। पर ऐसी भेंट या इनाम उनके लिए अपमान के सिवाय और कुछ भी नहीं।

मीर साहब की सारी ज़िंदगी एक प्रकार से मुफ़लिसी में ही गुज़री। ऐसी परिस्थितियों में उनकी शायरी में दर्द और करुण रस का प्रवाह बड़े ज़ोरों से बहा है। इन्होंने जो कुछ भी कहा है, अपने अनुभव की गहराई और तजुर्बे की बिना पर कहा है। एक-एक शब्द से एक असहनीय दर्द की धाराएं तड़पती और मचलती हुई निकलती हैं।

अपने बारे में भी इन्होंने बहुत कुछ कह दिया है। एक जगह ये लिखते हैं-

तेरी चाल टेढ़ी तेरी बात रूखी,
मुझे मीर समझा है यां कम किसू ने।

अपने दर्द को इन्होंने बाक़ायदा क़बूल फ़रमाया है, इसलिए तो एक जगह इन्होंने क्या ख़ूब कहा है-

मुझको शायर न कहो मीर कि साहब मैंने,
दर्दोग़म कितने किये जमा तो दीवान हुआ।

मीर साहब अपनी शायरी की भाषा को क्लीष्ट मानते हैं, तभी तो वे फ़रमाते हैं-

बातें हमारी याद रहें फिर बातें ऐसी न सुनियेगा,
पढ़ते किसी को सुनियेगा तो देर तलक सिर धुनियेगा।

मीर उर्दू शायरों में एक ख़ास जगह रखते हैं। ये अपने रंग के एक ही शायर थे। कहीं-कहीं पर मिर्ज़ा गालिब ने भी इनकी ग़ज़लों व शायरी की तारीफ़ भी की है। मीर के बारे में ग़ालिब का बयान अपने शब्दों में कुछ इस तरह है-

रेख़्ते के तुम्हीं उस्ताद नहीं हो ग़ालिब,
कहते हैं अगले ज़माने में कोई मीर भी था।

मीर की ग़ज़लों की ऊंचाई और गहराई को ज़ौक़ साहब ने बड़े ख़ुलूस से सराहा ही नहीं बल्कि अपनी शायरी में उल्लेख करते हुए कहा है-

न हुआ पर न हुआ मीर का अंदाज़ नसीब,
'ज़ौक़' यारों ने बहुत ज़ोर ग़ज़ल में मारा।

मीर साहब की ग़ज़लों के छः दीवान हैं।१ मीर की ग़ज़लें सौदा की ग़ज़लों से अच्छी हैं। उनमें साफ़ और सुलझी हुई बातें इस सुंदरता से बिठा दी गई हैं कि सुनकर तबियत फड़क जाती है। मुहावरों का ऐसा सुंदर प्रयोग मीर से पहले के किसी शायर ने नहीं किया था। मीर साहब फ़ारसी के उम्दा शेरों पर उर्दू का मिसरा भी लगा दिया करते थे। ये उनकी ख़ास बात थी। मीर साहब ने कभी भी किसी की तारीफ़ में कोई शेर नहीं कहा। उन्हें खुद से ही फ़ुरसत नहीं मिलती थी। दूसरे के गुण अवगुण कहां देखते-फिरते। सिर्फ़ एक मसनवी 'शिकारनामा' में नवाब आसफ़ुद्दौला के शिकार का वर्णन लिखा है। इन्होंने अपने मुर्गे, कुत्ते, बिल्ली व बकरी पर भी मसनवी लिखी है। एक बार बरसात में ये एक अमीर के साथ मेरठ गए। रास्ते में बड़ी तक़लीफ़ें झेलनी पड़ीं। उस पर इन्होंने बरसात की मुसीबत को शायरी में ढाल लिया। एक अजगरनामा भी लिखा है। दिल्ली के शायरों में इनके विरुद्ध अच्छी खासी चहल-पहल रहती थी।

मीर साहब ने 'निकातुश्शुअरा' नाम की एक पुस्तक और लिखी, जिसमें उर्दू के पुराने शायरों की चर्चा है। पर कोई भी बिचारा इनके तंज़ से नहीं बचा।

सौदा, दर्द, जानजानो मज़हर, क़ायम, यक़ीन आदि उर्दू के प्रसिद्ध शायर मीर के समकालीन थे। जुरअत इनके अंतिम दिनों में मक़बूल हुए।

कहते हैं कि इनमें और 'सौदा' साहब में बड़ी गहरी छनती थी और अच्छी यारी थी। ये कोई भी बात आपस में शायरी में करते थे। उम्र के आख़री दिनों में मीर साहब गंभीर रूप से बीमार पड़े। यूं समझिए कि एकदम आखरी वक्त था। इनकी बीमारी के बारे में जब 'सौदा' साहब को मालूम पड़ा तो वे दौड़े चले आए। सौदा साहब जब उनकी चारपाई के क़रीब बैठे तो मीर साहब ने आंखें ऊपर उठाई और सौदा साहब को एक फीकी मुस्कान से देखा, जैसे वो अलविदा कह रहे हों। सौदा ने अपनी आदत के अनुसार उनसे शायरी की ज़बान में पूछा- "कहिए जनाबे मीर, तबियत बख़ैर है?" मीर साहब ने भी शायरी में कहा- "पैमाना भर चुका है, छलकने की देर है।" मिसरा पूरा करके मीर साहब ने आख़री सांस ली।

उर्दू अदब और शायरी की तारीख़ में जितना ऊंचा स्थान मिर्ज़ा ग़ालिब का है तो मीर तक़ी मीर का रुतबा भी कम नहीं आंका जा सकता है। यहां हम आपसे इनकी शायरी का परिचय विस्तृत रूप से करवा रहे हैं।

उल्टी हो गईं सब तदबीरें कुछ न दवा ने काम किया।
देखा इस बीमारे दिल ने आख़िर काम तमाम किया।
अहदे जवानी रो रो काटी पीरी में ली आंखें मूंद,
यानी रात बहुत थे जागे सुबह हुई आराम किया।
नाहक़ हम मजबूरों पर यह तोहमत है मुख़्तारी की,
चाहते हैं सो आप करे हैं हमको अबस बदनाम किया।
किसका काबा कैसा क़िबला कौन हरम है क्या अहराम,
कूचे के उसके बाशिंदों ने सबको यहीं से सलाम किया।
यां के सफ़ेदो सियह में हमको दख़ल जो है सो इतना है,
रात को रो रो सुबह किया यां दिन को जूं तूं शाम किया।
'मीर' के दीनों मज़हब को अब पूछते क्या हो उनने तो,
क़शक़ा खींचा दैर में बैठा कबका तर्क इस्लाम किया।

❖ ❖ ❖

मुंह तका ही करे है जिस तिस का।
हैरती है ये आईना किस का।
शाम से कुछ बुझा सा रहता है,
दिल हुआ है चिराग़ मुफ़लिस का।
ये बुरे मग़बचों के तेवर लेके,
शेख़ मयख़ाने से भला खिसका।
फ़ैज़ ए अब्र चश्मे-तर से उठा,
आस दामन बसीअ हैं इसका।
ताब किसको जो हाले 'मीर' सुने,
हाल ही और कुछ है मजलिस का।

चमन में गुल ने जो कल दावत जमाल किया।
जमाले यार ने मुंह उसका ख़ूब लाल किया।
बहारे-रफ़्ता फिर आई तेरे तमाशे में,
चमन को यमने क़दम ने तेरे निहाल किया।

❖ ❖ ❖

इब्तिदाये-इश्क़ है रोता है क्या।
आगे-आगे देखिये होता है क्या।
क़ाफ़िले में सुबह के एक शोर है,
यानी ग़ाफ़िल हम चले सोता है क्या।
सब्ज़ होती ही नहीं यह सरज़मीं,
तुख़्में ख़्वाहिश दिल में तू बोता है क्या।
ग़ैरते युसुफ़ है यह वक़्ते अजीज़,
'मीर' इसको रायगां खोता है क्या।

❖ ❖ ❖

दुश्मनी हमसे की ज़माने ने,
जो जफ़ाकार तुझ सा यार किया।
सद रगेंजां को ताब दे बाहम,
तेरी ज़ुल्फ़ों का एक तार किया।
हम फ़कीरों से बे अदाई क्या,
आन बैठे जो तुमने प्यार किया।
सख़्त काफ़िर था जिसने पहले 'मीर'
मज़हबे-इश्क़ अख़्तियार किया।

❖ ❖ ❖

दिल से शौक़े रुख़े नकू न गया।
झांकना ताकना कभू न गया।
हर क़दम पर थी उसकी मंज़िल लेक,
सर से सौदाय जूस्तजू न गया।
सब गये होशो-सब्रो-ताबो-तवां,
लेकिन एक दाग़, दिल से तू न गया।
दिल में कितने मसव्वदे थे वले,
एक पेश उसके रूबरू न गया।
सुबह गरदां ही 'मीर' हम तो रहे,
दस्ते कोताह ता सबू न गया।

❖ ❖ ❖

अश्क आंखों में कब नहीं आता।
लहू आता है अब नहीं आता।
होश जाता नहीं रहा लेकिन,
जब व' आता है तब नहीं आता।
सब्र था एक मूनिसे हिजरां,
सो ब' मुद्दत से अब नहीं आता।
दिल से रुख़सत हुई कोई ख़्वाहिश,
गिरिया कुछ बेसबब नहीं आता।

❖ ❖ ❖

ग़म रहा जब तक कि दम में दम रहा।
दिल के जाने का निहायत ग़म रहा।
हुस्न था तेरा बहुत आलम फ़रेब,
ख़त के आने पर भी एक आलम रहा।
मेरे रोने की हक़ीकत जिसमें थी,
एक मुद्दत तक व क़ाग़ज नम रहा।
सुबह पीरी शाम होने आयी 'मीर'
तू न चेता यां बहुत दिन कम रहा।

❖ ❖ ❖

सरसरी तुम जहान से गुज़रे,
वर्ना हर जा जहान दीगर था।
दिल की कुछ क़द्र करते रहियो तुम,
यह हमारा भी नाज़ परवर था।
अब ख़राबा हुआ जहां आबाद,
वर्ना हरयक क़दम प वां घर था।
आख़िरेकार जब जहां से गया,
हाथ ख़ाली क़फ़स से बाहर था।
ख़ुश रहा जब तलक रहा जीता,
'मीर' मालूम है कलन्दर था।

❖ ❖ ❖

कल चमन में गुलो समन देखा।
आज देखा तो बाग़ बन देखा।
क्या है गुलशन में जो क़फ़स में नहीं,
आशिक़ों को जिलावतन देखा।
ज़ौक़ पैकां व तीर में तेरे,
मुद्दतों तक जिगर में छन देखा।

एक चश्मक दो सद सनाने मज़ा,
उस नुकीले का बांकपन देखा।
हसरत उसकी जगह थी ख़्वाबीदा,
'मीर' का खोलकर क़फ़न देखा।

❖ ❖ ❖

बेख़ुदी ले गई कहां हमको।
देर से इंतज़ार है अपना।
रोते-रोते फिरे हैं सारी रात,
अब यही रोज़गार है अपना।
देके दिल हम जो हो गए मजबूर,
इसमें क्या अख़्तियार है अपना।
कुछ नहीं हम मिसाले उनका लेक,
शहर-शहर इश्तिहार है अपना।
जिसको तुम आसमान कहते हो,
सो दिलों का ग़ुबार है अपना।

❖ ❖ ❖

दिल कि यक क़तरा खूं नहीं है बेश,
एक आलम के सर बला लाया।
दिल मुझे उस गली में ले जाकर,
और भी ख़ाक में मिला लाया।
इब्तिदा ही में मर गये सब यार,
इश्क़ की कौन इन्तहां लाया।
अब तो जाते हैं बुतकदे से 'मीर'
फिर मिलेंगे अगर ख़ुदा लाया।

❖ ❖ ❖

मर रहते जो गुल बन तो सारा यह खलल जाता।
निकला ही न जी वरना कांटा सा निकल जाता।
मैं गिरियए ख़ूनी को रोके ही रहा वरना,
यकदम में ज़माने का यां रंग बदल जाता।
बिन पूछे करम से वह तो बख़्श न देता तो,
पुर्रासश में हमारी ही दिन हश्र का ढल जाता।

❖ ❖ ❖

मेहर की तुझसे तवक़्क़ा थी सितमगर निकला।
मोम समझे थे तेरे दिल को सो पत्थर निकला।

अश्क नए क़त्रये खूं लख़्ते जिगर पारए दिल,
एक से एक अदू आंख से बेहतर निकला।
हमने जाना था लिखेगा तू कोई हर्फ़ ऐ मीर,
पर तेरा नामा तो इक शौक़ का दफ़्तर निकला।

❖ ❖ ❖

अपने तड़पने की मैं तदबीर पहले कर लूं,
तब फ़िक्र मैं करूंगा ज़ख़्मों के भी रफू का।
यह ऐशगाह नहीं है यां रंग और कुछ है,
हर गुल है इस चमन में साग़र भरा लहू का।
बुलबुल ग़ज़ल-सराई आगे हमारे मत कर,
सब हमसे सीखते हैं अंदाज़ गुफ़्तगू का।

❖ ❖ ❖

या रब। किधर गये वे जो आदमी रविश थे,
उजड़ दिखाई दे हैं शहरो दरो नगर सब।
हरफ़ो सुख़न से मुतलक़ या गूफ़्तगू नहीं है,
प्यादे सवार हम को आए नज़र सब।
आलम के लोगों का है तस्वीर का सा आलम,
ज़ाहिर खुली हैं आंखें लेकिन है बेख़बर सब।
'मीर' इस ख़राबे में क्या आबाद होवे कोई,
दीवारों दर गिरे हैं वीरां पड़े हैं घर सब।

❖ ❖ ❖

बज़्म में मुंह उधर करें क्योंकर।
और नीची नज़र करें क्योंकर।
यों भी मुश्किल है वों भी मुश्किल है,
सर झुकाये गुज़र करें क्योंकर।
यह फ़लक पर है वह ज़मीं पर आह,
इनको ज़ेरो ज़बर करें क्योंकर।
दिल नहीं दर्दमन्द अपना 'मीर'
आहो नाले असर करें क्योंकर।

❖ ❖ ❖

मुत्तसिल होते ही रहिये तो बुझे आतिशे दिल,
एक दो आंसू तो और आग लगा जाते हैं।
वक़्त खुश उनका जो हमबज़्म हैं तेरे हम तो,
दरो दीवार को अहवाल सुना जाते हैं।

एक बीमारे जुदाई हूं मैं आप ही जिस पर,
पूछने वाले जुदा जान को खा जाते हैं।
'मीर' साहब भी तेरे कूचे में शब आते हैं,
जैसे दर यूजअगरी करने गदा जाते हैं।

❖ ❖ ❖

हर हर सुख़न प अब तो करते हो गुफ़्तगू तुम।
इन बदमिज़ाजियों को छोड़ोगे भी कभू तुम।
चाहें तो तुमको चाहें देखें तो तुमको देखें,
ख़्वाहिश दिलों की तुम हो आंखों की आरज़ू तुम।

❖ ❖ ❖

सुबहे चमन का जलवा हिन्दी बुतों में देखा,
संदल भरी जबीं पे होंठों की लालियां हैं।
अजमाए बुलहवस को रख रख लिया है आगे,
मत जान ऐसी भेड़ें जां देने वालियां हैं।
इन गुलरुख़ों का क़ामत लहके है यूं हवा में,
जिस रंग से लचकती फूलों की डालियां हैं।

❖ ❖ ❖

बज़्म में जो तेरा ज़हूर नहीं।
शमअे रोशन के मुंह प नूर नहीं।
कितनी बातें बना के लाऊं लेक,
याद आती तेरे हुज़ूर नहीं।
फ़िक्र मत कर हमारे जीने का,
तेरे नज़दीक कुछ य दूर नहीं।
फिर जियेंगे जो तुझसा है जां बख़्श,
ऐसा जीना हमें ज़रूर नहीं।
आम है यार की तज्जली 'मीर'
ख़ासे मूसा व कोहे-तूर नहीं।

❖ ❖ ❖

मैं तो ख़ूबां को जानता ही हूं,
पर मुझे भी ये ख़ूब जाने हैं।
अब तो अफ़सुर्दगी ही है हर आन,
वे न हम हैं न वे ज़माने हैं।
क़ैसो फरहाद के व इश्क़ के शोर,
अब मेरे अहद में फ़साने हैं।

मुश्को संबुल कहां व ज़ुल्फ़ कहां,
शायरों के ये शख़साने हैं।
इश्क़ करते हैं जस परा-रू से,
'मीर' साहब भी क्या दीवाने हैं।

❖ ❖ ❖

गफ़लत में गई आह मेरी सारी जवानी।
ऐ उम्र गुज़श्ता मैं तेरी क़द्र न जानी।
देखें तो सही कब तईं निभती है ये सुहबत,
हम जी से तेरे दोस्त हैं तू दुशमने जानी।
इक शख़्स मुझीसा था कि वह तुझ प था आशिक़,
वह उसकी वफ़ा पेशगी वह उसकी जवानी।
यह कहके जो रोया तो लगा कहने न कह 'मीर'
सुनता नहीं मैं जुल्म रसीदों की कहानी।

❖ ❖ ❖

ऐ सबा, गर शहर के लोगों में हो तेरा गुज़ार।
कहियो हम सहरा नवरदूं का तमामो हाले ज़ार।
ख़ाके देहली से जुदा हमको किया यकबारगी,
आसमां को थी कुदूरत सो निकाला यूं गुबार।
मन्सबे बुलबुल ग़ज़ल ख़ूनी था सो वह है असीर,
शायरी ज़ाग़ो ज़ग़न का हो न होवे अब शआर।
तायरे ख़ुश ज़मज़मा कुंजे क़फ़स में है ख़मोश,
चहचहे चिड़ियां करे हैं सहने गुलशन गें हज़ार।
बर्गे गुल से भी किया नै एक ने दुक हमको याद,
नामा वो पैग़ामो पुरसिश बे मरातिब दर किनार।
बे ख़लिश क्यों कर न हो गर्मे सुख़न गुलज़ार में,
मैं क़फ़स में हूं कि मेरा था दिलों में उनके ख़ार।
बुलबुले ख़ुश लहजा की जाये पे गो ग़ौग़ाइया,
तरह ग़ौग़ा की चमन में डाली पर क्या एतबार।
तायराने ख़ुश लबो लहजा नहीं रहते छुपे,
शोर से उनके भरे हैं कुरिया वो शहरो दयार।
शहर में क्या एक दो को चूं में थी शुहरत रही,
शहरों शहरों मुल्कों मुल्कों ही उन्हीं का इश्तहार।
क्या कहूं सूये चमन होता जो मैं सरगर्मे गश्त,
फूल गुल जब खिलने लगते जोशज़न होती बहार।
शोर खुन सुनकर ग़ज़ल ख़्वानी का मेरी हमसफ़ीर,
गुंजा हो आते जो होता आबो रंगे शाख़सार।

ख़ुशनवाई का जिन्हें दावा था रह जाते ख़मोश,
जिनको मैं करता मुख़ातिब उनको होता इफ़्तख़ार।
बाज़ों को इश्क़े क़बूले ख़ातिरो लुत्फ़े सुख़न,
बाज़ों का सीना फ़िग़ार और बाज़ों का दिल दाग़दार।
एक के होंटों के ऊपर आफ़री उस्ताद था,
एक कहते थे रसूख़े दिल है अपना उस्तवार।
रब्त का दावा था जिनको कहते थे मुख़लिस हैं हम,
जानते हैं ज़ाते सामी ही को हम सब ख़ाकसार।
नक़ल करते क्या य' सोहबत मुनअक़द जब होती बज़्म,
बैठकर कहते थे मुंह पर मेरे बाज़े बाज़े यार।
बंदगी है ख़िदमते आली में हमको देर से,
कर रखी है जान अपनी हमने हज़रत पर निसार।
सो न ख़त उनका न कोई परचा पहुंचा मुझ तलक,
वाहवा है रब्त यह रहमत है यह इख़लासो यार।
रफ़्ता रफ़्ता हो गयी आंखें भी मेरी अब सफेद,
बस कि नामे का किया यारों के मैंने इन्तज़ार।
लिखते गर दो हर्फ़ लुत्फ़ आमेज़ बाद अज़ चंद रोज,
तो भी होता इस दिले बेताबो ताक़त को क़रार।
सो तो इक बनविश्तअ काग़ज भी न आया मेरे पास,
इन हम आवाज़ों से जिनका मैं किया रब्त आशिकार।
ख़त किताबत से य कहते थे न भूलेंगे तुझे,
आवेंगे घर बार की तेरे ख़बर को बार बार।
जब गया मैं याद से तब किसका घर काहे को पास,
आफरीं सद आफरीं ऐ मर्दमाने रोज़गार।
अब बयाबां दरबयाबा है मेरा शोरो फ़ुग़ां,
गो चमन में ख़ुश की तुमने मेरी जाये बालादार।
है मसल मशहूर यह उम्रे सफ़र कोताह है,
तालए बरगश्ता भी करते हैं अब इमदादकार।
इक पुरअफ़शानी में की है यह वतन गुलज़ार सा,
सामओं की छातियां नालों से हावेगी फ़िगार।
मुंह पर आवेंगे सुख़न आलूदहे ख़ूने जिगर,
क्योंकि याराने ज़मां से चाक है दिल जूं अनार।
तब से ले करता सुख़न है ख़ूंचकां शिकवे भरे,
लेक है इज़्हार हर नाकस से अपना नंगो यार।
आज से कुछ बेहिसाबी ज़ोर कुन मरदुम नहीं,
इनसे अहले दिल सदा खींचे हैं रंजे बेशुमार।
काम के जो लोग साहब फ़न हैं सो महसूद है,

बेतिही करते रहेंगे हासिदाने नाबकार।
बस कलम रख हाथ से जाने भी दे यह हर्फ़ 'मीर',
काह के चाहे नहीं कुहसार होते बेवकार।

❖ ❖ ❖

इश्क़ में ऐ तबीब हां टुक सोच।
पायेजां दरमियां है यां टुक सोच।
सरसरी मत जहां से जा ग़ाफ़िल,
पांव तेरा पड़े जहां टुक सोच।
फ़ैज इतना पड़ा है क्यों तू यां,
यार अगले गये कहां टुक सोच।
होंठ अपना हिला न समझे बिन,
यानी जब खोले तो ज़बां टुक सोच।
गुलो रंगो बहार परदे हैं,
हर अयां में है वह निहां टुक सोच।
फ़ायदा सर झुके का शेब में 'मीर'
पीरी से आगे ऐ जवां टुक सोच।

❖ ❖ ❖

नज़र क्यों गयी रू ब यू की तरफ़।
खिंचा जाये है दिल किसू की तरफ़।
न देखो कभू मोतियों की लड़ी,
जो देखो मेरी गुफ़्तगू की तरफ़।
उसे ढूंढते 'मीर' खोये गये,
कोई देखे इस जुस्तजू की तरफ।

❖ ❖ ❖

नई गर्दिश हैं इसकी हर ज़मां में।
ख़लल सा है दिमाग़े आसमां में।
कहा मैं दर्द दिल या आग उगली,
फफोले पड़ गये मेरी ज़बां में।
तेरी शोरिश भी बेकल है मगर 'मीर'
मिला दी पीस कर बिजली फुग़ां में।

❖ ❖ ❖

क्या कहिये कि ख़ूबां ने अब हम में है क्या रक्खा।
उन चश्म सियाहों ने बहुतो को रुला रक्खा।
जलवा उसी का सब है गुलशन में ज़माने के,

गुल फूल को है उनने परवाना बना रक्खा।
जूं बर्गेख़िज़ां दीदअ सब ज़र्द हुए हम तो,
ग़र्मी ने हमें दिल की आख़िर को जला रक्खा।

❖ ❖ ❖

इश्क़ हमारे ख़्याल पड़ा है ख़्वाब गया आराम गया।
जी का जाना ठहर रहा है सुबह गया या शाम गया।
इश्क़ गया सर दीन गया ईमान गया इस्लाम गया।
दिल ने ऐसा काम किया कुछ जिससे मैं नाक़ाम गया।
हाय, जवानी क्या-क्या कहिये शोर सरों में रखते थे,
अब क्या है? वह अहद गया वह मौसम वह हंगाम गया।

❖ ❖ ❖

मौसमे अब्र हो सुबू भी हो।
गुल हो गुलशन हो और तू भी हो।
हो जो तेरा सा रंग गुल का हो,
रीझें हम तब जब ऐसी बू भी हो।
है गरज़ सिर्फ़ इश्क़ ही लेकिन,
शर्त यह है कि जुस्तजू भी हो।
सरकशी गुल की ख़ुश नहीं आती,
नाज़ करने का वैसा रू भी हो।
किस को बुलबुल है दमकशी का दिमाग़,
हो तो गुल ही की गुफ़्तगू भी हो।
दिल तमन्ना कदा तो है पर 'मीर',
हो तो उसकी ही आरज़ू भी हो।

❖ ❖ ❖

रहे मर्ग से क्यों डराते हैं लोग।
बहुत इस तरफ़ के तो जाते हैं लोग।

❖ ❖ ❖

गो कि बुतख़ाने जा रहा हूं मैं।
ब ख़ुदा बा ख़ुदा रहा हूं मैं।
सब गये दिल दिमाग़ ताबो तवां,
मैं रहा हूं सो क्या रहा हूं मैं।
बर्क़ तो मैं न था कि जल बुझता,
अब्रतर हूं कि छा रहा हूं मैं।

❖ ❖ ❖

बारे दुनिया में रहो ग़मज़दा या शाद रहो।
ऐसा कुछ करके चलो यां कि बहुत याद रहो।
हमको दीवानगी शहरों ही में ख़ुश आती है,
दश्त में क़ैस रहो कोह में फ़रहाद रहो।
'मीर' हम मिलके बहुत ख़ुश हुए तुमसे प्यारे,
इस ख़राबे में मेरी जान तुम आबाद रहो।

❖ ❖ ❖

जी चाहे मिल किसू से या सबसे तू जुदा रह।
पर हो सके तो प्यारे टुक दिल का आशना रह।
हर मुश्त ख़ाक यां की चाहे है यक तआम्मुल,
बिन सोचे शह मत चल हर गाम पर खड़ा रह।
शायद कि सर बलन्दी होवे नसीब तेरे,
जूं गर्दे राह सबके पावों से तू लगा रहा।
दौड़े बहुत ब लेकिन मतलब को कौन पहुंचा,
आइन्दा तू भी हम सा होकर शिक़स्त पा रह।

❖ ❖ ❖

सराया आरज़ू होने ने बन्दा कर दिया हमको,
वगरना हम ख़ुदा थे गर दिले बे मुद्दआ होते।
फ़लक ऐ काश हमको ख़ाक ही रखता कि उसमें हम,
ग़ुबारे राह होते या किसू की ख़ाके पा होते।
इलाही कैसे होते हैं जिन्हें है बन्दगी ख़्वाहिश,
हमें तो शर्म दामनगीर होती है ख़ुदा होते।

❖ ❖ ❖

फ़कीराना आये सदा कर चले।
मियां ख़ुश रहो हम दुआ कर चले।
वं क्या चीज़ है आह, जिसके लिये,
हरयक चीज़ से दिल उठाकर चले।
कोई ना उम्मेदाना करके निगाह,
सो तुम हमसे मुंह भी छिपाकर चले।
दिखाई दिये यूं कि बे ख़ुद किया,
हमें आपसे भी जुदाकर चले।
जबीं सिजदे करते ही करती गयी,
हक़े बन्दगी हम अदा कर चले।
परस्तिश की यां तक कि ऐ बुत तुझे,
नज़र में सभों की ख़ुदा कर चले।

गयी उम्र दर बन्द फ़िक्रे ग़ज़ल,
सो इस फ़न को ऐसा बड़ा कर चले।
कहें क्या जो पूछे कोई हमसे मीर,
जहां में तुम आये थे क्या कर चले।

❖ ❖ ❖

जिस जगह दौरे जाम होता है।
वां य आज़िज़ मुदाम होता है।
हम तो यक हर्फ़ के नहीं ममनूं,
कैसा ख़त वो पयाम होता है।
पूछ मत आह आशिक़ों की मआश,
रोज़ उनका भी शाम होता है।
ज़ख़्म बिन ग़म बिन और ग़ुस्से बिन
अपना खाना हराम होता है।
'मीर' साहब भी उसको हां थे पर,
जैसे कोई ग़ुलाम होता है।

❖ ❖ ❖

उम्र भर रहे हम शराबी से।
दिले पुर खूं का इक गुलाबी से।

❖ ❖ ❖

आंखों की तरफ़ गोश की दर परदा नज़र है।
कुछ यार के आने की मगर गर्म ख़बर है।
शाने प रखा हार जो फूलों का तो लचके,
क्या साथ नज़ाकत के रगे गुल सी कमर है।
क्या ख़ाना ख़राबी का हमें ख़ौफ़ो ख़तरा है,
घर है किसू गोशे में तो मकड़ी का सा घर है।
ऐ शमा अक़ामत कदा इस बज़्म को मत जान,
रोशन है तरे चेहरे से तो ग़र्म सफ़र है।
इस आशिक़े दीवान की मत पूछ मुईशत,
दन्दां बजिगर दस्त बदिल दाग़ बसर है।
क्या आग की चिन्गारियां सीने में भरी हैं,
जो आंसू मेरी आंख से गिरता है शरर है।
डर जान का जिस जा है वहीं घर भी है अपना,
हम ख़ाना ख़राबों को न यां घर है न दर है।

❖ ❖ ❖

आलम आलम इश्क जुनूं है दुनिया दुनिया तोहमत है।
दरिया दरिया रोता हूं मैं सहरा सहरा वहशत है।
क्या दिलकश है बज़्म जहां का जाते यां से जिसे देखो,
वह ग़मदीदा रंजकशीदा आह सरापा हसरत है।
आबेहयात वही ना जिस पर ख़िज्रो सिकंदर मरते रहे,
ख़ाक से हमने भरा व चश्मा यह भी हमारी हिम्मत है।

❖ ❖ ❖

इस तरह दिल गया कि अब तक हम,
बैठे रोते हैं हाथ मलते हैं।
उमड़ी आती हैं आज यूं आंखें,
जैसे दरिया कहीं उबलते हैं।
रहम आख़िर है बैठ जा, मत जा,
सब्र कर टुक कि हम भी चलते हैं।
तेरे बेख़ुद जो हैं सो क्या चेतें,
ऐसे डूबे कहीं उछलते हैं।

❖ ❖ ❖

खिलता हूं वहां सुहबते रिन्दाना जहां हो।
मैं खुश हूं उसी शहर से मयख़ाना जहां हो।
रहने से मेरे पास के बदनाम हुए हम,
अब जाके रहो वां कहीं रुसवा ना जहां हो।
इन उजड़ी हुई बस्तियों में दिल नहीं लगता,
है दिल में वहीं जा बसे वीराना जहां हो।
वहशत है ख़िर्दमन्दों की सुहबत से मुझे मीर
अब जा रहूंगा वां कोई दीवाना जहां हो।

❖ ❖ ❖

हुए थे जैसे मर जाते, पर अब तो सख़्त हसरत है,
किया दुश्वार नादानी से हमने कारे आसां को।
कोई कांटा सरे रहकार हमारी ख़ाक पर बस है,
गुले गुलज़ार क्या दरकार है गोरे गरीबां को।
किया सैर इस ख़राबी का बहुत अब चलके सो रहिये,
किसू दीवार के साये में मुंह पर ले के दामां को।

❖ ❖ ❖

जब कि पहलू से यार उठता है।
दर्द बे अख़्तियार उठता है।

अब तलक भी मज़ारे मजनूं से,
नातवां इक गुबार उठता है।
है बगोला गुबार किसका 'मीर',
कि जो हो बेक़रार उठता है।

❖ ❖ ❖

हर कोई इस मक़ाम पर दस रोज़,
अपनी नौबत बजाये जाता है।
जाये इबरत है ख़ाकदान जहां,
तू कहां मुंह उठाये जाता है।
देख सैलाब इस बयाबां का,
कैसा सर को झुकाये जाता है।

❖ ❖ ❖

गुलिस्ता के हैं दोनों पल्ले भरे,
बहार इस तरफ़ उस तरफ़ अब्र है।
दरे काबा पर कुफ़्र बकता है 'मीर',
मुसलमां नहीं वह कहीं गब्र है।

❖ ❖ ❖

दाद फ़रियादजा बजा करिये।
शायद उसके भी दिल में जा रहिये।
देखें कब तक रहे हैं यह सोहबत,
गालियां खाईये दुआ करिये।
वह नहीं सर गुज़श्त सुनता 'मीर',
यूं कहानी सी क्या कहा करिये।

❖ ❖ ❖

नाला जब ग़र्मकार होता है।
दिल कलेजे के पार होता है।
सब मज़े दरकिनार होता है,
यार जब हमकिनार होता है।
जब्र है क़हर है क़यामत है,
दिल जो बेइख़्तियार होता है।

❖ ❖ ❖

मैं न आता था बाग़ में उस बिन,
मुझको बुलबुल पुकार लाई है।
इश्क़ दरिया है एक लंगर दार,

तह किस ने भी इसकी पाई है।
वह न शरमावे कब तलक आख़िर,
दोस्ती यारी आशनाई है।
वे नहीं तो उन्हों का भाई और,
इश्क़ करने की क्या मनाई है।

❖ ❖ ❖

फिरते हैं मीर ख़्वार कोई पूछता नहीं,
इस आशिक़ी में इज़्ज़ते सादात भी गई।

❖ ❖ ❖

तेरे बन्दे हम हैं ख़ुदा जानता है।
ख़ुदा जाने तू हमको क्या जानता है।
नहीं इश्क़ का दर्द लज़्ज़त से खाली,
जिसे ज़ौक़ है वह मज़ा जानता है।
मुझे जाने है आप सा ही फ़रेबी,
दुआ को भी मेरी दग़ा जानता है।

❖ ❖ ❖

वह दिल नहीं रहा है न वह अब दिमाग़ है।
जो जन में अपने बुझता सा कोई चराग़ है।
मुद्दत हुई कि ज़ानू से उठता नहीं है सर,
कुढ़ने से रात दिन के हमें कब फराग़ है।
घर घर फिरे है झांकती हर सुबह जो नसीम,
परदे में कोई है कि यह उसका सुराग़ है।

❖ ❖ ❖

हम कभू गम से आह करते थे।
आसमां तक सियाह करते थे।
बरसों रहते थे राह में उसकी,
तब कुछ हक़ उससे राह करते थे।

❖ ❖ ❖

क्या 'मीर' तुझे जान हुई थी भारी।
जो उस बुते संगदिल से की थी यारी।
बीमार भला क्या कोई होवे उसका,
परहेज़ करे जिससे ख़ुदाई सारी।

❖ ❖ ❖

'मीर' साहब ज़माना नाज़ुक है,
दोनों हाथों से थामिये दस्तार।

सहल सी ज़िंदगी प काम के तईं,
अपने ऊपर न कीजिये दुश्वार।
चार दिन का है यह झमेला सब,
सबसे रखिये सलूक ही नाचार।

❖ ❖ ❖

फ़रहादो कैसे गुज़रे अब शोर है हमारा,
हर कोई अपनी नौबत दो दिन बजा गया है।
ऐ 'मीर' शेर कहना क्या है कमाले इन्सां,
यह भी ख़याल सा कुछ ख़ातिर में आ गया है।
शायर नहीं जो देखा तो जू है कोई साहिर,
दो चार शेर पढ़कर सब को रिझा गया है।

❖ ❖ ❖

अपने नियाज़ तुम से अब तक बुतां रहे थे,
तुम हो ख़ुदाये बातिल हम बन्दे हैं तुम्हारे।
ठहरे हैं हम तो मुज़रिम टुक प्यार करके तुमको,
तुम से भी कोई पूछे तुम क्यों हुए पियारे।
होती है सुबह जो यां है शाम से भी बदतर,
क्या कहिये 'मीर' ख़ूबी अय्याम की हमारे।

❖ ❖ ❖

चर्ख़ पर अपना मदार देखिये कब तक रहे।
ऐसी तरह रोज़गार देखिये कब तक रहे।
सेहरे कहां तक पड़ें आंसूओं के चेहरे पर,
गिरिया गले ही का हार देखिये कब तक रहे।
रुए सुख़न सबका है मेरी ग़ज़ल की तरह,
शेर है मेरा शेआर देखिये कब तक रहे।
गेसुओ रुख़सार यार आंखों ही में फिरते हैं,
'मीर' यह लैलो निहार देखिये कब तक रहे।

❖ ❖ ❖

खींचता है दिलों को सहरा कुछ।
है मिज़ाजों में अपने सौदा कुछ।
वैसे ज़ाहिर का लुत्फ़ है छुपना,
कम तमाशा नहीं य' परदा कुछ
ख़ल्क की क्या समझ में वह आया,
आपसे तो गया न समझा कुछ।

❖ ❖ ❖

इसके कूचे में न कर शोरे क़यामत का ज़िकर,
शेख़ यां ऐसे तो हंगामे हुआ करते हैं।
बेबसी से तो तेरी बज़्म में हम बहरे बने,
नेको बद काई कहे बैठे सुना करते हैं।
फ़ुरसते ख़्वाब नहीं ज़िक्रे बुतां मे हमको,
रात दिन राम-कहानी सी कहा करते हैं।
यह ज़माना नहीं ऐसा कि कोई ज़ीस्त करे,
चाहते हैं जो बुरा अपना भला करते हैं।
महज़ नाकारा ही मत जान हमें तू कि नहीं,
ऐसे नाक़ाम भी बेकार फिरा करते हैं।
तुझ बिन इस जान मुसीबतज़दा क़मदीदा प हम,
कुछ नहीं करते तो अफ़सोस किया करते हैं।
क्या करें 'मीर जी' हम तुम से मआश अपनी अरज़,
ग़म को खाया करे हैं लोहू पिया करते हैं।

❖ ❖ ❖

दिल किस तरह न खींचे अशआर रेख़ते में,
बेहतर किया है मैंने इस ऐब को हुनर से।
अंजामकार बुलबुल देखा हम अपनी आंखों,
आवारा थे चमन में दो चार टूटे पर से।
बेताक़ती ने दिल की आख़िर को मार डाला,
आफ़त हमारे जी की आई हमारे घर से।
दिलकश य मंज़िल आख़िर देखा तो राह निकली,
सब यार जा चुके थे आये जो हम सफ़र से।

❖ ❖ ❖

ऐ हुब्बे जाह वालों जो आज ताजवर है।
कल उसको देखियो तुम नै ताज है न सर है।

❖ ❖ ❖

लुत्फ़ क्या हर किसू को चाह के साथ।
चाह वह है जो हो निबाह के साथ।

❖ ❖ ❖

दिल की मामूरी की मत फ़िक्र फ़ुरसत चाहिये।
ऐसे वीराने के अब बसने को मुद्दत चाहिये।
आक़बत फ़रहाद मर कर काम अपना कर गया,
आदमी होवे किसी पेशे में जुरअत चाहिये।
हो तरफ़ मुझ पहलवां शायर का कब आजिज़ सुख़न,
सामने होने को साहब फ़न के क़ुदरत चाहिये।

इश्क़ में वस्लो जुदाई से नहीं कुछ गुफ़्तगू,
क़ुर्बोबाद इस जा बराबर है मुहब्बत चाहिये।

❖ ❖ ❖

बुतां के इश्क़ ने बेइख़्तियार कर डाला,
वह दिल कि जिसका ख़ुदाई में इख़्तियार रहा।
वह दिल कि शाम व सहर जैसे पका फोड़ा था,
वह दिल कि जिससे हमेशा जिगर फ़िगार रहा।
सितम में ग़म में सरंजाम उसका क्या कहिये,
हज़ारों हसरतें थी तिस प जी को मार रहा।
बहा तो ख़ून हो आंखों की राह बह निकला,
रहा जो सीनए सोज़ां में दाग़दार रहा।
गली में उसके गया सो गया न बोला फिर,
मैं मीर मीर कर उसको बहुत पुकार रहा।

❖ ❖ ❖

गुल को महबूब में क़यास किया।
फ़र्क निकला बहुत जो बास किया।
दिल ने हमको मिसाल आईना,
एक आलम का रु शनास किया।
कुछ नहीं सूझता हमें उस बिन,
शौक़ ने हमको बेहवास किया।
सुबह तक शमा सर को धुनती रही,
क्या पतंगे ने इल्तमास किया।
ऐसे वहशी कहां हैं ऐ ख़ूबां,
मीर को तुम अबस उदास किया।

❖ ❖ ❖

मक्के गया मदीने गया करबला गया।
जैसा गया था वैसा ही चल फिरके आ गया।
देखा जो कुछ उस आमदो शद में तो मैं कहूं,
ख़ुद गुम हुआ हूं बात की तह आप पा गया।

❖ ❖ ❖

गुल फूल शम्सो क़मर सारे ही थे,
पर हमे इनमें तुम्हीं भाये बहुत।
'मीर' से पूछा जो मैं आशिक़ को तुम,
हो के कुछ चुपके से शरमाये बहुत।

❖ ❖ ❖

बन जो कुछ बन सके जवानी में,
रात तो थोड़ी है बहुत है सांग।
मीर बन्दों से काम कब निकला,
मांगना है जो कुछ ख़ुदा से मांग।

❖ ❖ ❖

ज़बाने बदलते हैं हर आन ख़ूबां,
य सब कुछ है बिगड़े ज़माने की बातें।
हमें दैरों काबे से क्या गुफ़्तगू है,
चली जाती हैं ये सयाने की बातें।

❖ ❖ ❖

जाये है जी नजात के ग़म में।
ऐसी जिन्नत गई जहन्नम में।
बे ख़ुदी पर न 'मीर' की जाओ,
तुमने देखा है और आलम में।

❖ ❖ ❖

ख़ाने में दिल से जीनहार बचा,
कोई ऐसे मकां से उठता है।
यूं उठे आह, उस गली से हम,
जैसे कोई जहां से उठता है।

❖ ❖ ❖

रेख़ता ख़ूब ही कहता है जो इन्साफ़ करो।
चाहिए अहले-सुख़न 'मीर' को उस्ताद करो।

जाने का नहीं शोर सुख़न का मेरे हरगिज़,
ता हश्र जहां में मेरा दीवान रहेगा।

हम न कहते थे कि मत दैरो-हरम की राह चल,
अब न दावा हश्र तक शेख़ो-बरहन में रहा।

नै काबे नै दैर के क़ाबिल।
मज़हब इनका है सैर के क़ाबिल।

पयम्बर है शह है कि दरवेश है।
सभों को यही राह दरपेश है।

कहते थे कि यूं कहते यूं कहते अगर आता।
सब कहने की बातें हैं कुछ भी न कहा जाता।

है मुश्ते ख़ाक लेकिन जो कुछ है 'मीर' हम हैं।
मक़दर से ज़ियादा मक़दूर है हमारा।

दैरो हरम में क्योंकि क़दम रख सकेगा मीर,
इधर तो उससे बुत फिरे उधर ख़ुदा फिरा।

वसीयत 'मीर' ने मुझको यही की,
कि सब कुछ होना तो आशिक़ न होना।

मेरे संगे मज़ार पर फ़रहाद।
रख के तेशा कहे है या उस्ताद।

❖ ❖ ❖

4

सौदा

सौदा, मीर तक़ी मीर के समकालीन शायर थे। इन्हें मीर से बेहपनाह मुहब्बत हासिल थी। ये अपनी बेबाक शायरी के लिए मशहूर थे। इनका पूरा नाम मिर्ज़ा रफ़ी था। इनके वालिद का नाम मिर्ज़ा मुहम्मद शफ़ी था। इनका तख़ल्लुस 'सौदा' था। इनका जन्म संवत् 1768 में दिल्ली में हुआ था। इनकी मृत्यु संवत् 1837 में हुई।

सौदा के पूर्वज सिपाहीपेशा थे और काबुल के रहने वाले थे। मिर्ज़ा मुहम्मद शफ़ी व्यापार के सिलसिले में दिल्ली गए थे और वहीं के होकर रह गए। कुछ लोगों का ऐसा मानना है कि पिता के सौदागर होने के कारण ही उन्होंने अपना तख़ल्लुस सौदा रखा। जो भी हो, उर्दू शायरों व शायरी के इश्क़ से आदमी सौदाई और दीवानावार हो ही जाता है। बाप सौदागर हो या मज़दूर, शायर बेटे का उपनाम हर हाल में सही साबित हुआ।

सौदा सबसे पहले सुलेमानकुली ख़ां के और फिर शाह हातिम के शागिर्द हुए। ख़ान आरज़ू की सोहबत से भी इन्हें काफ़ी अदबी फ़ायदा हुआ। पहले ये फ़ारसी में शेर कहते थे। खान आरज़ू ने इन्हें ये मशविरा दिया कि तुम अपनी मादरी ज़बान में शायरी करो, तुम एक नामचीन शायर होने के साथ-साथ पूरे अवाम में मक़बूल हो जाओगे।

सौदा ने उनकी इस नसीहत को दिल से समझा और माना। उन्होंने उर्दू में शायरी करनी शुरू की। थोड़े से अरसे में ही इन्हें ऐसी मक़बूलियत हासिल हुई कि इनकी उर्दू शायरी दिल्ली जैसे शहनशाही शहर के गली-कूचों, चौराहों व ख़ासोआम में दिल से पढ़ी जाने लगी। यहां तक कि शाह आलम भी उनकी शायरी से काफ़ी मुतासिर हुए और वे अपना कलाम सौदा को इसलाह के लिए देने लगे। लेकिन बादशाह से इनकी ज़्यादा दिन तक नहीं पटी। एक दिन बादशाह ने इनसे पूछा- मिर्ज़ा, तुम कै ग़ज़लें रोज़ कह लेते हो? मिर्ज़ा ने कहा- जब उमंग आती है तो दो-चार शेर कह लेता हूं। बादशाह ने कहा- भई, हम तो पाख़ाने में बैठे-बैठे ही चार ग़ज़लें कह लेते हैं। सौदा ने हाथ जोड़कर निवेदन किया- वैसी ही बू भी आती है। यह कहकर वो दरबार से निकल गए, उसके बाद वे गए ही नहीं। बादशाह ने उन्हें कई बार बुलावा भेजा और कहा कि हमारी ग़ज़ल बनाओ, हम तुम्हें दरबारी शायर बना देंगे। सौदा ने कहा- आपके दरबारी शायर बनाने से क्या होता है? दरबारी शायर तो मुझे मेरी शायरी बनाएगी।

सौदा घर बैठे रहे। किसी प्रकार की तकलीफ़ उन्हें नहीं सहनी पड़ी। बादशाह के दो ख़्वाजासरा मेहरबां ख़ां और बसंत ख़ां की बदौलत सौदा के दिन बड़े ऐशो आराम से गुज़रने लगे।

इनकी शायरी की मक़बूलियत यहां तक बढ़ी कि लखनऊ के नवाब शुजाउद्दौला ने उन्हें ख़त में 'बिरादरमन मुशाफ़िक मेहरबानमन' लिखकर लखनऊ बुलाया और क़ासिद के हाथ राह-खर्च के

लिए रक़म भी भेजी। पर सौदा को दिल्ली छोड़ना स्वीकार नहीं था। उन्होंने ख़त के जवाब में आख़िर में यह रुबाई लिखकर लखनऊ जाना नामंजूर कर दिया।

सौदा पये दुनिया तो बहर सू कब तक?
आवारा अजीं कूचए वां कू कब तक?
हासिल यही इससे न कि दुनिया होवे,
बिलफर्ज़ हुआ यों भी ता फिर तू कब तक?

कुछ बरसों के बाद सौदा के मददगार मर गए। सौदा बहुत घबरा गए। उन दिनों दिल्ली से भागने वालों के लिए दो ही ठिकाने थे- लखनऊ और हैदराबाद। लखनऊ क़रीब था, हैदराबाद दूर था। दिल्ली से जो भी निकलता था, सीधा लखनऊ की ओर मुंह करके चल खड़ा होता था।

सौदा भी आश्रयदाता की तलाश में दिल्ली से निकले। उस वक़्त उनकी उम्र साठ बरस के क़रीब थी। पहले ये फ़र्रुखाबाद के नवाब बंगश के पास कुछ दिन रहे। नवाब बंगश की तारीफ़ में भी सौदा ने कुछ क़सीदे कहे। वहां से ये लखनऊ पहुंचे और नवाब शुजाउद्दौला का इन्होंने आश्रय प्राप्त किया। नवाब शुजाउद्दौला ने इनके आने से बड़ी ख़ुशी ज़ाहिर की। पर एक दिन नवाब ने कहा कि मिर्ज़ा, तुम्हारी वह रुबाई मेरे दिल पर छपी हुई है। यह कहकर उन्होंने दुबारा पढ़ा। सौदा को अपनी दशा पर बड़ा दुख हुआ। उस दिन से ये फिर दरबार में नहीं गए। यहां तक शुजाउद्दौला मर भी गए और आसफ़ुद्दौला गद्दीनशीन हुए। एक दिन लखनऊ में मीर और सौदा की शायरी को लेकर दो लोगों में बहस छिड़ी। दोनों ख़्वाजा बासत के मुरीद थे। दोनों उनके पास गए और फ़ैसला करने को कहा। ख़्वाजा बासत ने कहा- दोनों ही आला दर्जे के शायर हैं। पर फ़र्क सिर्फ़ इतना है कि मीर साहब का कलाम आह है और सौदा साहब का वाह।

लखनऊ में एक मिर्ज़ा फ़ाख़िर मकीं रहते थे। उससे इनकी ऐसी बिगड़ी कि शेरों के बदले खंजर तक निकलने की नौबत आ गई। अशरफ़ अली ख़ां नामके एक दानिशमंद ने पंद्रह साल की लगातार मेहनत से फ़ारसी की चुनी हुई शायरी का एक मजमुआ तैयार किया। वे उसे संशोधन और ज़रूरी परिवर्तन के लिए मिर्ज़ा फ़ाख़िर के पास ले गए क्योंकि मिर्ज़ा फ़ाख़िर उन दिनों फारसी अदब के लिए मशहूर थे। मिर्ज़ा फ़ाख़िर ने क़ाबिलियत दिखाने के लिए उसमें पूरी काट-छांट करके रख दी। कुछ दिनों के बाद जब यह खबर अशरफ़ अली ख़ां को मालूम हुई तो वे बेचारे किसी तरह कह-सुनकर उस मजमुए को फ़ाख़िर अली ख़ां के यहां से उठा लाए। किताब तो काट-कूटकर चलनी कर दी गई थी। वे उसे सौदा साहब के पास ले गए।

सौदा ने कहा- मुझे फ़ारसी भाषा का अभ्यास नहीं है। उर्दू के कुछ लफ़्ज़ इधर-उधर से जोड़ लेता हूं, सो अल्लाह जाने, कैसे उन्हें दिलों में जगह मिल जाती है। मिर्ज़ा फ़ाख़िर तो फ़ारसी के ज्ञाता हैं। उन्होंने जो कुछ भी किया होगा, समझकर किया होगा। यदि और किसी को दिखाना चाहते हैं तो मरहूम शेख अली हजीं के शागिर्द शेख आयतुला 'सना' मौजूद हैं। बंगाल में हकीम अली खां, फर्रुखाबाद में निजामुद्दीन 'बिलाग्रामी' और शाहजहानाबाद में शाह नुरुलैन 'वाक़िफ' हैं, इन लोगों से आप इसलाह करा लीजिए।

अशरफ़ अली ख़ां ने कहा- मिर्ज़ा फ़ाख़िर तो इन सभी फ़ारसीदानों को कुछ समझते ही नहीं।

अशरफ़ अली ख़ां के ज़ोर देने पर सौदा ने वो मजमुआ रख लिया। सौदा ने उसे खोलकर देखा तो कितने ही शब्द बिना अर्थ समझे ही काटे गए थे। इससे उन्हें बहुत दुख हुआ। इन्होंने 'इबरतुलग़ाफ़लीन' नाम की एक किताब लिखी, जिसमें मिर्ज़ा फ़ाख़िर की अदबी भूलों को उजागर

किया और खलासा कराया और अपने सुझाव भी दिए।

मिर्ज़ा फ़ाख़िर को जब यह ख़बर मिली तो वे घबरा गए और बातचीत के लिए अपने शागिर्द बक़ाउल्ला ख़ां को सौदा के पास भेजा। बक़ाउल्ल ख़ां भी शायर थे। कुछ देर तक उसने अपने उस्ताद की तरफ़दारी करते हुए खूब बहस की। तो सौदा ने कहा- अपने उस्ताद से जाकर कहो कि उस्तादों के शेरों को देखा करो तो समझा भी करो।

इस विवाद पर मिज़ा फ़ाख़िर ने दूसरी चाल चली। लखनऊ में उनके चेले चपाटों की कमी नहीं थी, उन शेख़ज़ादों की शेख़ी बढ़ी-चढ़ी थी। एक दिन सौदा घर में बैठे थे कि मिर्ज़ा फ़ाख़िर के चेले ऊपर चढ़ आए। एक ने सौदा के पेट पर छुरी रखते हुए कहा- मेरे उस्ताद के बारे में आपने जो कुछ कहा है, उसका फल चखो या मेरे उस्ताद के पास चलकर फ़ैसला करो। सौदा ने बातों के तोते तो ख़ूब उड़ाए थे, मज़मून बांधने का भी वे अभ्यास करते रहते थे, पर आज विषय बिल्कुल ही बदल गया था। वे विवश होकर उस शैतानी दल के साथ चले। चौक में पहुंचने पर फ़ाख़िर के चेले झगड़ा करने का कोई बहाना ढूंढने लगे। संयोग से उसी वक़्त उधर से सआदत अली खां की सवारी निकली। भीड़ देखकर उन्होंने समाचार मालूम किया और सौदा साहब को हाथी पर बिठाकर अपने साथ ले गए। सआदत अली खां सौदा को लेकर आसफ़ुद्दौला के पास पहुंचे और सारा मामला कह सुनाया व कहा- पिताजी ने मिर्ज़ा रफ़ी 'सौदा' को 'बिरादरमन और मुशफ़िक मेहरबानमन' कहकर खत लिखा था। उन्हीं की आज दुर्गति हो रही है। आज मैं न पहुंचता तो वे बदमाश इन्हें बेइज़्ज़त कर देते।

आसफ़ुद्दौला गुस्से में लाल होकर बोले- फ़ाख़िर ने ऐसा किया है तो ये उन्होंने मिर्ज़ा रफ़ी के साथ नहीं, बल्कि मुझे अपमानित किया है। पिताजी इन्हें भाई लिखते थे, ये हमारे चचा हुए।

इतना कहकर आसफ़ुद्दौला ने आज्ञा दी- शेख़ज़ादों का मुहल्ला का मुहल्ला उखाड़कर फेंक दो। मिर्ज़ा फ़ाख़िर जैसी भी हालत में मिले, उसे उसी हालत में मेरे सामने पेश करो।

सौदा हाथ जोड़कर बोले- हुज़ूर, हम लोगों की लड़ाई का फ़ैसला काग़ज़-कलम के मैदान में खुद ही हो जाता है। आप इसमे बीच में न पड़ें। इससे मेरी बदनामी होगी। जितनी मदद आपकी दरियादिली से पहुंची है, वह काफ़ी है।

सौदा की भलमनसाहत का नवाब पर अच्छा असर पड़ा। उन्होने अपने सिपाहियों के साथ उन्हें घर भेजा। इतना ही नहीं, बल्कि इनाम के साथ-साथ छह हजार रुपया वार्षिक वेतन भी बांध दिया। ये कृपा सौदा पर उनके अंतिम दिनों तक बनी रही।

सौदा बड़ी आज़ाद तबिअत के शायर थे। नुक़्ताचीनी वाली शायरी लिखने में बस एक ही थे। इनके नौकर का नाम गुंचा था। जहां किसी से नाराज़ हुए कि पुकारते- अरे ओ गुंचा, ला तो कलमदान। जरा इसकी ख़बर तो लूं। जहां ज़रा सा भी गुस्सा आया, बस कलम उठाई और निंदा का तूफ़ान ला दिया। पंडित, मूर्ख, अमीर-ग़रीब, भला-बुरा, इन्होंने सब की दाढ़ी नोची। हालांकि मीर ज़ाहक, फिदवी, मकीं, बक़ा आदि शायर भी इन्हें आड़े हाथों ले लेते थे पर मक़बूल तो सौदा के शेर ही हुए। मीर ज़ाहक से सौदा की ताउम्र नहीं पटी। एक बार मीर ज़ाहक ने उनसे पहले छेड़खानी की। सौदा उनके खिलाफ़ कुछ लिखने से पहले उनके पास जाकर हाथ जोड़कर बोले- आप मेरे मोअज़िज़ हैं, मैं आपका गुलाम हूं, मेरे बारे में आप कुछ कहने की तकलीफ़ न करें। ऐसा न हो कि मेरे मुंह से कुछ भी निकल जाए और क़यामत के रोज़ मैं गुनहगार समझा जाऊं।

मीर ज़ाहक ने कहा- भई, यह तो शायरी है। इसमें छोटाई क्या और बड़ाई क्या?

सौदा अब क्या करते? उन्होंने भी कलम उठाई और ऐसी निंदा लिख डाली कि पढ़कर आश्चर्य होता है कि मीर ज़ाहक जीते कैसे रहे।

शादी में गर किसी के घर यह जाय।
साहबे-ख़ाना रंडियां बुलवाय।
राग गर हो कलावंतो का वहां।
उस जगह गा रहा हो जीवन ख़ा।
कैसी ही देवीदास परनी ले।
न सुने आप यह न सुनने दे।
यही पूछे हरेक से बेशरम।
पूरी का आटा सख़्त है या नरम।

मीर ज़ाहक जब मरे तब सौदा फ़ातिहा के लिए अपना दीवान भी साथ लेते गए। मातम पुरसी के बाद सौदा ने मीर ज़ाहक के लड़के से कहा- मैंने उनके ख़िलाफ़ जो कुछ भी लिखा है, इसके लिए तुम मुझे माफ़ कर देना। यह कहकर उन्होंने नौकर से दीवान मंगाकर उसे वहीं पर सबके सामने सबूत फाड़ डाला। मीर ज़ाहक के लड़के ने भी उसी दम बाप की दीवान, जो सौदा की निन्दाओं से भरा पड़ा था, मंगाकर फाड़ डाला। सौदा की शायरी में तो दिल्ली की हवा बसी हुई थी। दीवान फाड़े जाने पर भी उसका अंत नहीं होने पाया। पर मीर ज़ाहक की शायरी उनके दीवान के साथ ही उनके लड़के के हाथ से ग़ायब हो गई।

एक बार आसफ़ुद्दौला शिकार को गए। जंगल से ख़बर आई कि नवाब ने भीलों के बन में एक शेर मारा है। तो सौदा ने एक शैर कह डाला-

यारो य' इब्ने मुलज़िम पैदा हुआ दोबारा।
शेरे ख़ुदा को जिसने भीलों के बन में मारा।

नवाब ने भी सुना। मित्र की तरह वे कहने लगे- मिर्ज़ा, तुमने मुझे ख़ुदा के शेर का घातक बनाया। सौदा ने भी हंसकर कहा- हुज़ूर, सिंह तो ख़ुदा ही का था, न मेरा, न आपका।

एक भठियारिन की लड़की थी, जो बड़ी लड़ाका और चंचल थी। सौदा उसी राह से रोज़ आते-जाते थे। एक दिन वह ध्यान चढ़ गई। सौदा ने उस पर भी शेर कहा-

लड़की वह लड़कियों में जो खेले।
न कि लौंडों में जाके डंड पेले।

एक बार इटावा के शेख़ क़ायम अली, जो अच्छे शायर थे, शागिर्द बनने के लिए सौदा के पास आए और अपनी शायरी सुनाई। सौदा ने पूछा- तख़ल्लुस क्या है? जवाब मिला- उम्मीदवार। तब सौदा ने यह शेर कहा-

है फ़ैज से किसी के शजर इनका बारदार।
उस वास्ते किया है तख़ल्लुस उम्मीवार।

जब स्त्री गर्भिणी होती है तो बोलचाल की भाषा में कहा जाहा है कि उम्मीदवारी से है। इस शेर में यही दिल्लगी की गई है। बेचारे क़ायम अली लज्जित होकर चले गये। उन्होंने अपना तख़ल्लुस 'क़ायम' कर लिया और वे किसी दूसरे के शागिर्द हो गये।

अज़ीमाबाद के रहने वाले रासिख़ नाम के एक शायर थे। एक बार वो सौदा के पास शागिर्द होने के लिए आए। सौदा ने पूछा- कुछ कहा हो तो सुनाईए। रासिख़ ने यह शेर पढ़ा-

हुए हैं हम ज़ईफ अब दीदनी रोना हमारा है।
पलक पर अपनी आंसू सुबहे पीरी का सितारा है।

सौदा ने उठकर उसे गले लगा लिया। कहने का मतलब यह है कि सौदा फ़कत नुक़्ताचीं शायर ही नहीं थे, बल्कि अच्छे शेर को कहने वालो के क़द्रदान भी थे।

एक़ दिन सौदा मुशायरे में बैठे थे। लोग अपनी-अपनी ग़ज़लें सुना रहे थे। बारह-तेरह साल के एक लड़के ने ग़ज़ल पढ़ी। मतला इस तरह था-

दिल फफोले जल उठे सीने के दाग़ से।
इस घर को आग लग गई घर के चराग़ से।

सौदा चौंक पड़े। पूछा- यह मतला किसने पढ़ा? लोगों ने लड़के की तरफ इशारा किया। सौदा ने बड़ी प्रशंसा की। उन्होंने मतला उससे कई बार पढ़वाया और आख़िर में कहा- मियां लड़के, तुम जवान होते तो नहीं दिखाई पड़ते। हुआ भी कुछ ऐसा ही। वह लड़का कुछ दिनों बाद जलकर मर गया।

जब सौदा लड़के थे। उस समय 'मीर जाफ़र ज़टल' बुड्ढे हो चुके थे। एक दिन शाम के वक़्त मियां मीर जाफ़र छड़ी टेकते हुए टहलने निकले। सौदा किताबें बग़ल में दबाए सामने से आ रहे थे। बड़े अदब से सौदा ने झुककर सलाम किया। मीर जाफ़र ने ख़ुश होकर उन्हें दुआएं दी। सौदा बचपन से ही शायरे दिल के लिए मशहूर थे। 'ज़टल' ने अदबी गुफ़्गू के लिए सौदा को बातों में लगा लिया। वे साथ-साथ चले। मियां मीर जाफ़र ज़टल ने चलते-चलते, बातों ही बातों में उन्हें उलझाए रखा और कुछ पल बाद कहा- मिर्जा, इस मिसरे पर ज़रा मिसरा तो लगाओ-

लाला दर बाग़ दाग़ चूं दारद।

सौदा ने सोच कर कहा-

उम्र कोतास्त ग़म फ़हजूं दारद।

ज़टल ने हंसकर कहा- तुम दिन भर भूखे रहे हो, इसलिए कोताह का 'ह' खा गए। सौदा ने फिर कहा-

अज़ ग़मे इश्क़ सीना ख़ूं दारद।

ज़टल ने कहा-

वाह दिल ख़ून होता है कलेजा ख़ून होता है।
भला सीना क्या ख़ून होगा? सीना पुरज़ख़ूं होता है।

सौदा ने फिर कहा-

चह कुनद सोज़िरो दरूं दारद।

ज़टल ने कहा- मिसरा तो ठीक है, पर ज़रा तबिअत पर ज़ोर देकर कहो।

सौदा तंग आ चुके थे। चुलबुली तबिअत तो बचपन से ही पाई थी। झट बोल पड़े-

यक असा सब्ज़ ज़ेर .... दारद।

ज़टल हंस पड़े और छड़ी उठा ली। सौदा लड़के थे ही, वे भाग खड़े हुए।

सौदा का कुल्लियात छपा मिलता है। उसमें फ़ारसी के क़सीदे, मसनवियां, बहुत सी हिकायतें और लतीफ़े पद्यवध्द हैं। फ़ारसी का एक छोटा दीवान है। बहुत सी रसीली गज़लें, रुबाईयां, क़ताअत, तारीखें, पहेलियां, बासोख़्त, तरजीअबंद, मुख़म्मस आदि सब प्रकार के विषय और छंद उस संग्रह में हैं। आलोचना वाली शायरी का तो कहना ही क्या? वह तो सौदा की ख़ास चीज़ ठहरी।

ग़ज़लें तो पहले भी लोग कहते थे, पर क़सीदे इतने अच्छे किसी ने नहीं कहे। सौदा क़सीदे के बादशाह कहलाते थे।

सौदा में ज़िंदादिली ख़ूब थी। पीरी तक भी ये अपने बचपन को सलामत रख सके थे और उसकी पूरी हिफ़ाजत भी की। इनकी निन्दात्मक शायरी के एक-एक मिसरे में शोख़ियां लहरे मारती हुई नज़र आती है। सौदा ने मरसिये भी कहे हैं। पर आज मरसियों की जो प्रगति हुई है, उसके सामने तो वे इतने आगे नहीं जा सके। शायद उन्हीं मरसियों को देखकर यह मसल मशहूर थी कि-

बिगड़ा शायर मरसिया-गो।
बिगड़ा गवैया मरसिया ख़्वाबां।

बात ठीक भी है। मरसिया तो दुखों का रोना है। दूसरों का रोना रोकर जो औरों को रुलाने की कोशिश करता है, उसे कौन पसन्द कर सकता है।

सौदा गद्य भी लिखते थे। उस समय का उर्दू गद्य, फ़ारसी और अरबी शब्दों के बोझ से बेतरह दबा रहता था। पर पद्य में इन्होंने कमाल का हाथ दिखलाया है। हिंदी भाषा में फ़ारसी के मुहावरों को इन्होंने ऐसी ख़ूबी से भरा है कि उन मुहावरों ने यहां की बोलचाल में घर कर लिया। उर्दू अदब और भाषा को सुधारने में जिन शायरों और लेखकों ने जो मेहनत की है, उनमें एक सौदा भी थे।

क़ाफ़िया बांधने में तो सौदा लाजवाब थे। चाहे जैसा टेढ़ा सीधा काफ़िया हो, ये बराबर उसी के जोड़ के काफ़िये पर काफ़िये बांधते चले जाते थे।

शायरी की क़रीब क़रीब सारी विधाओं के जादूगर होने के साथ इनको पहेलियां रचने में भी महारत हासिल थी। जिसकी यहां पर बानगी भी देख लें-

देखे हम दो टोपी दिये।
मर्द इस्तरी उनसे जिये। (स्तन)

अजब तरह की है इक नार।
उसका क्या मैं करूं विचार।
वह दिन डूबे पी के संग।
लाग रहे निशि वा के अंग।
दिया बरे तो वह शरमाय।
ढिग से सरक दूर हो जाय। (छाया)

रात को जोगी नहीं कनफटा।
गुदड़ी ओढ़े सर पर जटा।
अंग-अंग मोती से छाया।
चार महीने जग को भाया। (भुट्टा)

अति चंचल उजवल, सभी, हाड़ मांस औ चाम।
नर नारी सब एक सी करे चाम को दाम। (मछली)

वा बिन मोके भवन न भावे।
जुफ्त नहीं पै ताक़ कहावे। (ताक़)

मारे से वह जी उठे, बिन मारे मर जाय।
बिन पावों जग जग फिरे, हाथों हाथ बिकाय। (तबला)

सौदा लगभग साठ बरस की अवस्था में दिल्ली से लखनऊ और उम्र के सत्तर बरस तक जीते रहे। लखनऊ मे वे आग़ा बाकर के इमामबाड़े में दफ़नाये गये। इब्राहिम अली खां ''तज़किरे गुलज़ार इबराहीमी'' में लिखते हैं कि मिर्ज़ा गुलाम हैदर 'मजज़ूब' सौदा के बेटे हैं और लखनऊ में रहते थे। पर अब सौदा के वंश में शायद कोई नहीं है।

सौदा की शायरी :

दिल मत टपक नज़र से कि पाया न जायेगा।
जूं अश्क फिर ज़मीं से उठाया न जायेगा।
रुख़सत है बाग़बां कि टुक इक देख ले चमन,
जाते वहां जहां से फिर आया न जायेगा।
आवेगा वह चमन में न ऐ अब्र, जब तलक,
पानी गुलों के मुंह में चुवाया न जायेगा।
तेग़े जफ़ाए-यार से दिल सर न फेरिये,
फिर गुंह वफ़ा को हमरो दिखाया न जायेगा।
ज़ालिम मैं कह रहा कि तू इस ख़ूं से दर गुज़र,
सौदा का क़तल है य छिपाया न जायेगा।

❖ ❖ ❖

ग़ैर के पास यह अपना ही गुमां है कि नहीं।
जलवागर यार मेरा वरना कहां है कि नहीं।
दिल के पुरज़ों को बग़ल बीच लिये फिरता हूं,
कुछ इलाज इनका भी ऐ शीशगरां है कि नहीं।
मेहर हर ज़र्रा में मुझको ही नज़र आता है,
तुम भी टुक देखो तो साहब नज़रां है कि नहीं।
जुर्म है उसकी जफ़ा का कि वाफ़ की तक़सीर,
कोई तो बोलो मियां मुंह में ज़बां है कि नहीं।
पासे नामूस मुझे इश्क़ का है ऐ बुलबुल,
वरना यां कौन-सा अंदाज़ फ़ुग़ां है कि नहीं।

आगे शमशीर तुम्हारी के भला यह गरदन,
मू से बारीक तर ऐ ख़ुश्क मरां है कि नहीं।
पूछा सौदा से मैं यकरोज़ कि ऐ आवारा,
तेरे रहने का मुऐअन भी मकां है कि नहीं।
यक-ब-यक होके बर आशुफ़्ता लगा वह कहने,
कुछ तुझे अक़्ल से बहरह भी मियां है कि नहीं।
देखा मैं क़सरे फ़रोदूं के दर पर यक शख़्श,
हल्का ज़न हो के पुकारा कोई यां है कि नहीं।

❖ ❖ ❖

अश्क़ आतिश व ख़ूं आतिश व हर लख़्ते दिल आतिश।
आतिश प बरसती है पड़ी मुत्तसिल आतिश।
दिल इश्क़ के शोला से जो भड़का तो रहा क्या,
ऐ जाम, निकल जा कि लगी मुत्तसिल आतिश।
यक क़तरए-मय ले उड़ी सौदा को जगह से,
बारुत के तूदे को है बस एक तिश आतिश।

❖ ❖ ❖

नाविक ने तेर` सैद न छोड़ा ज़माने में।
तड़पे हैं मुर्ग़ क़िब्लानुमा आशियाने में।
क्योंकर न चाक चाक गरेबाने-दिल करूं,
देखूं तो तेरी ज़ुल्फ़ को मैं दस्ते शाने में।
ज़ीनत दलील मुफ़लिसी ही टुक कमां को देख,
नक़्शो निगार छूट नहीं कुछ उसके ख़ाने में।
ऐ मुर्ग़ दिल, समझ के तू चश्मे तमा को खोल,
तू ने सुना है दाम जिसे है वह दाने में।
चिल्ले में खींच खींच किया क़द को जो कमां,
तीरे मुराद पर न बिठाया निशाने में।
पाया हरेक बात में अपने में यूं तुझे,
पानी को जिस तरह से सुख़न आशिक़ाने में।
हम सा तुझे तो एक हमें तुझसे हैं कई,
जो देख ले तू आप को आईना-ख़ाने में।
सौदा ख़ुदा के वास्ते कर क़िस्सा मुख़्तसर,
अपनी तो नींद उड़ गई तेरे फ़साने में।

❖ ❖ ❖

है परवरिश सुख़न की मुझे अपनी जां तलक।
जूं शमअ जिन्दगानी मेरी है ज़बां तलक।

जिसकी बहार पहुंची न आख़िर ख़िज़ां तलक,
आया न एक गुल कभी उस बोस्तां तलक।
इस चर्ख़े दूं परस्त तले बहरे मश्ते जो,
मानिन्द आसिया के फिरूं मैं कहां तलक।

❖ ❖ ❖

अफ़ई को यह ताकत है कि उससे बसर आवे।
वह ज़ुल्फ सियह अपनी अगर लहर पर आवे।
सूरत हमें उस महर की पहचान अगर आवे,
हर ज़र्रा मैं कुछ और ही झमका नज़र आवे।
फिरता हूं तेरे वास्ते मैं दर बदर ऐ यार,
तुझसे न हुआ यह कि कभू मेरे घर आवे।
गोया दिले आशिक़ भी इक फ़ील सियह मस्त,
रुकता नहीं रोके से किसू के जिधर आवे।
कह कहके दुख अपना मैं किया मग़्ज़ को ख़ाली,
इतना न हुआ सुनके तेरी आंख भर आवे।
क्या हो जो क़फ़स तक मेरे अब सहने-चमन में,
दो बर्ग लिये गुल के नसीमे-सहर आवे।
सब काम निकलते हैं फ़ल्क तुझसे व लेकिन,
मेरे दिले नाशाद की उम्मीद बर आवे।
नामे के जवाब आना तो मालूम है अब काश,
क़ासिद के बदो नेक की मुझ तक ख़बर आवे।
सबसे कहे सोता हूं कि यह कह दे कि फिर आना,
बाली प' मेरे शोरे क़यामत अगर आवे।
देता जो कोई मुर्ग़ दिल उस शोख़ को सौदा,
क्या क़हर किया तूने ग़ज़ब तेरे बर आवे।

❖ ❖ ❖

जी मेरा मुझसे यह कहता है कि टल जाऊंगा।
हाथ से दिल के तेरे अब मैं निकल जाऊंगा।
क़तरए-अश्क हूं प्यारे तेरे नज़्ज़ारे से,
क्यों ख़फा होते हो पल मारते ढल जाऊंगा।
छेड़ मत बादे बहारी कि मैं जूं निकहते गुल,
फाड़ कर कपड़े अभी घर से निकल जाऊंगा।
इस ख़राबों से तो मत मुझको निकाल अब घर से,
तू कहे आज निकल मैं कहूं कल जाऊंगा।

❖ ❖ ❖

ख़ूबों में दिलदिही की रविश कम बहुत है यां।
ख़्वाहाने जां जो चाहो तो आलम बहुत है यां।
ग़ाफ़िल न रह तू अहले तवाज़ा के हाल से,
तेग़ा कमां की तरह ख़मो चम बहुत है यां।
चश्मे हविस उठा ले तमाशे से जूं हुबाब,
नादीदनी का दीद बस इकदम बहुत है यां।
आंखों में दूं उस आईना रु को जगह वले,
टपका करे है बस कि यह घर नम बहुत है यां।
देखा जो बाग़े दहर तो मानिन्द सुबह व गुल,
कम फ़ुरसती मिलाप की बाहम बहुत है यां।
'सौदा' कह उससे दिल की तसल्ली के वास्ते,
गोशा से चश्म के निगाह कम बहुत है यां।

❖ ❖ ❖

जूं गुंचा तू चमन में बंदे क़बा को खोले।
फिर गुल से ऐ पियारे, बुलबुल कभू न बोले।
आवेगा वह तड़के चमन में ही मैकशी को,
शबनम से कह दे बुलबुल प्याले गुलों के धो ले।
बाग़े जहां में आकर कुछ हमने फल न पाया,
इक दिल मिला कि जिसमें हैं सैकड़ों मलोले।
ऐसा ही जाऊं जाऊं करते हो तो सिधारो,
इस दिल प कल जो होनी हो आज ही सो होले।
कौन ऐसा अब कहे यह सौदा गली में उसके,
आ तुझको ले चलें हम दिल खोल करके रो ले।

❖ ❖ ❖

भर नज़र तुझको न देखा कभू डरते डरते।
हसरतें जी की रहीं जी ही में मरते मरते।
खींचते क्या हो मियां तेग़ कि यां रिश्ता उम्र,
सर्फ़ सीने प हुआ टांके ही भरते भरते।
क्या हमे फ़ायदा आंखों से बक़ौले सौदा,
भर नज़र तुझको न देखा कभी डरते डरते।

❖ ❖ ❖

इस क़दर अब की हवा मस्त है वीराने की।
किसी लड़के को नहीं सुध किसी दीवाने की।
जल मुवा शमा को देखा जो मेरे बालीं पर,
बद गुमानी से मैं अब दाग़ हूं परवाने की।

शुक्र सद शुक्र नहीं मैं किसी ख़ातिर की गुबार,
खाक़ काबा की हूं या गर्द सनम ख़ाने की।

❖ ❖ ❖

मक़दूर नहीं उसकी तजल्ली के बयां का।
जो शमआ सरापा हो अगर सिर्फ़ ज़बां का।
इस हस्तिए-गुलशन में अजब दीद है लेकिन,
जब आंख खुली गुल की तो मौसम है ख़िज़ां का।

❖ ❖ ❖

क़ाबू में हूं मैं तेरे गो अब जिया तो फिर क्या।
खंजर तले किसी ने टुक दम लिया तो फिर क्या।
'सौदा' हुए जब आशिक़ क्या यास आबरू का,
सुनता है ऐ दिवाने, जब दिल दिया तो फिर क्या।

❖ ❖ ❖

न खींच ऐ शाना इन ज़ुफों को यां सौदा का दिल अटका।
असीरे नातवां है यह न दे ज़ंजीर का झटका।
परे रह बर्क़ ख़ारे आशियां अपने से कहता हूं,
उड़ेगा धज्जियां होकर जो यां दामन तेरा अटका।

❖ ❖ ❖

तेरे कूचे से जो मैं आपको चलते देखा।
जी किसी तन से न इस तरह निकलते देखा।
सूझी तदबीर न तक़दीर को बहलाने की,
जब तुझे क़त्ल पर आशिक़ के मचलते देखा।

❖ ❖ ❖

सौदा से यों कहा मैं दिल इस क़दर से खोना।
कहने लगा कि नादां क्या पूछता है होना।

❖ ❖ ❖

मुंड़ाकर ख़त तुम अपने हक़ में क्यों कांटों को बोते हो।
य आरिज़ गुल न होवेंगे अबस सब्ज़ा भी खोते हो।
रक़ीबों मैं हूं ज़ेरे आसमां यक जान दो क़ालिब,
मुख़ातिब तुम बलफ़्ज़े जान हम दोनों के होते हो।

❖ ❖ ❖

इस दिल को देके लूं दो जहां य कभू न हो।
'सौदा' तो होवे तब न कि जब उसमें तू न हो।

क़िस्सा तो हुस्नो इश्क़ का चुकता है पल के बीच,
गर महकमें में क़ाज़ी के तू रूबरू न हो।

❖ ❖ ❖

मेरी आंखों में तू रहता है मुझको क्यों रुलाता है।
समझ कर देख लो अपना भी कोई घर डुबाता है।
अयां है शौक़ मिलने का मेरे नामे के काग़ज़ से,
कि जब खोले है तू उसको तो वह लपटा ही जाता है।

❖ ❖ ❖

अबके भी दिन बहार के यों ही चले गये।
फिर फिर गुल आ चुके प' सजन तुम भले गये।
पूछै हैं फूलों फल की ख़बर अब तो अंदलीब,
टूटे झड़े ख़िज़ां हुए फूले फले गये।

❖ ❖ ❖

दुनिया की तलब में दीन खोकर, बैठे गुमराह।
करना ही न था जो काम सो कर बैठे, ऐ अक़्लतबाह।
हैं आरज़ी ख़ाना जिस्म खाक़ी सौदा, बे शुबहो शक,
सो मालिक ही उसके आप होकर बैठे, सुबहान अल्लाह।

❖ ❖ ❖

हलक तेरी ज़ुल्फ़ का जब यार मुंह खोले रहे।
बच चुका वह जिसकी ख़ातिर मार मुंह खोले रहे।
चश्म नरगिस की मुंदे किस तरह मेरे सामने,
जिसके आगे तुझ सा गुल रुख़सार मुंह खोले रहे।

❖ ❖ ❖

ताक़त नहीं रोने की बहुत हिज्र से तेरे, गो दिल में य' गम है।
कोई दम की रमक़ है अब तन में जो मेरे, सो चश्म में नम है।
भूले ही नहीं यां कभी फिर आना है ऐ यार, और जाय है सब जा,
क्या मुझसे तेरा जुर्म हो सांझ सबेरे, जो इतना सितम है।

❖ ❖ ❖

बोली से मैं दुनिया में का यों जाकर, सुना ऐ बेपर्द।
अब एक की हो रह, न फिरा कर घर घर, बनी सूरते नर्द।
बोली कि जो कोई मर्द है सो तो मुझको रखता नहीं,
बांधी है जिन्होंने मेरे रखने प कमर, सो हैं नामर्द।

❖ ❖ ❖

तनहा मेरे मातम में नहीं शाम सियहपोश,
रहता है सदा चाक गरेबान सहर भी।
'सौदा' तेरी फ़रियाद से आंखों से कटी रात,
आई है सहर होने को टुक तो कहीं मर भी।

❖ ❖ ❖

बेकस कोई मरे तो जले इस प'दिल मेरा,
गोया यं है चिराग़ ग़रीबों के गोर का।

❖ ❖ ❖

किसी दींदारों काफ़िर को ख़याल इतना नहीं आता,
सहर क्या हो चुका 'सौदा' की सर पर शाम क्या होगा।

❖ ❖ ❖

टूटे अगर निगह से तेरी दिल हुबाब का।
पानी भी पीजिए तो मज़ा हो शराब का।

❖ ❖ ❖

मौजे आतिश है सैल आंखों में,
शायद इस दिल का आबला फूटा।

❖ ❖ ❖

न जिया तेरी चश्म का मारा,
न तेरी ज़ुल्फ का बंधा छूटा।

❖ ❖ ❖

तेरा जी मुझसे नहीं मिलता तेरा जी रह नहीं सकता।
ग़रज़ ऐसी मुसीबत है कि मैं कुछ कह नहीं सकता।

❖ ❖ ❖

टुक जाग ले तू छोड़कर ग़ाफ़िल पलंग व ख़्वाब।
आख़िर को फिर यही है कि छाती प' संग व ख़्वाब।

❖ ❖ ❖

हिन्दू है बुतपरस्त मुसलमां खुदा-परस्त।
पूजूं मैं उस किसी को जो हो आशना-परस्त।

❖ ❖ ❖

क़ातिल के दिल से आह न निकली हवस तमाम।
ज़र्रा भी हम तड़पने न पाये कि बस तमाम।

❖ ❖ ❖

ऐ लाला, गो फ़लक ने दिये तुझको चार दाग़।
छाती मेरी सराह कि एक दिल हज़ार दाग़।

गर हो शराब ख़िलवतों माशूक़ ख़ूबरू,
ज़ाहिद तुझे क़सम है जो तू हो तो क्या करे?

❖ ❖ ❖

जग में शराब ख़्वार की तशहीर के लिए,
'सौदा' जो मुहतसिब हो तो ज़ाहिद को ख़र करे।

❖ ❖ ❖

हनोज़ आईना गर्द इस ग़म से अपने मुंहप मलता है,
ख़ुदा जाने कि क्या क्या सूरतें इस ख़ाक में गड़ियां।

❖ ❖ ❖

जिगर उनका है जो तुझको सनम कर या करते हैं।
मियां हम तो मुसलमां है ख़ुदा भी कहते डरते हैं।

❖ ❖ ❖

किस किस तरह की देखें इस बाग़ की फ़ज़ायें।
किधर गये व साक़ी वह अब्र वह हवायें।

❖ ❖ ❖

ख़ाक पर भी तेरे दीवाने की यह तदबीर है।
हर बगौला तौक़ हर मौजे हवा ज़ंजीर है।

❖ ❖ ❖

न तलत्तुफ़ न मुरौवत न मुहब्बत न वफा,
सादगी देख कि इस पर भी लगा जाता हूं।

❖ ❖ ❖

ऐ गुंचा-दहन प्यार से टुक हंसकर बोल,
क्या दिल है मेरा तू कि नहीं खुलता है।

❖ ❖ ❖

किसी का दीन किया हक़ ने किसी की दुनिया,
सबका सब कुछ किया पर तुझको हमारा न किया।

❖ ❖ ❖

उस दौर के दो उम्दा शायरों की दूबदू शायरी :

मीर - हमारे आगे तेरा जब किसी ने नाम लिया।
दिल सितमज़दह को हमने थाम थाम लिया।
क़सम जो खाईये तो लालए ज़ुलेख़ा की,
अजीज मिस्र का भी साहब इक ग़ुलाम लिया।

सौदा - चमन में सुबह जो उस जंगजू का नाम लिया।
सबा ने तेग़ का मौजे रवां से काम लिया।
कमाल बन्दगीए इश्क़ है ख़ुदावन्दी,
कि एक ज़न ने महे-मिस्र सा ग़ुलाम लिया।

मीर - गिला मैं जिससे करूं तेरी बेवफ़ाई का।
जहां में नाम न ले फिर व' आशनाई का।

सौदा - गिला लिखूं मैं अगर तेरी बेवफ़ाई का।
लहू में ग़र्क़ सफ़ीना हो आशनाई का।
दिखाऊंगा तुझे ज़ाहिद उसे आफ़ते-दीं को,
ख़लल दिमाग़ में तेरे है परसाई का।

मीर - चमन में गुल ने कल जो दावए जमाल किया।
जमाले यार ने मुंह उसका ख़ूब लाल किया।

सौदा - बराबरी का तेरी गुल ने जब ख़याल किया।
सबा ने मार थपेड़ा मुंह उसका लाल किया।

मीर - एक महरूम चले यार हमी दुनिया से।
वरना आलम को ज़माने ने दिये क्या क्या कुछ।

सौदा - सौदा जहां में आके कोई कुछ न ले गया।
जाता हूं एक मैं ही दिल प' आरज़ू लिये।

मीर - रात सारी तो कटी सुनते परेशां-गोई।
मीर जी कोई घड़ी तुम भी तो आराम करो।

सौदा - सौदा तेरी फ़रियाद में आंखों में कटी रात,
आई है सहर होने को टुक तो कहीं मर भी।

होती नहीं है सुबह न आती है मुझको नींद,
जिसको पुकारता हूं वह कहता है मर कहीं।

मीर - कुफ़्र कुछ चाहिए इसलाम की रौनक़ के लिये,
हुस्न जुन्नार है तसबीह सुलेमानी का।

सौदा - हुआ जब कुफ़्र साबित है वं तमग़ाए मुसलमानी।
न टूटे शेख़ से जुन्नार तसबीहे सुलेमानी।

मीर - मत रंज कर किसी को कि अपने तो एतक़ाद,
दिल ढाय कर जो काबा बनाया तो क्या हुआ।

सौदा - काबा अगरचे टूटा तो क्या जाय ग़म है शेख,
यह क़सरे दिल नहीं कि बनाया न जाय।

मीर - न भूल ऐ आरसी, गर यार को तुझसे मुहब्बत है।
नहीं है एतबार इसका यं मुंह देखे की उल्फ़त है।

सौदा - बगोले से जिसे आसेब औ सरसर से ज़हमत है।
हमारी खाक यों बरबाद हो ऐ अब्र, रहमत है।

❖ ❖ ❖

5

मोमिन

'मोमिन' अपनी निराली ठाठबाठ और शानोशौक़त के मालिक शायर, जो कि मुहब्बतों से लबरेज़ होकर रंगीन तबियत को लेकर जिये। इनकी इश्क़ मिज़ाजी के क़िस्से उस दौर में बेहद मक़बूल हुए। वैसे ये शक्लोसूरत और डीलडौल में किसी को भी अपनी ओर मुतासिर करने वाली एक शख़्सियत थे। ये उन पर ख़ुदा का करम था कि उन्हें ख़ूबसूरती के साथ-साथ शायरी का हुनर अता किया। उन्नीसवीं सदी के अज़ीमोश्शान शायर मोमिन की पैदाइश एक मोतबर कुनबे में हुई। संवत् 1856 में इनका जन्म दिल्ली में हुआ। पूरा नाम मोमिन ख़ां था और इनके वालिद का नाम जनाब हकीम गुलाम नबी ख़ां था। इनके नाम की ही तर्ज़ पर 'मोमिन' तख़ल्लुस रहा। इनकी मृत्यु संवत् 1907 में हुई। इनके वालिद तबीब थे। हकीमाना पेशा इनका पुश्तैनी था। इनकी शुरुआती तआलीम और उसके बाद की तआलीम अलग-अलग मदरसों में हुई। मोमिन ख़ुद भी हकीमाना पेशे से जुड़े हुए थे। अपने वालिद हकीम गुलाम नबी ख़ां साहब के साथ रहकर इन्होंने हकीमाना इल्म हासिल किया। इसलिए इनके नाम के पहले हकीम शब्द का ही इस्तेमाल किया जाता रहा। एक सम्पन्न और खुशहाल परिवार में पैदा होने के कारण इनकी ज़िंदगी नाज़ो अंदाज़ में पल कर गुज़री। घर में इन्हें हर सुख-सुविधा के साधन मुहैया थे। चूंकि वालिद कोर्ट में डॉक्टर थे, इसके बावजूद भी ये बहुआयामी शख़्सियत के धनी थे। मदरसों की तालिम पूरी होने के बाद उस दौर के बड़े-बड़े उस्तादों से अरबी और फ़ारसी की तआलीम हासिल की। मोमिन, संगीत के हुनर के एक अच्छे जानकार होने के साथ-साथ ज्योतिष और खगोल शास्त्र के भी ज्ञाता थे। कुछ कागज़ात से यह भी मालूमात हासिल होते हैं कि मोमिन और मिर्ज़ा गालिब जिंदगी भर एक-दूसरे के काफ़ी मुखालिफ़ रहे। 1899 में देहली कॉलेज में प्रोफेसर की नौकरी ग़ालिब के ठुकराने के बावजूद भी मात्र अस्सी रुपये माहवार पर मोमिन ने क़बूल कर ली थी जिसकी ख़ास वजह सिर्फ़ मोमिन और ग़ालिब की आपसी मुख़ालिफ़त रही।

इनके पुरखे मुगलिया सल्तनत के आखिरी दौर में कश्मीर से आकर शाही दरबार में शाही हकीमों के पद पर नियत हुए। शाह आलम के ज़माने में नारनोल परगने में इनके पुरखों को सल्तनत की तरफ़ से एक बहुत बड़ी जागीर भी मिली थी। लेकिन जब अंग्रेज़ी हुकूमत ने अपना जाल हिंदुस्तान में फैलाना शुरू किया तो क़ानून और क़ायदे भी उनके अपने चलने लगे थे। तब अंग्रेज़ी हुकूमत ने झज्जर की रियासत शाह आलम से छीनकर नवाब फैज़ तलब ख़ां के हाथों में दे दी जिसमे नारनोल का पूरा इलाक़ा भी चला गया। नतीजतन इन्हें मिली हुई सारी जागीर भी हाथों से निकल गई जिसके एवज़ में इनके परदादा के वारीसदार को एक हज़ार रुपया माहवार के हिसाब से पेंशन मिलनी शुरू हो गई। परदादा के नाम पर मिलने वाली इस पेंशन में से एक हिस्सा मोमिन को भी मिलता था। इस आमदनी के अलावा भी इनके कुनबे के चार हकीमों को सौ-सौ रुपया हरेक को

मासिक पेंशन के रूप में अंग्रेजी सरकार की तरफ़ से मिला करती थी। इसमें से भी एक हिस्सा मोमिन को मिला करता था।

दिल्ली में एक स्थान चीलों के कूचे में इनके पुरखे रहते आ रहे थे। उसी गली के एक मकान में ये भी रहे। इनका सारा बचपन यहीं पर बीता था। यहीं पर इनकी शुरुआती तालिम पूरी हुई। जब ये कुछ बड़े हुए तो इन्होंने अरबी सीखने की इच्छा ज़ाहिर की। इनके वालिद अरबी सीखने के वास्ते इन्हें शाह अब्दुल क़ादिर के पास भेजने लगे, जिनसे अरबी की तालीम हासिल की। अरबी और फ़ारसी ज़बान में पूरी तरह क़ाबिल होने के बावजूद इन्हें चैन नहीं था। चूंकि ये एक हुनरमंद शख़्स थे, तो ये अपने इल्मों में इज़ाफा करते ही गए। अरबी और फ़ारसी सीखने के बाद इनका झुकाव अपने पुश्तैनी हकीमाना इल्म की तरफ कुछ ज़्यादा ही बढ़ गया। अपनी दिली तमन्नाओं और शौक़ का इज़हार घर के बड़े बुज़ुर्गों से किया कि वे अपने पुरख़ों के इल्म को हासिल करना चाहते हैं। उसके बाद अपने वालिद और चचा ग़ुलाम हैदर खां साहब और ग़ुलाम हसन ख़ां साहब से हकीमाना इल्म हासिल किया और ढेर सारी किताबें पढ़ डालीं। उसके बाद ये उन्हीं के शफ़ाख़ाने में बैठकर हकीमाना नुस्ख़े लिखते-लिखते ये पूरे हकीम बन गए। इसके बाद इनके नाम से पहले हकीम लक़ब लगने लगा था। अलग-अलग किताबों में अलग-अलग तरीकों से हकीक़तें बयान की जाती रही हैं। कहा जाता है कि संवत् 1899 में इन्हें दिल्ली कॉलेज में प्रोफ़ेसर के ओहदे के लिए प्रस्ताव आया था लेकिन तनख़्वाह कम होने की वजह से इन्होंने इस ओहदे को ठुकरा दिया था, लेकिन ऐसा भी कहा जाता है कि ग़ालिब ने इस ओहदे को ठुकरा दिया तो इन्होंने इसे स्वीकार कर लिया था। मोमिन एक मज़हब परस्त बंदे थे, इनका सारा कुनबा ही ख़ुदा की इबादत में यक़ीन रखता था, ये भी इनकी ख़ानदानी रिवायत रही। इसलिए इनके वालिद दिल्ली के मुर्शिद शाह अब्दुल अजीज़, जिन्हें फरजद शाह वल्लुल्लाह बरेली वाले के नाम से जाना जाता था, उनके कट्टर मुरीद थे। मोमिन का जिनसे निक़ाह क़बूल हुआ, वो ख़ातून ख़्वाजा मीर दर्द के ख़ानदान से नज़दीकी ताल्लुक़ रखती थीं, वो इनकी बेगम बनीं।

इनकी अपनी एक आदत हमेशा से ही रही कि एक विषय पर पढ़ते-पढ़ते या एक ही तरीक़े के रास्ते पर चलते-चलते तबीअत कुछ उकता-सी जाती थी। हकीमानी नुस्ख़े लिखते-लिखते जब उकता गए तो फिर शायरी की राह पर चल निकले। चूंकि शायरी ख़ुदा की नैमत थी, लेकिन खगोल शास्त्र, गणित और ज्योतिष जैसे इल्म सीखे हुए थे, इसलिए उकता जाना एक फितरत जैसी थी। ज्योतिष और शायरी में एक महारत हासिल थी। ज्योतिष में मिली महारत भी बेमिसाल थी। हाथ देखकर या कुंडली देखकर जब नतीजे बताते तो लोग सच्चाईयों को सुनकर दांतों तले उंगली दबा लेते थे। ये शतरंज खेलने में भी उस्तादों के भी उस्ताद हुआ करते थे, मोहरे फिट करने में भी माहिर थे। उस ज़माने में सारी दिल्ली में शतरंज खेलने में एक-दो अच्छी शतरंज खेलने वालों को छोड़कर ये सबसे आगे हुआ करते थे।

इतने सारे शौक होने के साथ-साथ शायरी का शौक़ अव्वल नंबर पर रहता था। वैसे भी ये रंगीन तबियत वाले और आशिक़ मिज़ाज थे, जिसका असर पूरी तरह इनकी शायरी में भी साफ़-साफ़ दिखाई देता है। मोमिन अपने कलाम शाह नसीर को दिखलाया करते थे। ये इसलाह का सिलसिला भी कुछ दिनों के बाद ख़त्म हो गया। उसके बाद अपने कलाम के लिए इसलाह की ज़रूरत नहीं समझी और न ही इन्होंने किसी को अपना उस्ताद बनाया।

तुम मेरे पास होते हो गोया,
कोई दूसरा नहीं होता।

मोमिन का ये शेर उस दौर में तो मक़बूल हुआ ही था, और आज भी ये शेर लोगों की ज़ुबान पर चढ़ा हुआ है। इस शेर में 'गोया' शब्द का इस्तेमाल होना इस शेर की नज़ाकत को बढ़ाता हुआ महसूस होता है। इस शेर के साथ कुछ क़िस्से भी जुड़े हुए हैं। मोमिन अैर ग़ालिब एक-दूसरे के मुख़ालिफ़ माने जाते रहे। फिर भी ऐसा कहा जाता है कि इस शेर पर ग़ालिब ने कहा था कि मोमिन अपना ये शेर मुझे दे दे और बदले में मेरा पूरा दीवान ले ले। मुख़ालिफ़ होने के बाद भी क़द्रदानी का ऐसा खूबसूरत आलम था। इसी शेर की ज़मीन पर आज से अड़तालीस बरस पहले फिल्मों के शायर ने फ़िल्म 'लव इन टोकियो' में एक गीत में शेर खींचकर अपना नाम लिख दिया था। उस फ़िल्मी गीत का मुखड़ा कुछ इस तरह था-

ओ मेरे शाहे ख़ुबा, ओ मेरी जाने जनानां,
तुम मेरे पास होते हो कोई दूसरा नहीं होता।

मसलन कि सिर्फ़ 'गोया' शब्द को उड़ा दिया और बाक़ी का पूरा का पूरा शेर अपने नाम कर लिया था। कहां तो ग़ालिब साहब इस शेर के लिए अपना पूरा दीवान क़ुर्बान करने को तैयार थे, और कहां तो ये मुफ़्त में किसी और ने हथिया लिया।

उस एक दौर में मोमिन, ग़ालिब और ज़ौक, ये तीन अलग-अलग शख़्सियतें थीं, जिनके अपने तरीक़े थे लेकिन एक-दूसरे के प्रतिद्वंद्वी भी थे। प्रतिस्पर्धा के उस दौर में इन तीनों ने अपनी अलग और ख़ास जगह बनाकर मुक़ाम हासिल किया। इनके स्वभाव और नाज़ो अंदाज़ भी एक-दूसरे से हटकर हुआ करते थे। इन तीनों ने अपनी शायरी से उर्दू अदब को मालामाल कर दिया। ये सभी अपनेआप में उर्दू अदब की एक युनिवर्सिटी बनकर रह गए।

मोमिन ने ज़िंदगी का लुत्फ़, जो कुछ भी देखा और ढूंढा, इश्क़ मिजाज़ी में ही पाया जिसमें आशिक़ और माशूक के चोचले व नाज़ और नख़रों की हलचल बनी रहती है। इन्होंने दुनियावी आनंद और शारीरिक सुख को पहली पायदान पर रखा और भोगा भी। किसी के प्रति आकर्षित हो जाना और स्त्रियों को अपनी ओर खींचना इनकी आदतों में शामिल था। अपनी उम्र के नौवें साल से ये अपने यारों-दोस्तों के जमघट में मनोरंजन का जरिया बने रहे। शौकीन और रंगीन तबीअत के होने के कारण ये अपने रख-रखाव और पहनावे पर खास तवज्जो देते थे। सिर पर घुंघराले बाल थे जिसके कारण ये हमेशा अपनी उंगलियां अपने बालों में फंसाए रहते और उसे बार-बार छेड़ते रहते, बिखराए रहते थे। ये इनकी अपनी एक नज़ाकत ही थी। बदन पर मलमल का ढीला-ढाला अंगरखा पहना करते थे और हमेशा अपने बांकपन पर फ़िदा रहा करते थे। इनके तौर-तरीक़े और रंगीनियों के काफ़ी इश्क़िया किस्से भी मशहूर हुए। इन्हीं इश्क़िया क़िस्सों में एक किस्सा लखनऊ की खातून साहेब जी के साथ भी मशहूर हुआ। वो हसीना मूल रूप से लखनऊ की थी लेकिन दिल्ली में रहा करती थी। खातून साहेब जी खुद को एक आला दर्जे की शायरा मानती थी, दिल्ली में रहकर इनका इश्क़ परवान चढ़ा और काफ़ी मशहूर हुआ। ऐसा उल्लेख भी किताबों में पाया जाता है।

मोमिन को उर्दू की बनिस्पत फ़ारसी ज़बान से ख़ास लगाव था। अपनी शायरी में इन्होंने फ़ारसी लफ़्जों का भरपूर इस्तेमाल किया लेकिन ये ख़याल रखा कि लफ़्ज़ात ज्यादा कठिन न हों, शायरी सहज, सरल हो जो ख़ासोआम तक अपनी पहुंच बना सकें। कहते है कि उस ज़माने में दिल्ली हर शायर के दिल का अरमान हुआ करती थी। उस दौर में दिल्ली जब तबाह हुई तो बहुत से शायरों ने दिल्ली छोड़कर लखनऊ का रुख़ कर लिया था। उसके बाद ऐसा भी वक़्त आया कि लखनऊ भी उजड़ गई, तो उस कठिन दौर में शायर लोग बिखरकर रह गये। कुछ शायरों ने हैदराबाद दक्खन

का रास्ता नापा तो कुछ ने रियासत रामपुर की राह पकड़ी लेकिन मोमिन ने न दिल्ली का दामन छोड़ा और न ही दिल्ली की हसीनाओं का। वे कहीं नहीं गए।

शेर कहने का मोमिन का जो अंदाज हुआ करता था, वो सबसे एक ही हटकर होता था। शेर कहते वक़्त ये पूरे के पूरे दर्द में डूब जाते थे और महफ़िल का माहौल संजीदा होकर रह जाता था, एक सन्नाटा-सा छा जाता था। मोमिन की ये ख़ासियत थी कि वे हमेशा ख़ुशामदी से दूर रहते थे। ऐसा कहा और पढ़ा गया है कि इन्होंने अपनी ज़िंदगी में किसी रईस या किसी रियासत के नवाब व राजा की तारीफ़ में अपने शेरों के पुल नहीं बांधे, मतलब कोई क़सीदा नहीं लिखा। ये अपनी तबीअत के बादशाह भी खुद थे, इनकी शायरी पर किसी बादशाह की हुकूमत नहीं चल सकती थी। ऐसा कहा जाता है कि अपनी सारी ज़िंदगी में सिर्फ़ एक क़सीदा कहा था, वो भी बिना किसी दबाव के और तबीअत के मुताबिक। पटियाला के रईस राजा कर्मसिंह के भाई राजा अजीत सिंह की तारीफ़ में कसीदा कहा था। राजा अजीत सिंह दिल्ली में ही रहा करते थे। यूं ही तफ़रीह के गरज़ से घूमते हुए उस इलाक़े में जा निकले। उनके चाहने वालों ने उन्हें सिर आंखों पर बिठाया। उनकी महफ़िलों की चर्चाएं सारे इलाक़े में फैलने लगीं। बात पहुंचते-पहुंचते राजा अजीत सिंह के कानों तक पहुंची। मुसाहिबों से उनका नाम सुनकर वे बहुत ही प्रभावित हुए। उनसे मिलने के वे उत्सुक थे। उन्होंने अपने क़ारिंदों और मुसाहिबों को हुक्म दिया कि मोमिन को बड़ी इज़्ज़त और स्वागत के साथ दरबार में लाया जाये। हुक्म की तामील हुई। उन्हें इज़्ज़त और शान के साथ दरबार में लाया गया। राजा अजीत सिंह ने उनका बड़ा ही सत्कार और स्वागत किया। यहीं पर मोमिन ने पहली बार राजा अजीत सिंह की शान में क़सीदा कहा था। राजा अजीत सिंह इतने ख़ुश हुए कि उन पर मेहरबान होकर उन्हें जवाहरातों से सजी-सजाई हथिनी बतौर ईनाम में दे दी। मोमिन इस पुरुस्कार से बड़ी ही कश्मकश की हालत में आ गए, तब मोमिन ने हाथ जोड़कर कहा- हुज़ूर, मैं बहुत ही ग़रीब आदमी हूं, मेरा अपना खाने-पीने का ठिकाना नहीं है, इस हथिनी को क्या खिलाऊंगा? मोमिन की बात सुनकर राजा साहब ने उन्हें सौ रुपये और दिलवाए। मोमिन हथिनी पर सवार होकर बड़ी ही शान से डोलते हुए अपने घर पहुंचे। इसके बाद हुआ ये कि मिले हुए सौ रुपये ख़र्च होने के पहले ही उस हथिनी को बेच-बाचकर उस हथिनी से एकदम बेफ़िक्र हो गए।

मोमिन की यह फ़ितरत रही कि इन्होंने कभी भी अपनी ख़ुद्दारी को चोट नहीं लगने दी। इनकी ख़ुद्दारी से जुड़ा एक किस्सा है कि एक बार कपूरथला के राजा ने इन्हें साढ़े तीन सौ रुपये माहवारी पर इन्हें कपूरथला बुलवाया और साथ में एक हजार रुपया राहख़र्च के लिए पहले ही भिजवा दिये। जब इन्हें इस बात का पता चला कि राजदरबार में एक गवैये को भी साढ़े तीन सौ रुपया माहवार मिला करता है तो इनकी ख़ुद्दारी को बड़ी चोट लगी, उसके बाद इन्होंने कपूरथला जाने का इरादा छोड़ दिया।

मोमिन कभी भी दिल्ली छोड़कर बाहर नहीं जाते थे। अपनी सारी ज़िंदगी में चार-पांच बार ही दिल्ली से बाहर गए थे। पहली बार वे रामपुर गए और दूसरी बार वे सहसवान गए। इसके अलावा दो-चार बार जहांगीराबाद और एक बार सहारनपुर गए। बाकी सारा जीवन दिल्ली में बिताया। दिल्ली में ही वे घर के कोठे से गिर पड़े और खटिया पकड़ ली और बीमारी से लड़ते रहे। करीब छह-सात महीने जूझते-जूझते आख़िर में वे इस फ़ानी दुनिया से रुख़सत हो गए।

अपने पीछे ये शायरी का बहुत बड़ा ख़जाना दुनिया में छोड़ गए। इनका दीवान मिलता है, जिसमें ग़ज़लों, क़सीदों, मसनवियों और पहेलियों का अच्छा ख़ासा संग्रह है। इनकी शायरी को खासोआम में बड़ी दिलचस्पी से पढ़ा जाता है।

मोमिन की शायरी :

वो जो हममें तुममें क़रार था तुम्हें या हो कि न याद हो।
वो ही यानी वादा निबाह का तुम्हें याद हो कि न याद हो।
वो जो ज़ुल्फ़ थी मुंह प' पेशतर वो करम कि था मेरे हाल पर,
वो हरेक बात पे रूठना तुम्हें याद हो कि न याद हो।
वो नये गिले वो शिकायतें वो मज़े मज़े की हिकायतें,
मुझे सब है याद ज़रा ज़रा तुम्हें याद हो कि न याद हो।
कभी हमसे तुमसे भी राह थी कभी हममें तुममें भी चाह थी,
कभी हम भी तुम पे थे आशना तुम्हें याद हो कि न याद हो।
वो बिगड़ना वस्ल की रात का वो न मानना किसी बात का,
वो नहीं नहीं की जो थी सदा तुम्हें याद हो कि न याद हो।
जिसे आप कहते थे बावफ़ा, जिसे आप कहते आशना,
मैं वही हूं मोमिने मुबतिला तुम्हें याद हो कि न याद हो।

❖ ❖ ❖

नावक अंदाज जिधर दीदए जाना होंगे।
नीम बिस्मिल कई होंगे कई बे जां होंगे।
ताबे नज़ारा नहीं आईना क्या देखने दूं,
और बन जायेंगे तस्वीर जो हैरां होंगे।
तू कहां जायेगी कुछ अपना ठिकाना कर ले,
हम तो कल ख़्वाबे अदम में शबे हिजरां होंगे।
एक हम हैं कि हुए ऐसे पशेमान कि बस,
एक वह हैं कि जिन्हें चाह के अरमां होंगे।
दाग़े दिल निकलेंगे तुरबत से मेरी जूं लाला,
यह तो अख़्रार नहीं जो खाक़ में पिनहां होंगे।
उम्र सारी तो कटी इश्के बुतों में मोमिन,
आख़री वक़्त में क्या खाक मुसलमान होंगे।

❖ ❖ ❖

देखो मत देखियो कि आईना।
गश तुम्हें देखकर न हो जाये।

❖ ❖ ❖

ख़ुशी न हो मुझे क्योंकर कज़ा के आने की।
ख़बर है लाश प उस बेवफ़ा के आने की।
जो बेहिजाब न होगी तो जान जायेगी,
कि राह देखी है उसने हया के आने की।

करू में वादा ख़िलाफ़ी का शिकवा किस किस से,
अजल भी रह गई ज़ालिम सुना के आने की।
मुझे य डर है कि 'मोमिन' कहीं न कहता हो,
मेरी तसल्ली को रोज़े जज़ा के आने की।

❖ ❖ ❖

आग अश्के गरम की लगी जी क्या ही जल गया।
आंसू जो उसने पोंछे शब और हाथ फल गया।
फोड़ा था दिल न था य मूए पुर ख़लल गया,
जब ठेस सांस को लगी दम ही निकल गया।
की मुझको हाथ मलने की तालीम वरना क्यों,
ग़ैरों को आके बज़्म में वह इत्र मल गया।
उस कूचे की हवा थी कि मेरी ही आह थी,
कोई तो दिल की आग प पंखा सा झल गया।
बुतख़ाने से न काबे को तक़लीफ़ दे मुझे,
'मोमिन' बस अब मुआफ़ कि यां जी बहल गया।

❖ ❖ ❖

है अहदे शबाब ज़िंदगानी का मज़ा।
पीरी में कहां वो नौजवानी का मज़ा।
अब यह भी कोई दिन में फ़िसाना होगा,
बातों में जो बाक़ी है कहानी का मज़ा।

❖ ❖ ❖

'मोमिन' य असर सियाह मस्ती का न हो।
अंदेशा कभी बलंद व पस्ती का न हो।
तौहीदे वजूदी में जो है कैफ़ियत,
डरता हूं कि हीला खुद परस्ती का न हो।

❖ ❖ ❖

अगर ग़फ़लत से बाज़ आया जफ़ा की।
तलाफ़ी की भी ज़ालिम ने तो क्या की।
मुझे उम्मीद थी मेहरो वफ़ा की।
वले ज़ालिम न जब देखो दग़ा की।
अभी इस राह से कोई गया है,
कहे देती है शोख़ी नक़्शे पा की।
सबा ने उसके कूचे से उड़ाकर,
ख़ुदा जाने हमारी ख़ाक क्या की।
न कुछ तेज़ी चली बादे सबा की,

बिगड़ने पर भी ज़ुल्फ उसकी बना की।
विसाले यार से दूना हुआ इश्क़,
मर्ज़ बढ़ता गया जों जों दवा की।
मरीजे इश्क़ यह अच्छा न होगा,
तबीबों ने बहुत इसकी दवा की।
मर्ज़ अपना नहीं अच्छा हुआ कुछ,
तमामो उम्र ईमां ने दवा की।
तबीबों क्या दवा करते हो मेरी,
है दीदारे सनम सूरत शफ़ा की।
हुआ मैं दर्दे उल्फ़त से न अच्छा,
तबीबों ने बहुत मेरी दवा की।
लगी ठोकर जो पाए दिलरुबा को,
महीनों तक मेरी तुरबत हिला की।
न आया चैन यकदम वस्ल में भी,
घटा की रात और हसरत बढ़ा दी।
हमारे आईने दिल को न छेड़ो,
क़सम तुमको बुतों अपने ख़ुदा की।
नहाने में जो अब्रे ज़ुल्फ टपका,
उलझ कर कान से बिजली गिरा की।
हवा से ज़ुल्फ़ आरिज़ पर हिला की,
कि बिजली चांद के सदक़े हुआ की।
सुंघाती है हमें बू गुल की लाकर,
करूं मिन्नत न क्यों बादे सबा की।
तपे उल्फ़त उदू क्या क्या जला है,
हक़ीक़त खुल गई रोज़े जज़ा की।
मेरा दिल ले लिया बातों ही बातों,
चलो बोलो न बरस तुमने दग़ा की।
मिले बोसे रक़ीबों को हज़ारों,
भला हमने तुम्हारी क्या ख़ता की।
न आओगो जनाज़े पर अगर तुम,
रहेगी रुह मेरी तुमसे शाकी।
अदम है या कि यह कूए सनम है,
चली आती है यां खिलक़त ख़ुदा की।
सबा जल्दी ख़बर दे जाके उनको,
कि हालत देख लें मेरे निज़ा की।
किसी ने गर कहा मरता है 'मोमिन'
कहो मैं क्या करूं मरज़ी ख़ुदा की।

❖ ❖ ❖

मैं अहवाले दिल मर गया कहते कहते।
थके तुम न बस बस सुना कहते कहते।
मुझे चुप लगी मुद्दआ कहते कहते,
रुके हैं वो जाने क्या कहते कहते।
ज़बां गुंग है इश्क़ में गोश कर है,
बुरा सुनाते सुनाते भला कहते कहते।
शबे हिज्र में क्या हुजूमे बला है,
ज़बान थक कई मरहबा कहते कहते।
गिला हरज़ा गर्दी का बेजा न था कुछ,
वो क्यों मुस्करायें बजा कहते कहते।
सद अफ़सोस जाती रही वस्ल की शब,
ज़रा ठहर ऐ बेवफ़ा कहते कहते।
चले तुम कहां मैंने तो दम लिया था,
फ़साना दिले ज़ार का कहते कहते।
सितम आये गरदू मुफ़स्सिल न पूछो,
कि सर फिर गया माजरा कहते कहते।
नहीं था सनम 'मोमिन' अब कुफ़्र से कुछ,
कि खू हो गई है सदा कहते कहते।

❖ ❖ ❖

रोया करेंगे आप भी पहरों इसी तरह।
अटका कहीं जो आपका दिल भी मेरी तरह।
ना ताब हिज्र में है न आराम वस्ल में,
कम्बख़्त दिल को चैन नहीं है किसी तरह।
गर चुप रहें तो ग़में हिजरां से छूट जायें,
कहते तो हैं भले की वो लेकिन बुरी तरह।
ना जायें वां बने है न बिन जाये चैन है,
क्या कीजिये हमें तो है मुश्क़िल सभी तरह।
लगती हैं गालियां भी तेरी मुझे क्या भली,
कुरबान तेरे, फिर मुझे अहले इस तरह।
हूं जान बलब बूतां ऐ सितमगर के हाथ से,
क्या सब जहां में जीते हैं मोमिन इसी तरह।

❖ ❖ ❖

बीमारे अजल चारा को गर हज़रते ईसा,
अच्छा न करेंगे तो कुछ अच्छा न करेंगे।

❖ ❖ ❖

जायें वहशत में सू ए सहरा क्यों?
कम नहीं अपने घर की वीरानी।
मैं वह सरमायाए बलाग़त हूं,
जिसके दरका गदा है ख़ाकानी।

❖ ❖ ❖

उलझा है पांव यार का ज़ुल्फ़ें दराज़ में,
लो आप अपने दाम में सैयाद आ गया।

❖ ❖ ❖

मार ही डाल मुझे चश्मे अदा से पहले।
अपनी मंज़िल को पहुंच जाऊं क़ज़ा से पहले।
इक नज़र देख लूं आ जा आओ क़ज़ा से पहले,
तुमसे मिलने की तमन्ना है ख़ुदा से पहले।
हश्र के रोज़ मैं पूछूंगा ख़ुदा से पहले,
तूने रोका नहीं क्यों मुझको ख़ता से पहले।
ऐ मेरी मौत ठहर उनको ज़रा आने दे,
जहर का जाम दे मुझको दवा से पहले।
हाथ पहुंचे भी न थे ज़ुल्फ़ दोता तक 'मोमिन',
हथाका दी डाल दी ज़ालिम ने ख़ता से पहले।

❖ ❖ ❖

डर तो मुझे किसका है कि मैं कुछ नहीं कहता।
पर हाल ये अफ़शां है कि मैं कुछ नहीं कहता।
नासेह ये गिला है कि मैं कुछ नहीं कहता,
तू कब मेरी सुनता है कि मैं कुछ नहीं कहता।
कुछ ग़ैर से होंठों में कहे हैं पी जो पूछो,
तो वहीं मुकरता है कि मैं कुछ नहीं कहता।
नासेह को जो चाहूं तो अभी ठीक बना दूं,
पर ख़ौफ़ ख़ुदा का है कि मैं कुछ नहीं कहता।
चुपके से तेरे मिलने का घर वालों में तेरे,
इस वास्ते चर्चा है कि मैं कुछ नहीं कहता।
ऐ चारागरो क़ाबिले दरामां नहीं ये दर्द,
वरना मुझे सौदा है कि मैं कुछ नहीं कहता।
हर वक़्त है दुश्नाम हर एक बात पे ताना,
फिर इसपे भी कहता है कि मैं कुछ नहीं कहता।
'मोमिन' बा ख़ुदा सिहर बयानी का जभी तक,
हर एक को दावा है कि मैं कुछ नहीं कहता।

❖ ❖ ❖

जलता हूं हिजरे शाहिदो यादें शराब में।
शौक़े सवाब ने मुझे डाला अज़ाब में।
कहते हैं तुम को होश नहीं इज़्तराब में,
सारे गिले तमाम हुए इक जवाब में।
फैली शमीम ए यार मेरे अश्क़े सुर्ख़ से,
दिल को गज़ब फिशार हुआ पेचो ताब में।
रहते हैं जमा कूचए जानां में ख़ास ओ आम,
आबाद एक घर है जहान-ए-ख़राब में।
बदनाम मेरे गिरिया-ए-रुसवा से हो चुके,
अब उज्र क्या रहा निगाहे बेहिजाब में।
मतलब की जुस्तजू ने ये क्या हाल कर दिया,
हसरत भी नहीं दिल-ए-नाक़ामयाब में।
नाक़ामियों से काम रहा उम्र भर हमें,
पीरी में यास है जो हवस थी शबाब में।
क्या जलवे याद आये कि अपनी ख़बर नहीं,
बे बादामस्त हूं मैं शबे माहताब में।
पैहम सजूद पा-ए-सनम पर दमे विदा,
'मोमिन' ख़ुदा को भूल गए इज़्तराब में।

❖ ❖ ❖

ठानी थी दिल में अब न मिलेंगे किसी से हम।
प्यार क्या करे कि हो गये नाचार जी से हम।
हमसे न बोलो तुम इसे क्या कहते हैं भला,
इन्साफ़ कीजे पूछते हैं आप ही से हम।
क्या गुल खिलेगा देखिये है फ़स्ले गुल तो दूर,
और सू ए दश्त भागते हैं कुछ अभी से हम।
क्या दिल को ले गया कोई बेगाना आशना,
क्यूं अपने जी को लगते हैं कुछ अजनबी से हम।

❖ ❖ ❖

तुम मेरे पास होते हो गोया,
जब कोई दूसरा नहीं होता।

❖ ❖ ❖

शबे ग़मे फ़ुरक़त में क्या क्या मज़े दिखलाए था।
दम रुके था सीने में कम्बख़्त जी घबराए था।
बलबे अय्यारी अदू के ओ वो पयमां शिकन,
वादाये वस्ल फिर करता था और शरमाए था।

सुन के मेरी मर्ग बोले मर गया अच्छा हुआ,
क्या बुरा लगता था जिस दम सामने आ जाए था।
बात शब को उस के मना-ए-बेक़रारी से बा दिल,
हम तो समझे और कुछ वो और कुछ समझाए था।
कोई दिन तो उस पे क्या तस्वीर का आलम रहा,
हर कोई हैरत का पुतला देखकर बन जाए था।
सू-ए-सहरा ले चले उस कू से मेरी नाश हाये,
था यही दर इन दिनों तलवा मेरा खुजलाए क्या।
हो गई दो रोज़ की उल्फ़त में क्या हालत अभी,
'मोमिने' वहशी को देखा इस तरफ़ से जाए था।

❖ ❖ ❖

शब तुम तो बज़्मे ग़ैर में आंखें चुरा गये।
खोये गये हम ऐसे कि अगयार पा गये।
मजलिस में उसने पान दिया अपने हाथ से,
अगयार सब्ज़ बख़्त थे हम ज़हर खा गये।
ग़ैरों से हो वो पर्दानशीं क्यों न बेहिजाब,
दम हाये बे असर मेरे परदा उठा गये।
वाइज़ के ज़िक्रे मेहरे क़यामत को क्या कहूं,
आलम शबे वस्ल के आंखों में छा गये।
दुनिया ही से गया मैं जो नहीं नाज़ से कहा,
अब भी गुमाने बद न गये तेरे या गये।
ऐ 'मोमिन' आप कब से हुए बन्दा-ए-बुतां,
बारे हमारे में हज़रत भी आ गये।

❖ ❖ ❖

क्या जाने लिख दिया उसे, क्या इज़्तराब में।
क़ासिद की लाश आई है ख़त के जवाब में।

❖ ❖ ❖

असर उसको ज़रा नहीं होता।
रंज राहत फ़ज़ा नहीं होता।
तुम हमारे किसी तरह न हुए,
वरना दुनिया में क्या नहीं होता।
नारसाई से दम रुके तो रुके,
मैं किसी से ख़फ़ा नहीं होता।
तुम मेरे पास होते हो गोया,
जब कोई दूसरा नहीं होता।

हाले दिल यार को लिखूं क्योंकर,
हाथ दिल से जुदा नहीं होता।
क्यों सुने अर्ज़े मुज़्तरिब ऐ 'मोमिन',
सनम आख़िर ख़ुदा नहीं होता।

❖ ❖ ❖

कोई बात ऐसी अगर हुई जो तुम्हारे जी को बुरी लगी,
तो बयां से पहले ही भूलना तुम्हें याद हो कि न याद हो।
सुनो ज़िक्र है कई साल का कोई वादा मुझसे था आपका,
वो निबाहने का तो ज़िक्र क्या तुम्हें याद हो कि न याद हो।
हुए इत्तेफ़ाक़ से गर बहम वो वफ़ा जताने को दम ब दम,
गिलाए मलामते अरक़बा तुम्हे याद हो कि न याद हो।
कभी बैठे सब हैं जो रूबरू तो इशारों ही से गुफ़्तगूं,
वो बयान शौक़ का बरमला तुम्हें याद हो कि न याद हो।

❖ ❖ ❖

दिल क़ाबिल-ए-मोहब्बत ए-जानां नहीं रहा।
वो वलवला, वो जोश, वो तुग़यानां नहीं रहा।
करते हैं अपने ज़ख़्मेजिगर को रफ़ू हम आप,
कुछ भी ख़याले जुम्बिश-ए-मिज़गां नहीं रहा।
क्या अच्छे हो गये कि भलों से बुरे हुए,
यारों को फ़िक्रे चारा ओ दरमां नहीं रहा।

❖ ❖ ❖

जहां से शक्ल को तेरी तरस तरस गुज़रें।
जो मुझपे बस न चला अपने जी से बस गुज़रे।
बनी है सूरे-सराफील आह बे-तासीर,
कि मेरे सम पे क़यामत नफ़स गुज़रे।
न जाऊं क्योंकि सूए दाम आशियां से जब,
ख़याले हसरते मुर्ग़ाने ने हमकफ़स गुज़रे।
हो और को तो हिदायत जो खुद हूं आवारा,
वह उम्र काश कि जूं नाला-ए-जरस गुज़रे।
कहां वह रब्ते बुतां अब कि उसको तो 'मोमिन'
हज़ार साल हुए सैकड़ों बरस गुज़रे।

❖ ❖ ❖

हरदम रहीने कशमकशे दस्ते यार हैं।
चिलमन के तार, किसके गरेबां का तार हैं।

क्या कीजिए कि ताक़ते नज़्ज़ार ही नहीं,
जितने वह बेहिजाब है हम शर्मशार हैं।
उम्रे दराज़ की है रक़ीबों को आरज़ू,
देखो ज़माने हिज्र के उम्मीदवार हैं।
छाती से मैं लगाये रखूं क्यों न रात दिन,
यह दाग़ ओ ज़ख़्म दिल मेरे यादगार हैं,
क्योंकर न रहम हाल पे आये शबे विसाल
जदोह ओ दर्द रोज़ मुसीबत के यार हैं।
कैसे गिनें रक़ीब के ताना-ए-अक़रबा,
तेरा ही जी न चाहे तो बातें हज़ार हैं।

❖ ❖ ❖

किस काम के रहे जो किसी से रहा न काम,
सर है मगर ग़ुरूर का सामां नहीं रहा।
'मोमिन' ये लाफ़ ए उल्फ़ते तक़वा है क्यों अबस,
दिल्ली में कोई दुश्मन ए ईमां नहीं रहा।

❖ ❖ ❖

दफ़्न जब ख़ाक में हम सोख़्ता सायां होंगे।
फ़स्ल माही के गुल ए शमअ ए शबिस्तां होंगे।
नावक अदाज़ जिधर दीदा ए जानां होंगे,
नीम बिस्मिल कई होंगे कई बेजां होंगे।
करके ज़ख़्मी मुझे नादिम हो ये मुमकिन नहीं,
गर वो होंगे भी तो बेवक़्त पशेगां होंगे।
तू कहां जायेगी कुछ अपना ठिकाना कर ले,
हम तो कल ख़्वाबे अदम में शबे हिजरां होंगे।
एक हम हैं कि हुए ऐसे पशेमान कि बस,
एक वो हैं कि जिन्हें चाह के अरमां होंगे।
हम निकालेंगे सुन ऐ मौज-ए-हवा बल तेरा,
उसकी ज़ुल्फ़ों के अगर बाल परेशां होंगे।
सब्र या रब मेरी वहशत का पड़ेगा कि नहीं,
चारा फ़रमा भी कभी क़ैदी ए ज़िन्दां होंगे।
दाग़े दिल निकलेंगे तुरबत से मेरी जूं लाला,
यह वो अख़्गार नहीं जो ख़ाक में पिनहां होगे।
चाक परदा से यह ग़मज़े हैं तो ऐ परदानशीं,
एक मैं क्या कि सभी चाक ग़रेबां होंगे।
फिर बहार आई वही दश्त नवर्दी होगी,
फिर वही पांव वही ख़ार-ए-मुग़ीलां होंगे।

मिन्नत-ए-हज़रत-ए-ईसा न उठायेंगे कभी,
ज़िन्दगी के लिए शर्मिन्दा-ए-एहसां होंगे।
संग और हाथ वही वो सरो दाग़े जुनूं,
वह ही हम होंगे वही दश्तो बयाबां होंगे।
उम्र तो सारी कटी इश्क़-ए-बुतां में 'मोमिन',
आख़री उम्र में क्या ख़ाक मुसलमां होंगे।

❖ ❖ ❖

मुझे जन्नत में वो सनम न मिला,
हश्र और एक बार होना था।

❖ ❖ ❖

न कुछ शोख़ी चली बादे सबा की।
बिगड़ने में भी उसकी ज़ुल्फ़ बना की।
कभी इंसाफ़ ही देखा न दीदार,
क़यामत अकसर उस कू में रहा की।
फ़लक के हाथ से मैं जा छिपूं गर,
ख़बर ला दे कोई तहतुलसरा की।
शबे वस्ले अदू क्या क्या जला दूं,
हक़ीक़त खुल गई रोज़े जज़ा की।
चमन में कोई उस कूं से न आया,
गई बरबाद सब मेहनत सबा की।
कशीदे दिल पे बांधी है कमर आज,
नहीं ख़ैर आपके बन्दे क़बा की।
किया जब इल्तिफ़ात उसने ज़रा सा,
पड़ी हमको हुसूले मुद्दआ की।
कहा है ग़ैर ने तुमसे मेरा हाल,
कहे देती है बेबाकी अदा की।

❖ ❖ ❖

उलझे न ज़ुल्फ से जो परेशानियों में हम।
करते हैं इसपे नाज़ अदा दानियों में हम।
सरग़र्म रक़्स ताज़ा है क़ुरबानियों में हम,
शोख़ी से किसकी आये हैं जोलानियों में हम।
साबित है ज़ुर्मे शिकवा न ज़ाहिर गुनाहे रश्क़,
हैरां हैं आप अपनी परेशानियों में हम।
मारे ख़ुशी के मर गये सुबहे शबे फिराक़,
कितने सुबुक हुए हैं गरां जानियों में हम।

आता है ख़्वाब में भी तेरी ज़ुल्फ़ का ख़याल,
बे तौर घिर गये हैं परेशानियों में हम।
देखा इधर को तूने कि बस दम निकल गया,
उतरे नज़र से अपनी निगहबानियों में हम।

❖ ❖ ❖

मुझपे तूफां उठाये लोगों ने।
मुफ़्त बैठे बिठाये लोगों ने।
कर दिये अपने आने जाने के,
तज़किरे जाये जाये लोगों ने।
वस्ल की बात कब बन आई थी,
दिल से दफ़्तर बनाये लोगों ने।
बात अपनी वहां न जमने दी,
अपने नक़्शे जमाये लोगों ने।
सुनके उड़ती सी अपनी चाहत की,
दोनों के होश उड़ाये लोगों ने।
बिन कहे राज़हा - ए - पिन्हानी,
उसे क्योंकर सुनाये लोगों ने।
क्या तमाशा है जो न देखे थे,
वो तमाशे दिखाये लोगों ने।
कर दिया मोमिन उस सनम को खफ़ा,
क्या किया हाये हाये लोगों ने।

❖ ❖ ❖

तू कहां जायेगी कुछ अपना ठिकाना कर ले,
हम तो कल ख़्वाबे अदम में शबे हिजरां होंगे।
एक हम हैं कि हुए ऐसे पशेमान कि बस,
एक वो हैं कि जिन्हें चाह के अरमां होंगे।
हम निकालेंगे सुन ऐ मौजे सबा बल तेरा,
उसकी ज़ुल्फों के अगर बाल परेशां होंगे।
फिर बहार आई वही दश्त नवरदी होगी,
फिर वही पांव वही ख़ार-ए-मुग़ीलां होंगे।
मिन्नत-ए-हज़रते ईसा न उठायेंगे कभी,
ज़िन्दगी के लिए शर्मिन्दा-ए-एहसां होंगे।
उम्र तो सारी कटी इश्क़े बुतां में 'मोमिन',
आख़री उम्र में क्या ख़ाक मुसल्मां होंगे।

❖ ❖ ❖

महव मुझ सा दमे नज़्ज़ारा ए जाना होगा।
आईना आईना देखेगा तो हैरां होगा।
ऐसी लज़्ज़त ख़लिशे दिल में कहां होती है,
रह गया सीने में उसका कोई पैकां होगा।
बोसा हाये लबे शीरीं के मज़ामी में न क्यों,
लफ़्ज़ से लफ़्ज़ मेरे शेर की चस्पां होगा।
कह सुनाते हो कि है हिज्र में जीना मुश्किल,
तुम से बेरहम पे मरने से तो एहसां होगा।
क्योंकर उम्मीदे वफ़ा से हो तसल्ली दिल को,
फ़िक्र है यह कि वह वादे से पशेमां होगा।
आख़िर उम्मीद सी से चारा-ए-हरमां होगा,
मर्ग की आस पे जीना जीना शबे हिजरां होगा।
बात करने में रकीबां से अभी टूट गया,
दिल भी शायद उसी बद्अहद का पैमां होगा।

❖ ❖ ❖

ये हासिल है तो क्या हासिल बयां से।
कहूं कुछ और कुछ निकले जुबां से।
बुरा है इश्क़ का अंजाम या रब,
बचना फ़ितना-ए-आख़िर जमां से।
मेरा बचना बुरा है आप ने क्यों,
अयादत की लब-ए-मोजज़ बयां से।
वो आये हैं पशेमां लाश पर अब,
तुझे ऐ ज़िन्दगी लाऊं कहां से।
न बोलूंगा न बोलूंगा कि मैं हूं,
ज़्यादा बदगुमां उस बदगुमां से।
न बिजली जलवा फ़रमा है न सय्याद,
निकल कर क्या करें हम आशियां से।
बुरा अंजाम है आग़ाज़-ए-बद का,
जफ़ा की हो गई खूं इम्तिहां से।
ख़ुदा की बेनियाज़ी हाय 'मोमिन'
हम ईमां लाये थे नाज़े बुतां से।

❖ ❖ ❖

सब्रे वहशत असर न हो जाये।
कहीं सेहरा भी घर न हो जाये।
हिज्रे परदानशीं में मरते हैं,
ज़िंदगी परदा-दर न हो जाये।

कसरते सिजदा से वो नक़्शे क़दम,
कहीं पामाल सर न हो जाये।
मेरे तग़य्युरे रंग को मत देखो,
मुझको अपनी नज़र न हो जाये।
मेरे आंसू न पोंछना देखो,
कहीं दामाने तर न हो जाये।
बात नासेह से करते डरता हूं,
कि फ़ुगां बेअसर न हो जाये।
मनअ-ए-ज़ुल्म है तग़ाफ़ुले यार,
बख़्त बद को ख़बर न हो जाये।
ग़ैर से बेहिजाब मिलते हो,
शबे बाशिक़ सहर न हो जाये।

❖ ❖ ❖

हम समझते हैं आज़माने को।
उज़्र कुछ चाहिये सताने को।
सुबहे इशरत है न वो शमो विसाल,
हाय क्या हो गया ज़माने को।
बुलहवस रोये मेरे गिरियां पे अब,
मुंह कहां तेरे मुस्कुराने को।
बर्क़ का आसमां पर है दिमाग़,
फूंक कर मेरे आशियाने को।
रोज़े महशर भी होश अगर आया,
जायेंगे हम शराबखाने को।
कोई दिन हम जहां में बैठे हैं,
आसमां के सितम उठाने को।
संगे दर से तेरे निकाली आग,
हमने दुश्मन का घर जलाने को।
चलके काबे में सिजदा कर 'मोमिन'
छोड़ उस बुत के आस्ताने को।

❖ ❖ ❖

अज़ल जा ब लब उसके शेवन से है।
ये नादिम मेरे ज़ूद कुश्तन से है।
वो बदख़्वाह मुझ सा तो मेरा नहीं,
अबस दोस्ती तुमको दुश्मन से है।
मेरे दाग़ याद आये गुल देखकर,
कि बेज़ार वह सैरे गुलशन से है।

जलाने से भी तेरा शाक़िर हूं मैं,
गिला नाला ए आतिश अफ़गन से है।
शबे ग़म मू ए शमअ को देखकर,
हमें खिज़लत उस शोख़ बदज़न से है।
मेरा ख़ून क्या बाद गर्दन हुआ है,
कि बेताब वह दर्दे गर्दन से है।
जहां ख़ाक उड़ाई वहीं दब रहे,
कदूरत अबस फ़िक्रे मदफ़न से है।
नई कुछ नहीं अपनी जां बाज़ियां,
यही खेल हमको लड़कपन से है।

❖ ❖ ❖

मुझे चुप लगी मुद्दआ कहते कहते।
रुके हैं वो जाने क्या कहते कहते।
ज़बां गुंग है इश्क़ में गोश कर है,
बुरा सुनते सुनते भला कहते कहते।
शबे हिज्र में क्या हुजूमे बला है,
ज़ुबां थक कई मरहबा कहते कहते।
गिला हरज़हगर्दी का बेजा न था कुछ,
वो क्यों मुस्करायें बजा कहते कहते।
सद् अफ़सोस जाती रही वस्ल की शब,
ज़रा ठहर ऐ बेवफ़ा कहते कहते।
चले तुम कहां मैंने तो दम लिया है,
फ़साना दिले ज़ार का कहते कहते।
बुरा हो तेरा मरहमे राज़ तूने,
किया उनको रुसवा बुरा कहते कहते।
सितम हाये गरदूं मुफ़स्सल न पूछो,
कि सर फिर गया माजरा कहते कहते।

❖ ❖ ❖

न देना बोसा ए या गो फ़लक झुकता ज़मीं पर है।
कि यह उतरा ज़मीं के नीचे है जितना ज़मीं पर है।
तड़पता है पड़ा शौक़े शहादत ख़ाक और ख़ूं में,
गिरा कूचे में तेरे यह लहू किसका ज़मीं पर है।
ख़िरामे नाज़ ने किसके जहां को कर दिया बरहम,
ज़मीं गिरती फ़लक पर है फ़लक गिरता ज़मीं पर है।
रहा उस कू में मिट्टी यार ले जायें तो ले जायें,
कि पड़ता पांव मानिन्दे निशाने पा जमीं पर हैं।

फरिश्तों ले चलो उस कू से क्यों जन्नत में तुम मुझको,
भला क्या साकिनाने चर्ख़ का दावा जमीं पर है।

❖ ❖ ❖

दिन भी दराज़ रात भी क्यों है फिराक़े यार में।
काहे से फर्क़ आ गया गर्दिशे रोज़गार में।
ख़ाक में वह तपिश नहीं ख़ार में वह ख़लिश नहीं,
क्यों न हमें ज्यादा हो जोशे जुनूं बहार में।
मर्ग है इन्तिहा ए इश्क़ यां रही इब्तिदा ए शौक़,
ज़िन्दगी अपनी हो गई रंजिशे बार बार में।
ख़ाक उड़ाई गुल ने यह किसके जुनूने इश्क़ में,
आये हैं कुछ अटी हुई बादे सबा ग़ुबार में।
ध्यान में मोमिन आ गई बहसे जब्रो इख़्तियार,
काबू ए यार में हैं हम वह नहीं इख़्तियार में।

❖ ❖ ❖

तुम भी रहने लगे ख़फ़ा साहब।
कहीं साया मेरा पड़ा साहब।
है ये बंदा ही बेवफ़ा साहब,
ग़ैर और तुम भले भला साहब।
क्यों उलझते हो जुम्बिशे लब से,
ख़ैर है मैंने क्या कहा साहब।
क्यों लगे देने ख़त्ते आज़ादी,
कुछ गुनह भी गुलाम का साहब।
दमे आख़िर भी तुम नहीं आते,
बन्दगी अब कि मैं चला साहब।
सितम, आज़ार, जुल्म, ज़ोरो जफ़ा,
जो किया सो भला किया साहब।
किससे बगड़े थे, किसपे गुस्सा थे,
रात तुम किसपे थे ख़फ़ा साहब।
किसको देते थे गालियां लाखों,
किसका शब ज़िक्रे ख़ैर था साहब।
नामे इश्क़े बुतां न लो 'मोमिन',
कीजिये बस ख़ुदा ख़ुदा साहब।

❖ ❖ ❖

आहे फ़लक फ़गुन तेरे ग़म से कहां नहीं।
जो फ़ितनाख़ेज़ अब है ज़मीं आसमां नहीं।

कहना पड़ा मुझे पये इलज़ाम पंद गो,
वह माजरा जो लायक़े शरह ओ बयां नहीं।
डरता हूं आसमान से बिजली न गिर पड़े,
सैयाद की निगाह सूए आशियां नहीं।
बातें तेरी वह होश रुबा हैं कि क्या कहूं,
हो कोई मेरा राज़दां है मेरा राज़दां नहीं।
बेसरफ़ा जांकनी का मेरा कुछ तो हो हुसूल,
मेहनत किसी की आज तलक रायगां नहीं।
करते वफ़ा उम्मीदे वफ़ा पर तमाम उम्र,
पर क्या करें कि उसको सरे इम्तिहां नहीं।
मैं अपनी चश्मे शौक़ को इल्ज़ाम ख़ाक दूं,
तेरी निगाह शर्म से क्या कुछ अयां नहीं।
इतने सुबुक नज़र में है अवज़ाह रोज़गार,
दुनिया की हसरतें मेरे दिल पर गरां नहीं।

❖ ❖ ❖

'मोमिन' सूए शर्क उस बुते क़ाफ़िर का तो घर है।
हम सिजदा किधर करते हैं और काबा किधर है।
हसरत अगर मैं देखूं तो फ़लक क्योंकर न हो राम,
उस नरगिसे जादू को निगह पेशे नज़र है।
ख़त की मुझे क़ासिद को है ईनाम की ख़्वाहिश,
मैं दस्त निगर ख़ुद हूं, वह क्या दस्तनिगर है।
अरमान निकलने दे बस ऐ बीमे नज़ाकत,
हो हाथ तसव्वुर में मेरा ज़ेरे कमर है।
रिन्दों पे यह बेदाद ख़ुदा से नहीं डरता,
ऐ मुहतसिब ऐसा तुझे क्या शाह का डर है।
ऐ दमें आराम असर खुफ़्ता कब उठा,
हमको अबस उम्मीद दुआ हाए सहर है।
हम हाल कहें जायेंगे सुनिये कि न सुनिये,
इतना ही तो सुहबते नासेह का असर है।
वह ज़िबह करें और यहां जान फ़िदा हो,
ऐसे में निभे यूं यह हमारा ही जिगर है।
अब नहीं जाती तेरे आ जाने की उम्मीद,
गो फिर गई आंखें पर निगाह जानिबे दर है।

❖ ❖ ❖

खुदा की याद दिलाते ये नज़अ में अहबाब,
हज़ार शुक्र कि उस दम वह बदगुमां न हुआ।

मय न उतरी गले से जो उस बिन,
मुझको यारों ने पारसा जाना।

❖ ❖ ❖

आहे सहर हमारी फ़लक से न फिरी हो,
कैसी हवा चली ये कि जी सनसना गया।

❖ ❖ ❖

किया तुमने क़त्ले जहां एक नज़र में,
किसी ने न देखा तमाशा किसी का।

❖ ❖ ❖

दिल में नासेह आये, क्या अपना ख़याल,
जा सके कब यार के मस्कन में हम।

❖ ❖ ❖

किये हैं तूल अमल ने तमाम काम ख़राब,
हमेशा नज़्मे जहां के हैं कार बार मुझे।

❖ ❖ ❖

वहां लाला रुह फज़ा दे कहां तलक बोसे,
कि जो है, काम है, यहां शौके जां फ़िशां के लिये।

❖ ❖ ❖

6

ज़ौक़

ज़ौक़ एक बेबाक़ शायर होने के साथ-साथ एक दयालु प्रवृत्ति के शायर थे। इन्सान के प्रति तो ये दया का भाव रखते ही थे, पर ये पशु-पक्षियों के प्रति भी उतनी ही दया-भाव रखते थे। इनका नाम शेख़ मुहम्मद इब्राहिम, इनके पिता का नाम शेख मुहम्मद रमज़ान, दिल्ली के रहने वाले थे। ज़ौक़ इनका तख़ल्लुस था। जन्म संवत् 1843 में हुआ और इन्तकाल संवत् 1910 में हुआ।

ज़ौक़ के पिता एक साधारण सिपाही थे। वे दिल्ली में काबुली दरवाज़े के पास रहते थे। जब बालक इब्राहिम पढ़ने लायक़ हुए, तब इनके पिता ने इन्हें मुहल्ले के हाफ़िज़ के पास बिठा दिया। हाफ़िज़ का नाम गुलाम रसूल था। वे शायर थे। शौक़ तख़ल्लुस से लिखते थे। इन्होंने ज़ौक़ को मज़हबी तआलीम के साथ फ़ारसी और अदबी तआलीम भी दी। उनकी देखादेखी इब्राहिम भी शेर कहने लगे। शौक़ साहब इनके शेरों को देख लिया करते थे और इनकी हौसला अफ़ज़ाई भी करते थे। शौक़ साहब किस तेवर के शायर थे, यह उनके इस शेर से मालूम पँड़ता है-

शेख़ बघारे शेख़ी अपनी मुफ़्त के लुक़मे खाता है।
दूध मलीदा खाते हैं या मस्त कलंदर घी खिचड़ी।

ज़ौक़ के एक साथी थे काज़िम हुसैन। उन्हें भी शेर कहने का शौक़ था। एक दिन उन्होंने अपनी एक ग़ज़ल सुनाई। ज़ौक़ ने पूछा- यह ग़ज़ल तुमने कब कही? क़ाज़िम ने कहा- हम तो शाह नज़ीर के शागिर्द हो गए हैं। ज़ौक़ को भी शाह नसीर से मिलने का शौक़ हुआ। वे उनसे मिलने गए और उनके शागिर्द बन गए। ज़ौक़ की लड़कपन की शायरी का एक नमूना देखें-

माथे प' तेरे झमके है झूमर का पड़ा चांद।
ला बोसा चढ़े चांद का वादा था चढ़ा चांद।

शाह नसीर के साथ ज़ौक़ भी मुशायरे में जाने और ग़ज़लें पढ़ने लगे। इन्होंने शायरी की तआलीम शाह साहब से और अरबी-फ़ारसी की तआलीम उस समय के सबसे बड़े दानिशवर अब्दुल रज़्ज़ाक से पा रहे थे। वहां इनकी मित्रता स्व. प्रोफेसर आज़ाद के पिता से हुई। वे भी वहां पढ़ने आते थे।

शाह साहब के शाहज़ादे मिया मुनीर भी शायरी करते थे। उनको अपनी शायरी पर बड़ा गुरूर था। शाह साहब भी अपने साहबज़ादे की शायरी को बड़ी बारीक़ी से सुधारते थे। बल्कि ज़ौक़ को कोई अहमियत नहीं देते थे। इससे ज़ौक़ का मन उस्ताद से खट्टा होता गया। उस्ताद अपने बेटे को बढ़ाने के लिए ज़ौक़ का हौसला घटाने लगे। इस रवैये से नाराज़ होकर ज़ौक़ ने उनके पास आना-जाना छोड़ दिया।

ज़ौक़ की क़ाबिलित बहुत ही ऊंचे दर्जे की थी। वे अपने ही दम पर अपनी तरक़्क़ी का रास्ता तय करने लगे। एक दिन एक जगह मुशायरा था। ज़ौक़ ने भी ग़ज़ल लिखी थी लेकिन बिना इसलाह के ग़ज़ल को मुशायरे में पढ़ने की उनकी हिम्मत नहीं हो रही थी। ये बेचैन होकर घर से निकले। शाम होते-होते वे जामा मस्जिद जा चहुंचे। इत्तफ़ाक से वहां मीर कल्लू हक़ीर बैठे मिले। जान-पहचान पहले से ही थी। मियां हक़ीर ने देखते ही पूछा- क्यों भई, उदास क्यों हो? ख़ैरियत तो है? ज़ौक़ ने अपने दिल का दर्द कह सुनाया। मीर साहब ने कहा- ज़रा मुझे भी तो वो अपनी ग़ज़ल सुनाओ। ज़ौक़ ने ग़ज़ल पढ़ी। हक़ीर साहब ने ग़ज़ल को पसंद करके कहा- जाओ, निडर होकर मुशायरे में ग़ज़ल पढ़ो। कोई कुछ ऐजराज़ करेगा तो मैं निपट लूंगा। हक़ीर साहब की हौसला अफ़ज़ाई से उन्होंने मुशायरे में जाकर ग़ज़ल पढ़ी। वहां इनकी बड़ी तारीफ़ हुई। उसी दिन से इनका हौसला लगातार बढ़ने लगा।

उन दिनों अकबरशाह दिल्ली के बादशाह थे। उन्हें तो शेर आदि का कोई शौक़ नहीं था लेकिन उनके साहबज़ादे मिर्ज़ा अबूज़फ़र, जो उन दिनों राजकुमार थे, आगे बहादुरशाह के नाम से बादशाह हुए, शायरी के खासे शौक़ीन थे। वे ख़ुद भी ग़ज़लें कहते थे। उन्होंने अपना तख़ल्लुस 'ज़फ़र' रखा हुआ था। उनके पास शायरों का खासा जमघट रहता था जिनमें फिराक, सैद, एहसान, ज़ार, क़ासिम, इश्क़, अज़ीम और ममनू वगैरह थे। ज़ौक़ का दिल भी उनकी महफ़िल में जाने को काफी लालायित हो रहा था। ज़ौक़ एक ग़रीब सिपाही के लड़के थे। इनको क़िले में किसी अमीर उमराव की ज़मानत व सिफ़ारिश के बिना कौन घुसने देता? पर इनकी वहां पहुंचने की कोशिश थी। इनका मुक़द्दर ही इनका राहबर बना। मीर क़ाज़िम हुसैन ने इन्हें दरबार के अंदर ज़फ़र तक पहुंचा दिया।

बहादुरशाह की ग़ज़लें पहले शाह नसीर देख लिया करते थे। पर वे उन दिनों दक्खन चले गए थे। इससे मीर क़ाज़िम हुसैन उनका काम कर दिया करते थे। पर वे भी युवराज बहादुरशाह की सिफ़ारिश से जॉन अलफिन्स्टन साहब के मीर मुंशी होकर चले गए। इसलिए युवराज की ग़ज़लें सुधारने वाला अब कोई न रहा।

एक दिन युवराज तीर चला रहे थे। ज़ौक़ वहां पहुंच गए। उन्हें देखते ही युवराज ने कहा- भाई इब्राहिम, उस्ताद दक्ख़न चले गए, क़ाज़िम हुसेन भी चले गए, तुमने भी हमें छोड़ दिया। उसी वक़्त उन्होंने एक ग़ज़ल जेब से निकालकर दी और कहा- इसे ठीक कर दो। ज़ौक़ ने वहीं बैठकर ग़ज़ल ठीक कर दी और सुनाई। युवराज को ग़ज़ल बहुत पसंद आई। उन्होंने कहा- भाई, कभी-कभी आकर मेरी ग़ज़लें ठीक कर जाया करो। कुछ दिनों के बाद ज़ौक़ युवराज के उस्ताद बन गए।

उन दिनों अकबरशाह और युवराज में बनती न थी। अकबरशाह उन्हें अपना बेटा मानते ही न थे। वे अपने दूसरे लड़कों में से कभी किसी को तो कभी किसी को युवराज बनाने की कोशिश में थे। इससे युवराज का मासिक वेतन पांच हजार रुपये मासिक से घटकर पांच सौ रुपया मासिक हो गया। इस ग़रीबी में ज़ौक़ भी जा पहुंचे, चार रुपया मासिक वेतन इनका तय हुआ। इसलिए उनके वालिद ने बहुत चाहा कि बेटा इस छोटे से वेतन को नामंजूर कर दे। पर क़िस्मत ने चाहा, वही हुआ।

दिल्ली में नवाब इलाही बख़्श 'मारुफ़' एक रईस थे। वे शायरी के शौक़ीन थे। ज़ौक़ की तारीफ़ें सुनकर उन्होंने बड़ी चाह से बुलवाया और अपनी ग़ज़लें सुधारने को दी। उस वक़्त ज़ौक़

की उम्र बीस बरस की थी। चढ़ती जवानी थी। उधर नवाब साहब हालांकि बुड्ढे हो चले थे, पर तबिअतारी में नौजवानों के कान काटते थे। दोनों की ख़ूब पटी। उनके हिसाब से ही ज़ौक़ उनकी ग़ज़लें सुधार दिया करते थे। ख़ुद की पहली ग़ज़ल ज़ौक़ ने उन्हें सुनाकर उनका दिल जीत लिया था। उसका मतला कुछ यूं था-

निगह का वार था दिल पर फड़कने जान लगी।
चली थी बरछी किसी पर किसी के आन लगी।

नवाब साहब फड़क उठे। उसशी वक़्त ज़ौक़ के उस्ताद शौक़ भी वहां आ पहुंचे। ज़ौक़ ने उठकर उन्हें बड़े ही अदब से सलाम किया। वे ज़ौक़ से इसलिए नाराज थे कि ज़ौक़ उनके शागिर्द होकर भी दूसरों को ग़ज़लें क्यों दिखाते हैं और मुशायरे में उनके साथ क्यों नहीं जाते। पर ज़ौक़ एक नेक शागिर्द की तरह हमेशा उनकी इज़्ज़त करते थे। शौक़ साहब ने आते ही नवाब साहब को अपनी ग़ज़ल सुनानी शुरू कर दी। ज़ौक़, जो नवाब साहब की बग़ल में ही बैठे थे, उठकर जाने लगे, तो नवाब साहब ने धीरे से कान में कहा- कान बदमज़ा हो गये, तुम अपना कोई शेर सुनाते जाओ। ज़ौक़ ने ग़ज़ल, जो ताजा थी, नवाब को सुनाई। जिसके दो मतले यूं हैं-

जीना नज़र अपना हमें असला नहीं आता।
गर आज भी वह रश्मे मसीहा नहीं आता।
मज़कूर तेरी बज़्म में किसका नहीं आता।
पर ज़िक्र हमारा नहीं आता नहीं आता।

नवाब के पास ज़ौक़ हफ़्ते में दो बार आया करते और उनकी ग़ज़लें सुधार दिया करते थे। नवाब साहब बड़े दानी आदमी थे। ज़ौक़ अपने जीवन भर में बार-बार बड़ी इज़्ज़त से याद किया करते थे। कई वर्ष बाद शाह नसीर दक्खन से लौट आए। उन्होंने फिर मुशायरे जारी किए। ज़ौक़ भी जाने लगे। एक दिन शाह नसीर ने एक ग़ज़ल पढ़ी। जिसकी तरही थी- ''आतिशी आबो ख़ाको बाद।'' उन्होंने कहा- इस ज़मीन पर जो शेर कहेगा, उसे मैं उस्ताद मान लूंगा। ज़ौक़ ने दूसरे मुशायरे में उस तरही पर एक ग़ज़ल पढ़ी। शाह साहब ने उस पर बहुत से तर्क-बितर्क किए पर ज़ौक़ ने बहुत से सबूत देकर अपनी बात बड़ी खूबी से रखी।

ज़ौक़ ने उसी छंद और काफ़िये में एक और ग़ज़ल लिखी, जिसका मतला इस प्रकार है-

सरसरी कोह में हों गर आतिशो आबो ख़ाको बाद।
आज न चल सकेंगे पर आतिशो आबो ख़ाको बाद।

इस पर शाह नसीर की तरफ से ऐतराज़ किया गया कि पत्थर में आग की रफ्तार का क्या सबूत है? ज़ौक़ ने कहा- जब पहाड़ में बढ़ने के कारण रफ़्तार है तो उसके अंदर की आग में भी रफ़्तार होनी चाहिए। विरोधी ने पत्थर में आग होने का सबूत मांगा तो ज़ौक़ ने कहा- यह तो सीधी-सी बात है जिसे हर कोई समझ सकता है। इसमें सबूत मांगने की कोई जरूरत ही नहीं है। विरोधी ने किसी शायर का सबूत मांगा। ज़ौक़ ने एक फ़ारसी का और एक सौदा का शेर सुनाया-

हर संग में शरर है तेरे ज़हूर का।

इस विवाद से लोगों का बड़ा अच्छा मनोरंजन हुआ। ज़ौक़ जीत गए। उस दिन से ये क़दीम शायरों के मजमुए और दीवान को और भी ध्यान से पढ़ने लगे।

अकबरशाह ने इनकी शायरी से ख़ुश होकर उन्हें ख़ाक़ानिए हिन्द के ख़िताब से नवाज़ा। उस समय इनकी उम्र बीस बरस की थी। ख़ाक़ानिए-हिन्द का ख़िताब कई वृद्ध और मक़बूल शायरों को छोड़कर एक नौजवान शायर को मिली। इस पर लोगों में बहस छिड़ गई थी। एक महफ़िल में इसी मुद्दे पर बातें हो रही थीं। वहां पर मियां कल्लू हक़ीर मौजूद थे। उन्होंने कहा- भई, शायर की उम्र न देखकर उसकी शायरी देखिए। शायरी, जिस पर ख़िताब मिला था, वहां पढ़ी गई। उसके बाद किसी को भी यह कहने की हिम्मत न हुई कि बादशाह ने कुछ ग़लत किया है।

जब ज़फ़र बादशाह हुए और बहादुर शाह के नाम से मक़बूल हुए, तब इनकी मासिक तनख़्वाह बीस रुपये कर दी गई। पर उन्होंने अपनी तनख़्वाह के बारे में कभी किसी से शिकवा न किया।

जब मिर्ज़ा मुग़ल बेग वज़ीर थे, तब इनकी माली हालत बहुत ही ख़राब थी। मिर्ज़ा मुग़ल बेग की वज़ीरी ख़त्म हुई। तब नवाब हामिद अली ख़ां का ज़माना आया। उनके समय में इनकी तनख़्वाह सौ रुपये माहवार कर दी गई। एक बार बहादुरशाह बीमारी से उठे, तब ज़ौक़ ने उसकी ख़ुशी में एक क़सीदा कहा, जिस पर इन्हें ख़ान बहादुर के ख़िताब से नवाज़ा गया और एक हाथी इनाम में मिला। फिर एक ज़ोर शोर से क़सीदा कहा तो इन्हें एक गांव इनाम में मिला। अब इनकी माली तक़लीफ़ें ख़त्म हो चुकी थीं।

ज़ौक़ का क़द छोटा और रंग सांवला था। चेहरे पर माता के दाग़ थे। इनको नौ बार माता निकली थीं। बदन ख़ासा तगड़ा और आंखें बड़ी तेज़ थीं। ये अकसर सफ़ेद कपड़े पहनते थे जो उन पर फ़बते थे। नर्म लबो लहजे के थे। मुशायरे में जब ग़ज़ल पढ़ते थे तो सुनने वाले बाग़बाग़ हो जाते। अपनी ग़ज़ल ये खुद पढ़ते थे, किसी और से नहीं पढ़वाते थे। इनकी यादाश्त इतनी अच्छी थी कि जिस भी किताब को वे एक बार पढ़ते, फिर चाहे बरसों बीत जाय, उसकी छोटी से छोटी बात भी इनके दिमाग़ में छप जाती थी।

ज़ौक़ दिल के बड़े दयालु थे। ताउम्र इन्होंने कभी किसी जीव का अपने हाथों से बध नहीं किया। नौजवानी में एक दिन दोस्तों ने कहीं से ताक़त का एक नुस्ख़ा हासिल किया। उस नुस्ख़े के मुताबिक़ हरेक चीज़ को इकट्ठा करने की ज़िम्मेदारी हर एक शख़्स को अलग-अलग दी गई। चालीस चिड़ियों का मग़ज़ जमा करने का काम इन्हें मिला। ये घर आए और आंगन में जाल फैला दिया। तीन चिड़े जाल में फंसे। वे पिंजड़े में बंद कर दिए गए। ज़ौक़ ने जब उनका कूदना और फुदकना देखा, यकायक इनके मन में ये ख़याल उठा कि ये भी तो शरीर में जान रखते हैं। हमारी तरह इनको भी तक़लीफ़ का अहसास होता होगा। अपने फ़ायदे के लिए इनकी जान लेना बड़ी बेइंसाफी होगी। यह ख़याल दिलोदिमाग में आते ही इन्होंने पिंजड़ा खोल दिया। पक्षी उड़ गए। इन्होंने जाल तोड़फाड़ डाला। इन्होंने दोस्तों से जाकर कह दिया कि हम तुम्हारे नुस्ख़े में शामिल नहीं हैं।

वे अकसर टहला करते थे। मकान के सामने एक लंबी-सी गली थी। हमेशा उसी में फिरा करते थे। एक बार रात के वक़्त टहलते-टहलते आए और कहने लगे- अभी गली में सांप जा रहा था। एक शागिर्द ने पूछा- तो हज़रत, आपने उसे मारा नहीं? किसी को पुकारा होता। ज़ौक़ ने कहा- भाई, आख़िर वह भी तो जान रखता है।

ज़ौक़ अदब के दानिशवर और बड़े ही अध्ययनशील शख़्सियत थे। इनके बारे में इनके लायक शागिर्द प्रोफेसर आज़ाद लिखते हैं-

"मैंने साढ़े सात सौ दीवान पुराने शायरों के देखे। वे उनका खुलासा किया करते। ख़ान आरज़ू की तसनीफ़ात, टेकचंद बहार की तहक़ीक़ात और इस क़िस्म की और किताबें, गोया उनकी ज़बान पर थीं। मगर मुझे इस बात का ताज्जुब नहीं, अगर पुराने शायरों के हज़ारों शेर उन्हें याद थे तो मुझे हैरत नहीं, गुफ़्तगू के वक़्त जिस तड़ाके से वे शेर सनद में देते थे, मुझे इसका भी ख़याल नहीं। हां, ताज्जुब यह है कि जब तारीख़ का ज़िक्र आये तो वह एक साहबे नज़र मुवरिख़ थे, तफ़सीर का ज़िक्र आये तो ऐसा मालूम होता था कि गोया तफ़सीरे कबीर देख कर उठे हैं। जब तक़रीर करते तो यह मालूम होता था कि शेख़ शिबली हैं या बायज़ीद बुस्तामी बोल रहे हैं। रमल और ज्योतिष का ज़िक्र आए तो ज्योतिषी थे। मुझे ताज्जुब यह है कि उनके दिमाग़ में इस क़दर मज़ामीन क्यों कर महफ़ूज़ रहे। इल्मेतिब ख़ूब हासिल किया, मगर काम न किया। उन्हें ख़ौफ आता कि ऐसा न हो कि लापरवाही से किसी का ख़ून हो जाये।"

इनको आडम्बर बिलकुल पसंद न था। प्रोफ़ेसर आज़ाद लिखते हैं- "एक तंग व तारीक मकान था जिसकी अंगनाई इस क़दर थी कि एक छोटी-सी चारपाई एक तरफ़ बिछती थी। दो तरफ़ इतना रस्ता रहता था कि एक आदमी चल सके। हुक्का मुंह से लगा रहता था। खुर्री चारपाई पर बैठे रहते थे। लिखे जाते थे या किताब देखे जाते थे। गर्मी, जाड़ा, बरसात, तीनों मौसमों की बहारें वहीं बैठे गुज़र जाती थीं। उन्हें कुछ ख़बर न होती थी। कोई मेला, कोई ईद और कोई मौसम, बल्कि दुनिया के शादी व ग़म से उन्हें कोई सरोकार न था। जहां अव्वल रोज़ बैठे, वहीं बैठे और जब उठे तो दुनिया से उठे।"

उनका मामूल था कि रात को खाने से फारिग़ होकर बादशाह की ग़ज़ल कहते थे। उसके बाद वज़ू करते और एक लोटे पानी से कुल्लियां करके नमाज़ पढ़ते, फिर वज़ीफा शुरू होता। ज़ेरे आसमान कभी टहलने जाते क़िब्लारू ठहर जाते। अगरचे आहिस्ता-आहिस्ता पढ़ते थे, मगर अकसर अवक़ात इस जोशे दिल से पढ़ते थे कि मालूम होता गोया सीना फट जाएगा।

कितने दुख की बात है कि सन् 1857 के ग़दर में उनकी अदबी विरासत भी नष्ट हो गई। प्रोफ़ेसर आज़ाद ने अपने उस्ताद के अदबी नुक़सान का वर्णन कुछ इस तरह किया है- "फसाहत का दिल कुमला जाता होगा, जब उनके दीवान मुख़्तसर पर निगाह पड़ती है। उसका बयान एक मुसीबत का फ़साना है और मरसिया ख़ानी मेरा फर्ज़ है। फ़रमाते थे कि बचपन में जबकि पन्द्रह-सोलह बरस की उम्र थी, हमने अपना मुरत्तिब किया था और उसे बड़े शौक़ से लिखा था। फिर ज़माने ने फ़ुरसत न दी। जो ग़ज़ल होती, जुदा काग़ज़ पर लिखी जाती, उसी तरह ताक़ में रख देते कि फ़ुरसत में उसे नज़रसानी करेंगे। जब ताक़ भर गया तो तकिये के गिलाफ़ में भर दिए, घर में भेज दिए कि एहतियात से रखना।"

"उस्ताद की वफ़ात से चंद रोज़ बाद मैंने और खलीफ़ा इस्माईल ने चाहा कि कलाम को तरतीब दें। सारा ज़ख़ीरा निकाला। मेहनत ने उसके इन्तिख़ाब में पसीने की जगह लहू बहाया क्योंकि बचपन से लेकर दमे वापसी तक का कलाम उन्हीं में था और बहुत-सी ग़ज़लें बादशाहों की, बहुतेरी ग़ज़लें शागिर्दों की मिली हुई थीं।"

"चुनांचे अव्वल उनकी अपनी ग़ज़लें और क़सीदे इन्तख़ाब कर लिए। यह काम कई महीनों में ख़त्म हुआ। पहले ग़ज़लें साफ़ करनी शुरू की। इस ख़ता का मुझे इक़रार है कि काम को मैंने जारी किया, मगर बाइतमीनान किया। मुझे क्या मालूम था कि इस तरह यकायक ज़माने का वर्क़ उलट जाएगा, आलम तहो-बाला हो जाएगा, हसरतों के ख़ून बह जाएंगे, दिल के अरमान दिल ही

में रह जाएंगे। एक साथ सन् 1857 का ग़दर हो गया। किसी का किसी को होश न रहा। चुनांचे अफ़सोस है कि ख़लीफ़ा मुहम्मद इस्माईल उनके फ़रजंद जिस्मानी के साथ उनके फ़रजंद रूहानी (शेरों) भी दुनिया से रहलत कर गए। मेरा यह हाल हुआ कि फ़तहयाब लश्कर बहादुर यकायक घर में घुस आए, बंदूकें दिखाई कि जल्द निकलो। दुनिया आंखों में अंधेर थी। भरा हुआ घर सामने था और मैं हैरान खड़ा था कि क्या-क्या कुछ उठाकर ले चलूं। उनकी ग़ज़लों पर नज़र पड़ी। यही ख़याल आया कि ज़िंदगी बाक़ी रही तो सब कुछ हो जाएगा, मगर उस्ताद कहां से पैदा होंगे जो ग़ज़लें फिर कहेंगे। अब उनके नाम की ज़िंदगी है तो उन पर मुनहसिर है। ये हैं तो वे मरकर भी ज़िंदा हैं, ये गए तो नाम भी न रहेगा। वही संग्रह उठाकर बग़ल में दबाया। सजे सजाये घर को छोड़, बाईस नीम जनों के साथ घर से, बल्कि शहर से निकला। ग़रज़ मैं तो आवारा होकर ख़ुदा जाने कहां का कहां निकल गाया। हाफ़िज़ ग़ुलाम रसूल 'वीरान' ने मरहूम उस्ताद ज़ौक़ के बाज दर्दख़्वाह दोस्तों से ज़िक्र किया कि मसौदों का सरमाया तो सब दिल्ली के साथ बरबाद हुआ, इस वक़्त यह जख़्म ताज़ा है अगर अब दीवान मुरत्तिब न हुआ तो कभी न होगा। हाफ़िज़ मौसूफ़ को ख़ुद भी हजरत मरहूम (उस्ताद) का कलाम बहुत कुछ याद था और ख़ुदा ने इनकी वसीरत की आंखें ऐसी रोशन की थी कि बेसारत के मोहताज़ नहीं थे। बावजूद इसके लिखने की सख़्त मुश्क़िल हुई। ग़रज़ की एक मुश्क़िल में कई-कई मुश्क़िलें थीं। उन्होंने इस मुहिम को सरंजाम किया और सन् 1279 हिजरी में एक मजमुआ, जिसमें अक्सर ग़ज़लें तमाम, अक्सर नातमाम, बहुत मुत्तफ़र्रिक अशआर और चंद क़सीदे हैं, छापकर निकाला। मगर इबरत की आंखों से लहू टपका, क्योंकि जिस शख़्स ने दुनिया की लज्जतें, उम्र के मुख़्तलिफ़ मौसम और मौसमों की बहारें, दिन की इदें, शबकी शबेबरातें, बदन के आराम, दिल की ख़ुशियां, तबिअत की उमंगें, सब छोड़ीं और एक शेर को लिया, जिसकी इन्तिहा तमन्ना यही होगी कि इसकी बदौलत नाम नेकी बाक़ी रहेगी। तबाहकार ज़माने के हाथों आज उसकी उम्र भर की मेहनत ने यह सरमाया दिया, उसको यह दीवान नसीब हुआ। ख़ैर, यों ही ख़ुदा चाहे तो बन्दे का क्या चले। मेरे पास बाज़ क़सीदे है, अक्सर ग़ज़लें हैं, ये दाख़िल हो जाएंगी या नातमाम ग़ज़लें पूरी हो जाएंगी, मगर तस्नीफ के दरिया में से प्यास भर पानी भी नहीं।''

ज़ौक़ की शायरी उम्दा और ऊंचे ख़यालों से लदी हुई थीं। ये महावरों के उस्ताद थे। भाषा पर इनकी पूरी पकड़ थी। प्रेम का रहस्य-वर्णन इनकी शायरी की एक बड़ी ख़ासियत मानी जाती है। जहां जवानी की उमंगें मचलती हुई महसूस होती हैं, वहां वेदान्त भी समाया हुआ है और खुदा परस्ती की तरंगें भी हैं।

एक बार ये दरबार में बैठे थे। एक साहब आए किसी बेग़म की बात लेकर और बादशाह के कान में कहकर चलने लगे। तो हकीम अहसानुल्ला ने पूछा- इतनी जल्दी!

यह सुनकर उसने कहा- अपनी खुशी न आये न अपनी खुशी चले।

बादशाह ने ज़ौक़ की तरफ देखा और कहा- उस्ताद, देखना क्या साफ़ मिसरा है। ज़ौक़ ने तुरंत ही अर्ज़ किया-

लाई हयात आये क़ज़ा ले चली चले।
अपनी ख़ुशी न आये न अपनी ख़ुशी चले।

दीवान चन्दूलाल ने हैदराबाद से इनके पास पांच सौ रुपया और ख़िलवत भेजकर बुलवाया। इन्होंने ग़ज़ल तो भेज दी, खुद न गए। ग़ज़ल का आख़री शेर यह था-

आजकल गरचे दकन में है बड़ों क़द्रे सुख़न।
कौन जाये ज़ौक़ पर दिल्ली की गलियां छोड़कर।

ये स्वभाव के बहुत सरल, सच्चरित्र और दयावान थे। कभी किसी का बुरा नहीं चाहते थे, न किया। इनके दिल में ख़ुदा का ख़ौफ़ हमेशा बना रहता था। इन्होंने किसी की भी निन्दा में एक भी शेर नहीं कहा। किसी अन्य शायर ने भी इनकी निन्दा में कुछ नहीं लिखा।

इनके शागिर्द इतने अधिक थे कि उतने शायद ही किसी उर्दू के शायर के रहे हों। उनमें में से कई तो बहुत ही योग्य निकले। बादशाह ज़फ़र को छोड़कर इनके शागिर्दों में सबसे अधिक प्रसिद्ध उर्दू-अरबी-फ़ारसी के शायर और विद्वान शम्सुलउल्मा मौलवी मुहम्मद हुसेन 'आज़ाद', प्रोफेसर गवर्नमेंट कॉलेज, हुए। दूसरे शागिर्द हज़रत दाग़ हुए जिनकी प्रखर प्रतिभा और अद्भुत शायरी ने अहले उर्दू की दुनिया इज़्ज़त पाई।

ज़ौक़ ने मरने के तीन घंटे पहले यह शेर कहा था-

कहते हैं आज ज़ौक़ जहां से गुज़र गया।
क्या ख़ूब आदमी था ख़ुदा मग़फ़रत करे।

ज़ौक की शायरी-

किसी बेकस को ऐ बेदाद गर मारा तो क्या मारा।
जो आपी मर रहा हो उसको गर मारा तो क्या मारा।
न मारा आपको जो ख़ाक हो अकसीर बन जाता,
अगर पारे को ऐ अकसीर गर मारा तो क्या मारा।
बड़े मूज़ी को मारा नफ़्से अम्मारे को गर मारा,
नहंगो अज़दहाओ शेर नर मारा तो क्या मारा।
नहीं वह क़ौल का सच्चा हमेशा क़ौल दे देकर,
जो उसने हाथ मेरे हाथ पर मारा तो क्या मारा।
तुफ़ंगी तीर तो ज़ाहिर न था कुछ पास क़ातिल के,
इलाही फिर जो दिल पर ताक के मारा तो क्या मारा।

❖ ❖ ❖

नाला इस शोर से क्यों मेरा दुहाई देता।
ऐ फ़लक गर तुझे ऊंचा न सुनाई देता।
देख छोटों को है अल्लाह बढ़ाई देता,
आसमां आंख के तिल में हैं दिखाई देता।
पंजये महर को ख़ूने शफ़क़ी में हर रोज़,
ग़ीते क्या क्या है तेरा दस्ते हिनाई देता।
मुंह से बस करते न हरगिज़ ऐ ख़ुदा के बंदे,
गर हरीसों को ख़ुदा सारी ख़ुदाई देता।
देख गर देखना है ज़ौक़ कि वह परदानशीं,
दीदये रोज़ने दिल से है दिखाई देता।

जो फ़रिश्ते करते हैं कर सकता है इन्सान भी।
पर फ़रिश्तों से न हो जो काम है इन्सान का।
नफ़्स बे मक़दूर को क़ुदरत हो गर थोड़ी सी भी,
देखें फिर सामान इस फ़रऊन बे सामान का।
देखना ऐ ज़ौक़ होंगे आज फिर लाखों के ख़ून,
फिर जमाया उसने लाले लब पै लाखा पान का।

❖ ❖ ❖

है और इल्मे अदब मकतबे मुहब्बत में।
कि है वहां का मुअल्लिम जुदा अजीब जुदा।
जुदा न दर्द जुदाई हो गर मेरे आज़ा,
हरुफ़ दर्द की सूरत हों ऐ तबीब जुदा।
हजूम अश्क के हमराह क्यों न हो नाला,
कि फ़ौज से नहीं रहता कभी नक़ीब जुदा।
किया हबीब को मुझसे जुदा फ़लक ने अगर,
न कर सका मेरे दिल से ग़मे अबीब जुदा।
कर जुदाई का किस किस का रंज हम ऐ ज़ौक,
कि होने वाले हैं सब हमसे अनक़रीब जुदा।

❖ ❖ ❖

गर सियहबख़्त ही होना था नसीबों में मेरे।
जुल्फ होता तेरे रुखसर पै या तिल होता।
मौत ने कर दिया नाचार वगरना इन्सां,
है यह ख़ुदबी कि ख़ुदा का भी न क़ायल होता।
आप आईनए हस्ती में है तू अपना हरीफ़,
वरना यां कौन था जो तेरे मुक़ाबिल होता।
सीन-ऐ चर्ख़ में हर अख़्तार अगर दिल है तो क्या,
एक दिल होता मगर दर्द के क़ाबिल होता।

❖ ❖ ❖

आंख से अश्क सिफ़त मुझको गिरा कर न सम्हाल।
मैं नहीं वह कि सम्हाले से सम्हल जाऊंगा।
जुंबिशे बर्ग सिफ़त बाग़े जहां में ऐ ज़ौक़,
कुछ न हाथ आयेगा तो हाथ ही गल जाऊंगा।

❖ ❖ ❖

पानी तबीब दे हमें क्या बुझा हुआ।
है दिल ही ज़िंदगी से हमारा बुझा हुआ।

हम आप जल बुझे मगर इस दिल की आग को,
सीने में हमने ज़ौक़ न पाया बुझा हुआ।

❖ ❖ ❖

आंखें मेरी तलुओं से वह मल जाये तो अच्छा।
यह हसरतें पाबोस निकल जाये तो अच्छा।
जो चश्म कि बे नम हो वह हो कूर तो बेहतर,
जो दिल कि हो बेदाग़ वह जल जाये तो अच्छा।
बीमारे मुहब्बत ने लिया तेरे सम्हाला,
लेकिन व सम्हाले से सम्हल जाये तो अच्छा।
हो तुझसे अयादत जो न बीमार की अपने,
लेने को ख़बर उसकी अज़ल जाये तो अच्छा।
फ़ुरकत में तेरी तीरे नफ़स सीने में बैठा,
कांटा सा खटकता है निकल जाये तो अच्छा।
दिल गिर के नज़र से तेरी उठने का नहीं फिर,
यह गिरने से पहले ही सम्हल जाये तो अच्छा।

❖ ❖ ❖

क्या जाने उसे वहम है क्या मेरी तरफ़ से,
जो ख़्वाब में भी रात को तनहा नहीं आता।
मैं जाता जहां से हूं तू आता नहीं यां तक,
काफ़िर तुझे कुछ ख़ौफ़ ख़ुदा का नहीं आता।
दुनिया है वह सय्याद कि सब दाम में इसके,
आ जाते हैं लेकिन कोई दाना नहीं आता।
क़िस्मत से ही लाचार हूं ऐ ज़ौक़ वगरना,
सब फ़न में हूं मैं ताक़ तुझे क्या नहीं आता।

❖ ❖ ❖

मालूम जो होता हमें अंजामे मुहब्बत।
लेते न कभी भूल से हम नामे मुहब्बत।
है दाग़े मुहब्बत दिरमो दामे मुहब्बत,
मुज़दा तुझे ऐ ख़्वाहिशे इनआमे मुहब्बत।
कि जिससे रहो रस्मे मुहब्बत उसे मारा,
पैग़ामें क़ज़ा है तेरा पैग़ामे मुहब्बत।
मैराज समझ ज़ौक़ तू क़ातिल की सनां को,
चढ़ सर के बल इस ज़ीने से ता बामे मुहब्बत।

❖ ❖ ❖

गुल परेशां हुआ हंस हंस के चमन में आख़िर,
देख ऐ गुंचा यहां ख़ंन्दाज़नी ख़ूब नहीं।
ताबे दंदां न दिखा बज़्म में तूं हंस हंसकर,
कोई खा जाये जो हीरे की कनी ख़ूब नहीं।
ख़लिशे ख़ार का खटका है बग़ल में मौजूद,
देख गुल, दावये नाज़ुकबदनी ख़ूब नहीं।

❖ ❖ ❖

खुरशेद वार देखते हैं सबको एक आंख,
रोशन ज़मीर मिलते हरेक नेको बद से हैं।
दो गालियां कि बोसा ख़ुशी पर है आपकी,
रखते फ़कीर काम नहीं रद्दो क़द से हैं।
जितने मज़े हैं यां रविशे नश्शये शराब,
हो जाते बे मज़ा हैं जो बढ़ जाते हद से हैं।
दिल के वरक़ पै सब्त है सद मुहर दाग़े इश्क़,
हम करते ज़ौक़ इश्क़ का दावा सनद से है।

❖ ❖ ❖

उस हूरवश का घर मुझे जन्नत से है सिवा,
लेकिन रक़ीब हो तो जहन्नुम से कम नहीं।
ऐ ज़ौक़ किसको चश्मे हिकारत से देखिये,
सब हम से हैं ज़ियादा कोई हमसे कम नहीं।

❖ ❖ ❖

कब हक़-परस्त ज़ाहिदे जन्नतपरस्त है।
हूरों पै मर रहा है य' शहबतपरस्त है।
दिल साफ़ हो तो चाहिये मानीपरस्त है,
आईना ख़ाक साफ़ है सूरतपरस्त है।
दरवेश है वही जो रियाज़त में चुस्त हो,
तारक नहीं फ़कीर भी राहतपरस्त है।
वह ज़ौक़ मय परस्त है या है सनम परस्त,
कुछ है बला से ले के मुहब्बत परस्त है।

❖ ❖ ❖

मरते हैं तेरे प्यार से हम और ज़ियादा।
तू लुत्फ़ में करता है सितम और ज़ियादा।
सर कटके सर अफ़राज हैं हम और ज़ियादा,
जूं शाख़ बढ़े हो के क़लम और ज़ियादा।

वह दिल को चुराकर लगे जब आंख चुराने,
यारों का गया उन पै भरम और ज़ियादा।
है बाग़े जहां में तुझे गर हिम्मते आली,
कर गरदने तसलीम को ख़म और ज़ियादा।
लेते हैं समर शाख़े समरवर को झुकाकर,
झुकते हैं सख़ी वक्ते करम और ज़ियादा।
जो कुंजे क़नाअत में है तक़दीर प' शाकिर,
है ज़ौक़ बराबर उन्हें कम और ज़ियादा।

❖ ❖ ❖

लाई हयात आये कज़ा ले चली चले।
अपनी ख़ुशी न आये न अपनी ख़ुशी चले।
बेहतर तो है यही कि न दुनिया से दिल लगे,
पर क्या करें जो काम न बेदिल्लगी चले।
हो उम्र ख़िज्र भी तो कहेंगे ब वक़्ते मर्ग,
हम क्या रहें यहां अभी आये अभी चले।
दुनिया में किसका राहेफ़ना में दिया है साथ,
तुम भी चले चलो यूं ही जब तक चली चले।
जाते हवाये शौक़ में हैं उस चमन से ज़ौक़,
अपनी बला से बादे सबा अब कभी चले।

❖ ❖ ❖

रिन्दे ख़राब हाल को ज़ाहिद न छेड़ तू।
तुझको पराई क्या पड़ी अपन नबेड़ तू।
नाखून ख़ुदा न दे तुझे ऐ पंजये जनूं,
देगा तमाम अक़्ल के बखिये उधेड़ तू।
जो सोती भीड़ अपने सरो शोर से जगाये,
दरवाज़ा घर का उस सगे दुनिया प भेड़ तू।

❖ ❖ ❖

वह दिन कौन सा कि सितम पर सितम नहीं।
गर ये सितम है रोज़ तो इक रोज़ हम नहीं।
मजमूं के पेचोताब से ताबे रक़म नहीं,
हैं ज़ुल्फ़ें यार हाथ में मेरे कलम नहीं।
मुश्क़िल है मेरे अहदे मुहब्बत का टूटना,
ऐ बेवफ़ा, यह तेरी ख़ुदा की क़सम नहीं।
मंसूबा मारने का मेरे करते हैं हरीफ़,
और मुझमें मिस्ले बाज़िये शतरंज दम नहीं।

हाथ आये किस तरह से दिले गुमशुदा की खोज,
है चोर वह कि जिस पै किसी का भरम नहीं।
जाता है आंखें बंद किये ज़ौक़ तू कहां,
यह राह कूचे यार है राहे अदम नहीं।

❖ ❖ ❖

कह दे शबनम से न भर सीमाब गुल के कान में।
बुलबुलें अहवाले दिल कुछ ऐ सबा कहने को हैं।
देख आईने बुत बिन ख़ाक है नासाफ़ सब,
हैं कहां अहले सफ़ा अहले सफ़ा कहने को हैं।
देख तो ले पहुंचे किस आलम से किस आलम में हैं
नालहाये दिल हमारे नारसा कहने को हैं।
मिट गये जौहर वफ़ा के उठ गये सब अहलेदिल,
अब वफ़ा है नाम को औ बावफ़ा कहने को हैं।
है सफ़ाये दिल वही जिसमें अयां हो शक्ले यार,
यूं तो आईनों के दिल भी बा सफ़ा कहने को हैं।
क्या तमाशा है कि उनके कान में उट्ठा है दर्द,
हम जो आये दर्दे दिल अपना ज़रा कहने को हैं।

❖ ❖ ❖

यां लब पै लाख लाख सुख़न इज़तराब में।
वां एक ख़ामशी तेरी सबके जवाब में।
ख़त देखकर वह आये बहुत पेचोताब में,
क्या जाने लिख दिया उन्हें क्या इज़्तराब में।

❖ ❖ ❖

जो खुलकर उनकी जुल्फ़ें बाल आयें सर से पांवों तक।
बलायें आके लें सौ सौ बलायें सर से पावों तक।
हम उनकी चाल से पहचान लेंगे उनको बुरक़े में,
हज़ार अपने को वह हमसे छिपाये सर से पांवों तक।
मेरा दिल एक दूं उस ख़ुशअदा की किस अदा को मैं,
कि है वां तो अदायें ही अदायें सर से पांवों तक।
सरापा पाक हैं धोये जिन्होंने हाथ दुनिया से,
नहीं हाजत कि वह पानी बहायें सर से पांवों तक।
मज़ा इतना ही ज़ौक़ अफ़जूं हो जितने ज़ख़्म अफ़जूं हों,
न क्यो हम ज़ख़्म तेग़े इश्क़ खायें सर से पांवों तक।

❖ ❖ ❖

कल गये तुम जिसे बीमारे हिज़्रां छोड़कर।
चल बसा वह आज सब हस्ती का सामां छोड़कर।
तिफ़्ल अश्क ऐसा गिरा दामाने मिज़्गां छोड़कर,
फिर न उठ्ठा कूचये चाके गरेबां छोड़कर।
गरचे है मुल्के दकन में इन दिनों क़दरे सुख़न,
कौन जाये ज़ौक़ पर दिल्ली की गलियां छोड़कर।

❖ ❖ ❖

इस गुलिस्ताने जहां में क्या गुले इशरत नहीं।
सैर के क़ाबिल है यह पर सैर की फ़ुरसत नहीं।
ख़्वाह गर्दिश है ज़मीं को ख़्वाह फिरता है फ़लक़,
पर हमें ज़ेरे फ़लक सर मंज़िले राहत नहीं।
मुंह में गर पानी चुआवे यार अपने हाथ से,
मर्ग की तलख़ी से शीरींतर कोई शरबत नहीं।
दिल वो क्या जिसको नहीं तेरे तमन्नाए विसाल,
चश्म वह क्या जिसको तेरे दीद की हसरत नहीं।
कहते हैं मर जायें गर छुट जायें ग़म के हाथ से,
पर तेरे ग़म में हमें मरने की भी फ़ुरसत नहीं।
एक दिल और उस पै इतने बारे ग़म अल्ला रे दिल,
और इस ताक़त पै ऐसा कोई बे ताक़त नहीं।

❖ ❖ ❖

वह देखें बज़्म में पहले किधर को देखते हैं।
मुहब्बत आज तेरे हम असर को देखते हैं।
ये लोग क्यों मेरे ऐबो हुनर को देखते हैं,
उन्हें तो देखा ज़रा वह किधर को देखते हैं।
है उनकी चश्म की गर्दिश पै गर्दिशे आलम,
जिधर हो उनकी नज़र सब उधर को देखते हैं।
अश्क़ के क़तरे नहीं देखते हैं उस रुख़ पर,
सितारे धूप में हम दोपहर को देखते हैं।
जहां के आईने से दिल का आईना है जुदा,
उस आईने में हम आईनएगर को देखते हैं।

❖ ❖ ❖

हमसे ज़ाहिरो पिनहां जो उस ग़ारतगर के झगड़े हैं।
दिल से दिल के झगड़े हैं नज़रों से नज़र के झगड़े हैं।
जीते ही जी क्या मुल्के फ़ना में साथ बशर के झगड़े हैं,
मर के इधर से जबकि छूटे तो जाके उधर के झगड़े हैं।

कैसा मोमिन कैसा काफ़िर कौन है सूफ़ी कैसा रिन्द,
सारे बशर हैं बन्दे हक़ के सारे शर के झगड़े हैं।
यक यक जौरो सितम प' उसके सौ सौ दाग़े दिल हैं गवाह,
हम जो उससे झगड़े हैं हक़ साबित कर के झगड़े हैं।
ग़म कहता है दिल में रहूं में जलवये जानां कहता है मैं,
किसको निकालूं किसको रक्खूं यह तो घर के झगड़े हैं।
बहरमें मोती पानी पानी लाल का दिल ख़ूं पत्थर में,
देखो, लबो बन्दां से तुम्हारे लालो गुहर के झगड़े हैं।
हज़रते दिल का देखना आलम हाथ उठाये दुनिया से,
पांव पसारे बैठे हैं और सर पै सफ़र के झगड़े हैं।
ज़ौक़ मुरत्तिब क्यों के हो दीवां शिकवये फ़ुर्सत किससे करें,
बांधे गले में हमने अपनेआप ज़फ़र के झगड़े हैं।

❖ ❖ ❖

कहे एक जब सुन ले इन्सान दो।
कि हक़ ने ज़ुबां एक दी कान दो।

❖ ❖ ❖

तेरे कूचे को वह बीमारे ग़म दारुलशफ़ा समझे।
अजल को जो तबीब और मर्ग को अपनी दवा समझे।
सितम को हम करम समझे ज़फा को हम वफ़ा समझे,
औ इस पर भी न समझे वह तो उस बुत से ख़ुदा समझे।
तुझे ऐ संग दिल आरामे जाने मुत्बला समझे,
पड़े पत्थर समझ पर अपनी हम समझे तो क्या समझे।
वह अपने ख़ाकसारों को गर अपना ख़ाके पा समझे,
हम अपनी ख़ाकसारी अपने हक़ में कीमिया समझे।
हिसाब असला न पूछे मुझसे मेरे दिल के जख़्मों का,
हिसाबे दोस्तां दर दिल अगर वह दिलरुबा समझे।
समझ ही में नहीं आती है कोई बात ज़ौक़ उसकी,
कोई जाने तो क्या जाने कोई समझे तो क्या समझे।

❖ ❖ ❖

अब तो घबरा के य' कहते हैं कि मर जायेंगे।
मर के भी चैन न पाया तो किधर जायेंगे।
तुमने ठहराई अगर ग़ैर के घर जाने की,
तो इरादे यहां फिर और ठहर जायेंगे।
आग दोज़ख़ की भी हो जायेगी पानी पानी,
जब यह आसी अश्क़े शर्म से तर जायेंगे।

ज़ौक़ जो मरदसे के बिगड़े हुए हैं मुल्ला,
उनको मयख़ाने में ले आओ संवर जायेंगे।

❖ ❖ ❖

ज़ुबां खोलेंगे मुझ पर बद ज़ुबां क्या बदशआरी से।
कि मैंने ख़ाक भर दी उनके मुंह में ख़ाकसारी से।
गुज़रती है मज़े में ज़िंदगी गफ़लत शआरी से,
मेरे नज़दीक बेहोशी है बेहतर होशियारी से।
जो पूछे ज़ाहिदे ख़ुश्क अपनी दारू कह दो मय पी ले,
अगर परहेज़ को पूछे कहो परहेज़गारी से।

❖ ❖ ❖

दांत यूं चमके हंसी में रात उस महापारा के।
मैंने जाना माहतबां पारा पारा हो गया।
एक दम भी हमको जीना हिज्र में था नागवार,
पर उमीदे वस्ल में बरसों गुज़ारा हो गया।
ज़ौक़ इस बहरे जहां में क़िस्तिये उम्रेरवां,
जिस जगह पर जा लगी वह ही किनारा हो गया।

❖ ❖ ❖

अज़ल आई न शबे हिज्र में और तूने फ़लक।
बेअज़ल हमको तमन्नाए अजल में मारा।
आंख से आंख है लड़ती मुझे डर है दिल का,
कहीं यह जाय न इस जंगो जदल में मारा।
न हुआ पर न हुआ मीर का अंदाज़ नसीब,
ज़ौक़ यारो ने बहुत ज़ोर ग़ज़ल में मारा।

❖ ❖ ❖

मुझसा मुश्ताक़े जमाल एक न पाओगे कहीं।
गरचे ढूंढोगे चराग़े रुख़ ज़ेबा लेकर।
तेरे पुरज़े न किये ख़त की तरह ऐ क़ासिद,
शुक्र कर छोड़ दिया उसने नविश्ता लेकर।
वां से यां आये थे ऐ ज़ौक़ तो क्या लाये थे,
यां से तो जायेंगे हम लाख तमन्ना लेकर।

❖ ❖ ❖

वक़्ते पीरी शबाब की बातें।
ऐसा हैं जैसी ख़्वाब की बातें।
फिर मुझे ले चला उधर देखो,
दिल ख़ाना-खराब की बातें।

देख ऐ दिल न छोड़ क़िस्साए ज़ुल्फ़,
कि यह हैं पेचो-ताब की बातें।

❖ ❖ ❖

बजा कहे जिसे आलम उसे बजा समझो।
ज़ुबाने ख़ल्क को नक्कारए ख़ुदा समझो।

❖ ❖ ❖

अगर दुम्बये दाग़ दिल को दिखाऊं।
तो सुबहे क़यामत का मुंह दम में फ़क़ हो।
किताबे मुहब्बत में ऐ हज़रते दिल,
बताओ कि तुम लेते कितना सबक़ हो।
कि जब आनकर तुमको देखा तो वह ही,
लिये दस्त अफ़सोस के दो वरक़ हो।

❖ ❖ ❖

न देना हाथ से तुम रास्ती कि आलम में,
असा है पीर को औ सैफ़ है जवां के लिये।
बयाने दर्द मुहब्बत जो हो तो क्योंकर हो,
ज़ुबां न दिल के लिये है न दिल ज़ुबां के लिये।
बनाया ज़ोक़ जो इन्सां को उसने ज़ुज़वे ज़ईफ़,
तो उस ज़ईफ़ से कुल काम दो जहां के लिये।

❖ ❖ ❖

न पूछो कि दिल शाद है या हज़ीं हैं।
ख़बर भी नहीं यां कि है या नहीं है।
यही गर तेरी चश्म सहर आफ़रीं है,
तो दिल है न जां है न ईमां न दीं हैं।
वो पहलू में बैठे हैं औ बदगुमानी,
लिये फिरती मुझको कहीं का कहीं है।

❖ ❖ ❖

निगह का वार था दिल पर फड़कने जान लगी।
चली थी बरछी किसी पर किसी के आन लगी।
तेरा ज़ुबां से मिलाना ज़ुबां जो याद आया,
न हाय हाय में तालू से फिर ज़ुबान लगी।
किसी के दिल का सुनो हाल दिल लगाकर तुम,
जो होवे दिल को तुम्हारे भी मेहरबान लगी।

❖ ❖ ❖

गर रुख़ का बोसा देते नहीं लब का दीजिये,
है मस्ल यह कि फूल नहीं पंखड़ी सही।

❖ ❖ ❖

सोहबते अहले सफ़ा से तीरह दिल कब साफ़ हों।
जंग से आलूदा हो जाता है आहन आब में।
'ज़ौक़' तू इस बहर में ऐसे गुले मज़मूं बहा,
जा बजा लग जाये यक फूलों का ख़िरमन आब में।
भूल मत इल्में किताबी पर कि आख़िर कब तलक,
नाव काग़ज की बहे ऐ तिफ़्ले कोदन आब में।

❖ ❖ ❖

करे वहशत बयां चश्मे सुख़नगो इसको कहते हैं,
यह सच कहते हैं सर चढ़ बोले जादू इसको कहे हैं।
सवाले बोसे को टाला जवाबे चीने अबरू से,
बराते आशिकां बर शाख़ आहू इसको कहते हैं।
अज़ल सौ बार आई 'ज़ौक़' पर जब तक न वह आये,
न पाया दम निकालने मेरा काबू इसको कहते हैं।

❖ ❖ ❖

हो राज़े दिल न यार से पोशीदा यार का।
परदा जो दरमियां न हो दिल के गुबार का।
है दिल की दाव-घात में मिज़गां से चश्मे यार,
करती है क़स्द टट्टी की ओझल शिकार का।

❖ ❖ ❖

शुक्र परदे ही में उस बुत को हया ने रक्खा।
वरना ईमान गया ही था ख़ुदा ने रक्खा।
बेनिशां पहले फ़ना से हो जो तुझको बक़ा,
वरना है किसका निशां ज़ौक़ फ़ना ने रक्खा।

❖ ❖ ❖

नशा दौलत का बद अतवार को जिस आन चढ़ा।
सर पै शैतान के एक और भी शैतान चढ़ा।
इश्क़ के ढब पै न कोई बजुज इन्सान चढ़ा।
इसके क़ाबू पै चढ़ा तो यही नादान चढ़ा।

❖ ❖ ❖

न क्यों तेरे दांतो से झूठा हो मोती,
कि दावा किया था सफ़ाई का झूटा।

ख़ुदा जाने है ज़ौक़ झूटा कि सच्चा,
नहीं है बले आशनाई का झूटा।

❖ ❖ ❖

हमने जाना था कि क़ासिद जल्द लायेगा ख़बर,
क्या ख़बर थी जाके वां ख़ुद बेख़बर हो जायेगा।
शक्ल तो देखो मुसव्विर खींचेगा तस्वीरे यार,
आप ही तस्वीर उसकी देखकर हो जायेगा।

❖ ❖ ❖

आना तो खफ़ा आना जाना तो रुला जाना।
आना है तो क्या आना जाना है तो क्या जाना।
क्या तबअ में जौदत है चट दिल का उड़ा जाना,
होंठों का यहां हिलना वहां बात का पा जाना।

❖ ❖ ❖

उस बद मुआमले से भला क्या मुआमला।
किस बद सलाह ने तुझे ही यह दिला सलाह।
ज़ाहिद य' क्या कहा कि न मिल इन बुतों से तू,
देता है ऐसी कोई भी मर्दे ख़ुदा सलाह।

❖ ❖ ❖

फिर आया वह लो निगारे ख़ूनी इधर को सरगर्म जंग होकर,
कि जिसके हाथों से उड़ गए सर हज़ारों मेंहदी का रंग होकर।
हलावते शरमो पासदारी जहां में हैं 'ज़ौक़' रंजो ख़्वारी,
मज़े से गुज़री अगर गुज़ारी किसी ने बेनामो नंग होकर।

❖ ❖ ❖

कहा पतंग ने यह दारे शमा पर चढ़कर,
अजब मज़ा है जो मर ले किसी के सर चढ़कर।
दिखा न जोशो ख़रोश इतना ज़ोर पर चढ़कर,
गये जहान में दरिया बहुत उतर चढ़कर।

❖ ❖ ❖

तू कहे गुंचा कि उस लब पै घड़ी ख़ूब नहीं,
चुप कि मुंह छोटा सा और बात बड़ी ख़ूब नहीं।
ख़ूबरुओं से बहुत आंख लड़ी पर अफ़सोस,
क़िस्मत ऐ 'ज़ौक़', कहीं अपनी लड़ी ख़ूब नहीं।

❖ ❖ ❖

अबके दिल ले लूं तो फिर उस बुते क़ातिल को न दूं,
जान दूं माल दूं ईमान दूं पर दिल को न दूं।
चार टुकड़े करो दिल के कि नहीं हो सकता,
लब को दूं रुख़ को न दू ज़ुल्फ़ को दूं तिल को न दूं।

❖ ❖ ❖

कभी अफ़सोस है आता कभी रोना आता,
दिले बीमार के हैं दो ही अयादत वाले।
नाज़ है गुल को नज़ाकत पै चमन में ऐ 'ज़ौक़'
उसने देखे ही नहीं नाज़ो नज़ाकत वाले।

❖ ❖ ❖

मज़े जो मौत के आशिक़ बयां कभू करते,
मसीहो ख़िज़्र भी मरने की आरज़ू करते।
अगर यह जानते चुन चुन के हमको तोड़ेंगे,
तो गुल कभी न तमन्नाये रंगो बू करते।

❖ ❖ ❖

फूला नहीं समाता जो गुल पैरहन में है,
आता य' किस भरोसे पै हंसता चमन में है।
दम को नहीं है सीने में आराम एकदम,
जब वह ग़रीब है कि मुसाफिर वतन में है।

❖ ❖ ❖

कीड़ा ज़रा सा और वह पत्थर में घर करे,
इन्सां वो क्या जो न दिले दिलबर में घर करे।
यूं मेरे दिल में चुभती है दन्दां की उसकी ताब,
हीरे की जूं कनी दिले गोहर में घर करे।

❖ ❖ ❖

मुझसा मुश्ताक़े जमाल एक न पाओगी कहीं,
गरचे ढूंढोगे चिराग़े रुख़े ज़ेबा लेकर।
तेरे पुरज़े न किये खत की तरह ऐ क़ासिद,
शुक्र कर छोड़ दिया उसने नविश्ता लेकर।

❖ ❖ ❖

रुकाव ख़ूब नहीं तबा की खानी में।
कि बू फ़साद की आती है बंद पानी में।
लगाते तोहमते गिरियां है दिलजलां को तेरे,
यह हैं वही जो लगाते हैं आग पानी में।

नहीं ख़िजाब से मतलब मगर ये मूए सफ़ेद,
सियाहपोश हुए मातमे जवानी में।

❖ ❖ ❖

जो दिल क़िमारख़ाने में बुत से लगा चुके।
यह काबतेन छोड़कर काबे को जा चुके।
तुम भूल कर भी याद नहीं करते हो कभी,
हम तो तुम्हारी याद में सब कुछ भुला चुके।

❖ ❖ ❖

दरियाए अश्क चश्म से जिस आन बह गया।
सुन लीजियो कि अर्श का ईवान बह गया।
ज़ाहिद शराब पीने से काफ़िर बना मैं क्यों,
क्या डेढ़ चूल्लू पानी में ईमान बह गया।

❖ ❖ ❖

दुनिया के अलम 'ज़ौक़' उठा जायेंगे।
हम क्या कहें क्या आये थे क्या जायेंगे।
जब आये थे रोते हुए आप आये थे,
अब जायेंगे औरों को रुला जायेंगे।

❖ ❖ ❖

अश्क के क़तरे जो मिज़गां पर इकट्ठे हो गए।
ख़ोश-ए-अंगूर के भी दांत खट्टे हो गए।

❖ ❖ ❖

इस जहल का ज़ौक़ ठिकाना कुछ भी।
दानिश ने किया दिल को न दाना कुछ भी।
हम जानते थे इल्म से कुछ जानेंगे,
जाना तो यह जाना कि न जाना कुछ भी।

❖ ❖ ❖

तू भला है तो बुरा हो नहीं सकता है 'ज़ौक़',
है बुरा वह ही कि जो तुझको बुरा जानता है।
और अगर तू ही बुरा है तो वह सच कहता है,
क्यों बुरा कहने से तू उसको बुरा मानता है।

❖ ❖ ❖

क्या वह दुनिया जिसमें कोशिश हो न दीं के वास्ते।
वास्ते वां के भी कुछ या सब यहीं के वास्ते।
खूं के दरिया बह गये आलम तहो बाला हुए,
ऐ सिकन्दर किसलिये? दो गज़ ज़मीं के वास्ते।

दीद ए आबलए पा का यही है रोना,
कि न पहुंचा हो कहीं मुझसे किसी ख़ार को रंज।
जाबजा कोह के चश्मो से खां है आंसू,
है जो नाकामिए फ़रहाद का कुहसार को रंज।
राहतो रंज ज़माने में हैं दोनों लेकिन,
यां अगर एक को राहत है तो है चार को रंज।

❖ ❖ ❖

कुछ शेरः-

सफ़े हस्ती कर रहा हूं वस्ल की उम्मीद पर।
बे निशां हो लूं तो फिर नामो निशां पैदा करूं।

मस्जिद में उसने हमको आंखें दिखा के मारा।
काफ़िर की देखो शोख़ी घर में ख़ुदा के मारा।

कुछ राज़े निहां दिल का अयां हो नहीं सकता।
गूंगे का सा है ख़्वाब बयां हो नहीं सकता।

बीमारे इश्क़ का जो न तुझसे हुआ इलाज।
कह ऐ तबीब तू ही कि फिर तेरा क्या इलाज।

रेशे सफ़ेद शेख़ में हैं, ज़ुल्मते फ़रेब।
इक मक़ चांदनी पै न करना गुमाने सुबह।

इश्क़ का जोश है जब तक कि जवानी के हैं दिन।
यह मरज़ करता है शिद्दत इन्हीं अय्याम में ख़ास।

सफ़हए दहर पै यक दिल न हुआ एक से एक।
दिल के दो हर्फ़ हैं सो भी हैं जुदा एक से एक।

हज़ार दुश्मने जां से है एक दोस्त बुरा।
जो पूछा कौन वह? मैं कहूं हज़ार में दिल।

क्या ताब दिलजलों से जो बर्क़ लाग रक्खे।
दोज़ख भी हो तो उनकी चिलमो प आग रक्खे।

दिल का यह हाल है फट जाय है सौ जाय से और।
अगर यह जाय से हम उसको रफ़ू करते हैं।

अगर ज़ख़्म सीने से फ़ाहा उठाऊं।
तो ख़ुरशेदे महशर को मैं तप चढ़ाऊं।

तू जान है हमारी और जान है तो सब कुछ।
ईमान की कहेंगे ईमान है तो सब कुछ।

वो पहलू में बैठे हैं और बदगुमानी।
लिये फिरती मुझको कहीं का कहीं है।
बेक़रारी का सबब हर काम की उम्मीद है।
नाउमेदी से मगर आराम की उम्मीद है।

दिल गिरफ़्तार हुआ यार की अय्यारी से।
हम गिरफ़्तार हुए दिल की गिरफ़्तारी से।

बाक़ी है दिल में शेख़ के हसरत गुनाह की।
काला करेगा मुंह भी जो दाढ़ी सियाह की।

दर्दे दिल से लोटता हूं मेरा किसको दर्द है।
मैं हूं लफ़्ज़े दर्द जिस पहलू से देखो दर्द है।

कितने मुफ़्लिस हो गये कितने तंगवार हो गये।
ख़ाक में जब मिल गये दोनों बराबर हो गये।

यह दर्दे सर ऐसा है कि सर जाये तो जाये।
उल्फ़त का नशा जब कोई मर जाये तो जाये।

बद न बोले ज़ेरे गर्दूं गर कोई मेरी सुने।
है यह गुम्बद की सदा जैसी कहै वैसी सुने।

फिर बहार आई कफ़े हर शाख़ पर पैमाना है।
हर रविश पर जलवए बादे सबा मस्ताना है।

गुल भला कुछ तो बहारें ऐ सबा दिखला गये।
हसरत उन गुंचों पे है जो बिन खिले मुरझा गये।

होता न अगर दिल तो मुहब्बत भी न होती।
होती न मुहब्बत तो य' आफ़त भी न होती।

कहीं तुझको न पाया गरचे हमने यक जहां ढूंढा।
फिर आख़िर दिल ही देखा बगल ही में से तू निकला।

❖ ❖ ❖

कहूं क्या ज़ौक़ अहवाले शबे हिज्र,
कि थी यक यक घड़ी सौ सौ महीने।
न थी शब डाल रक्खा था एक अंधेर,
मेरे बख़्ते सियाह को तीरगी ने।
तपे ग़म शमा सा होती न थी कम,
औ आते थे पसीनों पर पसीने।
यही कहता था घबरा कर फ़लक से,
कि ओ बेमेहर बद अख़्तर कमीने।
कहां मैं और कहां यह शब मगर थे-
मेरी जानिब से तेरे दिल में कोने।
एवज़ किस बादानोशी के मुझे आज,
पड़े थे ज़हर के से घूंट पीने।
हवासो होश जो मुझसे करीं थे,
क़रीने से हुए सब बे क़रीने।
उठाया गाह और गाहे बिठाया,
मुझे बेताबिओ बे ताक़ती ने।
कहा जी ने मुझे यह हिज्र की रात,
यकीं हैं सुबह तक देगी न जीने।
कि क़िस्मत से क़रीबे ख़ाना मेरे,
अज़ां मसजिद में दी बारे किसी ने।
मुअज़्ज़न मरहबा बर वक़्त बोला,
तेरी आवाज़ मक्के और मदीने।

❖ ❖ ❖

7

दाग़

दाग़ एक शौक़ीन तबिअत और अपने मुख़्तलिफ़ अंदाज़ से जीने वाले शायर थे। इनका रहन-सहन तालीमयाफ़्ता हल्क़े से काफ़ी मुतासिर था, रंग-ढंग, तौर-तरीक़े बाक़ी शायरों से अलहदा थे। ये ज़ौक़ के ख़ास शार्गिदों में से एक थे। इनका नाम नवाब मिर्ज़ा खां, उपनाम दाग़ था। इनका जन्म संवत् 1888 को दिल्ली में हुआ था। इनका इंतक़ाल संवत् 1962 में हुआ।

सुल्तानश्शुअरा, बुलबुले हिन्दुस्तान, जहां उस्ताद, नाज़िमे यारजंग, दबीरुद्दौला, फसीहुल्मुल्क आदि अनेक ख़िताबों से ये अपनी ज़िन्दगी में नवाज़े गए। दाग़ दिल्ली के एक आला दर्जे के घराने में पैदा हुए। सात बरस की उम्र में इनकी तआलीम की शुरुआत हुई। ग़यासुल्लोग़ात के मौलवी गयासुद्दीन से इन्होंने पहले-पहल फारसी की कुछ किताबें पढ़ीं। इसके बाद मीर तक़ी मीर के शागिर्द मौलवी सैयद अहमद हुसेन इनके शिक्षक नियत हुए। इसलिए इनकी शायरी में कहीं-कहीं मीर की अदा भी झलक जाती है। संवत् 1901 से इनको शाही क़िले में आने-जाने का मौक़ा मिला। वहां इन्हें तआलीम हासिल करने के बहुत सारे ज़रिये मिले जिसका असर इनके रहन-सहन और शौक़ पर भी पड़ा। वहीं पर इन्होंने घुड़सवारी करना, तीरो तुफ़ंग और बंदूक चलाना भी सीखा। क़िल्ले में जहां ढेर सहूलियतें वगैरत थीं, वहीं पर शेरो शायरी का भी एक ग़र्म माहौल बना हुआ था। उस वक़्त ज़ौक़ साहब एक दरबारी शायर और राजगुरु की हैसियत रखते थे। क़िले में उनका रोज़ाना आना-जाना लगा ही रहता था। ऐसे माहौल में दाग़ को शायरी का शौक़ तो लगना ही था। दाग़ ज़ौक़ साहब व उनकी शायरी से बहुत ही मुतासिर हुए और ग्यारह-बारह बरस की उम्र में वे ज़ौक़ साहब के शागिर्द हो गए। एक दिन इन्होंने डरते-डरते दो ग़ज़लें उस्ताद के पास इसलाह के लिए भेजी। उसके दो शेर ये हैं-

रुख़्रे रोशन के आगे वह शमा रखकर य' कहते हैं,
उधर जाता है देखो या इधर परवाना आता है।
जो तुम हंसने में हो मश्शक़ मैं रोने में कामिल हूं,
तुम्हें बिजली गिराना मुझको मेह बरसाना आता है।

ज़ौक़, दाग़ की इस ग़ज़ल को देखकर फड़क उठे। वे इतना ख़ुश हो गए कि सदक़े उतारने लगे। ज़ौक़ साहब को यह उम्मीद जग गई कि उनका ये शागिर्द किसी दिन शायरी की दुनिया में रंग-बिरंगे फूल खिलायेगा और शायरी के परचम फहरायेगा। वे बड़े ही प्यार से दाग़ की शायरी को सुधारने ही नहीं लगे, बल्कि उन्हें शायरी की चुस्ती और मासूमियत के बारे में बारीक़ी से समझाने लगे। उस ज़माने में शायरी तआलीम का एक अहम् हिस्सा हुआ करती थी।

दाग़ की शायरी की ख़ुशबू फैलते-फैलते बादशाह तक पहुंची, और फिर होते-होते इनकी पहुंच

बादशाह तक हो गई। बादशाह द्वारा मुनअकिद मुशायरे में किसी शायर को दावते सुख़न मिलना बड़े ही फख्र की बात हुआ करती थी। दाग़ की क़ाबिलियत देखकर बादशाह बहुत ही ख़ुश हुए। पहली ग़ज़ल, जो दाग़ ने बादशाह की महफ़िलें मुशायरा में सुनाई थी, वो यह ग़ज़ल थी-

निकाल अब तीर सीने से कि जाने पुर अलम निकले।
जो यह निकले तो दिल निकले जो दिल निकले तो दम निकले।
मेरे दिल से कोई पूछे शबे फुरक़त की बेताबी,
यही फ़रियाद थी जब पर कि या रब जल्द दम निकले।
हुए मग़रूर जब वह आह मेरी बेअसर देखी,
किसी का इस तरह या रब न दुनिया में भरम निकले।
मुबारक हो यं घर ग़ैरों को तुम को पासबानों को,
हमारा क्या इज़ारा है निकाला तुमने हम निकले।
समझ कर रहम दिल तुमको दिया था हमने दिल अपना,
मगर तुम तो बला निकले ग़ज़ब निकले सितम निकले।
गये हैं रंजों ग़म ऐ दाग़ बादे मर्ग साथ अपने,
अगर निकले तो यह अपने रफ़ीक़ाने अदम निकले।

दाग़ को इस ग़ज़ल के हरेक शेर पर, दाद पर दाद मिली। ग़ज़ल के समाप्त होने पर बादशाह ने मुग्ध होकर फ़रमाया कि क्या अच्छी तबिअत पाई है।

बस, उसी दिन के बाद से दाग़ वहां की शायरे बज़्म के एक रोशन चिराग़ बन गये। रातोंरात सारे शहर में दाग़ के चर्चों की एक धूम-सी मच गई। लोग इनकी शायरी को सुनने के लिए लालायित होने लगे। बादशाह का मुशायरा और दाग़ के लिए बादशाह की चाहत और उनकी ख़बर जंगल की आग की तरह फैल गई। उसके बाद दाग़ का रुतबा काफ़ी बढ़ गया और वे लोगों की आंखों के तारे हो गए।

क़िले में आये दिन होने वाले मुशायरे उमंग और पूरे उरुज पर थे कि इतने में सन् 1857 का अंग्रेज़ों के ख़िलाफ़ ग़दर शुरू हो गए। आलमेफ़िज़ा में एक भयंकर तब्दीली आ चुकी थी। सारा अवाम रोज़ी रोटी और अपनी-अपनी जान बचाने के लिए बेहद फ़िक्रमंद हो गए। दाग़ भी इसे अछूते नहीं रह पाए। वे भी अपने सारे कुटुम्ब को लेकर रामपुर चले गए। नई-नई जगह होने के साथ रोज़ी-रोटी के जुगाड़ का बहुत बड़ा मसअला था जिसको हल करना भी ज़रूरी था। रामपुर रियासत के नवाब युसूफ़ अली खां ने शरण दी। अब दाग़ के दिन सुख-चैन और बड़े की सुकून से बीतने लगे। नवाब यूसुफ़ अली ख़ां इनके बहुत क़द्रदान थे। इत्तफ़ाक़न नवाब यूसुफ़ अली खां इस जहान से रुख़सत हो गए। नवाब यूसुफ़ अली ख़ां के इन्तक़ाल के बाद उनकी रियासत में नवाब कलबे अली ख़ां ने इनका पूरा-पूरा ख़याल रखा। नवाब कलबे अली खां की भी इन पर ख़ास नज़रे इनायत रही। उन्होंने दाग़ को पूरी इज़्ज़त बख़्शी। उन्हें अस्तबल, गाड़ी ख़ाने, फ़राश-खाने और शुतुर-ख़ाने का एक आला दरजे का अफ़सर बना दिया। चौबीस बरस के एक लम्बे अरसे तक इन्होंने वहां बड़ी ही मुस्तैदी और एहतराम के साथ मुसाहबत की और नवाब के दिल में एक ख़ास और मुख़्तलिफ़ जगह बनाई। रामपुर में कवि शायरों का एक अच्छा ख़ासा जमघट रहता था और महफ़िलें हमेशा गुलज़ार रहती थीं। इन शायरों में हया, बहर, क़लक़, उरुज, असीर, मुनीर, तसलीम, जलाल और अमीर मीनाई वग़ैरह तो वहां मौजूद रहते ही थे लेकिन कभी-कभी मिर्ज़ा ग़ालिब भी वहां पर चहकते

चले आते थे। फिर भी दाग़ का अपना रंग और कहने का अंदाज़ एकदम निराला ही था। नवाब के साथ दाग़ एक बार हज यात्रा में भी गए थे। हज यात्रा से वापिस लौटकर दाग़ ने अपने अहसासात को अपनी शायरी में नवाब के प्रति अहसानमंदी ज़ाहिर की। उन्हीं दिनों दाग़ की मक़बूलियत पूरे हिन्दुस्तान में फैल चुकी थी। उस दौर में दाग़ ने कलकत्ता और पटना की यात्राएं भी की। उस वक्त इन यात्राओं को बड़ी दूर की यात्रा में शुमार किया जाता था, चूंकि आवागमन के इतने साधन नहीं थे।

वक्त ने फिर एक बार करवट बदली और रियासत रामपुर का नज़ारा बदल गया और वहां का माहौल बदल गया। नवाब कलबे अली खां के इस जहान से रुख़सत होते ही रामपुर की कवि सभा भी उजड़ गई। वो चमन, जहां शायरी चहकती थी, बस वीरान होकर रह गया था। चमन के बुलबुल वहां से उड़ चुके थे। दाग़ फिर वापिस दिल्ली अपने डेरे पर पहुंचे। इस दौरान कुछ दिनों तक दिल्ली में रहते हुए इन्होंने लाहौर, अमृतसर, कृष्णकोट, बैंगलोर, आगरा, अलीगढ़, इटावा, मथुरा, जयपुर, उदयपुर और अजमेर जैसे राजशाही शहरों की सैर की। उस दौर में दाग़ की शायरी हिन्दुस्तान के कोने-कोने में और गली-कूचों तक में अपना घर बना चुकी थी। जहां-जहां पर भी ये पहुंचते, वहां पर इनकी ख़ुशामदीदी में इल्मो अदब और शायरी से तआलुक़ रखने वाले लोग इनकी राहों में दिल बिछाये बैठे मिले, चूंकि दाग़ से पहले वहां उनकी ग़ज़लें पहुंच चुकी थीं।

संवत् 1945 में दाग़ हिजरत करते-करते हैदराबाद दखन पहुंच गए। वहां पर भी इनकी मक़बूलियत इस क़दर फैली हुई थी कि वहां का ख़ासीआम इनके पीछे दीवानावार घूमता रहा और इनकी शायरी पर झूमता रहा। वहां पर भी इनकी शायरी इनसे पहले ही पहुंच चुकी थी। ये हैदराबाद निज़ाम से मिलने गए लेकिन उनसे इनकी मुलाक़ात नहीं हो पाई, चूंकि वे सल्तनत के बाहर गए हुए थे। ये निज़ाम की शान में एक क़सीदा लिखकर दिल्ली चले आए। थोड़े दिनों के बाद जब निज़ाम हैदराबाद वापिस अपनी सल्तनत में पहुंचे तो इनका लिखा क़सीदा पढ़ा तो वे बहुत ज़्यादा खुश हुए। इसके बाद बहुत ही जल्द निज़ाम हैदराबाद ने इन्हें बड़े ही एहतराम के साथ हैदराबाद आने की दावत भेजी। उनकी दावत क़ूबूल कर ये फिर पहुंच गए। वहां पर इनका ज़ोरदार इस्तक़बाल हुआ। ऐसा ख़ैरमख़दम इससे पहले किसी शायर का नहीं हुआ था। निज़ाम हैदराबाद ने पंद्रह सौ रुपया माहवार पर तनख़्वाह तय करने के साथ-साथ सवारी, मकान व नौकर-चाकर ये अलग से सहूलियतें इन्हें मुहैया की। यहां पर दाग़ निज़ाम के शायरी के उस्ताद बन गए। तनख़्वाह और बाक़ी सहूलियतों के अलावा इन्हें मौक़े ब मौक़े ईनाम भी मिलते रहते थे। इन ईनामात की रक़म शाही खजाने में इनके नाम से जमा होती रहती थी। चूंकि इनका ख़र्चा तो नहीं के बराबर था, इसलिए इनको रुपयों-पैसों की कमी ही न थी। कहा जाता है कि इन ईनामों की कुल रक़म छब्बीस हज़ार रुपये शाही ख़ज़ाने में जमा हो चुकी थी। ये इस रक़म का इस्तेमाल नहीं करते थे। आख़िर तक ये रक़म ख़जाने में जमा की जमा ही रह गई। हैदराबाद में इन्हें कई ऊंचे और बड़े-बड़े ख़िताबों से नवाज़ा गया। उन दिनों हैदराबाद में दाग़ के दम से कवि सभाएं और अदब की बड़ी-बड़ी महफ़िलें सजने ही नहीं लगीं बल्कि और भी कई नई-नई कवि-सभाएं बनने और सामने आने लगीं। शहर में अदब और शेरो सुख़न की एक लहर आ गई। जिसका असर ये हुआ कि नौजवान शायरी की तरफ़ झुकने लगे। ख़ासोआम शायरी को समझने लगा।

दाग़ के उस दौर में ही अमीर मीनाई भी हैदराबाद पहुंचे। दाग़ ने बड़े ख़ुलूस से वहां उनका इस्तेक़बाल किया था। जबकि, रामपुर में रहते हुए वे दोनों शायरी के लिहाज़ से एक-दूसरे के

मुख़ालिफ़ शायर रह चुके थे। पर दोनों ही एक-दूसरे से तहेदिल से मुहब्बत ही नहीं करते थे, बल्कि भरपूर इज़्ज़त भी करते थे। यकायक अमीर मीनाई की मौत हो जाने से दाग़ को बड़े ही अफ़सोसनाक़ हालात से गुज़रना पड़ा। एक ही दौर में दाग़ दिल्ली के और अमीर मीनाई लखनऊ के बड़े शायर के रूप में मक़बूल हुए। अमीर मीनाई के इन्तक़ाल के ठीक पांच बरस के बाद ही दाग़ भी इस दुनिया से रुख़सत हो गए। अपनी जिंदगी के आख़री अठारह बरस हैदराबाद में दाग़ ने बड़े ही चैन सुकून से काटे।

ये बड़े ही इत्तेफ़ाक़ की बात है कि हैदराबाद में शरीफ़ साहब की दरगाह में जिस जगह पर अमीर मीनाई को दफनाया गया था, उसी कब्र के क़रीब ही दाग को दफ़न होना नसीब हुआ। रामपुर में जबकि ये दोनों शायर एक-दूसरे के मुख़ालिफ़ रहे।

दाग़ का रूप और रंग बहुत ही सुंदर और प्रभावशाली था। ये बड़े ही नर्मो नाजुक लबो लहजे के मिलनसार और हंसमुख स्वभाव के मालिक थे। ग़ज़ल कहने का इनका अंदाज़ सबसे जुदा और असर करने वाला था। तरन्नुम ऐसा सुरीला कि दिल की गइराई तक उतर जाए।

दाग़ की ग़ज़लों के कई दीवान शाए हो चुके हैं। इन्होंने एक मसनवी भी लिखी, जो 'फरियादे दाग़' के नाम से काफ़ी मक़बूल हुई थी। इस मसनवी को लिखने के पीछे इनके कुछ अपने तजुर्बात हैं। इस मसनवी के पीछे इनका एक क़िस्सा मशहूर है। वह यह है कि एक बार मनीबाई नाम की तवायफ़ मेले में कलकत्ता से रामपुर आई। मेले में दाग़ ने जब उसे देखा तो उसके हुस्नोअदा पर ये फ़िदा हो गए। नज़ाकत ऐसी थी कि दाग़ की नज़र चढ़ गई। वो तवायफ़ भी दाग़ की शख़्सियत को अपनी आंखों से निकाल नहीं पाई और न ही उनकी शायरी को अपने दिल से निकाल सकी। वैसे भी अकसर देखा गया है कि किसी तवायफ़ के गाए हुए कलामों में उसका कोई महबूब शायर ही होता है। उसी की मुहब्बत और मिलन-जुदाई का पूरा वर्णन इस मसनवी में लिखा गया है। यह मनसवी दाग़ की आपबीती का फ़साना होने के कारण इसमें तजुर्बात की एक गहराई और मिठास भी ख़ूब है।

दाग़ की शायरी की सबसे बड़ी ख़ासियत ये है कि उसमें भाषा की स्वच्छता है। इनकी शायरी में अजीब-सी चुस्ती और साफ़गोई है जिसके कारण इनका हर शेर पक्षियों की तरह फ़ुदकता हुआ लगता है जो किसी भी बंधन से आज़ाद हैं। ऐसी सादी, साफ़ और चटकीली भाषा उर्दू के किसी और शायर ने अपनी शायरी में नहीं वापरी है। इनकी भाषा में बेबाक़ी और लापरवाही ज़रूर पाई जाती है। ख़याल के बारे में कुछ लोगों का इन पर यह एक इलज़ाम-सा है कि कहीं-कहीं पर इन्होंने इश्क़ का बहुत ही खुला-खुला सा वर्णन किया है जो लोगों की नज़र में अश्लीलता की सीमा तक पहुंच गया है, पर इसमें ऐसा कुछ भी नहीं है। हो सकता है कि ये लोगों की अपनी सोच का ही नज़रिया हो। कुछ विरोधियों ने तो दाग़ की शायरी को चूमा-चाटी वाली शायरी तक कह डाला। यहां ये बात साफ़ हो कि इश्क़ मिज़ाजी अलग बात है और अश्लीलता अलग चीज़ है, बस समझ-समझ का फेर है। इश्क़ मिज़ाजी उर्दू या हिंदी के किस कवि-शायर में नहीं? पर इसे अश्लीलता बिल्कुल ही नहीं कहा जा सकता है। ये बात मानी जा सकती है कि वनिस्पत और शायरों के दाग़ में इश्क़ मिज़ाजी का प्रमाण ज़्यादा है। वो समय उसी तरह का था। समय ने दाग़ को पैदा किया और दाग़ ने समय की मदद की। आज भी दाग़ की ग़ज़लें हर जगह, हर मौक़े पर गाई जाती हैं और पढ़ी-सुनी जाती हैं।

दाग़ ने कभी भी किसी की निंदा नहीं की। अपने वक़्त की अदबी हस्तियों के साथ इनका

बर्ताव हमेशा ही मुहब्बत भरा रहता था। मुख़ालिफों के साथ भी ये बड़े अदब से पेश आते थे।

दाग़ के शागिर्दों की संख्या डेढ़ हजार के लगभग कही जाती है। दाग़ ने उर्दू अदब को बहुत अच्छे-अच्छे शायर दिए, जिनमें कुछ के नाम ये हैं- इक़बाल, बेख़ुद, सायल, आग़ा, हसन, बेबाक़, हैरत, आज़ाद, रसा, फिरोज़, अश्क, अहसन वग़ैरह। इनमें सायल दाग़ के दामाद थे। साफ-सुथरी भाषा में लिखने में सायल का कोई सानी न था।

कहने देती नहीं कुछ मुंह से मुहब्बत तेरी।
तब प' रह जाती है आ आ के शिकायत तेरी।
अब तेरा ऐ दिले बेताब ख़ुदा हाफ़िज़ है,
कर चुके हम तो मुहब्बत में हिफ़ाज़त तेरी।
देखिये करती है रुसवाये ज़माना क्या क्या?
मुझको यह चाह मेरी तुझको य' सूरत तेरी।
याद सब कुछ है तुझे हिज़्र के सदमे ज़ालिम,
भूल जाता हूं मगर देख के सूरत तेरी।
अदम आबाद को जाते हैं बशर ख़ाली हाथ,
मुझको है नाज़ कि ले जाऊंगा हसरत तेरी।
है रक़ीबों की ज़बां पर भी सितम का शिकवा,
तू भी मजबूर है जाती नहीं आदत तेरी।
कूचए यार में भी जी नहीं लगता ऐ दाग़,
देखिये जायेगी किस रोज़ य' वहशत तेरी।

❖ ❖ ❖

लुत्फ़े मय तुझसे क्या कहूं ज़ाहिद,
हाय, कमबख़्त तूने पी ही नहीं।
उड़ गई यों वफ़ा ज़माने से,
कभी गोया किसी में थी ही नहीं।
दिल लगी दिल्लगी नहीं नासेह,
तेरे दिल को अभी लगी ही नहीं।

❖ ❖ ❖

दिल लेके उसकी बज़्म में जाया न जायेगा।
ये मुद्दई बग़ल में छिपाया न जायेगा।
जो दिल दिखा रहा है मज़ा हर घड़ी मुझे,
आंखों से सौ बरस भी दिखाया न जायेगा।
दुश्मन के आगे सर न झुकेगा किसी तरह,
यह आसमां, ज़मीं से मिलाया न जायेगा।
ऐ दाग़ तुझको रिज़्क़ की खाहिश है चर्ख़ से,
इतना य' ग़म खिलायेगा खाया न जायेगा।

❖ ❖ ❖

ग़म को मैं इश्क़ में ग़मख़्वोर दिलों जां समझा।
रंज को राहत और आज़ार को दरमां समझा।
और भी आग सिवा इश्क़ की भड़की तहे ख़ाक,
मैं सबा को जो तेरी जुम्बिशे दामां समझा।
चाहता हूं कि निकल जाये कहीं सीने से,
दिल को मैं हिज्र में तेरे कोई अरमां समझा।
कुछ तो थी बात कि नासेह की न मानी कुछ बात,
कुछ तो समझा जो न कुछ यह दिले नादां समझा।
सहल होना मेरी मुश्किल का बहुत मुश्किल था,
काम दुश्वार यह निकला जिसे आसां समझा।
जान कर चाक किये मैंने वह दीवाना हूं,
जेब को जेब गरेबां को गरेबां समझा।

❖ ❖ ❖

मज़ां हर एक को ताज़ा मिला है इश्के जानां का।
निगह को दीद का लब को फुगां का दिल को अरमां का।
फ़लक परदा बना अहले ज़मीं की परदायोशी को,
मगर इस दुश्मने जां ने किसी का ऐब कब ढांका।
किसी की शर्म आलूदह निगाहों में य शोख़ी है,
इसे देखा उसे देखा इधर तांका उधर झांका।
तेरी आतिश बयानी 'दाग़' रोशन है ज़माने पर,
पिघल जाता है मिस्ले शमा दिल हर एक सुख़नदां का।

❖ ❖ ❖

बाक़ी जहां मैं क़ैस न फ़रहाद रह गया।
अफ़साना आशिकों का फक़त याद रह गया।
पाबन्दियों ने इश्क़ की बेकस रखा मुझे,
मैं सौ असीरियों में भी आज़ाद रह गया।
यूं आंख उनकी करके इशारा पलट गई,
गोया कि लब से ही के कुछ इर्शाद रह गया।
ऐ 'दाग़' दिल ही दिल में घुले ज़ब्ते इश्क़ से,
अफ़सोस शौक़े नालओ फ़रियाद रह गया।

❖ ❖ ❖

गर मेरे बुते होशरुबा को नहीं देखा।
उस देखने वाले ने ख़ुदा को नहीं देखा।
इतना तो बता दे मुझे ऐ नासेह मुशफ़िक़,
देखा है कि उस माहेलका को नहीं देखा।
ऐसी नज़रें शोख़ में तमकीं नहीं देखी,

इस तरह तग़ाफ़ुल में हया को नहीं देखा।
अग़यार के नाले तो बहुत तुमने सुने हैं,
मज़लूम का तासीरे दुआ को नहीं देखा।
जब 'दाग़' को ढूंढा किसी बुतख़ाने में पाया,
घर में कभी उस मर्दे ख़ुदा को नहीं देखा।

❖ ❖ ❖

वो दिल लेके चुपके से चलते हुए।
यहां रह गये हाथ मलते हुए।
न इतराईये देर लगती है क्या,
ज़माने को करवट बदलते हुए।
मुहब्बत में नाक़ामियों से अख़ीर
बहुत काम देखे निकलते हुए।
करे वादा पर वादा वो हमको क्या,
चे चकमे ये फिकरे हैं चलते हुए।
ज़रा 'दाग़' के दिल प रक्खो तो हाथ,
बहुत तुमने देखे हैं जलते हुए।

❖ ❖ ❖

तुमने बदले हम से गिन गिन के लिये।
हमने क्या चाहा था इस दिन के लिये।
फ़ैसला हो आज मेरा आप का,
यह उठा रक्खा है किस दिन के लिये।
दिल के लेने को ज़मानत चाहिये,
और इत्मीनान ज़ामिन के लिये,
मयकशों अब आई शायद फ़स्ले गुल,
बुलबुलों ने चोंच में तिनके लिये।

❖ ❖ ❖

हाथ निकले अपने दोनों काम के।
दिल को थामा उनका दामन थाम के।
घूंट पीकर वादये गुलफ़ाम के,
बोसे ले लेता हूं ख़ाली जाम के।
दाव-ए-इश्क़ वफ़ा पर यह कहा,
सब बजा लेकिन मेरे किस काम के।
अब उतर आये हैं वो तारीफ़ पर,
हम जो आदि हो गये दुश्नाम के।
नालओ फ़रियाद की ताक़त कहां,
बात करता हूं कलेजा थाम के।

'दाग़' के सब हर्फ़ लिखते हैं जुदा,
टुकड़े कर डाले हमारे नाम के।

❖ ❖ ❖

रहती थी उसकी याद वह रातें किधर गईं,
अब मुझको इंतज़ार है उस इंतज़ार का।
तौबा तो मैंने की निकल आया ज़रा सा मुंह,
वह रंग वह रूप ही नहीं सुबहे बहार का।
ऐ चश्मे यार देख तग़ाफ़ुल से बाज़ आ,
दिल टूट जायेगा किसी उम्मेदवार का।
आशिक़ की मुश्ते ख़ाक परेशां न हो कभी,
उसमें जो मेल हो तेरे दिल के ग़ुबार का।
ग़श खाके दाग़ यार के क़दमों पै गिर गया,
बेहोश ने भी काम किया होशियार का।

❖ ❖ ❖

न पूछो कुछ मुसीबत दर्दमन्दाने मुहब्बत का,
ख़ुदा पर ख़ूब रोशन है गुज़र जिस तरह करते हैं।
कभी यह दिल तमाशागाह था ऐशो मसर्रत का,
अब इसमें इसरतो शौक़ो तमन्ना सैर करते हैं।
कभी गिरता हूं शीशे पर कभी गिरता हूं साग़र पर,
मेरी बेहोशियों से होश साक़ी के बिखरते हैं।

❖ ❖ ❖

आंखें बिछाये हम तो उदू की भी राह में।
पर क्या करें कि तू है हमारी निगाह में।
दिल में समा गईं हैं क़यामत की शोख़ियां,
दो-चार दिन रहा था किसी की निगाह में।
उस तौबा पै है नाज़ तुझे ज़ाहिद इस क़दर,
जो टूट कर शरीक हो मेरे गुनाह में।
आती है बात-बात मुझे याद बार-बार,
कहता हूं दौड़-दौड़ के क़ासिद से राह में।

❖ ❖ ❖

दिल ही तो है न आये क्यों दम ही तो है न जाये क्यों।
हमको ख़ुदा जो सब्र दे तुझसा हसीं बनाये क्यों।
लाग हो या लगाव हो कुछ भी नहीं तो कुछ नहीं,
बन के फ़रिश्ता आदमी बज़्मे जहां में आये क्यों।

हां नहीं ग़ैरते रक़ीब ख़ैर मैं बेहया नहीं,
जो न दोबारा आ सके बज़्म से तेरी जाये क्यों।
फ़िक्र में हम तो रह गये और वह आज कह गये,
ऐब नहीं तो राज़े दिल हमसे कोई छिपाये क्यों।

❖ ❖ ❖

जलवे तेरी निगाह में कोनों मकां के हैं।
मुझसे कहां छिपेंगे वो ऐसे कहां के हैं।
खुलते नहीं हैं राज़ जो सोज़े निहां के हैं,
क्या फूटने के वास्ते छाले ज़ुबां के हैं।
क़ासिद यहां से बर्क़ था पर निस्फ़ राह से,
बीमार की है चाल क़दम नातवां के हैं।

❖ ❖ ❖

कभी फ़लक को पड़ा दिलजलों से काम नहीं।
अगर न आग लगा दूं तो दाग़ नाम नहीं।
बफ़ूरे यास ने यां काम ही तमाम किया,
ज़ुबाने यार से निकली थी नतमाम नहीं।

❖ ❖ ❖

आंख पड़ती है कहीं पांव कहीं पड़ता है।
सबकी है तुमको ख़बर अपनी ख़बर कुछ भी नहीं।
काबे जाना भी तो बुतख़ाने से होकर ज़ाहिद,
दूर इस राह से अल्लाह का घर कुछ भी नहीं।
लामकां में भी तो कुछ जलवा नज़र आता है,
बेकसी में तो उधर हूं कि जिधर कुछ भी नहीं।
इक जफ़ा तेरी जो कुछ भी नहीं तो सब कुछ है,
इक वफ़ा मेरी कि सब कुछ है मगर कुछ भी नहीं।

❖ ❖ ❖

ऐ फ़लक दे हमको पूरा ग़म तो खाने के लिये।
वह भी हिस्सा कर दिया सारे ज़माने के लिये।
ज़ाहिदे सद साला आया मयक़दे में भूल कर,
ला शराबे कोहना साक़ी इस पुराने के लिये।
तुमसे बचकर इक वफ़ा हिस्से में अपने लग गई,
तुमने ख़ूबी कौन-सी छोड़ी ज़माने के लिये।
आ गया कुछ याद दिल भर आया आंसू गिर पड़े,
हम न रोये थे तुम्हारे मुस्कुराने के लिये।

मर गये तो मर गये हम इश्क़ में नासेह को क्या,
मौत आने के लिये हैं जान जाने के लिये।

❖ ❖ ❖

जहां लग गईं कारगर हो गई।
मेरी आज तेरी नज़र हो गई।
फरिश्ते हों मुख़बिर तो क्या कीजिये,
यहां बात की वां ख़बर हो गई।
शबे वस्ल ऐसी खिली चांदनी,
वो घबरा के बोले सहर हो गई।
गमे हिज्र से दाग़ मुझको नजात,
यक़ीं था न होगी मगर हो गई।
यहां सुबहे पीरी से पहले ही 'दाग़',
जवानी चराग़े सहर हो गई।

❖ ❖ ❖

अजब अपना हाल होता तो विसाले यार होता।
कभी जान सदक़े होती कभी दिल निसार होता।
जो तुम्हारी तरह तुमसे कोई झूठे वादे करता,
तुम्हीं मुसिफ़ी से कह दो तुम्हे ऐतबार होता।
तेरे वादे पर सितमगर अभी और सब करते,
अगर अपनी ज़िंदगी का हमें ऐतबार होता।
तुम्हें नाज़ हो न क्यों कर कि लिया है दाग़ का दिल,
यह रक़म न हाथ लगती न यह इफ़्तख़ार होता।

❖ ❖ ❖

भवें तनती हैं ख़ंजर हाथ में है तन के बैठे हैं।
किसी से आज बिगड़ी है कि वह यूं बन के बैठे हैं।
य' गुस्ताख़ी य' छेड़ अच्छी नहीं है ऐ दिले नांदा,
अभी वह रूठ जायेंगे अभी वह मन के बैठे हैं।
तलाशे मंज़िले मक़सद की गर्दिश उठ नहीं सकती,
कमर खोले हुए रस्ते में हम रहज़न के बैठे हैं।
निगाहें शोख़ चश्मे शौक़ में दर परदा छनती है,
कि वह चिलमन में हैं नज़दीक हम चिलमन के बैठे है।

❖ ❖ ❖

न देखो देखो तुम आईने को कि मुझको रहता है हौल हरदम,
कहीं न जम जाये अक्स उसका रूख़े मुसफ्फा पे ज़ंग होकर।

वह हम हैं मजनूने दश्तो पैमां जूनूं को होता है हमसे सौदा,
कि चश्मे आहू में बैठी वहशत हमारी वहशत से तंग होकर।
झुका ज़रा चश्में जंगजू भी निकल गई दिल की आरज़ू भी,
बड़ा मज़ा उस मिलाप का है जो सुलह हो जाय जंग होकर।

❖ ❖ ❖

मिले मुझसे तो फ़रमाया तुम्हीं को दाग़ कहते हैं।
तुम्हीं हो माहे कामिल में तुम्हीं रहते हो लाले में।

❖ ❖ ❖

सीने में अब कहां व जोश, वह भी था इक बवाल सा।
बैठ गया कुछ उठते ही छोड़ गया ख़याल सा।
अर्ज़े वफ़ा पै देखना उसकी उदाए दिल फ़रेब,
दिल में कुछ ऐतबार सा आंख में कुछ मलाल सा।
तारे ही गिनके काटते रात फ़िराक़ की मगर,
निकला सितारा भी कहीं कोई तो ख़ाल ख़ाल सा।

❖ ❖ ❖

उससे पूछो तुम मेरी आशुफ़्तगी,
ज़ुल्फ़ कह देगी तुम्हारे कान में।
गर फ़रिश्तावश हुआ कोई तो क्या,
आदमीयत चाहिए इन्सान में।
जिसने दिल खोया उसी को कुछ मिला,
फ़ायदा देखा इसी नुक़सान में।

❖ ❖ ❖

आख़िर को इश्क़ कुफ़्र से ईमान हो गया।
मैं बुत परस्तियों से मुसलमान हो गया।
रिन्दाने बेरया की है सुहबत किसे नसीब,
ज़ाहिद भी हम में बैठ के इन्सान हो गया।

❖ ❖ ❖

दिल लेके मुफ़्त कहते हैं कुछ काम का नहीं।
उल्टा शिकायतें हुई एहसान तो गया।
होशो हवासो ताबो तवां दाग़ जा चुके,
अब हम भी जाने वाले हैं सामान तो गया।

❖ ❖ ❖

कभी मस्जिद में जो वह शोख़ परीज़ाद आया।
फिर न अल्लाह के बंदों को ख़ुदा याद आया।
दी मुअज़्ज़न ने शबे वस्ल अज़ां पिछली रात,
हाय कमबख़्त को किस वक़्त ख़ुदा याद आया।

❖ ❖ ❖

कोई गिला करेगा न गुस्से की बात का।
कहना जो हो किसी को वो कह लो अताब में।
ऐ शेख़ जो बताये मये इश्क़ को हराम,
ऐसे के दो लगाये भिगो कर शराब में।

❖ ❖ ❖

मैं तो हर अंदाज़े माशूक़ाना का दीवाना हूं।
गुल पै बुलबुल हूं अगर तो शमा पर परवाना हूं।
जिस प आशिक़ है सबा उस ख़ाक का ज़र्रा हूं मैं,
बर्क़ जिस पर लोट है उस खेत का दाना हूं।

❖ ❖ ❖

ख़ूब तक़दीर की ख़ूबी ने किया है बरबाद,
जाबजा मुझको लिये फिरती है शोहरत मेरी।
कहीं दुनिया में नहीं इसका ठिकाना ऐ दाग़,
छोड़कर मुझको कहां जाय मुसीबत मेरी।

❖ ❖ ❖

ज़ाहिद शराबे नाब की तासीर कुछ न पूछ,
अक्सीर है जो हलक़ के नीचे उतर गई।
रहती है कब बहारे जवानी तमाम उम्र,
मानिन्द बूए गुल इधर आई उधर गई।

❖ ❖ ❖

आगे तो नहीं, नहीं सुनी थी,
अब तकिया कलाम हो गई है।
जागीर जुनूं की क़ैस के बाद,
अब दाग़ के नाम हो गई है।

❖ ❖ ❖

खोया गया हूं दे के पता नामाबर को मैं।
अपनी ख़बर को जाऊं इलाही किधर को मैं।
मुझको तबाह चश्मे मुरव्वत ने कर दिया,
मिल जाये तो चुराऊं किसी की नज़र को मैं।

इस चमन में गो बरंगे सब्ज़ये बेगाना हूं।
गुल है रंगी हो मैं अपने रंग का दीवाना हूं।
मुझसे ऐ गब्रो मुसलमां किसलिये इतना तपाक,
क़ाबिले मस्जिद न हरगिज़ लायके बुतख़ाना हूं।

❖ ❖ ❖

यां दिल में ख़याल और है वां मद्दे नज़र और।
है हाल तबिअत का इधर और उधर और।
ठहरा है वहां मशवर-ए क़त्ल हमारा,
लो हज़रते दिल और सुनो ताज़ा ख़बर और।

❖ ❖ ❖

लब से दुश्नाम तो वह दिल से दुआ देता है।
घोलकर ज़हर मुझे आबे बक़ा देते हैं।
आके बाज़ारे मुहब्बत में ज़रा सैर को,
लोग क्या कहते हैं क्या लेते हैं क्या देते हैं।

❖ ❖ ❖

कुछ शेर :

'दाग़' वह बेहतर है जो मरहम बना।
दर्द वह अच्छा जो दवा हो गया।

तुम्हारे शेर में ग़र्मी है किस कयामत की।
जले हुए हो मगर 'दाग़' इन्तहां के तुम।

दाग़ को देख के बोले, यह शख़्स।
आप ही आप जला जाता है।

वह हंस कर देखते हैं 'दाग़' के दाग़।
किसी की सैर हो गुलशन किसी का।

नाम को दाग हूं मगर ज़ालिम।
तू जलाये तो जल नहीं सकता।

हज़रते दाग़ यह है कूचए क़ातिल उठिये।
जिस जगह बैठते हैं आप तो जम जाते हैं।

दिल को इस आज़िज़ी से देता हूं।
कोई जाने सवाल करता है।

ग़म से कहीं नजात मिले चैन पायें हम।
दिल ख़ून में नहाये तो गंगा नहाये हम।

देखते ही मुझे महफ़िल में उन्हें ताब कहां।
खुद खड़े हो गये कहते हुए बाहर बाहर।

हिज्र की यह रात कैसी रात है।
एक मैं हूं और ख़ुदा की ज़ात है।

यह क्या कहा कि दाग़ को पहचानते नहीं।
वह एक ही तो शख़्स है तुम जानते नहीं।

यह तौर दिल चुरा के हुआ उस निगाह का।
जैसे क़सम के वक़्त हो झूठे गवाह का।

यह क्या कहा कि मेरी बला भी न आयेगी।
क्या तुम न आओगे तो कज़ा भी न आयेगी।

कोई नामोनिशां पूछे तो ऐ क़ासिद बता देना।
तख़ल्लुस दाग़ है वह आशिक़ों के दिल में रहते हैं।

हज़रते दाग़ जहां बैठ गये बैठ गये।
और होंगे तेरी महफ़िल से उभरने वाले।

लोग कहते हैं बना दिल्ली बिगड़ कर लखनऊ।
पर कहां है दाग़ उस उजड़े हुए गुल का जवाब।

चश्मे जानां से अलग हो ऐ हया।
यों झुके पड़ते नहीं बीमार पर।

जिसमें लाखों बरस की हूरें हो।
ऐसी जन्नत को क्या करे कोई।

रंज वह रंज है जिसमें न बुतों को भूलें।
ऐश वह ऐश है जिसमें न ख़ुदा याद रहे।

य' हूरो प' मरता है बे देखे भाले।
नहीं कोई आशिक़ मुसलमां से बढ़कर।
ज़रा दाग़ के दिल प' रक्खो तो हाथ।
बहुत तुमने देखे हैं जलते हुए।

अहले उल्फ़त के लिए चाहिये शोहरत ऐ दिल।
नाम बिकता है मुहब्बत के ख़रीदारों का।

खा गया मग़्ज़ नासेह नादां।
मुझको इस ख़ैरख़्वाह ने मारा।

न पूछिये मेरे रोज़े सियह की ज़ुल्मत।
चिराग़ लेके भी ढूंढा तो आफ़ताब न था।

बशर ने ख़ाक पाया लाल पाया या गुहर पाया।
मिज़ाज अच्छा अगर पाया तो सब कुछ उसने भर पाया।

❖ ❖ ❖

8

हाली

ये एक शख़्सियत रही है, ऐसे लोग दुनिया से जाने के बाद भी नहीं जाते हैं, बल्कि हमारे बीच में हमेशा मौजूद रहते हैं। चाहे फिर अदब में या तारीख़ में, उनके निशां मिटते नहीं हैं। ये हमेशा क़ौम के मसाईल और अवाम के दर्द को लेकर फिक्रमंद रहते थे। इनका पूरा नाम शम्सुलउल्मा मौलाना अल्ताफ़ हुसेन, इनके वालिद का नाम ख़्वाजा ईज़दबख़्श। इनका तख़ल्लुस 'हाली' नाम से मशहूर रहा। इनका जन्म संवत् 1897 में पानीपत में हुआ था और इत्क़ाल संवत् 1971 में हो गया।

हाली के वालिद इनकी नौ बरस की अवस्था में ही गुज़र गये थे। इनकी वालिदा की दिमाग़ी हालत ठीक नहीं रहती थी। इसलिए इनकी तआलीम सही तरीक़े से नहीं हो पाई। सबसे पहले इन्हें पूरा क़ुरआन याद कराया गया। उसके बाद अरबी और फ़ारसी की तआलीम दिलाई गई। इल्म की तरफ़ इनकी साधारण रूचि रही। ये आगे पढ़ना चाहते थे पर परिवार और दोस्तों ने ज़ोर देकर सतरह बरस की उम्र में शादी करवा दी। इनकी शादी के कारण तआलीम में एक ख़लल पड़ गया। इनकी ससुराल में धन-दौलत की कोई कमी नहीं थी। अपनी घर वाली को मायके भेजकर ये चुपके से दिल्ली निकल गये। दिल्ली में दो बरस तक अरबी, फ़ारसी के बड़े-बड़े दानिशवरों के साहित्य, छद शास्त्रों व तर्क शास्त्र की पढ़ाई करते रहे। घर पर भी ये किताबों, रिसालों को बारीक़ी से ख़ुद देखने और पढ़ने लगे। ज़िंदगी की ज़रूरतों को पूरा करने के लिए सवत् 1913 में हिसार में कलेक्टर के दफ़्तर में एक छोटे से ओहदे पर नौकरी की। पर कई तक़लीफ़ों और परेशानियों के कारण मुलाज़मत छोड़कर घर आ गये। इस दौरान सन् 1857 का ग़दर हुआ। इस वजह से कई बरस तक ये घर पर बेकार बैठे रहे। इस ख़ाली समय में भी ये उस वक़्त के बड़े-बड़े दानिशवरों के तआलुक़ में रहकर आला दर्जे का इल्म और तआलीम हासिल करते रहे। इसके बाद ये पंजाब सरकार के बुक डिपो में नौकर हुए। वहां ये अंग्रेज़ी के उर्दू तर्जुमे की भाषा को शुद्ध किया करते थे। इस काम पर ये चार बरस तक रहे। फिर लाहोर के ऐंग्लो अरेबिक स्कूल में ये मुदर्रिस हो गये और वहां पर संवत् 1948 तक करते रहे। दिल्ली में अपनी रिहाइश के दौरान ये अज़ीमोश्शान उर्दू के महान शायर ग़ालिब से भी मिला करते थे, यहां पर ये उनके काफ़ी क़रीब आ गए थे। वहां पर ये अरबी व फ़ारसी के कठिन शेरों का मतलब ये ग़ालिब से समझा करते थे, चूंकि ग़ालिब उर्दू के अलावा अरबी और फ़ारसी के बड़े विद्वान थे। यहीं से ही इनमें शायरी का शौक़ पैदा हुआ। बरवक़्त इन्होंने कुछ ग़ज़लें फ़ारसी में लिखी, जिसे इसलाह के लिए ग़ालिब को दिखाया करते थे। ग़ालिब के बारे में ये बात बहुत मशहूर थी कि वे अपने मिलने वालों को शायरी कहने से रोकते थे। पर हाली की ग़ज़ल देखकर ग़ालिब उनसे बेहद मुतासिर हुए। उन्होंने हाली से कहा- हालांकि मैं किसी को शेर कहने का

मशविरा नहीं दिया करता हूं लेकिन तुम्हारे बारे में मेरा ख़याल बिलकुल ही अलग है, अगर तुम शेर न कहोगे तो तुम अपनी तबिअत पर बहुत बड़ा ज़ुल्म करोगे। उसके बाद ग़ालिब इनके उस्ताद हो गये।

ये वो दौर था जब उर्दू के शायर रदीफ़ और काफ़िये के चक्कर में ही पड़े थे, ऐसा कहा जाता है। लेकिन उस दौर की शायरी को पढ़ने के बाद ऐसा कुछ भी नहीं लगता है। किसी विषय पर वे हिन्दी के कवियों की तरह क्रमबद्ध कविता नहीं करते थे, ऐसा उन पर इल्ज़ाम था। लेकिन ये इलज़ाम लगाने वालों को शायद ये नहीं मालूम कि हिन्दी कविता की विधा अलग है और ग़ज़ल की विधा अलग है। क्रमबद्ध शायरी की जो बात की जाती है वो उर्दू की नज़्मों में खास तौर पर देखी जाती है। संवत् 1931 में कर्नल हालराईड ने लाहोर में एक कवि-सभा की स्थापना की जिसमें दुनिया के मसाईल को हल करने के ख़याल पर कविता और शायरी पढ़ी जाती थी। इस कवि सभा में प्रोफ़ेसर आज़ाद और हाली भी बराबर तशरीफ़ लाते थे। वे उस कवि सभा का एक अहम हिस्सा हुआ करते थे। यहां इन्होंने उर्दू शायरी को ऊंचाई दे नये आयाम तक पहुंचाया। कर्नल हालराईड शिक्षा विभाग के अध्यक्ष और उस कवि सभा के संरक्षक थे। हाली ने उस कवि सभा में चार मसनवियां लिखकर पढ़ी थी, ये- बरखा रुत, निशाते उम्मीद, मुनाज़रा रहमी इन्साफ़ और हुब्बे वतन। उर्दू अदब के संसार में ये चारो मसनवियां एक नई चीज़ थीं। ऐसी धूम मचाई कि सारी अदबी दुनिया में इनका सम्मान तो हुआ ही, साथ ही साथ भारी शोहरत भी इन्हें हासिल हुई।

चार वर्षों तक ऐंग्लो अरेबिक स्कूल में मुदर्रिस रहने के बाद ये लाहोर के ही चीफ़्स कॉलेज में लेक्चरर बन गए, पर यह काम इन्हें पसंद नहीं था। जब ये ऐंग्लो अरेबिक स्कूल लाहोर में मुदर्रिस थे, उन्हीं दिनों हैदराबाद के प्रधान मंत्री उनसे मिलने आए। उन्होंने अरबी फ़ारसी व उर्दू के शायरों, कवियों और लेखकों के लिए कुछ वज़ीफ़े जारी किये। उन्हीं में से हाली को भी उस ज़माने में पचहत्तर रुपया माहवार मिला। जब ये अलीगढ़ कॉलेज के डेपुटेशन में हैदराबाद गए थे, तब इनके वज़ीफे की रक़म बढ़ाकर सौ रुपया माहवार कर दी गई, जो इनको आख़िर तक मिलती रही।

मौलाना हाली सर सैयद अहमद के बहुत बड़े समर्थक थे। सर सैयद अहमद ने ही इन्हें अलीगढ़ कॉलेज का ट्रस्टी बनाया था। ये भी सर सैयद अहमद के प्रति वफ़ादार रहे। उनका भी इन पर पूरा भरोसा था, वे हर इक काम में हाली का मशविरा और सहमति लेते रहते थे। हाली ने साफ़दिली, मेहनत और सच्ची लगन से जाति, जमात व सामाजिक भलाई का रास्ता अख़्तियार किया। सर सैयद अहमद की हौसला अफ़जाई और सहमति से अपना प्रसिद्ध मुसद्दस लिखा। इस मुसद्दस को लिखने में हाली ने मेहनत करने के साथ-साथ अपनी अद्भुत क़ाबिलियत का लोहा मनवा लिया। मुसद्दस के शाया होने के बाद इन्होंने उसकी पांच प्रतियां सर सैयद अहमद को भेजीं। मुसद्दस को पढ़कर सर सैयद अहमद बहुत ही खुश हुए। अपनी ख़ुशी का इज़हार और तारीफ़ हाली को लिखे अपने पत्र में कुछ इस तरह से किया-

''पांच जिल्द मुसद्दस मुझ तक पहुंचे। मुसद्दस जिस वक़्त हाथ में आई, जब तक ख़त्म न हुई, तब तक हाथ से नहीं छूटी। और जब ख़त्म हुई तो बड़ा अफ़सोस हुआ मुझे कि ये क्यों इतनी जल्दी ख़त्म हो गईं। किस सफ़ाई और ख़ूबी से नज़्म तहरीर हुई है, बयान करने के बाहर है। मेरी निस्बत जो इशारा उस नस्र में है, उसके लिए शुक्रिया अदा करता हूं और आपकी मुहब्बत का असर समझता हूं। जब ख़ुदा मुझसे पूछेगा कि तू मेरे लिए क्या है तो मैं कहूंगा कि मैं हाली से मुसद्दस लिखाकर लाया हूं और कुछ नहीं। ख़ुदा आपको जज़ाए खैर दे और क़ौम को इससे फ़ायदा बख़्शे।''

पढ़ने वालों के बीच जब मुसद्दस पहुंची तो लोगों ने जाना कि ये कितनी क़ीमती चीज़ है। मुसद्दस की मक़बूलियत इतनी बढ़ी कि इसका तर्जुमा होने लगा। सबसे पहले इसका तर्जुमा पश्तो और सिन्धी बोली में हुआ। हिन्दी में भारत भारती नाम की कविता भी इसी रंग-ढंग की है। उर्दू शायरी की नज़ाकत, लहजा, अंदाज़े बयां और ज़रूरी सुधार की जवाबदारी ख़ुद पर लेते हुए हाली ने उन दिनों 'शेरो शायरी' नाम की पुस्तक गद्य में लिखी, जिसमें शेरों की बारीक़ी और सुधार के बारे में समझाया गया। अपनी जिंदगी में इन्होंने सर सैयद अहमद की जीवनी पर भी किताब लिखी, जिसका नाम 'हयाते जावेद' था, जो गद्य साहित्य में हाली का सबसे बड़ा ग्रंथ रहा। अफ़सोस की बात यह रही कि यह 'हयाते जावेद' उनके जीवनकाल में न छपकर इनकी मृत्यु के बाद छपी। इन रिसालों के अलावा इन्होंने शेख़ सादी, ख़ुसरो, हकीम नासिर का भी जीवन चरित्र लिखा।

हाली की शायरी की सबसे बड़ी ख़ासियत ज़ुबान की सरलता और ख़याल की सहजता के साथ-साथ एक फ़लसफ़ा दृष्टिगोचर होता है, उनकी शायरी ख़ासोआम दोनों के लिए ही है। ज़ुबान और ख़याल के क़रीबी तआलुक़ात ग़ालिब की शायरी की ख़ासियत रही, यही ख़ासियत हाली की शायरी में भी पाई गई है। कुछ मुख़ालिफ़त करने वालों ने इनकी शायरी को बे-रस और कोरी तुकबंदी कहकर इनका माहोल ख़राब करने की एक नाक़ाम कोशिश की। लेकिन जनता की कसौटी पर वही शायरी खरी उतरी और थोड़े से अरसे में ही इनकी शायरी को लोगों ने समझा और जाना तो फिर से मशहूर हो गए। उसकी उपयोगिता ने उसे सबसे अधिक रसीला बना दिया। मुसद्दस के अलावा भी हाली के कई रिसालों के भी अनुवाद अलग-अलग भाषाओं में हो चुके हैं। इनकी 'मुनाज़ाते बेवा' का तर्जुमा कोई दस भाषाओं में हुआ है। इससे बढ़कर उसकी मक़बूलियत और क्या हो सकती है कि उसका अनुवाद संस्कृत जैसी भाषा में भी हो गया है। हाली की रुबाईयात का अनुवाद अंग्रेजी भाषा तक में किया गया है। इनकी कविताएं एवं निबंध सिन्ध और पंजाब विश्वविद्यालय द्वारा स्वीकृत पाठ्य पुस्तकों तक में अपना स्थान पा चुके हैं।

हाली इकतरफ़ा तरफ़दारी न करते हुए ये निस्पक्ष और निहायत ही इन्साफ़ परस्त, सच्चे और सीधे-सीधे सरल इन्सान थे। इन्साफ़ परस्ती के कई क़िस्से हैं, जो इनके साथ जुड़े हुए हैं। उर्दू की मशहूर मनसवी 'गुलज़ार नसीम' एक हिन्दू शायर की लिखी हुई है। उस दौर में वो मनसवी हाली के हाथ लगी। 'गुलज़ार नसीम' पर हाली ने कुछ ऐतराज़ जताते हुए उसमें नुक़्स निकालकर पढ़ने वालों के सामने रखे। इससे कुछ लोगों ने उल्टा उन पर ये इलज़ाम लगाया कि उर्दू में एक सर्वश्रेष्ठ मसनवी लिखने का गौरव एक हिन्दू शायर को मिला हुआ है, इसलिए ये देखकर हाली ने बुरी नियत से उसकी समालोचना, आलोचना की है। लेकिन, हाली का स्वभाव ऐसा नहीं था। ये बड़े ही न्यायप्रिय, साधु स्वभाव, गुणग्राहक और ख़ुदापरस्त एक पाक मुसलमान थे। इनसे मिलने वाले लोग, चाहे वह हिन्दू हो या कोई मुसलमान हो, कहते थे कि ये कभी भी किसी की बुराई नहीं किया करते थे। 'गुलज़ार नसीम' की जो कड़ी समालोचना इन्होंने की है, संभव है, उसमें इनको कोई भ्रांति रही है पर वह बुरी नीयत से की गई है, ऐसा मानने का कोई कारण दिखाई नहीं पड़ता। बल्कि इसके विरुद्ध हाली की साहित्यिक निस्पक्षता की एक मिसाल हिन्दी वालों के पास थी। उस ज़माने में हिन्दी के एक बहुत बड़े समालोचक पंडित पदम सिंह शर्मा ने "सतसई संहार" नामक अपना लेख सरस्वती में लिखा, जिसमें प्रसंगवश उन्होंने बिहारी के दोहे को उर्दू के शेर को बढ़कर बता दिया। इस पर बड़ा विवाद उठ खड़ा हुआ। पंडित पदम सिंह शर्मा ने हाली के सामने यह मामला पेश किया। तबिअत नासाज़ होने पर भी हाली ने इस मामले को गंभीरता से लेते हुए इसे बीरीक़ी से पढ़ा। पढ़ने

के बाद अच्छी तरह समझकर निस्पक्ष फ़ैसला देकर इस विवाद को ख़त्म कर दिया जो कि हाली के पत्रोत्तर से साबित होता है जो इनकी क़ाबिलियत और निस्पक्षता की एक बहुत बड़ी मिसाल है। पंडित पदम सिंह शर्मा के लिखे पत्र का हाली ने जो उत्तर दिया था, उसे ज्यों का त्यों प्रस्तुत किया जा रहा है।

''जनाब मन, इनायतनामे का जवाब भेजने में इस सबब देर हुई कि मैं आंखों की शिक़ायत के सबब लिखता-पढ़ता बहुत ही कम हूं। अक़सर तहरीरों में दूसरे का मोहताज रहता हूं और बग़ैर सख़्त ज़रूरत के जवाब नहीं लिखता।

बिहारी सतसई के दोहे और एक उर्दू शेर के मुताल्लिक़ जो आपने मेरी राय दरयाफ़्त की है सो मेरे नज़दीक शेर को दोहे के मज़मून से कुछ निस्बत नहीं। शायर कैसा ही नामुमकिन उलवक़ूअ मज़मून बांधे, जब उसके साथ गोया की क़ैद लगा दो, फिर नामुमकि़न नामुमकि़न नहीं रहता।

मसलन- ज़ैद बे ऐब होने मे गोया फ़रिश्ता है, या घोड़ा क्या है, हवा क्या है, या उसके दांतों की बत्तीसी गोया मोतियों की लड़ी है, या उसका चेहरा चौदहवीं रात का चांद है। पस जबकि दोहे के मज़मून में 'मानो, 'यानी', 'गोया' का लफ़्ज़ मौजूद है तो उसमें कोई इस्तिहाल यानी अदमइमकान बाक़ी नहीं रहता। बरख़िलाफ इसके शेर का मज़मून बिलकुल दायरे इमकान से ख़ारिज और नामुमकिन उलवक़ूअ है। मोतरिज़ जिस दलील से मज़मून शेर से मुताल्लिक हद्द दरजे की नज़ाकत साबित करता है, उससे नज़ाकत का सबूत नहीं बल्कि उसकी नफ़ी होती है।

लखनऊ के एक नामवर शायर से अपनी मसनवी में बाज़ार की रौनक़ और चहल-पहल इस तरह से बयान की है कि- ''बाज़ार में आबे गौहर कर छिड़काव होता है' ज़ाहिर है कि इस बयान से बजाय इसके कि बाज़ार की रौनक़ साबित हो, यह ख़याल होता है कि वहां ख़ाक उड़ती होगी, क्योंकि आबे-गौहर का छिड़काव ख़ाक को दबा नहीं सकता। इसी तरह शेर मज़कूर का हाल है। क्योंकि-

ख़्वाब में तसवीर का बोसा लेने से साहबे तसवीर के होठों का नीला पड़ जाना बजाय इसके कि साहबे तसवीर की नज़ाकत साबित करे, बोसा लेने वाले का जादूगर होना साबित करता है।

मोतरिज़ का यह ऐतराज़ भी सही नहीं है कि ज़ेवर चूंकि मसनूयी चीज़ है, इसलिए ब्रह्मा या क़ुदरत को उसका बनाने वाला क़रार देना ग़लत है क्योंकि इन्सान के तमाम मसनूयात दरहक़ीक़त ख़ुदा के मसनूयात है क्योंकि इन्सान ख़ुद उसका मसनूअ है। इस पर दलील लाने की कुछ भी ज़रूरत नहीं है क्योंकि हर ज़बान में ऐसी हज़ारों मिसालें मौजूद हैं कि इन्सान के कामों को मजाज़न ख़ुदा की तरफ़ मनसूब किया गया है, और तसव्वुफ़ और वेदांत वाले तो इंसान के हर काम को मजाज़न नहीं बल्कि हकीकतन ख़ुदा ही का काम बताते हैं।''

ख़ाकसार दुआगो-
अलताफ़ हुसैन 'हाली'
पानीपत
6 दिसंबर, सन् 1910

हाली ने उर्दू शायरी में ज़बान और ख़याल, समझ व सूझबूझ को, पीढ़ियों और फर्क़ को बड़ी ही ख़ूबी से पेश किया है जिसे हिन्दी में युगांतर कविता के नाम से जाना जाता है। इन्होंने गुल-बुलबुल, आशिक़-माशूक़, शमा-परवाना और शराब-शवाब व हुस्नो-इश्क़ से उर्दू शायरी का पिंड ही छुड़वा दिया। युग बदलने के साथ-साथ शायरी का स्वरूप बदल दिया तो शायरी का सोचने का तरीक़ा भी बदल गया। नीतिगत कविता लिखने में ये बिलकुल शेख़ सादी के जोड़ के शायर थे। संवत् 1950 में इनका दीवान पहले पहल छपा था। फ़ारसी-अरबी में भी इन्होंने कलाम लिखे। इन्होंने अरबी की एक किताब का उर्दू तर्जुमा भी लाहोर में किया था जिसे बाद में पंजाब युनिवर्सिटी ने छपवाया था।

इनकी क़ाबिलियत पर खुश होकर सरकार ने इन्हें संवत् 1961 में 'शम्सुलउल्मा' के ख़िताब से नवाज़ा था।

ज़िंदगी के आख़िरी दिनों में ये हमेशा पानीपत में अपने घर पर रहा करते थे। चूंकि इनकी सेहत भी अब ख़राब हो चली थी। उन दिनों इनका वक़्त क़रीब-क़रीब ख़ुदा की बन्दगी में ही बीतने लगा था। पानीपत के लोग इनकी बड़ी इज़्ज़त किया करते थे। संवत् 1971 में इनका इंतक़ाल हो गया। इनके गुज़र जाने के बाद भी इनकी यादगार में इनका स्मारक बनाने की काफ़ी कोशिश पानीपत के लोगों ने की।

अपने उस्ताद ग़ालिब के इंतक़ाल के बाद इनकी यादगार में गुरूभक्त शागिर्द हाली ने यादगारे ग़ालिब लिखा जो अपने ढंग की एक ही पुस्तक है।

अपने उस्ताद ग़ालिब के लिए शागिर्द हाली का इज़हारे अक़ीदत कुछ इस तरह से है-

बुलबुले हिन्द मर गया हैहात।
जिसकी थी बात-बात में इक बात।
लाख मज़मून और उसका एक ठठोल,
सौ तक़ल्लुफ़ और उसकी सीधी बात।
एक रोशन दिमाग़ था न रहा,
शहर में एक चराग़ था न रहा।
मक़्दे मानी का गंजदां न रहा,
ख़ाने मज़्मूं का मेज़बां न रहा।
कोई वैसा नज़र नहीं आता,
वह ज़मीं और वह आसमां न रहा।
साथ उसके गई बहारे सुख़न,
अब कुछ अंदेशा-ए-ख़िज़ां न रहा।
क्या है जिसमें वह मर्दे कार न था।
इक ज़माना कि साज़गार न था।
शाइरी का किया हक़ उसने अदा,
पर कोई उसका हक़ गुज़ार न था।
ख़ाकसारों से ख़ाकसारी थी,
सरबुलंदों से इन्किसार न था।
बेरियाई थी ज़ुहद के बदले,

जुहद उसका अगर शआर न था।
ऐसे पैदा कहां हैं मस्तो ख़राब,
हमने माना कि होशियार न था।
हिन्द में नाम पायेगा अब कौन,
सिक्का अपना बिठाएगा अब कौन।
उसने सबको भुला दिया दिल से,
उसको दिल से भुलायेगा अब कौन।
उससे मिलने को यां हम आते थे,
जाके दिल्ली से आयेगा अब कौन।
था बिसाते सुख़न ये शातिर एक,
हमको चालें बतायेगा अब कौन।
शेर में नातमाम है हाली,
ग़ज़ल उसकी बनायेगा अब कौन।
किसको जाकर सुनायें शेरो ग़ज़ल,
किससे दादो सुख़नबरी पायें।
पस्त मज़मूं है नोह-ए उस्ताद,
किस तरह आसमां पै पहुंचायें।
अब न दुनिया में आयेंगे यह लोग।
कहीं ढूंढें न पायेंगे अब मदारे सुख़न।
उठ गया था जो मायदारे सुख़न।
किसके ठहरायेंगे अब मदारे सुख़न।
मज़हरे शान हुस्ने फ़ितरत था।
मानिये लफ़्ज़ आदमीयत था।

❖ ❖ ❖

हाली की शायरीः

काटने वाली ग़मे अय्याम की।
थामने वाली दिले नाक़ाम की।
तुझसे है मोहताज का दिल बेहिरास।
तुझसे है बीमार को जाने की आस।
राम के हमराह चढ़ी रन में तू।
पांडवों के साथ फिरी वन में तू।
ज़र्रे को ख़रशेद में दे तू खपा।
बंदे को अल्लाह से दे तू मिला।
एक तमन्ना में है औलाद की।
एक को दिलदार की है लौ लगी।
एक को है धुन कि जो कुछ हाथ आये।

धूम से औलाद की शादी रचाये।
एक को कुछ आज अगर मिल गया।
कल की है यह फ़िक्र कि खायेंगे क्या।
जो है ग़रज़ उस को नई जुस्तजू।
लाख अगर दिल हैं तो लाख आरज़ू।
तुझसे हैं दिल सब के बाग़-बाग़।
गुल कोई होने नहीं पाता चिराग़।
तुझमें छुपा राहते जां का है भेद।
छोड़ियो हाली का न साथ ऐ उमेद।

❖ ❖ ❖

ऐ सपहरे बरीं के सय्यारो।
ऐ फ़िज़ाएं ज़मीं के गुलज़ारो।
ऐ पहाड़ों की दिलफ़रेब फ़िजा।
ऐ लबे जू की ठंडी-ठंडी हवा।
ऐ अनादिल के नग़मये सहरी।
ऐ शबे माहताब तारों भरी।
ऐ नसीमें बहार के झोंकों।
दहरे ना पायदार के धोकों।
तुम हर एक हाल में हो यूं तो अज़ीज़।
थे वतन में मगर कुछ और ही चीज़
जब वतन में हमारा था रहना।
तुमसे दिल बाग़-बाग़ था अपना।
तुम मेरी दिल्लगी का सामां थे।
तुम मेरे दर्दे दिल के दरमां थे।
तुमसे कटता था रंजे तनहाई।
तुमसे पाता था दिल शिकेबाई।
आन इक इक तुम्हारी भाती थी।
जो अदा थी वह जी लुभाती थी।

❖ ❖ ❖

है कोई अपनी क़ौम का हमदर्द।
नोअ इन्सां का जिनको समझे फ़र्द।
जिस पै इतलाक़ आदमी हो सहीह।
जिसको हैवां पै दे सकें तरजीह।
क़ौम पै कोई ज़द न देख सके।
क़ौम का हाले बद न देख सके।
क़ौम से जान तक अज़ीज़ न हो।

क़ौम से बढ़ के कोई चीज़ न हो।
समझे उनकी ख़ुशी को राहते जां।
वहा तो नौरोज़ हो तो ईद हा यां।
भूल जाये सब अपनी क़दरे ज़लील।
देखकर भाईयों को ख़्वारो जलील।
जब पड़े उन पै गर्दिशे-अफ़लाक।
अपनी आसाइशों पै डाल दे ख़ाक।
बैठे बेफिक्र क्या हो हम वतनो।
उठो अहले वतन के दोस्त बनो।
मर्द हो तो किसी के काम आओ।
वरना खाओ पियो चले जाओ।

❖ ❖ ❖

जागने वालों ग़ाफ़िलों को जगाओ।
तैरने वालों डूबतों को तिराओ।
तुम अगर हाथ पांव रखते हो।
लंगड़े लूलों को कुछ सहारा दो।
तन्दुरुस्ती का शुक्र क्या है बताओ।
रंज बीमार भाईयों का बटाओ।
तुम अगर चाहते हो मुल्क की ख़ैर।
न किसी वतन को समझो ग़ैर।
हो मुसलमान इसमें या हिन्दू।
बौद्ध मज़हब हो या कि हो बम्हू।
सबको मीठी निगाह से देखो।
समझो आंखों की पुतलियां सबको।

❖ ❖ ❖

वो शेर औ क़सायद का नापाक दफ़्तर।
अफूनत में संडास से जो है बदतर।
ज़मा जिससे है ज़लज़ले के बराबर।
मलक जिससे शरमाते हैं आसमां पर।
हुआ इल्मो दीं जिससे तराज सारा।
वह इल्मो में इल्में अदब है हमारा।
बुरा शेर कहने को गर कुछ सज़ा है
अबस झूट बकना अगर ना रवा है।
तो वह महकमा जिसका क़ाज़ी ख़ुदा है।
मुर्कर्रर जहां नेको बद की जज़ा है।
गुनहगार वां छूट जायेंगे सारे।

जहन्नुम को भर देंगे शायर हमारे।
ज़माने में जितने कुली औ नफ़र हैं।
कमाई से अपनी वो सब बहरेवर हैं।
गवैये अमीरों के नूरे नज़र हैं।
डफ़ाली भी ले आते कुछ मांगकर हैं।
मगर इस तपेदिक में जो मुब्तिला हैं।
ख़ुदा जाने वह किस मरज़ की दवा हैं।
जा सक्के न हों जी से जाएं गुज़र सब।
हो मैला जहां गुम हों धोबी अगर सब।
बने दम पै गर शहर छोड़ें नफर सब।
जो दूर जायें मेहतर तो गंदे हों घर सब।
पैकर जायें हिजरत जो शायर हमारे
कहें मिलके ख़सकम जहां पाक सारे।

❖ ❖ ❖

उनके गुस्से में है दिलसोज़ी मलामत में है प्यार।
मेहरबानी करते हैं नामेहरबानों की तरह।
काम से काम अपने उनको गो हो आलम नुक्ताचीं,
रहते हैं बत्तीस दांतों में ज़ुबानों की तरह।
ताने सुन-सुन अहमकों के हंसते हैं दीवानावार,
दिन बसर करते हैं दीवानों में स्थानों की तरह।
कीजे क्या हाली न कीजे सादगी गर अख़्तियार,
बोला आये न जब रंगी बयानों की तरह।

❖ ❖ ❖

होगा न क़द्र जान की कुरबां दिये बग़ैर।
दाम उट्ठेंगे न जिन्स के अर्ज़ां किये बग़ैर।
गो हो शफ़ा से यास पै जब तक है दम में दम,
बन आयेगी न दर्द का दरमां किये बग़ैर।
बिगड़ी हुई बहुत है कुछ इस बाग की हवा,
यह बाग़ को रहेगी न वीरां किये बग़ैर।
गो मय है तुन्दो सख़्त पै साक़ी है दिलरुबा,
ऐ शेख़ बन पड़ेगी न कुछ ही किये बग़ैर।

❖ ❖ ❖

बादे सबा गई फूंक क्या जाने कान में क्या,
फूले नहीं समाते गुंचे जो पैरहन में।
गो रो चुके हैं दुखड़ा सौ बार क़ौम का हम,
पर ताज़गी वही है इस क़िस्स-ए-कुहन में।

बढ़ाओ न आपस में मिल्लत ज़ियादा।
मुबादा कि हो जाय नफ़रत ज़ियादा।
तकल्लुफ़ अलामत है बेगानगी की,
न डालो तकल्लुफ़ की आदत ज़ियादा।
करो दोस्ती पहले आप अपनी इ़ज़्ज़त,
जो चाहो करें लोग इ़ज़्ज़त ज़ियादा।
निकालो न रख़ने नसब में किसी को,
नहीं इससे कोई रज़ालत ज़ियादा।
करो इल्म से इकतसावे शराफ़त,
नजाबत से है यह शराफ़त ज़ियादा।
फ़राग़त से दुनिया में दम भर न बैठो,
अगर चाहते हो फ़राग़त ज़ियादा।
जहां काम होता है मीठी ज़बां से,
नहीं लगती कुछ इसमें दौलत ज़ियादा।
मुसीबत का इक इक से अहवाल कहना,
मुसीबत से है यह मुसीबत ज़ियादा।
करो ज़िक्र कम अपनी दादो दहिरा का,
मुबादा कि साबित हो ख़िस्सत ज़ियादा।
फिर औरों की तकते फिरोगे सख़ावत,
बढ़ाओ न हद से सख़ावद ज़ियादा।
कहीं दोस्त तुमसे न हो जायें बदज़न,
जताओ न अपनी मुहब्बत ज़ियादा।
जो चाहो फ़क़ीरी में इ़ज़्ज़त से रहना,
न रक्खो अमीरों से मिल्लत ज़ियादा।
वह इफ़लास अपना छिपाते हैं गोया,
जो दौलत से करते हैं नफ़रत ज़ियादा।
है उल्फ़त भी वहशत भी दुनिया से लाज़िम,
पै उल्फ़त ज़ियादा न वहशत ज़ियादा।
फ़रिश्ते से बेहतर है इन्सान बनना,
मगर इसमें पड़ती है मेहनत ज़ियादा।
बिके मुफ़्त यां हम ज़माने के हाथों,
पै देखा तो थी यह भी क़ीमत ज़ियादा।
हुई उम्र दुनिया के धन्दों में आख़िर,
नहीं बस अब ऐ अक़्ल, मोहलत ज़ियादा।
ग़ज़ल में वह रंगत नहीं तेरी 'हाली'
अलापें न बस आप धुरपत ज़ियादा।

❖ ❖ ❖

यारों को तुझसे हाली अब सरगरानियां हैं।
नींदें उचाट देतीं तेरी कहानियां हैं।
याद उसकी दिल से धो दे ऐ चश्मेतर तो मानूं,
अब देखनी मुझे भी तेरी खामियां हैं।
ग़ीबत हो या हजूरी दोनों बुरी हैं तेरी,
जब बदगुमानियां थीं अब बदजुबानियां हैं।
कहते हैं जिसको जन्नत वह एक झलक है तेरी,
सब वाइज़ों की बाक़ी रंगी बयानियां हैं।
अपनी नज़र में भी यां अब तो हक़ीर हैं हम,
बग़ैरतो की यारों अब ज़िन्दगानियां हैं।
खेतों को दे लो पानी अब बह रही है गंगा,
कुछ कर लो नौजवानों उठती जवानियां हैं।
फ़ज़लो हुनर बड़ों के कर तुम में हो तो जानें,
गर यह नहीं तो बाबा वह सब कहानियां हैं।

❖ ❖ ❖

जब यह कहता हूं कि बस दुनिया पै अब तुफ़ कीजिये।
नफ़्स कहता है अभी चन्दे तवक़्कुफ़ कीजिये।
ज़ब्त कीजे दर्दे दिल ता ज़ब्त की ताक़त नहीं,
औ खुला जाता है राज़े दिल अगर उफ़ कीजिये।
वक़्त था जो काम का हाली गवां बैठे उसे,
जाईये अब उम्र भर बैठे तआस्सुफ़ कीजिये।
तोबा हज़रत की यूं ही एक दूध का सा है उबाल,
हम दिखा देंगे ज़रा हम भर तवक़्कुफ़ कीजिये।

❖ ❖ ❖

बस ए ना उमेदी न यूं दिल बुझा तू।
झलक ऐ उमेद अपनी आख़िर दिखा तू।
ख़ुदा नाउमेदों को ढारस बंधा तू।
फ़िसुर्दा दिलों के दिल आख़िर बढ़ा तू।
तेरे दम से मुर्दों में जानें पड़ी हैं।
जलों खेतियां तू ने सरसब्ज़ की है।
बहुत है अभी जिनमें ग़ैरत है बाक़ी।
दिलेरी नहीं पर हमैयत है बाक़ी।
फ़क़ीरी में भी बू-ए सरबत है बाक़ी।
तिहीदस्त हैं पर मुरव्वत है बाक़ी।
मिटे पर भी पिन्दारे हस्ती यही है।
मकां गर्म है आग गो बुझ गई है।

समझते हैं इज़्ज़त को दौलत से बेहतर।
फ़क़ीरी को ज़िल्लत की शोहरत से बेहतर
गली में क़नायत को सरवत से बेहतर।
उन्हें मौत है बारे मिन्नत से बेहतर।
सर उनका नहीं दर-ब-दर झुकने वाला।
वह खुद पस्त हैं पर निगाहें है बाला।
पिघलते हैं सांचे में ढलने की ख़ातिर।
लगाते हैं ग़ोता उछलने की ख़ातिर।
ठहरते हैं दम लेके चलने की ख़ातिर।
वह खाते हैं ठोकर सम्हलने की ख़ातिर।
सबब को मरज़ से समझते हैं पहले।
उलझते हैं पीछे सुलझते हैं पहले।
न राहत तलब है न मोहलत तलब वह।
लगे रहते हैं काम में रोज़ो शब वह।
नहीं लेते दम एकदम बेसब वह।
बहुत जाग लेते हैं सोते हैं तब वह।
वह थकते है और चैन पाती है दुनिया।
कमाते हैं वह और खाती है दुनिया।
खपाते हैं कोशिश में ताबो तवां को।
घुलाते हैं मेहनत में जिस्मे रवां को।
समझते नहीं इसमे जां अपनी जां को।
वह मर मर के रखते हैं ज़िंदा जहां को।
बस इस तरह जीना इबादत है उनकी।
और इस धुन में मरना शहादत है उनकी।
बशर को है लाज़िम कि हिम्मत न हारे।
जहां तक हो काम आप अपने संवारे।
खुदा के सिवा छोड़ दे सब सहारे।
कि है आरज़ी ज़ोर कमज़ोर सारे।
अड़े वक्त तुम दायें बायें न झांको।
सदा अपनी गाड़ी को गर आप हांको।

❖ ❖ ❖

जहां से हाली किसी प' अपने सिवा भरोसा न कीजियेगा।
य' भेद है अपनी ज़िन्दगी का बस इसका चर्चा न कीजियेगा।
हो लाख ग़ैरों का ग़ैर कोई न जानना उसको ग़ैर हरग़िज,
जो अपना साया भी हो तो उसको तसव्वुर अपना न कीजियेगा।
लगाव तुममें न लाग ज़ाहिद न दर्दे उल्फ़त की आग ज़ाहिद,
फिर और क्या कीजिएगा आख़िर जो तर्के दुनिया न कीजियेगा।

तज़किरा दहिल-ए-मरहूम का ऐ दोस्त न छेड़,
न सुना जायेगा हमसे यह फ़िसाना हरग़िज।
जिसको ज़ख़्मों से हवादिस के अछूता समझें,
नज़र आता नहीं एक ऐसा घराना हरगिज़।
हमको गर तूने रुलाया तो रुलाया ऐ चर्ख़,
हम पै ग़ैरों को तो ज़ालिम न हंसाना हरगिज़।
शायरी मर चुकी अब ज़िन्दा न होगी यारो,
याद कर करके उसे जी न कुढ़ाना हरगिज़।
ग़ालिबो शेफ़्तओ नय्यरो आज़ुरदओ ज़ौक़,
अब दिखायेगा यह शक़्लें न ज़माना हरगिज़।
मोमिनो उलबियो अहबाबओ ममनूं के बाद,
शेर का नाम न लेगा कोई दाना हरगिज़।
दाग़ो मजरूह को सुन लो कि फिर इस गुलशन में,
न सुनेगा कोई बुलबुल का तराना हरगिज़।
बज़्मे मातम तो नहीं बज़्मे सुख़न है हाली,
यां मुनासिब नहीं रो रो के रुलाना हरगिज़।

❖ ❖ ❖

कम से कम वाज़ में इतना तो असर हो वाइज़,
बोल क़व्वाल के जो दिल पै असर करते हैं।
ऐब यह है कि करो ऐब हुनर दिखलाओ,
वरना यां ऐब तो सब फ़र्दे बशर करते हैं।

❖ ❖ ❖

है इश्क़ तबीब दिल के बीमारों का।
या घर है वह ख़ुद हज़ार आज़ारों का।
हम कुछ नहीं जानते पै इतनी है ख़बर,
इक मशगला दिलचस्प है बेकारों का।

❖ ❖ ❖

मुमकिन य नहीं कि हो बशर ऐब से दूर।
पर ऐब से बचिये ताब मकदूर ज़रूर।
ऐब अपने घटाओ पै ख़बरदार रहो,
घटने से कहीं उनके न बढ़ जाये ग़रूर।

❖ ❖ ❖

हैं जहल में सब आलिमो जाहिल हमसर।
आता नहीं फर्क़ इसके सिवा उनमें नज़र।
आलिम को है इल्म अपनी नादानी का,
जाहिल को नहीं जहल की कुछ अपने ख़बर।

है नफ़्स में इन्सां के जिबिल्ली मर्ज़।
हर सई पै होता है तलबगार एवज़।
जो ख़ास ख़ुदा के लिये ये काम किये,
देखा तो निहां उनमें भी थी कोई गरज़।

❖ ❖ ❖

दुनिया ए दुनी को नक़्शे फ़ानी समझो।
रुदाइे जहां को इक कहानी समझो।
पर जब करो आग़ाज़ कोई काम बड़ा,
हर सांस को उम्रे जाविदानी समझो।

❖ ❖ ❖

देखो जिस सल्तनत की हालत दरहम।
समझो कि वहां है कोई बरकत का क़दम।
या तो कोई बेग़म है मुशीरे दौलत,
या है कोई मौलवी वज़ीरे आज़म।

❖ ❖ ❖

मूसा ने यही की अर्ज़ कि ऐ बारे ख़ुदा।
मक़बूल तेरा कौन है बन्दों में सिवा।
इरशाद हुआ बन्दा हमारा वह है,
जो ले सके और न ले बदी का बदला।

❖ ❖ ❖

कुछ क़ौम की हमसे सोगवारी सुन लो।
कुछ चश्मे जहां में अपनी ख़्वारी सुन लो।
अफ़सानए क़ैसो कोहकन याद नहीं,
चाहो तो कथा हमसे हमारी सुन लो।

❖ ❖ ❖

है जान के साथ काम इन्सां के लिये।
बनती नहीं ज़िन्दगी में बेकाम किये।
जीते हो तो कुछ कीजिए ज़िन्दों की तरह,
मुर्दों की तरह जिये तो क्या ख़ाक जिये।

❖ ❖ ❖

मौजूद हुनर हों ज़ात में जिसकी हज़ार।
बदज़न न हो ऐब उसमें गर हों दो चार।
ताऊस के पाये जिश्त पर करके नज़र,
कर हुस्नो जमाल का न उसके इन्कार।

❖ ❖ ❖

मसरुफ़ जो यूं वज़ीफ़ा ख़्वानी में हैं आप।
ख़ैर अपनी समझते बेज़बानी में हैं आप।
बोलें कुछ मुंह से या न बोले हज़रत,
मालूम है हमको जितने पानी में हैं आप।

❖ ❖ ❖

यह सच है कि मांगना ख़ता है न सवाब।
ज़ेबा नहीं सायल पै मगर क़हरो इताब।
बदतर है हज़ार बार ऐ दूने हिम्मत,
सायल के सवाल से तेरा तलख़ जवाब।

❖ ❖ ❖

वाइज़ ने कहा कि वक़्त सब जाते हैं टल।
इक वक़्त से अपने नहीं टलती तू अजल।
की अर्ज़ यह इक सेठ ने उठकर कि हुज़ूर,
है टैक्स का वक़्त भी इसी तरह अटल।

❖ ❖ ❖

मरने पै मेरे वह रोजो शब रोयेंगे।
जब याद करेंगे मुझे तब रोयेंगे।
उल्फ़त पै वफ़ा पै जां निसारी पै मेरी,
आगे नहीं रोये थे तो अब रोयेंगे।

❖ ❖ ❖

9

अकबर

अपने ढंग की एक अलग ही शख़्सियत थे। इनकी शायरी में तंजोमिज़ाह की भरपूर झलक मिलती है। इन्हें शायरी को सोचना नहीं पड़ता था, बल्कि शायरी इनके लबों पर हर वक़्त मौजूद रहती थी। इनका पूरा नाम सैय्यद अकबर हुसेन रिज़वी और पिता का नाम सैय्यद तफ़ज़्ज़ुल हुसेन रिज़वी था। ये 'अकबर' तख़ल्लुस से लिखते थे। इनका जन्म संवत् 1903 को क़स्बा बारा ज़िला इलाहाबाद में हुआ था। संवत् 1978 में इनका इंतक़ाल हुआ।

इनके वालिद बड़े ही मज़हब परस्त इन्सान थे। पिता की ख़ुदा परस्ती का असर इनकी ज़िन्दगी पर पूरा पड़ा। शुरआत में इन्हें अरबी, फ़ारसी और हिसाब-किताब की तआलीम दी गई। चौदह बरस की उम्र में इनको अंग्रेज़ी भाषा सीखने का शौक सवार हुआ। अंग्रेज़ी के मास्टर से इन्होंने अपने घर पर रहकर अंग्रेज़ी की तआलीम हासिल की थी। साथ ही साथ स्कूली तालीम जारी रखी। संवत् 1924 में इन्होंने वकालत का इम्तहान पास किया और फिर नायब तहसीलदारी के ओहदे पर ये आसीन हुए। तहसीलदारी में रहते-रहते ये तरक्की करके संवत् 1927 में हाईकोर्ट में मिसल पढ़ने वाले का ओहदा संभाला। उसके बाद फिर संवत् 1929 से लेकर संवत् 1937 तक वकालत ही करते रहे। संवत् 1945 में सब-जज और फिर संवत् 1951 में स्माल काज़ कोर्ट के जज और सेशन कोर्ट में प्रथम श्रेणी के जज नियुक्त किये गये। उस दौर में इन्हें हज़ार बारह सौ रुपये तनख़्वाह मिलती थी जो कि अच्छी खासी रक़म उस ज़माने में मानी जाती थी। संवत 1955 में इन्हें 'खान बहादुर' के ख़िताब से नवाज़ा गया। ये प्रयाग विश्वविद्यालय के फ़ेलो भी थे। आगे चलकर ये हाई कोर्ट के जज भी बनने वाले थे लेकिन काम करते-करते ये थक से गए थे। इसलिये इन्होंने अपने काम से इस्तीफ़ा दे दिया। संवत् 1959 में सरकार से पेंशन ले ली। उस दौर के शायरों में ये सबसे ज़्यादा पढ़े-लिखे इल्मयाफ़्ता होने के साथ-साथ ही बड़े-बड़े ओहदों की शान बढ़ाई। पेंशन लेने के बाद ये प्रयाग में ही अपनी इशरत मंज़िल नाम की कोठी में ही रहने लगे। इसके बाद अपना पूरा का पूरा वक़्त अदब और शायरी को दे दिया था। रिटायर्ड होने के बाद इन्होंने अपने ख़ुदा की बंदगी को अपनी ज़िंदगी का एक ज़रूरी हिस्सा बना दिया। इशरत मंज़िल में अपनी ज़िंदगी के आख़िरी दिनों तक रहे। यहीं पर इनकी शायरी परवान चढ़ी, चूंकि यहीं पर इलाहाबाद के बड़े-बड़े साहित्यकारों और शायरी से मुतालिक आये दिन चर्चाएं होती रहती थीं, महफ़िलें सजती रहती थीं।

अकबर, ख़्वाजा आतिश के शागिर्द मुंशी ग़ुलाम हुसैन 'वहीद' के शागिर्द थे। बचपन से ही इनका साहित्य और शायरी के प्रति काफ़ी झुकाव रहा। अपनी किशोरावस्था में भी ये शेर कह लेते थे। अपनी तआलीम पूरी करने के पहले भी ये उस दौर के पुराने अंदाज में ग़ज़लें लिखा करते थे। जब संवत् 1936 में लखनऊ से 'अवध पंच' नामक पत्रिका निकलती थी तो इन्होंने अपने लिखने

का ढंग भी बदल दिया। 'अवध पंच' में ये अपनी तंजोमिज़ाह की रचनाओं को गद्य और पद्य दोनों विधाओं में लिखने लगे। पद्य लिखने की इन्होंने अपने ढंग की एक नई शैली का इजाद किया जो आगे चलकर इनकी शायरी की एक अलग पहचान बनी। हालांकि उर्दू शायरी की दुनिया में उर्दू के एक से बढ़कर एक शायर हो गए हैं लेकिन अकबर अपने अलग अंदाज़ के एक अलग शायर हुए हैं। इन्होंने उर्दू शायरी की पुरानी परंपराओं की हदों को तोड़कर बाहर ले जाये। इन्होंने उर्दू शायरी को गुलो बुलबुल, शमा-परवाना, शबाबो-शराब, हुस्नो इश्क़ की सजी महफ़िलों से निकालकर एक ऐसे मक़ाम पर खड़ा कर दिया कि दुनिया के हिस्से का रूप और रंग बदला हुआ नज़र आने लगा। शायरी को कुऐं से निकालकर मैदान पर लाकर खड़ा कर दिया गया। अकबर को तंज़ोमिज़ाह का मसीहा माना जाने लगा। अदब में इन्होंने किसी भी पहलू को नहीं छोड़ा, फिर चाहे वो प्रेम, विरह, धर्म, राजनीति, समाज-सुधार, या शिक्षा जैसे विषय हो, उसे हास्य में लपेटकर उन पर बहुत ही तीख़ा प्रहार किया, जिसे पढ़कर लोग हंसे बिना नहीं रह सके। साफ़गोई इनके हर शेर से झलकती है। अकबर अंग्रेज़ी रहन-सहन, शिक्षा-दीक्षा, वेश-भूषा और तौर-तरीक़ों के कट्टर विरोधी थे। हालांकि, वो अंग्रेज़ों का ही ज़माना था व अंग्रेज़ी राज की मुलाज़मत थे, ये हिम्मत और निडरता की ही बात है। इन्होंने अपने एक-एक शेर में अंग्रेज़ियत की दिल खोलकर खिल्ली उड़ाई है। ये बड़े ही ख़ुदा परस्त, वतन परस्त और हिन्दु मुस्लिम एकता के बहुत बड़े हिमायती थे। एक बहुत बड़े समाज सुधारक और नर्म दिल शख़्सियत थे।

इनकी ज़िंदगी हंसी-मज़ाक से भरी पूरी थी। इनके हर इक शेर के साथ कोई न कोई लतीफ़ा ज़रूर जुड़ा हुआ रहता है। एक बार एक शख़्स इनसे मिलने आये, उस वक़्त ये ज़नान-खाने में थे। उसने अपना विज़ीटिंग कार्ड अंदर भेजा। उस पर उसका नाम तो छपा हुआ था, लेकिन उस पर बी.ए. नाम के क़रीब पेंसिल से लिखा हुआ था। लगता था कि बी.ए. पास कार्ड छपने के बाद किया होगा, ये साफ़ ज़ाहिर था। अकबर साहब ने कार्ड को बड़े ध्यान से देखा। उस शख़्स की इस हरकत से उसकी अक़्ल पर हंसी तो आई ही, पर दिल में कुछ हलचल-सी होने लगी। इन्होंने तुरंत ही कार्ड की पीठ पर एक शेर लिखकर उसे वापिस उसके पास भेज दिया और मिलने से इंकार कर दिया। वो शेर कुछ इस तरह से था-

शेख़जी घर से न निकले और ऐसा लिख दिया।
आप बी.ए. पास हैं तो मैं भी बीवी पास हूं।।

इनके फ़रजद सैयद इशरत हुसेन रिज़वी साहब, जो उन दिनों हिन्दुस्तान के किसी प्रांत में डिप्टी कलेक्टर के ओहदे पर थे, पढ़ने के लिए विलायत भेजे गये। विलायत में रहकर पढ़ाई के दौरान वे वहां की तहज़ीब से काफ़ी मुतासिर हुए। जब वे वहां से पढ़-लिखकर वापिस हिन्दुस्तान आये तो उनका नक़्शा बदला हुआ था। वो वहां से पूरे अंग्रेज़ ही बनकर लौटे। अकबर साहब ने जब उन्हें देखा तो दंग रह गए। अंग्रेज़ीपन से अकबर को ज़बर्दस्त नफ़रत थी, फिर अपने ही पुत्र में जब अंग्रेज़ी नज़ाकत भरपूर देखी तो उन्हें बड़ा दिली अफ़सोस हुआ। अकबर साहब ने अपने कितने ही शेरों में इसे ज़ाहिर करके अपने दर्द को कुछ तो हल्का कर लिया। एक बार वे अपने फ़रजंद इशरत हुसेन साहब से सीतापुर मिलने गये। उस वक़्त वे सीतापुर में डिप्टी कलेक्टर थे। अकबर हमेशा से सादी पोशाक पहना करते थे। शाम का समय था। डिप्टी साहब के मित्र उनसे मिलने के लिए उनके घर पर आए। अकबर को एक सीधी-सादी पोशाक में देखकर उन्हें वहां पर उनके मित्रों में से किसी ने भी कोई ख़ास तरजीह नहीं दी। कुछ देर बाद एक और दोस्त आए जो कि

अकबर को पहचानते थे। उस दोस्त ने सबके कान में कह दिया कि ये डिप्टी साहब के वालिद हैं। यह मालूम होते ही डिप्टी साहब के सारे दोस्तों ने उन्हें घेर लिया और बड़ी ही इज़्ज़त और मुहब्बत से गुफ़्तगू करने लगे। बातों ही बातों में वे कहने लगे, "मियां, और भी कुछ सुना है आपने? सुना है योरप में अल्लाह मियां आये थे। आप लोगों ने देखा था?" उनकी ये बात सुनकर सब चुप। सब आश्चर्य से उनका चेहरा देखने लगे। कुछ देर तक चुप रहने के बाद वे बहुत ही गंभीर होकर बोले- हां, मुझे बहुत ही मातबर तरीक़े से मालूम हुआ। और एक बात तो बड़े ही मज़े की हुई। यौरप में अल्लाह मियां को किसी ने पहचाना तक नहीं और न ही किसी ने बात की, यहां तक पूछा भी नहीं। पर इत्तफ़ाक़ से किसी को पता चला तो उसने सबको बतलाया कि ये जो अल्लाह मियां हैं न, मसिहाओं के बाप हैं। बस फिर क्या था कि उनकी बड़ी ही आवभगत हुई और लोग इनकी ख़िदमत करने लगे। डिप्टी साहब के दोस्तों ने उनकी बात बड़े ही ग़ौर से सुनी। थोड़ी देर के बाद वे उनकी बात का इशारा समझे और बहुत ही शर्मिंदा होकर रह गए।

मतलब कि अकबर साहब के बात करने का ढंग इतना निराला और स्पष्टवादी रहता था कि अक़्ल का ग़रीब आदमी भी आसानी से समझ जाता था कि बात कहां से शुरू हुई है और कहां पर जाकर ख़त्म हो रही है। बावजूद इसके भी अगर कोई नहीं समझ पाता तो उनके पास शायरी का दूसरा हथियार भी हुआ करता था, जिसकी कई मिसालें उनकी शायरी में मिल ही जाती हैं। अपनी बात को लतीफ़े के ज़रिये भी पेश करने में उन्हें बहुत महारत हासिल थी।

कॉलेजों की नास्तिकता वाली तआलीम से भी ये बहुत ही ज्यादा खार खाते थे। मौक़ा पड़ने पर ये अलीगढ़ के मुस्लिम कॉलेज और वहां के रुहे रवां सर सैयद अहमद खां साहब की भी नुक़्ताचीनी करने से भी कभी पीछे नहीं रहते थे। अलीगढ़ मुस्लिम युनिवर्सिटी की एक मोतबर शख़्सियत जनाब अब्दुल ग़फ़ूर खां साहब थे। एक बार जनाब अब्दुल गफ़ूर खां साहब ने पहले पहल दाढ़ी मूंछ मंडवा करज़न फैशन में उनके सामने पड़ गये। यह बात अकबर साहब को गवारा न हुई। चूंकि उन्हें ये मज़हबी रिवायत के खिलाफ़ लगी। इन्होंने एक दिन अब्दुल गफ़ूर खां साहब, जब अपने दोस्तों और पैरोकारों के बीच बैठे हुए थे तो अकबर ने दिल की भड़ास निकालने के लिए ये शेर कह ही डाला-

देख अब्दुल ग़फ़ूर खां की तरफ़,
मर्द ख़ुशहाल इसको कहते हैं।
चार अब्रू का यां सफ़ाया है,
फ़ारिग़-उल-बाल इसको कहते हैं।

यहां पर पूरे शेर का सारा मज़ा 'फारिग़-उल-बाल' में ही है। उर्दू में इसके दो मानी है। एक मतलब होता है बेफ़िक्र होना और दूसरा मानी होता है बिना बाल (जुल्फ़ों या भौहों) का होना।

समाज में ये स्त्रियों की तआलीम के क़तई मुख़ालिफ न थे। फिर भी इस मुद्दओ पर इनके ख़याल कुछ अलहदा थे। अंग्रेज़ी तौर-तरीके के तआलीम को स्त्रियों के लिए ज़हर से भी ख़तरनाक समझते थे। पर इनके कहने का जो अपना ढंग था ही ऐसा कि स्त्रियों की तआलीम के पूरे हिमायती लोग भी इनकी बातें सुनकर तंज़ोमिज़ाह के साथ कुछ नसीहत भी हासिल कर लेते थे। इसकी भी बानगी देख लें-

तआलीम लड़कियों की ज़रूरी तो है मगर,
ख़ातूने ख़ाना हों वो सभा की परी न हों।

ज़ीइल्म मुत्तक़ी हों वले उनके मुन्तज़िम,
उस्ताद अच्छे हों मगर उस्तादजी न हों।

यहां इस शेर का मरकज़ उस्तादजी हैं। उस्ताद तो उस्ताद होते ही हैं, मगर उस्ताद जी कोठेवाली वैश्याओं के कहलाये जाते हैं।

अपनी हिन्दुस्तानी तहज़ीब से बे-इन्तिहा मुहब्बत करने वाले शायर अकबर साहब ने अंग्रेज़ियत, अंग्रेज़ी तिजारत और ताजिर, स्कूलों और कॉलेजों की तआलीम, कौंसिल की मेम्बरी, शासन सुधार और नीतियों, वोट, भिक्षा, ख़रीद फ़रोख़्त, अख़बार, विलायती पोशाक, पैरहन, और रहन-सहन आदि, अमूमन वर्तमान के सभी विषयों व मसलों पर इन्होंने चुभते हुए दिल के आर-पार होने वाले शेर बड़े ही तंज़ और मज़ाहिया तरीक़े से कहे। कहने का ढंग ऐसा कि इनके विचारों के कट्टर से कट्टर विरोधी भी ख़ुश होकर जाया करते थे। शायर की सबसे बड़ी सफलता यही होती है और यही उसका इम्तहान भी होता है।

उस दौर में देश में अंग्रेज़ों के ख़िलाफ़ एक मशआल जल चुकी थी। अकबर के मन में महात्मा गांधी के लिए बड़ी आस्था थी। इसी अक़ीदत के कारण ये उनके 'असहयोग आदोलन' के हिमायती हुए। हालांकि ये उस आंदोलन में खुलकर सामने न आ पाए, लेकिन फिर इन्होंने उस दौर में 'गांधी नामा' लिखा था जिसमें इन्होंने महात्मा गांधी के उसूलों और 'असहयोग आंदोलन' की वकालत करते हुए अवाम को इसकी ज़रूरत और उसके नतीजों से होने वाले फ़ायदे को समझाया। एक पेंशनर जज का यह काम बड़ी ही हिम्मत का काम था। बेमिसाल वतन परस्ती की जो एक कहानी बनकर लोगों के सामने आई।

योरप की लड़ाई के दिनों में अकबर ने कुछ ऐसी ग़ज़लें लिखीं जो कि क्रांतिकारी तेवर की थीं, जिनसे असहयोग आंदोलन की बू आने लगी थी। इनकी ग़ज़लों से अंग्रेज़ी हुकूमत हिलकर रह गई। हुकूमत ने अपना यह डर गुस्से के रूप में ज़ाहिर किया, सख़्ती की जाने लगीं। तब अकबर ने कुछ समय तक अपनी कलम को ठहराव दिया, ग़ज़लें लिखनीं बंद कर दी। पर भला यह नशा कब और कितने दिन रुकता। यहां पर ग़ालिब का एक शेर पूरी तरह से लागू होता है कि- "छूटती नहीं है मुंह से य काफ़िर लगी हुई।" अकबर अब खुले रूप से न ही, फिर भी वो चुपके-चुपके अपने कलाम लिखते रहे। अपने लिखे हुए ये कलाम अपने नज़दीकी दोस्तों को सुनाते। अब तो ये कलाम एक मुंह से निकलकर दूसरे तक और दूसरे के मुंह से निकलकर अवाम तक पहुंचने लगे। एक ग़ज़ल का शेर कुछ इस तरह से है-

प्रेस ब्यूरो के तारों से नतीजा यह निकलता है।
फ़तह सरकार की होती है कब्ज़ा उसका होता है।

उन्हीं दिनों के लिखे हुए अकबर के दो शेर ज़रा और देख लें-

हुक्म अकबर को मिला है कि न लिखो अशआर।
ख़्वाजा हाफ़िज भी निकाले गये मयख़ाने से।

सीने इधर ऐसे कि सहें औरे रफ़ल भी।
कान उनके वो नाज़ुक कि गरां मेरी ग़ज़ल भी।

अकबर की शायरी भारत के उस दौर और अंग्रेज़ी हुकूमत का एक छोटा तारीख़ी दस्तावेज़ भी है।

ये माना जा रहा था कि आगे आने वाले वक़्त में लोग जब अकबर की शायरी को पढ़कर देखेंगे कि हिन्दुस्तान में अंग्रेज़ी हुकूमत के ज़माने का नाटक कैसा था। अब तक के हिन्दी या उर्दू के किसी कवि शायर की रचना में उसके समय का संसार और नज़ारा देखने को नहीं मिलता है। लेकिन ये ख़ूबी हमें दिखाई देती है सिर्फ अकबर की शायरी में कि जिसमें बीते वक़्म का माहोल झलकता है। अकबर के पहले और किसी भी शायर ने अपनी शायरी में अंग्रेज़ी शब्दों का इस्तेमाल नहीं किया था और न ही अंग्रेज़ी शब्दों को अपनी भाषा में मिलाने का प्रयत्न किया। इसके पहले अल्ताफ हुसैन हाली ने ये कोशिश ज़रूर की थी लेकिन मज़ाहिया शायरी के साथ नहीं, चूंकि हाली मज़ाहिया तबिअत के शायर न थे। अकबर ने अंग्रेज़ी शब्दों का इस्तेमाल इस खूबी से किया है कि उनकी शायरी कहीं से भी अटपटी नहीं लगती बल्कि आसानी से समझने लायक है।

जो प्रभाव बड़े-बड़े उपदेशकों की लंबी-चौड़ी तक़रीरों से पैदा नहीं हो सकता, वो असर अकबर के एक ही शेर से पैदा हो सकता है। अकबर अपने ज़माने के एक ऐसे उमदा शायर हुए थे कि उस जमाने में तंज़ोमिज़ाह का ऐसा कवि हिन्दी में नहीं हो पाया। वे तंज़ोमिज़ाह के बेताज बादशाह थे।

अकबर के तीन दीवान छप शाया हो चुके थे। कहते हैं कि जब वे सलामत थे, चौथा भी प्रेस में जा चुका था। इनके दीवान शायरी की दुनिया में काफ़ी मक़बूल हुए ही, पर ख़ासोआम में भी इनकी बहुत मांग रही। चूंकि इनकी मज़ाहिया शायरी का एक अलग ही लुत्फ़ था, साथ ही साथ भाषा भी सरल थी। एक-एक दीवान के कई संस्करण छप चुके हैं। ऐसा कहा जाता है कि इनके दीवान देवनागरी लिपि में ही छपे। हिंदी में अकबर पर दो-तीन किताबें भी निकल चुकी हैं।

पद्य के अलावा अकबर का गद्य साहित्य भी उमदा हैं। इनके लिखे हुए पत्र साहित्यिक नज़रिये से भी बहुत ही महत्वपूर्ण हैं। उर्दू में ग़ालिब और आज़ाद के बाद अकबर ही एक ऐसे शायर हैं कि जिसके ख़तून ख़ासोआम के पढ़ने लायक हैं।

अकबर की शायरी :

खुदा का नाम रोशन है खुदा का नाम प्यारा है।
दिलों को इससे कुव्वत है ज़ुबानों को सहारा है।
उसी के हुक्म से है रातदिन की ये कमी बेशी,
उसी के हुक्म का ताबे फ़लक पर हर सितारा है।
उसी के इंतज़ामों हुक्म से मौसम बदलते हैं,
वही है वक़्त पर जिसने हवाओं को उभारा है।
उसी के हुक्म से फल और ग़ल्ले की है पैदाइश,
ज़मीं पर बदलियों से उसने पानी को उतारा है।
य जब तक सांस चलती है समझते हो ही हम हैं,
अजल जब सर पै आ पहुंची तो फिर क्या बस हमारा है।
अगर आमाल अच्छे हैं तो पाओगे बड़े दर्जे,
समझ लो इम्तहां इस दारे फ़ानी में तुम्हारा है।
बुज़ुर्गों का अदब अल्लाह का डर शर्म आंखों में,
इन्हीं औसाफ़ की निस्बत मज़ाहब में इशारा है।

❖ ❖ ❖

जलवये साक़ी वो मय जान लिये लेते हैं।
शेख़जी ज़ब्त करें हम तो पिये लेते हैं।
दिल में याद उनकी जो आते हुए शरमाती है,
दर्द उठता है कि हम आड़ किये लेते हैं।
दौरे तहज़ीब में परियों का हुआ दूर नक़ाब,
हम भी अब चाके गरेबां को सिये लेते हैं।
ख़ुदकुशी मना ख़ुशी कुम ये क़यामत है गर,
जीना ही कितना है अब ख़ैर जिये लेते हैं।
लज़्ज़ते वस्ल को परवाने से पूछें उश्शाक़,
वो मज़ा क्या है जो वे जान दिये लेते हैं।

❖ ❖ ❖

हुस्न है बेवफ़ा भी फ़ानी भी।
काश समझे इसे जवानी भी।

❖ ❖ ❖

नफ़्स के ताबा हुए ईमान रुख़सत हो गया।
वो ज़नाने में घुसे मेहमान रुख़सत हो गया।
इस क़दर था खटमलों का चारपाई में हुजूम,
वस्ल का दिल से मेरे अरमान रुख़सत हो गया।
मय उन्होंने पी अब उनके पास क्योंकर दिल लगे,
जानवर इक रह गया इन्सान रुखसत हो गया।
लात दुनिया ने जो मारी बन गया दींदार वो,
थी बुरी ठोकर नगर शैतान रुख़सत हो गया।

❖ ❖ ❖

इशरती घर की मुहब्बत का मज़ा भूल गये।
खा के लंदन की हवा अहदे वफ़ा भूल गये।
पहुंचे होटल में तो फिर ईद की परवा न रही,
केक को चख के सेवंईयों का मज़ा भूल गये।
भूले मां-बाप को अग़यार के चरचों में वहां,
सायए कुफ़्र पड़ा नूरे ख़ुदा भूल गये।
मोम की पुतलियों पर ऐसी तबिअत पिघली,
चमने हिंद की परियों की अदा भूल गये।
बख़्ल है अहले वतन से जो वफ़ा में तुमको,
क्या बुजुर्गों की वो सब जूदो वफ़ा भूल गये।
नक़ले मग़रिब की तरंग आई तुम्हारे दिल में,
और य नुक़्ता कि मेरी अस्ल है क्या भूल गये।

क्या ताज्जुब है जो लड़कों ने भुलाया घर को,
जब कि बूढ़े भी रविशे दीने ख़ुदा भूल गये।

❖ ❖ ❖

रंगे शराब से मेरी नीयत बदल गई।
वाइज़ की बात रह गई साक़ी की चल गई।
तय्यार थे नमाज़ पै हम सुनके ज़िक्रे हूर,
जलवा बुतों का देख के नीयत बदल गई।
चमका तेरा जमाल जो महफ़िल में वक़्ते शाम,
परवाना बेक़रार हुआ शमअ जल गई।

❖ ❖ ❖

उन्हें शौक इबादत भी है औ गाने की आदत भी।
निकलती हैं दुआयें उनके मुंह से ठुमरियां होकर।
न थी मुत्तलक़ तवक़्क़ुए बिल बनाकर पेश कर दोगे,
मेरी जां लुट गया मैं तो तुम्हारा मेहमां होकर।
निकाला करती है घर से ये कहकर तू तो मजनूं है,
सता रखा है मुझको सास ने लैला की मां होकर।
रक़ीबे सिफ़ला ख़ू ठहरे न मेरी आह के आगे,
भगाया मच्छरों को उनके कमरे से धुंआं होकर।

❖ ❖ ❖

जब मैं कहता हूं कि या अल्लाह मेरा हाल देख।
हुक्म होता है कि अपना नामये आमाल देख।
सोच तुझको है अगर आइन्दा पालिटिक्स की,
ले नतायज से मदद और हिस्टरी में फ़ाल देख।
शौके तूलो पेच इस ज़ुल्मतक़दे में है अगर,
बात बंगाली के सुन बंगालिनों के बाल देख।
हुस्ने मिस पर कर नज़र मज़हब अगर जाता है जाय,
क़द्रदां को निर्ख़ की क्या बहस अकबर माल देख।

❖ ❖ ❖

एक पीर ने तहज़ीब से लड़को को उभारा।
एक पीर ने तआलीम से लड़की को संवारा।
पतलून में वो तन गया ये साये में फैली,
पाजाम ग़र्ज ये है कि दोनों ने उतारा।
बहरा वो बना कैंप में ये बन गई आया,
बीवी न रही जब तो मियांपन भी सिधारा।

दोनों जो कभी मिलते हैं गाते हैं ये मिसरा,
आगाज़ से बदतर है य' अंजाम हमारा।

❖ ❖ ❖

अब मिसेज़ बेसेंट नज़्मों में कहानी बन गई।
राज हम पायें न पायें वो तो रानी बन गई।

❖ ❖ ❖

कहा किसी ने य' सैयद से आप ऐ हज़रत,
न पीर को न किसी पेशवा को मानते हैं।
नज़र तो कीजिये इस बात पर जो हैं हिंदू,
बसद ख़लूस हर एक देवता को मानते हैं।
बहुत वो हैं जो अनासिर परस्त हैं दिल से,
वो आग पूजते हैं या हवा को मानते हैं।
मुरादें मांगते हैं लोग पाक रूहों से,
किसी बुजुर्ग को या मुक़तदा को मानते हैं।
फिर आप में ये हवा क्या समा गई है कि आप,
न दस्तगीर न मुश्क़िल कुशा को मानते हैं।
जवाब उन्होंने दिया हम हैं पैर वे कुरआं,
अदब हर एक का है लेकिन ख़ुदा को मानते हैं।
जवाब हज़रते सैयद का ख़ूब है अकबर,
हम उनके क़ौले दुरुस्तो बजा को मानते हैं।
व लेकिन इस नई तहज़ीब के बुज़ुर्ग अकसर,
ख़ुदा को और न तरीक़े दुआ को मानते हैं।
ज़बानी कहते हैं सब कुछ मगर हक़ीक़त में,
वो सिर्फ कूवते-फरमां रवां को मानते हैं।

❖ ❖ ❖

दांत का दर्द बदस्तूर चला जाता है।
वही माजू वही काफ़ूर चला जाता है।
डारविन के उसी लेक्चर का सबक है अब तक,
वही बंदर वही लंगूर चला जाता है।
बर्क़ के लॅम्प से आंखां को बचाए अल्लाह,
रोशनी आती है और नूर चला जाता है।

❖ ❖ ❖

पानी पीना पड़ा है पाईप का।
हर्फ़ पढ़ना पड़ा है टाईप का।

पेट चलता है आंख आई है।
शाह एडबर्ड की दुहाई है।

❖ ❖ ❖

सांस लेते हुए भी डरता हूं।
यह न समझे कि आह करता हूं।
बहरे-हस्ती में हूं मिसाले-हुबाब,
मिट ही जाता हूं तब उभरता हूं।
इतनी आज़ादी भी ग़नीमत है,
सांस लेता हूं बात करता हूं।
शेख़ साहब ख़ुदा से डरते हैं,
मैं तो अंग्रेज़ों ही से डरता हूं।
आप क्या पूछते हैं मेरा मिज़ाज,
शुक्र अल्लाह का मैं मरता हूं।
यह बड़ा ऐब मुझमें है अकबर,
दिल में जो आये कह गुज़रता हूं।

❖ ❖ ❖

तआज्जुब से कहने लगे बाबू साहब,
गवर्नमेंट सैयद प' क्यों मेहरबां हैं।
उसे क्यों हुई इस क़दर कामयाबी,
कि हर बज़्म में बस यही दास्तां हैं।
कभी लाट साहब हैं मेहमान उसके,
कभी लाट साहब का वह मेहमां है।
नहीं है हमारे बराबर वो हरगिज़,
दिया हमने हर सीग़े का इम्तिहां है।
वह अंगरेज़ी से कुछ भी वाक़िफ़ नहीं,
यहां जितनी इंग्लिश है सब बरज़बां है।
कहा हंसके अकबर ने ऐ बाबू साहब,
सुनो मुझसे जो रम्ज़ इसमें निहां है।
नहीं है तुम्हें कुछ भी सैयद से निस्बत,
तुम अंगरेज़ीदां हो वो अंगरेज़दा है।

❖ ❖ ❖

वाह क्या धज है मेरे भोले की।
शक्ल कोले की हैट सोले की।

❖ ❖ ❖

रोशन दिले आरिफ़ से फ़िज़ूं है बदन उनका।
रंगी है तबियत की तरह पैरहन उनका।
महरूम ही रह जाती है आग़ोशे तमन्ना,
शर्म आके चुरा लेती है सारा बदन उनका।
है साफ़ निगाहों से अयां जोशे-जवानी,
आंखों से सम्हलता नहीं मस्तानापन उनका।
यह शर्म के मानी हैं हया कहते हैं इसको,
आग़ोशे तसव्वुर में न आया बदन उनका।
इस ज़ुल्फ़ो-रुख़ो लब प उन्हें कों न हो नख़वत,
तातार है उनका हलब उनका यमन उनका।
गुज़री हुई बातें न मुझे याद दिलाओ,
अब ज़िक्र ही जाने दो बस ऐ जानेमन उनका।
दिलचस्प है आफ़त है क़यामत है ग़जब है,
बात उनकी अदा उनकी क़द उनका चलन उनका।

❖ ❖ ❖

कहा मजनू से यह लैला की मां ने,
कि बेटा तू अगर कर ले एम.ए. पास।
तो फौरन ब्याह दूं लैला को तुझसे,
बिला दिक़्क़त मैं बन जाऊं तेरी सास।
कहा मजनू ने यह अच्छी सुनाई,
कुजा आशिक़ कुजा कालिज की बकवास।
बड़ी बी, आपको क्या हो गया है,
हिरन पर लादी जाती है कहीं घास।
यह अच्छी कद्रदानी आपने की,
मुझे समझा है कोई हरचरनदास।
दिल अपना ख़ून करने को हूं मौजूद,
नहीं मंज़ूर मग़ज़े-सर का आभास।
यही ठहरी जो शर्ते-वस्ले-लैला,
तो इस्तीफ़ा मेरा बा-हसरतो यास।

❖ ❖ ❖

लन्दन को छोड़ लड़के अब हिंद की ख़बर ले।
बनती रहेंगी बातें आबाद घर तो कर ले।
राह अपनी अब बदल दे बस पास करके चल दे,
अपने वतन का रुख़ कर औ रुख़सते सफ़र ले।
इंगलिश की कर के कापी दुनिया की राह नापी,
दीनी तरीक़ में भी अपने क़दम को घर ले।

वापस नहीं जो आता क्या मुंतज़िर है इसका,
मां ख़स्ता हाल हो ले बेचारा बाप मर ले।
मग़रिब के मुरशिदों से तू पढ़ चुका बहुत कुछ,
पीराने मशरिक़ी से अब फ़ैज़ की नज़र ले।
मैं भी हूं एक सुख़नवर आ सुन कलामे अकबर,
इन मोतियों से आकर दामन को अपने भर ले।

❖ ❖ ❖

लगावट की अदा से उनका पान हाज़िर है।
क़यामत है सितम है दिल फ़िदा है जान हाज़िर है।
कहो जो चाहो सुन लेंगे मगर मुतलक़ न समझेंगे,
तबीयत तो ख़ुदा जाने कहां है कान हाज़िर है।
निगाहें ढूंढती हैं जिनको उनका दो निशां यारों,
इसे मैं क्या करूंगा ये तो सब सामान हाज़िर है।
बिठाकर ग़ैर की महफ़िल में मुझको उसने फ़रमाया,
सुनो अकबर की ग़ज़लें देखो ये मस्तान हाज़िर है।

❖ ❖ ❖

हासिल हो कुछ मआश यह मेहनत की बात है।
लेकिन सुरूरे-क़ल्ब यह किस्मत की बात है।
आपस की वाह-वाह लियाक़त की बात है,
सरकार की कुबूल य' हिकमत की बात है।
बी.ए. भी पास हों मिले बीवी भी दिलपसंद,
मेहनत की बात वह है य' किस्मत की बात है।
तहज़ीबो मग़रिबी में है बोसा तलक मुआफ़,
इससे अगर बढ़ो तो शरारत की बात है।

❖ ❖ ❖

तआल्लुक़ आशिक़ो माशूक का तो लुत्फ़ रखता है,
मज़े अब वह कहां बाक़ी रहे बीवी-मियां होकर।
न थी मुतल्लक़ तवक़्क़ो बिल बनाकर पेश कर दोगे,
मेरी जां लुट गया मैं तो तुम्हारा मेहमां होकर।
हक़ीक़त में मैं बुलबुल हूं मगर चारे की ख़्वाहिश है,
बना हूं मेम्बरे कौंसिल यहां मिट्ठू मियां होकर।
रक़ीबे-सिफ़ ला-खूं ठहरे न मेरी आह के आगे,
भगाया मच्छरों को उनके कमरे से धुंआ होकर।

❖ ❖ ❖

मुंह देखते हैं हज़रत अहबाब पी रहे हैं।
क्या शेख़ इसलिये अब दुनिया में जी रहे हैं।
मैंने कहा जो उससे ठुकरा के चल न ज़ालिम,
हैरत में आ के बोला- क्या आप जी रहे हैं।
अहबाब उठ गये सब अब कौन हमनशीं हैं,
वाक़िफ़ नहीं हैं जिनसे बाक़ी वही रहे हैं।
परियों के आशिक़ों को सौदा हुआ मिसों का,
जो फाड़ते थे जामा अब कोट सी रहे हैं।

❖ ❖ ❖

ज़ख़्मी किया सीने को नज़र है कि ग़ज़ब है।
खूं हो के भी क़ायम है जिगर है कि ग़ज़ब है।
वो कहते हैं मय पीने को तू पी नहीं सकता,
अय शेख़ ये अल्लाह का डर है कि ग़ज़ब है।
गुज़री है शबे वस्ल कि आई है मेरी मौत,
वो होते हैं रुख़सत य सहर है कि ग़ज़ब है।
लिपटा के मुझे सीने से वो आज ये बोले,
अकबर तेरी आहों का असर है कि ग़ज़ब है।

❖ ❖ ❖

न किताबों से न कॉलिज के है दर से पैदा।
दीन होता है बुज़ुर्गों की नज़र से पैदा।

❖ ❖ ❖

इनको क्या काम है मुरव्वत से,
अपने रुख़ से य मुंह न मोड़ेंगे।
जान शायद फ़रिश्ते छोड़ भी दें,
डॉक्टर फ़ीस को न छोड़ेंगे।
जो कुछ देखा अच्छा देखा।
क्या बतलायें क्या क्या देखा।
जमुना जी के पाट को देखा।
अच्छे सुथरे घाट को देखा।
सबसे ऊंचे लॉट को देखा।
हज़रत डयूक कनाट को देखा।
पलटन और रिसाले देखे।
गोरे देखे काले देखे।
संगीने और भाले देखे।
बैंड बजाने वाले देखे।
कुछ चेहरों पर मर्दी देखी।

कुछ चेहरों पर ज़र्दी देखी।
अच्छी ख़ासी सर्दी देखी।
दिल में जो हालत कर दी देखी।
अच्छे अच्छों को भटका देखा।
भीड़ में खाते झटका देखा।
मुंह को अगरचे लटका देखा।
दिल दरबार से अच्छा देखा।
रंग ज़माना आज क देखा।
रुख़ कर्ज़न महाराज क देखा।
पहुंचे फांद के सात समंदर।
तहत में इनके बीसियों बंदर।
हिकमती-दानिश उनके अंदर।
अपनी जगह हर एक सिकंदर।
महफ़िल उनकी साक़ी उनका।
आंखें मेरी बाक़ी उनका।

❖ ❖ ❖

जो मिल गया खाना दाता का नाम जपना।
इसके सिवा बताऊं क्या तुमको काम अपना।
रोना है तो इसी का कोई नहीं किसी का,
दुनिया है और मतलब मतलब है और अपना।
अय बिरहमन हमारा तेरा है एक आलम,
हम ख़्वाब देखते हैं तू देखता है सपना।

❖ ❖ ❖

उन्हें भी जोशे उल्फ़त हो तो लुत्फ़ उट्ठे मुहब्बत का,
हमीं दिन रात अगर तड़पें तो फिर इसमें मज़ा क्या हैं।
मुसीबत ऐन राहत है अगर हो आशिक़े सादिक़,
कोई परवाने से पूछे कि जलने में मज़ा क्या है।
तबीबो से मैं क्या पूछूं इलाजे दर्दे दिल अपना,
मर्ज़ जब ज़िंदगी खुद हो तो फिर उसकी दवा क्या है।

❖ ❖ ❖

ग़रीब ख़ाने में लिल्लाह दो घड़ी बैठो।
बहुत दिनों में तुम आये हो इस गली की तरफ़।
ज़रा सी देर ही हो जायेगी तो क्या होगा,
घड़ी-घड़ी न उठाओ नज़र घड़ी की तरफ़।
जो घर में पूछे कोई ख़ौफ क्या है कह देना,
चले गये थे टहलते हुए किसी की तरफ़।

पोशीदा आंखों में कभी दिल में निहां रहा।
बरसों ख़याले यार मेरा मेहमां रहा।
फ़रियाद किसकी थी पसे दीवार रात भर।
क्या मुझसे पूछते हो तू कल शब कहां रहा।
बेजा मेरे सफ़र पै हैं ये बदगुमानियां,
पेशे नज़र तुम्हीं तो रहे मैं जहां रहा।

❖ ❖ ❖

जो महफ़िल में अकबर ने खोली ज़बान।
गुलिस्तां में बुलबुल चहकने लगीं।

❖ ❖ ❖

गुल फेंके हैं योरप की तरफ़ बल्कि समर भी।
अय नेचरो साइंस भला कुछ तो इधर भी।
अग़यार तो दुनिया हैं उठाए हुए सर पर,
हम बैठे हैं इस तरह कि उठता नहीं सर भी।
अग़यार तो रग-रग से हमारी हुए वाकिफ़,
हम वो हैं कि पाते नहीं उस बुत की कमर भी।

❖ ❖ ❖

दुनिया में हूं दुनिया का तलबगार नहीं हूं।
बाज़ार से गुज़रा हूं ख़रीददार नहीं हूं।
ज़िंदा हूं मगर ज़ीस्त की लज़्ज़त नहीं बाक़ी,
हरचंद कि हूं होश में हुशियार नहीं हूं।
वह गुल हूं ख़िजां ने जिसे बरबाद किया है,
उलझूं किसी दामन से वो ख़ार नहीं हूं।

❖ ❖ ❖

अकबर से मैंने पूछा अय वाइज़े तरीक़त,
दुनियाए दूं से रक्खूं मैं किस क़दर तआल्लुक़।
उसने दिया बलाग़त से ये जवाब मुझको,
अंगरेज़ को है नेटिव से जिस क़दर तअल्लुक़।

❖ ❖ ❖

क्या तुमसे कहें जहां को कैसा पाया।
गफ़लत ही में आदमी को डूबा पाया।
आंखें तो बेशुमार देखी लेकिन,
कम थी बख़ुदा कि जिनको बीना पाया।

❖ ❖ ❖

ऊंचा नीयत का अपनी ज़ीना रखना।
अहबाब से साफ़ अपना सीना रखना।
गुस्सा आना तो नेचरल है अकबर,
लेकिन है शदीद ऐब कीना रखना।

❖ ❖ ❖

गफ़लत की हंसी से आह भरना अच्छा।
अफ़आले मुज़िर से कुछ न करना अच्छा।
अकबर ने सुना है अहले ग़ैरत से यही,
जीना ज़िल्लत से हो तो मरना अच्छा।

❖ ❖ ❖

मर्द को चाहिए क़ायम रहे ईमान के साथ।
ता दमे मर्ग रहे यादे ख़ुदा जान के साथ।
मैंने माना कि तुम्हारी नहीं सुनता कोई,
सुर मिलाना तुम्हे क्या फर्ज़ है शैतान के साथ।

❖ ❖ ❖

दिल मेरा जिससे बहलता कोई ऐसा न मिला।
बुत के बंदे मिले अल्लाह का बन्दा न मिला।
सैयद उट्ठे जो ग़ज़ट लेके तो लाखों लाये,
शेख़ कुरआन दिखाते फिरे पैसा न मिला।

❖ ❖ ❖

हया से सर झुका लेना अदा से मुस्करा देना।
हसीनों का भी कितना सहल है बिजली गिरा देना।
य' तर्ज़ एहसान करने का तुम्हीं को ज़ेब देता है,
मर्ज़ में मुब्तला करके मरीज़ों को दवा देना।

❖ ❖ ❖

हूर मिस को मये गुलगूं को परी कहते हैं।
शेख़ ख़ुश हों कि सफ़ा हम तो खरी कहते हैं।
हुस्न के बाब में अकबर की सनद ठीक नहीं,
ये तो हरयक बुते कमसिन को परी कहते हैं।

❖ ❖ ❖

बुतों से मेल ख़ुदा पै नज़र य' ख़ूब कही।
शबे गुनह वो नमाज़े सहर य' ख़ूब कही।
फ़िटन नफ़ीस सड़क ख़ुशनुमा डिनर हर शब,
य लुत्फ़ छोड़ के हज का सफ़र य' ख़ूब कही।

❖ ❖ ❖

उश्शाक़ को भी माले तिजारत समझ लिया।
इस क़द्र को मुलाहिज़ा लिल्लाह कीजिये।
भरते हैं मेरी आह को फ़ोनोगिराफ़ में,
कहते हैं फ़ीस लीजिये औ आह कीजिये।

❖ ❖ ❖

स्माल नहीं ग्रेट होना अच्छा।
दिल होना बुरा है पेट होना अच्छा।
पंडित हो कि मौलवी हो दोनों बेकार,
इन्सान को ग्रेजुएट होना अच्छा।

❖ ❖ ❖

ये केक की फ़िक्र में सो रोटी भी गई।
चाहते थे बड़ी शय सो छोटी भी गई।
वाइज़ की नसीहत क्यूं न माने आख़िर,
पतलून की ताक में लंगोटी भी गई।

❖ ❖ ❖

ख़्वाह साहब को तुम सलाम करो।
ख़्वाह मंदिर में राम राम करो।
भाई जी का फक़त ये मतलब है,
जिसमें रुपया मिले वो काम करो।

❖ ❖ ❖

मोहताजे दरे वकीलो मुख़्तार हैं आप।
सारे अमलों के नाज़बरदार हैं आप।
आवारवो मुन्तशिर हें मानिन्दे गुबार,
मालूम हुआ मुझे ज़मींदार हैं आप।

❖ ❖ ❖

न लैसंस हथियार का है न ज़ोर,
कि टरकी के दुश्मन से जाकर लड़ें।
तहे दिल से हम कोसते हैं मगर,
कि इटली की तोपों में कीड़े पड़ें।

❖ ❖ ❖

छोड़ लिटरेचर को अपनी हिस्ट्री को भूल जा।
शेख़ों मस्जिद से तअल्लुक़ तर्क कर स्कूल जा।
चार दिन की ज़िंदगी है कोफ़्त से क्या फ़ायदा,
खा डबल रोटी किलरकी कर ख़ुशी से फूल जा।

❖ ❖ ❖

दरबारे सल्तनत में है किब्रो ख़ुद पसंदी।
मज़हब में देखता हूं जंग औ गिरोह बंदी।
रिन्दी वो आशिक़ का है शग़ल सबसे बेहतर,
लैमनेड है औ विस्की बन्दा है और बन्दी।

❖ ❖ ❖

ले ले के कलम के लोग भाले निकाले।
हर सिम्त से बीसियों रिसाले निकाले।
अफ़सोस कि मुफ़लिसी ने छापा मारा,
आख़िर अहबाब के दिवाले निकले।

❖ ❖ ❖

देखता एक उम्र से है बन्दा।
होता है कुछ काम न धन्दा।
बस यही बातें औ यही फन्दा।
लाओ चन्दा लाओ चन्दा।

❖ ❖ ❖

तकल्लुफ़ उन्हीं के लिए कीजिये,
फ़कीरों का क्या है? जहां पड़ रहे।
बुतों से भी लड़ती नहीं यां तो आंख,
बिरहमन है लन्दन तलक लड़ रहे।

❖ ❖ ❖

मशरिक़ी को है ज़ौक़े रुहानी।
मग़रिबी में है मेले जिस्मानी।
कहा मंसूर ने ख़ुदा हूं मैं।
डारविन बोले बूज़ना हूं मैं।

❖ ❖ ❖

नई तहज़ीब में दिक़्क़त ज़ियादा तो नहीं होती,
मज़ाहब रहते हैं क़ायम फक़त ईमान जाता है।
थिएटर रात को दिन को हैं यारों की ये इस्पीचें,
दुहाई लाट साहब की मेरे ईमान जाता है।

❖ ❖ ❖

पड़े गुनगुनाते ये लाला निरंजन।
न आंखों में अंजन न दांतों में मंजन।
घुटे हम से बिल्कुल वो अगले तरीक़े,
कहां खींच ले जायेगा हमको अंजन।

❖ ❖ ❖

तरक़्क़ी की नई राहें जो ज़ेरे आसमां निकलीं।
मियां मस्जिद से निकले औ हरम से बीवियां निकलीं।
मुसीबत में भी अब यादे ख़ुदां आती नहीं उनको,
दुआ निकली न मुंह से पाकेटों से अर्जियां निकलीं।

❖ ❖ ❖

मेरे मनसूबे तरक़्क़ी के हुए सब पायमाल,
बीज मग़रिब ने जो बोया वो उगा और फल गया।
बूट डासन ने बनाया मैंने यक मज़मूं लिखा,
मुल्क में मज़मूं न फैला और जूता चल गया।

❖ ❖ ❖

बेपरदा नज़र आईं कल जो चन्द बीवियां,
अकबर ज़मीं में ग़ैरते क़ौमी से गड़ गया।
पूछा जब उनसे आपका परदा कहां गया,
कहने लगीं कि अक़्ल पै मरदों के पड़ गया।

❖ ❖ ❖

कौन कहता है कि तआलीमें ज़नां खूब नहीं,
एक ही बात फ़क़त कहना है यां हिकमत को।
दो उसे शौहरे अतफ़ाल की ख़ातिर तआलीम,
क़ौम के वास्ते तआलीम न दो औरत को।

❖ ❖ ❖

अग़राज़ बढ़ गया है आराम घट गया है।
ख़िदमत में है वो तेज़ी औ नाचने में रेडी।
तआलीम की ख़राबी से हो गई बिल आख़िर,
शौहर पसंद बीवी पब्लिक पसंद लेडी।

❖ ❖ ❖

क्यों अपने सर पर ज़हमते बेसूद लीजिये।
कौंसिल के बदले घर में उछल कूद लीजिये।
खा पी के घर में बैठिये औ गाईये भजन,
काशी से जल, प्रयाग से अमरूद लीजिए।

❖ ❖ ❖

हमदर्द हों सब ये लुत्फ़े आबादी है।
हमसाया भी हो शरीक़ तब शादी है।
तसकीन है जब कि ख़ुदा पर हो तकिया,
क़ानून बना सकें तब आज़ादी हो।

❖ ❖ ❖

हिन्दु मुस्लिम एक हैं दोनों,
यानी ये दोनों एशियाई हैं।
हमवतन हमज़ुबां वो हमक़िस्मत,
क्यों न कह दूं कि भाई-भाई हैं।

❖ ❖ ❖

बाज़ मुस्लिम तो ऐसे हें मौजूद,
मुंह जो लहमे बकर से मोड़ते हैं।
फ़ौजी गोरे मगर रुकें क्यों कर,
जान बुल कब गऊ को छोड़ते हैं।

❖ ❖ ❖

ज़िंदगी को ज़रूर है एक शग़ल,
ख़ैर बिल फ़ेल लीडरी ही सही।
अब तो अकबर बसा है गंगातीर,
न हो अस्नान दिल्लगी ही सही।

❖ ❖ ❖

ये बात ग़लत दारे इस्लाम है हिंद।
ये झूठ कि मुल्के लछमनो राम है हिंद।
हम सब है मुनी वो ख़ैरख़्वाहे इंग्लिश,
योरप के लिए बस एक गोदाम है हिंद।

❖ ❖ ❖

ये बात तो खरी है हरगिज नहीं है खोटी।
अरबी में नज़्में मिल्लत बी.ए. में सिर्फ रोटी।
लेकिन जनाबे लीडर सुन कर ये शेर बोले,
बंधवायेंगे ये हज़रत इस क़ौम को लंगोटी।

❖ ❖ ❖

सोचो कि आगे चलकर क़िस्मत में क्या लिखा है।
देखो घरों में क्या था और आज क्या रहा है।
हुशियार रह के पढ़ना इस जाल में न पड़ना,
योरप ने ये किया है योरप ने वो किया है।

❖ ❖ ❖

या इमीटेशन के सदके चाय दूध और खांड ले।
या इमीटेशन के बदले तू चला जा मांडले।
या क़नाअत और ताअत में बसर कर ज़िंदगी,
रिज़्क की किश्ती को खे पतवार ले और डांड ले।

❖ ❖ ❖

भूल जाता है योरप आसमानी बाप को।
बस ख़ुदा समझा है उसने बर्क़ को औ भाप को।
बर्क़ गिर जायेगी इक दिन और उड़ जायेगी भाप,
देखना अकबर बचाये रखना अपने आप को।

❖ ❖ ❖

मुवक्किल छुटे उनके पंजे से अब,
तो वो क़ौमे मरहूम के सर हुए।
पपीहे पुकारा किये पी कहां,
मगर वो तो प्लीडर से लीडर हुए।

❖ ❖ ❖

क़ौम के दिल में खोट है पैदा।
अच्छे-अच्छे हैं वोट पै शैदा।
भाई-भाई में हाथा-पाई है।
सेल्फ़ गवर्नमेंट आगे आई है।

❖ ❖ ❖

कहता हूं हिंदू वो मुसलमां से यही,
अपनी-अपनी रविश प' तुम नेक रहो।
लाठी है हवाए दहर पानी बन जाओ,
मौजों की तरह लड़ो मगर एक रहो।

❖ ❖ ❖

मुहर्रम औ दशहरा साथ होगा।
निबाह उसका हमारे हाथ होगा।
ख़ुदा ही की तरफ़ से है यह संयोग,
तो बाहम क्यों न रक्खें सुलह हम लोग।

❖ ❖ ❖

हंगामा है क्या बरपा थोड़ी सी जो पी ली है।
डाका तो नहीं डाला चोरी तो नहीं की है।
ना-तजुर्बाकारी से वाइज़ की हैं य बातें,
इस रंग को क्या जाने पूछो तो कभी पी है।

❖ ❖ ❖

नौकर को सिखाते हैं मियां अपनी ज़ुबां
मतलब यह है कि समझे उनके फ़रमान।
मक़सूद नहीं मियां की सी अक़्ल तमीज़,
इस नुक़्ते को क्या समझे वो जो हैं नादान।

❖ ❖ ❖

अभी इंजन गया है इस तरफ़ से,
कहे देती है बारीक़ी हवा की।
रही रात एशिया गफ़लत में सोई,
नज़र योरप की काम अपना किया की।

❖ ❖ ❖

कुछ शेरः

अज़ल से वो डरें जीने को जो अच्छा समझते हैं।
यहां हम चार दिन की ज़िन्दगी को क्या समझते हैं।

न हो मज़हब में जब ज़ोरे हुकूमत।
तो वो क्या है फ़कत यक फ़सफ़ा है।

हमारे ज़हून को इस मिसरये अकबर पै मस्ती है।
ख़ुश अख़लाक़ी इबादत है ख़ुशामद बुतपरस्ती है।

नज़र उनकी रही कालिज में बस इल्मी फ़वायद पर।
गिरा कीं चुपके-चुपके बिजलियां दीनी अक़ायद पर।

तमाशा देखिये बिजली का मग़रिब और माशरिक़ में।
कलों में है वहां दाख़िल यहां मज़हब पै गिरती है।

जुबान खोली है महफ़िल में वाह-वाह के लिये।
कभी तो बंद कर आंखों को भी ख़ुदा के लिये।

सेठजी को फ़िक्र थी यक एक के दस कीजिये।
मौत आ पहुंची कि हज़रत जान वापस कीजिये।

ख़ुदा का घर बनाना है तो नक़्शा ले किसी दिल का।
य' दीवारों की क्या तजवीज़ है ज़ाहिद य' छत कैसी।

जो देखी हिस्ट्री इस बात पर कामिल यहीं आया।
उसे जीना नहीं आया जिसे मरना नहीं आया।

तुम्हारे हुस्न में साइंस का भी दिल उलझता है।
कमर को देखकर वो खते उक़्लैदस समझता है।

बाप मां से शेख़ से अल्लाह से क्या उनको काम।
डॉक्टर जनवा गये तआलीम दी सरकार ने।

मग़रबी ज़ौक़ है और वज़ा की पाबंदी भी।
ऊंट पर चढ़ के थियेटर को चले हैं हज़रत।

जो जिसके मुनासिब या गर्दें ने किया पैदा।
यारों के लिए ओहदे चिड़ियों के लिये फन्दे।

मग़रिब ने खुर्दबीं से कमर उनकी देख ली।
मशरिक़ की शाइरी का मज़ा किरकिरा हुआ।

पाकर ख़िताब नाच का भी ज़ौक़ हो गया।
सर हो गये तो बाल का भी शौक़ हो गया।

बन्दूक का नहीं है जो लैसंस का गम़ नहीं।
मैंने तो इस ख़याल ही को गोली मार दी।

खींचो न कमानों को न तलवार निकालो।
जब तोप मुक़ाबिल है तो अख़बार निकालो।

फ़रमा गये हैं य ख़ूब भाई घूरन।
दुनिया रोटी है और मज़हब चूरन।

बोले चपरासी जो मैं पहुंचा व उम्मीदे सलाम।
फांकिये ख़ाक आप भी साहब हवा खाने गये।

इनसे बोसा मांगता हूं उनसे वोट।
बुत भी मुझसे तंग है औ शेख भी।

पका लें पींसकर दो रोटियां थोड़े से जौ लाना।
हमारी क्या है ऐ भाई न मिस्टर हैं न मौलाना।
ऐसा शौक़ न करना अकबर गोरे को न बनाना साला।
भाई रंग यही है अच्छा हम भी काले यार भी काला।

उनको बिस्कुट के लिये सूजी की थैली मिल गई।
कैंप में गुल मच गया मजनूं को लैली मिल गई।

जो सुन चुके मेरी ग़ज़लें तो बोले ला चन्दा।
जो हिनहिनाया है आज इतना तो लीद भी कर।

धमका के बोसा लूंगा रुख़े रश्के माह का।
चन्दा वसूल होता है साहब दबाव से।

हम क्या कहें अहबाब क्या कारे नुमायां कर गये।
बी.ए. हुए, नौकर हुवे, पेंशन मिली फिर मर गये।

शेख़जी के दोनों बेटे बा हुनर पैदा हुए।
एक है ख़ुफ़िया पुलिस में एक फांसी पा गये।

तुम नाक चढ़ाते हो मेरी बात पे ऐ शेख़।
खींचूंगा किसी रोज़ मैं अब कान तुम्हारे।

फ़र्क क्या वाइज़ो आशिक़ में है बतायें तुमसे।
उसकी हुज्जत में कटी इसकी मुहब्बत में कटी।

क़ाबिले रश्क है ज़माने में।
दिन वकीलों का रात रंडी की।

लिपट भी जा, न रुक अकबर, ग़ज़ब की ब्यूटी है।
नहीं नहीं पै न जा, ये हया की ड्यूटी है।

क्या पूछते हो अकबरे शोरीदअ सर का हाल।
खुफ़िया पुलिस से पूछ रहा है कमर का हाल।
क्या ग़नीमत नहीं यं आज़ादी।
सांस लेते हैं बात करते हैं।

तोप ख़िसकी प्रोफ़ेसर पहुंचे।
जब बसूला हटा तो रंदा है।

पेट मसरुफ़ है किलर्की में।
दिल है ईरान और टर्की है।

क़ौम के ग़म को डिनर खाते हैं हुक्काम के साथ।
रंज लीडर को बहुत है मगर आराम के साथ।

दिल में अब नूरे ख़ुदा के दिन गये।
हड्डियों में फ़ासफ़ोरस देखिये।

ज़ोरे बाज़ू न हो तो क्या इस्पीच,
हाथ भी दे ख़ुदा जबा के साथ।

इश्क़ नाज़ुक मिज़ाज है बेहद।
अक्ल का बोझ उठा नहीं सकता।

शागिर्दे डारबिन तो ख़ुदा ही ने कर दिया।
अकबर मगर नहीं है मदारी के हाथ में।

❖ ❖ ❖

10

अमीर मीनाई

इश्क़ हक़ीक़ी और इश्क़ मज़ाजी दोनों ही इनकी शायरी की बुनियाद रहीं। ये सूफ़ी ख़यालात से काफ़ी मुतासिर रहे। इनकी शायरी में जहां इश्क़ की चाशनी है, वहां पर आशिक़ की सदा और माशूक़ का शिकवा है। बावजूद इसके सूफ़ियों की इबादत भी झलकती है। इनका पूरा नाम मौलवी मुफ़्ती मुन्शी अमीर अहमद था। इनके वालिद का नाम मौलवी करम मुहम्मद था। ये 'मीनाई' तख़ल्लुस से मशहूर थे। ये मीनाई खानदान के फ़रजंद थे। वालिद हज़रत शाह मीना के सगे भाई की औलाद से थे। इस निस्बत से अमीर ने अपने वालिद की ही तरह मीनाइ कुनबे का तमग़ा अपने नाम के साथ लगाया और इस पर फ़ख़्र भी महसूस करते थे। अमीर मीनाई की शुरुआती ज़िंदगी तक़द्दुस की छांव में गुज़री और इस तरह वह ख़ारिजी असराती की अमेज़िश की मुनासिब तरीन मिसाल है। इनका जन्म लखनऊ में संवत् 1884 में हुआ था। ये दाग़ के दौर के शायर थे। इनका इन्तक़ाल संवत् 1957 में हैदराबाद में, दाग़ के इन्तक़ाल के कुछ दिन पहले ही हुआ। इनको हैदराबाद में ही शरीफ़ साहब की दरगाह में दफ़नाया गया। ये कहा जाता है कि ज़िंदगी में शायरी को लेकर दाग़ और मीनाई के बीच में अकसर तीख़ी नोक-झोंक जारी रहती थी लेकिन आपस में गहरी और मीठी मुहब्बत भी थी। ये इत्तफ़ाक ही था कि दाग़ को दो गज़ ज़मीन दफ़न के लिए मीनाई की क़ब्र के पास ही नसीब हुई थी।

ये नवाब नसीरुद्दीन हैदर के समय में पैदा हुए। इनकी तआलीम मशहूर तआलिमी मरकज़ फ़िरंगी महल लखनऊ में हुई थी। ये अरबी, फ़ारसी के बहुत बड़े दानिशवर थे। शायरी तो ऊपरवाले ने नैमत के रूप में इनकी घुटी में डाल दी थी। ये सूफ़ी मज़हब के बड़े अक़ीदतमंद थे। ये बड़े ही अख़लाक़ी और चरित्रवान होने के साथ-साथ ख़ुदा-परस्त, साधु स्वभाव और मस्त मलंग शख़्सियत के रूप में मशहूर थे। अरबी, फ़ारसी और उर्दू की तआलीम के अलावा ये हकामत, ज्योतिष और भी अन्य विषयों के बहुत बड़े जानकार थे। बोलने की बड़ी ताक़त रखते थे, एक दम बेबाक़। ग़ुस्सा इनके वजूद को छू भी नहीं पाता था। नर्म लबो लहजे के मालिक थे।

अमीर मीनाई ने हालांकि इब्तदाई तआलीम अपने वालिद से हासिल की थी लेकिन शायरी में मुंशी सैयद मुजफ़्फ़र अली खान 'असीर' की शागिर्दी की। मुंशी सैयद मुजफ़्फ़र अली खान 'असीर' साहब मसहफ़ी के लायक़ो ममताज़ शागिर्द थे। इस बात में भी शक की गुंजाईश नहीं है कि अमीर मीनाई भी अपने ज़माने के सुख़नवर और उस्ताद थे। और वाक़ई उस दौर के वह उन दो शायरों में से एक हैं जिन्हें उस्ताद शायर शिबली ने उर्दू शायरी के आख़िरी ताजदार तस्लीम किया था।

अमीर मीनाई ने यूं तो उर्दू शायरी की हर सनफ़ पर तल्बअे आज़माई की है, लेकिन ग़ज़ल की वह सनफ़ सुख़न है जिसे उनका मैदान कहा जा सकता है। ग़ज़ल पर शायर अपने जज़्बात, तआसुरात और तसव्वुरात की लफ़्ज़ी तस्वीरों की नुमाईश करता है। संवत् 1909में ये नवाब वाजिद अली शाह के दरबार में पहुंचे। नवाब वाजिद अली शाह की मरज़ी के मुताबिक इन्होंने वहां पर दो किताबें भी लिखी, जिनके बदले में नवाब की तरफ से इन्हें ढेर सारा इनाम और ख़िलअत भी मिली। जब तक लखनऊ के नवाब वाजिद अली शाह की नवाबी क़ायम रही, तब तक ये लखनऊ छोड़कर कहीं नहीं गए। ये चार लड़कों के बाप और सैकड़ों शागिर्दों के उस्ताद रहे। अमीर मीनाई की हिंदी और संस्कृत से भी अच्छी वाक़फ़ियत रही थी। शेरो शायरी की कई किताबों के अलावा आप लग़त अमीर अलाग़ात के नाम से भी तरतीब दे रहे थे, मगर अफ़सोस कि इसके सिर्फ़ दो हिस्से ही शाये हो सके। अगर वह मुक़म्मल हो जाती तो वो उर्दू की बेहतरीन लग़त होती और उर्दू अदब की ख़िदमत में इज़ाफ़ा कहलाता।

इनके बचपन की उम्र तक नासिख़ और आतिश दोनों ही शायर सलामत थे। ज़िंदगी के इस सफ़र में जवानी के दिनों में इन्हें सबा, वजीर और सहर वग़ैरह की सोहबत भी नसीब हुई। मगर जो शोहरत इन्हें नसीब हुई, वह इन सबको नसीब नहीं हो पाई थी। अनीस और दबीर के मार्के भी इन्होंने देखे-भाले थे। इसी देखा-देखी में ही इन्हें शायरी का चस्का लगा था लेकिन इस सबसे ऊपर उठकर इनकी अपनी एक अलग और स्वाभाविक क़ाबिलियत उभरकर सबके सामने आ गई। पर इसी बीच में सन् 1857 कर ग़दर शुरू हो गया। एक अफ़रा तफ़री का माहोल था। लोग अपने-अपने प्राण बचाने के लिये और धन बचाने के लिए इधर से उधर होने लगे। इस माहोल ने कवि-शायरों को भी नहीं बख़्शा। मुशायरे होने बंद हो गये थे और सदा चहकने वाले बुलबुल अपने-अपने घोसलों में अपने परों को समेटकर बंद होक़र रह गये। सारा माहोल ग़मग़ीन होकर रह गया था। जब ग़दर के बादल छंट गये तो माहोल फिर बनने लगा और उसके बाद अमीर मीनाई की शायरी उभरकर सामने आने लगी, परिंदे घोसलों से निकलकर चहकने लगे। अमीर मीनाई की शोहरत चारो तरफ फैलने लगी। शोहरत के चर्चे रामपुर तक पहुंचे। रामपुर के नवाब मुहम्मद यूसुफ़ अली खां 'नाज़िम' ने उन्हें बुलावा भेजा। नवाब रामपुर की गुज़ारिश पर ये वहां पहुंचे, उस वक्त दाग़ भी वहीं थे। नवाब मुहम्मद यूसुफ़ अली खां ने इन्हें वहां अदालत दीवानी का हाकिम मुक़र्रर किया। इस ओहदे पर ये काफी दिनों तक रहे। नवाब साहब ख़ुद भी एक शायर थे, वे अपने कलाम इन्हें दिखाया करते थे, उनके कलाम पर इसलाह कर दिया करते थे। वे इनकी बहुत इज़्ज़त करते थे। संवत् 1920 में नवाब यूसुफ़ अली खां का इन्तक़ाल हो गया। उनकी जगह पर नवाब कलबे अली ख़ां गद्दीनशीन हुए। नवाब कलबे अली ख़ां शायरी के बहुत बड़े क़द्रदान थे। उनके समय में शायरी की बड़ी चर्चाएं हुआ करती थीं और महफ़िलें सजने लगीं। दिल्ली, लखनऊ, आगरा, कानपुर जैसे शहरों से बड़े-बड़े मशहूरो मआरुफ़ शोरा आने लगे। रामपुर में मुशायरों की एक धूम सी मच गई। असीर, मुनीर, बहर, जक़ी, दाग़, कलक़, उरुज, जलाल, हया और जान साहब, इन सभी ने शेरो शायरी के अपने अपने पिटारे खोलकर रखे हुए थे। माहोल ऐसा था कि हवाओं में शायरी घुली मिली हुई थी, जिससे अमीर मीनाई क़ी शायरी परवान चढ़ने लगी। शायरी के जाने कितने रंग बिखरे हुए थे, लेकिन नवाब कलबे अली खां को तो अमीर मीनाई की शायरी का ही रंग पसंद था। और आगे चलकर नवाब ने इन्हें ही अपना उस्ताद चुना। इनको वहां पर नवाब के हुक्म से सौ रुपया माहवार तनख़्वाह मिला करती

थी। उन्हीं दिनों रामपुर में कभी-कभी मिर्ज़ा ग़ालिब भी आ जाया करते थे। ग़ालिब के आने से वहां पर ख़ूब चहल-पहल रहती थी। वहां पर आसपास के शायरों का एक मेला-सा लग जाता था।

सब ही तस्लीम करते हैं कि हर दौर की अपनी कुछ खुसूसियात होती हैं, अपने कुछ मतालबात होते हैं, अपना मेयार पसंदों नापसंदीदगी होता है और हर दौर में जिन शायरों को ग़ैर मामूली शोहरत नसीब होती है, उनके कलाम में ऐसी अनफ़रादियत ज़रूर होती है जो उन्हीं के साथ मख़सूस रहती है। अमीर की क़ादिर अलकलामी, महारत फ़न और शोख़ी बयान उनकी अनफ़रादियत ही है। हक़ीक़त ये है कि अमीर का मख़सूस रंग कोई नहीं था। रंगारंगी ही उनका रंग है। इसी चीज़ ने अमीर को अमीर बनाया और ज़माने से उनकी शायरी का लोहा मनवाया। अमीर इस लिहाज़ से बहुत ख़ुशकिस्मत थे कि उन्हें जो शागिर्द मिले, वो लाज़वाल शोहरत के मालिक हुए। उनमें रियाज़ ख़ैराबादी का नाम गरामी पेश है। रियाज़ ख़ैराबादी का शायरी में एक ख़ास रंग था। अमीर मीनाई एक बेहतरीन ग़ज़लगो और अहद साज़ शायर थे। उनका अपना मुनफ़रद असलूब था और उनकी ग़ज़लें, ग़ज़ल के लग़्वी मानी का मुकम्मल इज़हार कही जा सकती है। ये इंतख़ाब यक़ीनन इस राय की तसदीक है।

अमीर मीनाई हक़ीक़त में शायरों में अमीर शायर थे। अमीर मीर की तरह ग़ज़लें कहना, सौदा की तरह क़सीदे बुनना और अनीस व दबीर की माफ़िक दर्द की गइराईयों में डूबकर शायरी के लालोगोहर को खोजने में इन्हें भी महारत हासिल रही थी।

रामपुर के नवाब कलबे अली खां के गुज़र जाने के बाद वैसा कोई क़द्रदान नहीं रहा और इन्होंने समझ लिया कि अब रामपुर में इनका कोई क़िरदार नहीं रहा। लेकिन इसके बावजूद भी ये रामपुर में रोक लिए गए। वहां रियासत की सारी रियाया इनसे बेइन्तिहां मुहब्बत करती थी। इस मुहब्बत में वहां के अवाम की हौसला अफ़ज़ाई और उनके अदब ने इन्हें कहीं और नहीं जाने दिया और उन्हें रामपुर में ही बस जाने को कहा। उनकी मुहब्बत और उनके ख़लूसो अदब के सामने ये इतने मजबूर हो गए कि इन्होंने ये तय कर लिया कि अब वे कहीं और न जाकर इसी ज़मीं में दफ़्न हो जाएंगे। लेकिन, उनकी ये मुराद पूरी न हो सकी।

रामपुर रियासत में रहते-रहते इनका मन कुछ उचटने लगा था, चूंकि अब न वहां नवाब कलबे अली ख़ां थे और न ही वो महफ़िलें थीं। काफ़ी दिनों से इनका इरादा हैदराबाद जाने का हो रहा था। रामपुर से बहुत सारी अदबी शख़्सियतें जा चुकी थीं, अब दाग़ भी न थे और असीर और मुनीर भी। उन दिनों दाग़ भी हैदराबाद में ही थे। इस दौरान अमीर मीनाई को हैदराबाद से बीसियों बार बुलावा भी आ चुका था। इन्हें हैदराबाद में बुलाने की बड़ी कोशिशें भी की गईं। आख़िरकार इन्होंने हैदराबाद जाने का फैसला कर ही लिया। संवत् 1957 में इन्होंने हैदराबाद की राह पकड़ ली। हैदराबाद पहुंचने के बाद ये दाग़ के घर पर ठहर गए। वहां पर ये बहुत कम दिन सेहतयाब रह पाये थे। वहां की आबोहवा इन्हें रास नहीं आई। अब ये ज़्यादातर बीमार रहने लगे थे। इनकी बीमारी ठीक होने के बजाय दिन-ब-दिन बढ़ती ही गई। दाग़ ने इनका काफी ख़याल रखा और पूरी ख़िदमत भी की। काफ़ी दवा दरमत करने पर भी कोई फ़ायदा न हो पाया। कोई भी दवा इनके लिए मुफ़ीद साबित नहीं हो पाई। लगातार दो महीनों की बीमारी ने एक दिन इनकी जान ले ली। इनकी मौत का सबसे ज़्यादा सदमा दाग़ के दिल को पहुंचा। कहते हैं कि अमीर मीनाई की रुख़सती को दाग़ सहन नहीं कर पाए। बहुत ही जल्द दाग़ भी इस फानी दुनिया से कूच कर गए और क़ब्रस्तान में आसपास लेट गए।

अमीर मीनाई और दाग़ के इंन्सानी रिश्तों और उनके जज़्बातों के कई क़िस्से मशहूर हैं। इनको और दाग़ को लड़ाने-भिड़ाने की भी लोगों ने कोशिशें कीं, चूंकि शायरी के तकाज़ों को लेकर ये दोनों एक-दूसरे के बड़े से बड़े मुख़ालिफ़ और अच्छे से अच्छे क़द्रदान थे। दोनों ही इतने इंसाफ परस्त थे कि ये दाग़ के अच्छे कलाम पर दिल खोलकर दाद दिया करते थे। यदि ज़रूरी हुआ तो कलाम पर इसलाह भी किया करते थे। यही सब बातें दाग़ के साथ जुड़ी हुई थीं। दोनों ही एक-दूसरे को और उनके कलामों की दिल से तारीफ़ करते थे और चाहते थे। अमीर मीनाई और दाग़ अपने समय में शायरी के आफ़ताबो माहताब कहलाये जाते थे।

इनके शागिर्दों की गिनती दो-तीन सौ से कम न थी। उनमें से कुछ तो बहुत ही मक़बूल हुए, जिनमें रियाज़, जलील, मुज़तर, कौसर, नवाब, सफ़दर, पंडित रतननाथ 'सरशार', हाफ़ीज, आह, जाह, अख़्तर, क़मर वगैरह शामिल हैं।

अमीर मीनाई के क़रीब सभी मजमुऐ शाऐ हो चुके हैं। ये सुना जाता है कि इनका एक दीवान सन् 1857 के दौरान हुई उथल-पुथल की वजह से कहीं खो गया था। इस ग़दर के बाद दूसरा दीवान 'मरातुल्ग़ब' शाऐ हुआ जिसे इनका पहला दीवान मान लिया जाता है। संवत् 1938 में दूसरा आशिक़ाना दीवान 'सनमख़ानए इश्क़' के नाम से छपा, जो अवाम में काफ़ी मक़बूल हुआ। इनकी शायरी में अदब के लिहाज़ से बहुत शानदार काम दिखा इनके दीवान 'अमीरुल्लुग़ात' में, जिसमें उर्दू ज़बान के महावरे, लखनऊ और दिल्ली की बोलचाल की ज़बान के फर्क़ व ज़बान से उच्चारणों पर एक बहुत बड़ा काम किया था जो कि अपने आप में एक अनुसंधान था। लेकिन अफ़सोस की बात यह है कि ये दीवान शाऐ नहीं हो पाया। इसी बीच ही अमीर मीनाई साहब इस दुनिया से रुख़सत हो गए, नतीजतन ये दीवान हम लोगों तक नहीं पहुंच पाया।

अमीर मीनाई की शायरीः

कह रही है हश्र में वह आंख शरमाई हुई।
हाय, कैसी इस भरी महफ़िल में रुसवाई।
ठोकरें खिलवाएगी यह चाल इठलाई हुइ।
क्या जवानी फिरती है जोबन प' इतराई हुई।
कैफ़े मस्ती में भी रहता है य' जोबन का लिहाज़,
उनको अंगड़ाई भी आती है शरमाई हुई।
वस्ल में ख़ाली हुई अग़यारों से महफ़िल तो क्या,
शर्म भी जाये तो मैं जानूं कि तनहाई हुई।
गर्द उड़ी आशिक़ की तुर्बत से तो झुंझलाकर कहा,
वाह! सर चढ़ने लगी पांवों की ठुकराई हुई।
वस्ल की शब वाह री बेताबिए शौक़े विसाल,
शर्म भी नीची निगाहों में तमाशाई हुई।
जां बलब हसरत में पाती है जो मुझ नाशाद को,
क्या हंसी फिरती है उन होंठों प इतराई हुई।
मैं तो राज़े दिल छुपाऊं पर छुपा रहने भी दो,
जान की दुश्मन य' ज़ालिम आंख ललचाई हुई।

शेरे गुलदस्ते में मुझ अफ़सुर्दा दिल के क्या अमीर,
दामने गुलचीं में कुछ कलियां हैं मुरझाई हुई।

❖ ❖ ❖

फ़ना कैसी बक़ा कैसी जब उसके आशना ठहरे।
कभी इस घर में आ निकले, कभी उस घर में जा ठहरे।
जो चश्मे ग़ौर से आईनए तौहीद को देखा,
तो सब कुछ तू ही ठहरा हम न कुछ ऐ ख़ुदनुमा ठहरे।
इक़ीक़त खोल दी आईनए वहदत ने दोनों की,
न तुम हमसे जुदा ठहरे न हम तुमसे जुदा ठहरे।
अमीर आया जो वक़्ते बद तो सबने राह ली अपनी,
हज़ारों सैकड़ों में दर्दो ग़म दा आशना ठहरे।

❖ ❖ ❖

आंखों में नूर तेरा दिल में सुरूर तेरा।
दरवाज़े से है घर तक सारा ज़हूर तेरा।
जन्नत में भी है चर्चा ऐ रश्के हूर तेरा।
शुहरा है अल्ला अल्ला अब दर दूर तेरा।
ऐ चश्मे शौक़ वह तो हर रंग में है ज़ाहिर,
अब भी जो तू न देखे तो है क़सूर तेरा।
मैं आईना हूं तेरा तू आईना है मेरा,
तुझमें ज़हूर मेरा मुझमें ज़हूर तेरा।
मदहोशे इश्क़ होकर जा बज़्मे मार्फ़त में,
परदा न बीच में हो ग़ाफ़िल शऊर तेरा।
है बेख़ुदा ही जिससे होता है क़ुर्ब हासिल,
ग़ायब जो आपसे हो पाये हुज़ूर तेरा।
नादां अमीर नाहक उम्मीदवार है तू,
दिल लेके फेर देगा वह अब ज़रूर तेरा।

❖ ❖ ❖

किया क़स्द जब कुछ कहूं उनको जल कर।
दबी बात होंठों में मुंह से निकल गर।
यही सोज़े दिल है तो महशर में जल कर।
जहन्नुम उगल देगा मुझको निगल कर।
इधर की न हो जाये दुनिया उधर की,
ज़माने को बदलो न आंखें बदल कर।
ग़ज़ब औज पर है मेरी बेक़रारी,
ज़मीं आसमां बन गई है उछल कर।

पड़ा तीर दिल पर जो मुंह तूने फेरा,
निशाना उड़ाया है क्या रुख़ बदल कर।
जो शामे शबे हिज्र देखी तो समझे,
क़ज़ा सर पे आई है सूरत बदल कर।
य' मेरी तरफ़ पांव महफ़िल में कैसे,
ज़रा आदमियत से बैठो संभल कर।

❖ ❖ ❖

मैं कभी वक़्त प मक़तल से न टल जाऊंगा।
कुछ ज़माना नहीं करवट जो बदल जाऊंगा।
लाख दुनिया में फ़सूं चाल व चल जाऊंगा।
कि मैं इस भूल भुलैया से निकल जाऊंगा।
इस सरा में मैं मुसाफ़िर नहीं रहने आया,
रह गया थक के अगर आज तो कल जाऊंगा।
सोचता है मेरी तप देख के फ़ुरकत में तबीब,
नब्ज़ को हाथ लगाऊंगा तो जल जाऊंगा।
हूं सुबुकरुह करेगा मुझे क्या क़ैद कोई,
मिस्ल आवाज़ सलासल से निकल जाऊंगा।
मस्ती उन आंखों में आती है तो कहता है हिजाब,
देख तू आई तो मैं घर से निकल जाऊंगा।
क़द्रदां मसहफी वो हज़रते सौदा थे अमीर,
लेके तुरबत प' उन्हीं की ये ग़ज़ल जाऊंगा।

❖ ❖ ❖

दो आलम के सरताज अल्लाह वाले।
मुझे अब तो क़दमों में अपने बुला ले।
जफ़ाकार दुनिया जफ़ाजू ज़माना,
पड़ा हूं मैं दो बेवफ़ाओं के पाले।
कहीं मुझको ठंडा न कर दे जला कर,
मेरी सर्द आहें मेरे गर्म नाले।
लहद की अंधेरी ने घेरा है मुझको,
सिवा तेरे कौन इस मुसीबत को टाले।
जुदाई के सदमे ज़ईफ़ी का आलम,
कहां तक अमीर अपने दिल को संभाले।

❖ ❖ ❖

कैसी घड़ी थी घर से जो निकला था मैं ग़रीब,
फिर देखना नसीब न मुझको वतन हुआ।

अब का सफ़र वो है कि न देखूंगा फिर वतन,
यों तो मैं लाख बार ग़रीबुल्वतन हुआ।

❖ ❖ ❖

पहलू बचाऊं उससे जा दिल को संभाल के।
मारे छुरी वो बात में पहलू निकाल के।
मुश्क़िल बहुत पड़ेगी बराबर की चोट से,
आईना देखिएगा ज़रा देखभाल के।
मेरे तुम्हारे बीच में आता है बार-बार,
कम्बख़्त पांव भी नहीं थकते मलाल के।
आई सहर इधर कि उधर शाम हो गई,
दो-दो घड़ी के होने लगे दिल विसाल के।
मिट्टी जो देने आये हो तो दो हंसी ख़ुशी,
फेंको भी अब ग़ुबार को दिल से निकाल के।
यह नातवान हो के सुबुक हो गए अमीर,
हम साथ-साथ फिरते हैं अपने ख़याल के।

❖ ❖ ❖

ख़ुदी से बेख़ुदी में आ जो शौक़े हक़परस्ती है।
जिसे तू नेस्ती समझा है ऐ ग़ाफ़िल वो हस्ती है।
ख़बरदार ऐ मुसाफ़िर ख़ौफ़ की जा रहे हस्ती है।
ठगों का बैठका है जाबजा चोरों की बस्ती है।
अमीर उस रास्ते से जो गुज़रते हैं वो लुटते है,
महल्ला है हसीनों का कि क़ज़्ज़ाक़ों की बस्ती है।

❖ ❖ ❖

माफ़ूक जुर्म ही प' करम का जहूर था।
बन्दे अगर क़ुसूर न करते क़ुसूर था।
मेरे अमल तो क़ाबिले दोज़ख़ ही थे मगर,
करता जो वह न रहम तो रहमत से दूर था।
उसकी कड़ी नज़र की उठाई गई न चोट,
लगते ही ठेस शीशए दिल चूर-चूर था।
इक नीम जां का काम न पूरा हुआ अमीर,
क़ातिल को तेग़े नाज़ प' नाहक ग़ुरूर था।

❖ ❖ ❖

झूठे वादों से वो राहत का मज़ा जाता रहा।
वाये क़िस्मत यास का भी आसरा जाता रहा।

बेतकल्लुफ़ नश्शए मैंने तो उनको कर लिया,
पर वो शर्मीली निगाहों का मज़ा जाता रहा।
आने वाला जाने वाला बेकसी में कौन था,
हां मगर इक दम ग़रीब आता रहा जाता रहा।
घूरते देखा जो हमचश्मों ने झुंझलाकर कहा,
क्या लिहाज़ आंखों का भी बेहया जाता रहा।
खो गया दिल खो गया, रहता तो क्या होता अमीर,
जाने दो यक बेवफ़ा जाता रहा जाता रहा।

❖ ❖ ❖

दिल में ख़याल उन आंखों का लाया न जायेगा।
मयख़ाना घर ख़ुदा का बनाया न जायेगा।
आहों से सोज़े इश्क़ मिटाया न जायेगा।
आंधी से यह चिराग़ बुझाया न जायेगा।
दीदारे यार का न उठेगा मज़ा अमीर,
जब तक दुई का पर्दा उठाया न जायेगा।

❖ ❖ ❖

यह तो मैं क्योंकर कहूं तेरे ख़रीददारों में हूं।
तू सरापा नाज़ है मैं नाज़ बरदारों में हूं।
किस तरह फ़रियाद करते हैं बता दो क़ायदा,
ऐ असीराने क़फ़स मैं नो गिरफ़्तारों में हूं।
फूल मैं फूलों में हूं कांटा हूं कांटों में अमीर,
यार मैं यारों में हूं ऐयार ऐयारों में हूं।

❖ ❖ ❖

रोज़े ख़िलक़त से वहीं है बाहर आ सकती नहीं,
कहते हैं जन्नत जिसे है क़ैदखाना हूर का।
आदमीं का मुंह है जो दावा ख़ुदाई का करे,
बोलते है आप हज़रत नाम है मंसूर का।

❖ ❖ ❖

तुंद मय और ऐसे कमसिन के लिये।
साक़िया हल्की सी ला इन के लिये।
है जवानी ख़ुद जवानी का सिंगार,
सादगी कहना है इस सिन के लिये।
कौन वीराने में देखेगा बहार,
फूल जंगल में खिले किनके लिये।

दिल का ज़ामिन तू मेरा क्या ऐतबार,
पहले यक ज़ामिन हो ज़ामिन के लिये।
झाड़नी है कौन से गुल की नज़र,
बुलबुलें फिरती हैं क्यों तिनके लिये।
बाग़बां कलियां हों हलके रंग की,
भेजनी है एक कमसिन के लिये।
लाश पर इबरत य' कहती है अमीर,
आये थे दुनिया में इस दिन के लिए।

❖ ❖ ❖

न होगा बंद जब तक नक़्द जां बाकी है कालिब में,
सख़ी के घर का दरवाज़ा है चाक अपने गरेबां का।
जिगर को दू कि दिल को दूं बता ऐ नावके क़ातिल,
कि दो प्यासों में है यह एक क़तरा आबे पैकां का।
मज़ा आशिक़ के दिल से पूछ हुस्ने शोला रुयां का,
तमाशा देख परवानों की आंखों से चिराग़ा का।

❖ ❖ ❖

बहार आई चमन होता है मालामाल दौलत से,
निकाला चाहते हैं ज़र गिरह ग़ुंचों ने खोली है।
वह कहते हैं कि हम आंखों में सबको ताड़ लेते हैं,
मुहब्बत सारी दुनिया की इसी कांटे से तोली है।
नज़रबाज़ी से जो मिलती है लज़्ज़त दिल में रखते हैं,
तेरे दीदार के भूखे फ़क़ीरों की य' झोली है।
जगाती है य' कहकर सुबहे पीरी चश्मे ग़ाफ़िल को,
बस उठ ओ नींद की माता कि शबभर ख़ूब सो ली है।

❖ ❖ ❖

इश्क़ में जां से गुज़रते हैं गुज़रने वाले।
मौत की राह नहीं देखते मरने वाले।
दाग़े दिल से मेरे कहता है य' उसका जोबन,
देख इस तरह गुज़रते हैं गुज़रने वाले।
आख़िरी वक़्त भी पूरा न किया वादए वस्ल,
आप आते ही रहे मर गये मरने वाले।
उठे औ कूचए-महबूब में पहुंचे आशिक़,
यह मुसाफ़िर नहीं रस्ते में ठहरने वाले।
जान देने को कहा मैंने तो हंसकर बोले,
तुम सलामत रहो हर रोज़ के मरने वाले।

तेग़ो ख़ंजर से न झगड़ा सरो गर्दन का चुका,
चल दिये मोड़ के मुंह फ़ैसला करने वाले।
आसमां पर जो सितारे नज़र आये अमीर,
याद आये मुझे दाग़ अपने उभरने वाले।

❖ ❖ ❖

जफ़ायें झेलकर तासारे-उल्फ़त हम दिखाते हैं।
हिना की तरह से पिस लेते हैं तब रंग लाते हैं।
शबाबो शर्म दोनों का असर दिल में जो पाते हैं,
सवाले वस्ल पर अंगड़ाई लेकर मुस्कराते हैं।
निगाहों की तरह वह शोख़ फिरता है जा महफ़िल में,
कफे पा के तले महवे जमाल आंखें बिछाते हैं।
मज़ा उनकी तबीअत में है गुस्सा आ नहीं सकता,
सवाले वस्ल पर त्योरी चढ़ाकर मुस्कराते हैं।
सहर को दर पे जाता हूं तो फ़रमाते हैं अंदर से,
अभी सोकर उठे हैं हाथ मुंह धोते हैं आते हैं।

❖ ❖ ❖

ऐ जाने जहां ये बेवफ़ाई हम से।
अग़यार से इख़लास रखाई हम से।
बेगाना रोश बैठे हो इस तरह अलग,
गोया न कभी थी आशनाई हम से।

❖ ❖ ❖

बाइसे वहशत हुई बेएतनाई आपकी।
तिनके चुनवाले लगी हम से जुदाई आपकी।
आपकी जाने बला क्यों कर कटी फ़ुरक़त की रात,
दिल तड़प कर रह गया जब याद आई आपकी।
बात करना हमसे औ आंखें लड़ाना ग़ैर से,
देख ली बस वाह मुश्फ़िक़ परसाई आपकी।
आशिक़ों के दिल प' गिरती हैं हजारों बिजलियां,
देख कर सीने प' ज़ंजीरे तिलाई आपकी।
आपकी बातों का रहता है मुझे हरदम ख़याल,
जब कोई बोला सदा कानों में आई आपकी।
ख़ुद गला काटूं मुझे ख़ंजर इनायत कीजिये,
देखिये दुख जायेगी नाज़ुक कलाई आपकी।
जान दे दो या पसे दीवार सर पटको 'अमीर',
उनके कूचे तक न होवेगी रसाई आपकी।

❖ ❖ ❖

ख़त उस आरिज़ का जब से छुप गया है मेरी नज़रों में,
निगह यों आंख में चुभती है कांटा जैसे छाले में।
मज़े जितने थे बाग़े दहर में सब चुन लिये दिल ने,
न ऐसा जख़्म है गुल में न ऐसा दाग़ लाले में।

❖ ❖ ❖

आई है शब्रे हिज्र रुलाने के लिये।
मैं एक नहीं सबके मिटाने के लिये।
अश्कों में मेरे डूब रहा है आलम,
आंखें मेरी रोती हैं ज़माने के लिये।

❖ ❖ ❖

क्या लुत्फ़ अगर सारा ज़माना देखे।
देखे तो निगाहे चश्मे दाना देखे।
गर गुलशने उल्फ़त में गुज़र मिस्ले वसीम,
आता देखे न कोई जाता देखे।

❖ ❖ ❖

करूं ज़ब्ते नफ़स हमदम कहां तक।
लगी है आग इक दिल से ज़ुबां तक।
धुआं दिल से मेरे उठा है ऐसा,
अंधेरा है ज़मीं से आसमां तक।
करूं किस शौक़ से हर बार सजदा,
जो पहुंचे सर तुम्हारे आस्तां तक।
तुझे मिलता नहीं घर उनका क़ासिद,
गये क्यों कर पयम्बर लामकां तक।
ग़श आया है मुझे मस्जिद में बे मय,
चलो ले कर मुझे पीरे मुगां तक।
जो मौत आये तो पहचाने न मुझको,
हुआ हों हिज्र में लाग़र यहां तक।
अमीर अब महरबां है मुझ पं सय्याद,
ख़बर पहुंचे न इसकी बाग़बां तक।

❖ ❖ ❖

जब यार हुआ जफ़ा के क़ाबिल।
तब हम न रहे वफ़ा के क़ाबिल।
है ख़ौफ से सारे तन में रअशाअ,
अब हाथ कहां दुआ के क़ाबिल।
आये मुझे देखने अतल्लबाअ,
जब मैं न रहा दवा के क़ाबिल।

बोले मेरे दिल प' पीस कर दानत,
ये दाना है आसिया के क़ाबिल।
कुल्फ़त से अमीर साफ़ कर दिल,
ये आईना है जिला के क़ाबिल।

❖ ❖ ❖

आराम कहां दश्त में हम लेते हैं,
थमते हैं ठहरते हैं न दम लेते हैं।
वहशत ऐसी उम्मीदगी है ऐसी,
आंखों से हर फ़न आके क़दम लेते हैं।

❖ ❖ ❖

इश्क़ में जीने के भी लाले पड़े।
हाए किस बेदर्द के पाले पड़े।
वादीए दहशत में जब रखा कदम,
आ के मेरे पांव में छाले पड़े।
दिल चला जब कूचए गेसू की सम्त,
कोस क्या क्या राह में काले पड़े।
दूर था ज़िंदा से क्या दश्ते अुनूं,
चलते-चलते पांवों में छाले पड़े।
किस निगह ने कर दिया आलम को मस्त,
हर जगह हैं लाखों मतवाले पड़े।
हिज्र में जब मुंह लगाया जाम को,
सैकड़ों होंटों प' बतख़ाले पड़े।
तौक़े वहशत अपनी गरदन में पड़ा,
यार के कानों में जब बाले पड़े।
तुझको इक आंसू हसरत है अमीर,
कितने मेंह बरसाये झाले पड़े।

❖ ❖ ❖

बड़े क्या रब्त यार दलस्तां से।
नया रोज़ इक दिल लायें कहां से।
बगोले ख़ाक से उठते हैं अब तक,
न मर कर भी दबे हम आसमां से।
हसीं सब बेवफ़ा हैं हज़रते दिल,
वफ़ादार आप लायेंगे कहां से।
इधर देखो हया कैसी शबे वस्ल,
उठाओ भी य' परदा दरमियां से।

ख़िजां के आते ही गुलचीं ओ सयाद,
पलट कर ख़ूब रोये बागबां से।
जो अब य' बोसा लब से है इन्कार,
कहा था वस्ल को फिर किस ज़बां से।

❖ ❖ ❖

वायदाए वस्ल और वह कुछ बात है।
हो न हो इसमें भी कोई घात है।
ख़ल्क़ नाहक़ दरपए असबात है,
है दहन इसका कहां इक बात है।
बोसा चाहे ज़नखंदां गैर लें,
डूब मरने की य' ऐ दिल बात है।
घर से निकले हो निहले वक़्ते क़त्ल,
यह भी बहरे क़त्ले आशिक़ घात है।
मैंने इतना ही कहा बनवाओ ख़त,
य' बिगड़ने की भला क्या बात है।
बाद मुदत बख़्त जागे हैं मेरे,
बैठिये सोने को सारी रात है।
क्या करूं वस्फ़ बताने ख़ुद पसंद,
उनसे बढ़कर बस ख़ुदा की ज़ात है।
बातों-बातों जो कुछ कहा गया,
हंस के फ़रमाने लगे क्या बात है।

❖ ❖ ❖

फ़ैज़े क़दम से तेरे बढ़ी है य' शाने दिल।
हैं सातों आसमान य' आसमाने दिल।
काबअ अदब से आता है मेरे तवाफ़ से,
जैसे हवा में गोशा नशीन मकाने दिल।
सख़्ती नहीं है अहल सफ़ा के ख़मीर में,
देखा कहां किसने कभी अस्तरख़्वाने दिल।
मुमकिन नहीं कि वहम् किसी का पहुंच सके,
कोसूल है लामकां से बलंद आस्ताने दिल।
मानिन्द शमअे नत की ताकत नहीं मगर,
रोशन मेरी ज़बान से है मेरा बयाने दिल।
दो टुकड़े हो अभी जिगरे बवाल हूस अमीर,
खींचू जो मअर में मैं तेग़े ज़बाने दिल।

❖ ❖ ❖

ऐ ज़ब्त देख अश्क की उनको ख़बर न हो।
दिल में हज़ार दर्द उठे आंख तर न हो।
मुदत में शामे वस्ल हुई है मुझे नसीब,
दो चार बरस तो इलाही सहर न हो।
एक फूल है गुलाब का आज उनके हाथ में,
धड़का मुझे य' है कि किसी का जिगर न हो।
ढूंढे से भी न मानी बार एक जब मिला,
धोका हुआ य' मुझको कि उसकी कमर न हो।
उल्फ़त की क्या उमीद वो ऐसा है बेवफ़ा,
सुहबत हज़ार साल रहे कुछ असर न हो।
तोल शबे विसाल हो मिस्ले शब फ़िराक़,
निकले न आफ़ताब इलाही सहर न हो।
मुंह फेर कर कहा जो मैंने हाले दिल,
चुप भी रहो अमीर मुझे दर्दे सर न हो।

❖ ❖ ❖

मय पियें क्या कि कुछ फ़ज़ा ही नहीं।
साक़िया बाग़ में घटा ही नहीं।
खिज़्र क्या जाने मर्ग की लज़्ज़त,
इस मज़े से वो आशना ही नहीं।
शेर ओ सफ़ दहन में सुन के कहा,
ऐसा मज़मून कभी सुना ही नहीं।
क्या सुनेंगे वो ख़ल्क़ की फ़रियाद,
कहते हैं जो कोई ख़ुदा ही नहीं।
लज़्ते इश्क़े वस्ल क्या जानें,
इसमें हिस्सा हमें मिला ही नहीं।
कल तक था वह रब्तो इख़लास,
आज वह शोख़ आशना ही नहीं।
मरने वालों से कहते हैं वो अमीर,
क्या तुम्हारी कभी क़ज़ा ही नहीं।

❖ ❖ ❖

हम जो मस्ते शराब होते हैं।
ज़रे से आफ़ताब होते हैं।
हैं ख़राबात सोहबते वाइज़,
लोग नाहक़ ख़राब होते हैं।
क्या कहें कैसे रोज़ो शब हमसे,

अमल नासवाब होते हैं।
हम जो करते हैं मयकदे में दुआ,
अहले मस्ज़िद को ख़्वाब होते हैं।
वही रह जाते हैं ज़बानों पर,
शेर जो इन्तख़ाब होते हैं।
कहते हैं मस्त रिन्द सौदाई,
ख़ूब हमको ख़िताब होते हैं।
आंसुओं से अमीर हैं रुसवा,
ऐसे लड़के अज़ाब होते हैं।

❖ ❖ ❖

पिला साक़िया अरग़बानी शराब।
कि पीरी में दे नौजवानी शराब।
कहा बादाए अश्क़ तक़दीर में,
पीयूं मैं तो हो जाये पानी शराब।
न लाया है शीशा न जामो सबू,
पिलाता है साक़ी ज़बानी शराब।
कहां अक़्ले बरना कहां अक़्ले पीर,
नई से है बेहतर पुरानी शराब।
मेरे चेहराए ज़र्द के अक्स से,
हुई साक़िया जाफ़रानी शराब।
हुए मस्त देखा जो फूलों का रंग,
पयालों में थी अरग़वानी शराब।
रहे ताक़ पर पारसाई 'अमीर'
पिलाये जो वह यार जानी शराब।

❖ ❖ ❖

आंख उसके हज़ूर रो रही है।
साथ अपने मुझे डुबो रही है।
दीदार कहां कि दूर है हश्र,
क़िस्मत अभी अपनी सो रही है।
अल्लाह रे हुस्ने दुख़्तरे रज़,
ज़ाहिद के हवास खो रही है।
क्या कश्ती ओ नाखुदा का शिकवा,
तक़दीर हमें डुबो रही है।
गुलशन में जो अब्र है धुंआदार,
मयख़्वार दिल में धूम हो रही है।
क्या शोख़ है उसकी यादें मिज़गां,

दिल में नश्तर चुभो रही हैं।
हम जाग रहे हैं हिज्र की शब,
तक़दीर हमारी सो रही है।
अहसां है अमीर चश्मतर का,
ना मैं की सियाही धो रही है।

❖ ❖ ❖

पूछा न जायेगा जो वतन से निकल गया।
बेकार है जो दानत दहन से निकल गया।
पहलू में मेरे दिल को न ऐ दर्द कर तलाश,
मुदत हुई ग़रीब वतन से निकल गया।
मग़ीने बाग़ तुमको मुबारक हो मेरे गुल,
कांटा था एक मैं सो चमन से निकल गया।
है सब्ज़ा रंग ख़त भी बना अब तो बोसा दे,
बेगाना था जो सब्जा चमन से निकल गया।
मद नज़र रही हमें ऐसी रज़ाए दोस्त,
काटी ज़बान जो शिकवा दहन से निकल गया।
मैं शेर पढ़ के बज़्म से क्या उठ गया 'अमीर'
बुलबुल चहक के सहने चमन से निकल गया।

❖ ❖ ❖

कुछ ग़म नहीं जो पेश है दफ़्तर क़सूर का।
उनवाने नामा नाम है रब ग़फ़ूर का।
कैसी नज़र हिजाब जो मानए हो नूर का,
दरया से क़तरा क़स्द क्या करे अबूर का।
हिमत है शर्त राहे ख़ुदा है खुली हुई,
पहुंचा वह जिसने क़स्द किया राहे दूर का।
कहते ही या करीम इधर से उधर हो गये,
लुत्फ़ ओ ग़ज़ब में फ़ासला था कितनी दूर का।
ज़ाहिद लिहाज़ रख न गुल हो चराग़े ज़हद,
झोका न आने पाये हवाये ग़रूर का।
हाज़र मरे जनाज़े प' हों सब मलायका,
साया हो सर प' मिस्ले सलीमान तयूर का।
दीदार का तो वायदा वफ़ा होगा हश्र को,
इरशाद हो इलाज दिले ना सबूर का।
आशिक़ किया है शौक़ ने तेरे हबीब पर,
या रब उमीदवार हूं अफ़वे क़सूर का।
देखा नहीं तुझको मगर शौक़े दीद है,

मुश्ताक़े ग़ायबाना हूं तेरे हज़ूर का।
या रब अकेले रहने की आदत नहीं मुझे,
जमघट रहे मज़ार में गुमानो हूर का।
महशर के रोज़ साक़िये कोसर का वास्ता,
इक जाम तिश्नगी में शराबे तहूर का।
उरिया उठूं तो दामने रहमत में दे जगह,
ढक जाये इस तरह से बदन तेरे अूर का।
उल्फ़त अमीर आल मुहम्मद की फ़र्ज़ है,
मुश्किल है बे सफ़ीना इरादा अबूर का।

❖ ❖ ❖

उसको आता है प्यार पर गुस्सा,
मुझको गुस्से प' प्यार आता है।

❖ ❖ ❖

क़ैदी जो था वह दिल से ख़रीददार हो गया।
यूसुफ़ को क़ैद ख़ाना भी बाज़ार हो गया।
उल्टा वह मेरी रुह से बे ज़ार हो गया,
मैं नामे हूर लेके गुनहगार हो गया।
ख़्वाहिश जो रोशनी की हुई मुझको हिज्र में,
जुगनू चमक के शमअे शबे तार हो गया।
अहसान किसी का इस तने लाग़र से क्या उठे,
सो मन का बोझ सायए दीवार हो गया।
बे हिला इस मसीह तलक था। गुज़र मुहाल,
क़ासिद समझ के राह में बीमार हो गया।
जिस राहरू ने राह में देखा तेरा जमाल,
आईना दार पस्त व दीवार हो गया।
क्यों कर मैं तर्क उल्फ़त मिज़गां करू अमीर,
मंसूर पढ़ के दार प' सरदार हो गया।

❖ ❖ ❖

आसरा ज़ेर ज़मीं ऐ तने बे जां किसका।
शूहर बेगाना है यां कौन है परसां किसका।
न तो य' हूर का तालिब न परी पर माइल,
नहीं मालूम मेरे दिल को है अरमां किसका।
ग़ैर का हाल सुनूं मैं य' मुझे ताब भी है,
ज़िक्र करते हो मेरे सामने जानां किसका।
कंघी चूड़ी से किसी दम उन्हें फ़ुर्सत ही नहीं,

क्या ख़बर है कि हुआ हाल परीशां किसका।
सूरते गुल जो शगुफ़्ता हैं मेरे ज़ख़्में जिगर,
याद आया है मुझे चेहराए ख़ंदा किसका।
हो रही है तेरी रफ़्तार से पामाल जो ख़ल्क़,
तू ने सीखा है चलन ऐ सबक खरामां किसका।
इस ज़माने में नहीं नाम सख़ावत का ऐ अमीर,
कौन मुहसिन है उठाये कोई अहसां किसका।

❖ ❖ ❖

कुछ शेर :

दिल मुझसे लिया है जो ज़रा बोलिये हंसिये,
चुटकी में मसलने के लिये दिल नहीं होता।

ज़ाहिर में हम फ़रेफ़्ता हुस्ने बुतां के हैं।
पर क्या कहें निगाह में जल्वे कहां के हैं।

पाक दामन हो तो अरमाने विसाल अच्छा है।
अच्छी नीयत हो तो अच्छों का ख़याल अच्छा है।

ऐ सबा सम्बुल ने क्यों गुलशन में फैलाया है जाल,
मौजे बूए गुल भी मुझको बढ़के है ज़ंजीर से।

बख़्त जागे हुए हैं आलमे हुशियारी है।
ख़्वाब मैं देख रहा हूं कि यह बेदारी है।

हर जगह जोशे मुहब्बत का नया आलम हुआ।
आंख में आंसू, जिगर में दाग़, दिल में ग़म हुआ।

मैं जाग रहा हूं हिज्र की शब,
पर मेरे नसीब सो रहे हैं।

मैं मिट गया तो वो भी मेरे साथ मिट गया।
साये से ख़ूब हक़्क़े रिफ़ाक़त अदा हुआ।

मस्जिद में बुलाता है हमें ज़ाहिदे नाफ़हम,
होता अगर कुछ होश तो मयख़ाने न जाते।

ज़ोफ़े दिल ने असर य' दिखलाया,
दर्द से भी उठा नहीं आता।
जब कहा उससे शबे ग़म कोई ग़मख़्वार न था।
दर्द ने उठ के कहा क्या य' गुनहगार न था।

क़रीब है यार रोज़े महशर छुपेगा कुश्तों का खून कब तक,
जो चुप रहेगी ज़बाने खंजर लहू पुकारेगा आस्तीं का।

हिलालो बद्र हैं दोनों तेरी तस्वीर के ख़ाके,
य' सूरत है लड़कपन की वो नक़्शा है जवानी का।

उठाऊं सख़्तियां लाखों कड़ी बात उठ नहीं सकती,
मैं दिल रखता हूं शीशे का जिगर रखता हूं आहन का।

चश्मे नरगिस न मिली दीदए आहू न मिला,
ऐ हया! तुझको इन्हीं आंखों में क्या रहना था।

फ़ितना था गहर था जलवा तेरा ऐ यार न था।
जब तलक दिल को संभालूं मैं दिलेज़ार न था।

करता मैं दर्द मंद तबीबों से क्या रुजू,
जिसने दिया था दर्द बड़ा वह हकीम था।

तड़पा रही हिज्र ये लज़्ज़त विसाल की,
कल पी थी जो शराब है उसका खुमार आज।

तोड़ता है जो कोई फूल तो कहती है सबा,
क्या ख़बर तुझको कि यह दिल य' जिगर किसका है।

नक़्द जां दिल की तरह देके अभी लेता हूं,
लज़्ज़ते दर्द जो हाथ आये कहीं थोड़ी सी।

❖ ❖ ❖

11

नासिख़

नासिख़ अपनी तबिअत के एक अलग ही शायर थे। ये शायर तो थे ही, लेकिन एक पहलवान तबिअत के शायर रहे। अकसर ये देखा जाता है कि पहलवानी और शायरी का तालमेल कहीं बैठता नहीं है, पर ये एक अजूबा है शायरी की दुनिया में। अक्खड़ मिज़ाजी भी इनके तआरुफ़ में शामिल रही। इनका नाम इमामबख़्श और वालिद का नाम ख़ुदाबख़्श था। 'नासिख' तख़ल्लुस से शायरी करते थे और मक़बूल हुए। इनका जन्म सवत् 1894 में फैज़ाबाद में हुआ था। इनकी मृत्यु के बारे में सन् या संवत् की जानकारी हासिल नहीं है, इसमें कुछ भ्रम बने हुए हैं। कुछ लोगों का कहना है कि ये सौ बरस की उम्र जिये थे, पर कुछ लोगों का मत है कि चौसठ-पैसठ बरस की उम्र में इनका इन्तक़ाल हो गया था।

कुछ लोगों का दावा है कि ये ख़ुदाबख़्श के गोद लिये बेटे थे, वे इनके असली पिता न थे। ख़ुदाबख़्श लाहोर में रहते थे और काबुल काश्मीर से केसर बनफ़शा आदि की तिजारत करते थे और हमेशा सफ़र में रहते थे। इनके पास काफ़ी धन-दौलत थी। इनके असली बाप गरीबी के कारण पश्चिम से पूर्व आये। फैज़ाबाद में नासिख़ का जन्म हुआ था। वहीं पर ख़ुदाबख़्श ने इन्हें गोद लिया। इसके पहले भी ख़ुदाबख़्श की और भी औलादें थीं, वे बेऔलाद नहीं थे। ख़ुदाबख़्श ने इन्हें अच्छे से अच्छी और बेहतरीन तआलीम मुहैया कराई, जिससे ये बड़े होकर अदब की दुनिया में एक मोतबर शख़्सियत के रूप में जाने गए।

ख़ुदाबख़्श के मरने के बाद इनके भाईयों ने इनकी धन-दौलत पर दावा किया, जिसे हड़पना चाहा। नासिख़ ने अपने भाईयों से कहा- 'मुझे अब्बा की धन-दौलत से कोई वास्ता नहीं है। जैसे मैं उन्हें अपना बाप समझता था, ठीक उसी तरह ही आप लोगों को अपना भाई मानता हूं। आपसे इतनी गुज़ारिश अवश्य करूंगा कि उनकी तरह आप भी मेरी ज़रूरतें पूरी करते रहें। जिसे उनके भाईयों ने कुबूलकर लिया।

इसके बावजूद भी नासिख़ उनकी आंखों में खटकते ही रहे। उनके चचा को ये शक़ रहता था कि जब भी ये चाहेंगे, तब अपने बाप की कुल ज़मीन-जायदाद और धन-दौलत के हक़दार बन जायेंगे। इसलिए वे इन्हें मारने के मनसूबे तैयार करने लगे। उन दिनों वे रक्तविकार की बीमारी से मुब्तिला थे जिसकी वजह से ये बेसन की रोटी घी में चूरकर खाया करते थे। बेरहम चचा ने उनकी रोटी में ज़हर मिला दिया। ये उन्हें किसी तरह मालूम हो गया। लोग कहते हैं कि इनकी एक जिन से दोस्ती थी, उसी ने इन्हें बता दिया। जो भी बात रही हो। इन्होंने ने अपने दो-चार दोस्तों और अपने नज़दीकी लोगों को बुलाया, उन सबके सामने रोटी का टुकड़ा कुत्ते के सामने डाला। कुछ ही देर में कुत्ता तड़प-तड़प कर मर गया, रोटी में ज़हर साबित हो गया। इसके बाद फिर

ज़मीन-जायदाद और हक़दारी का झगड़ा काफ़ी दिनों तक चलता रहा। मामला शाही अदालत तक पहुंच गया। कुछ दिनों बाद फैसला नासिख़ के हक़ में हुआ। उस वक्त ये एक अच्छी ख़ासी जायदाद के हक़दार बन गये। उस समय इन्होंने जो तक़लीफ़ें सही थी, अपनी उस तक़लीफ़ और दिल की बढ़ती हुई जलन को मिटाने के लिये कुछ रुबाईयां लिखी थी। उनमें से दो रुबाईयां इस तरह से हैं-

मशहूर है गरचे दफ़्तराय अमाम,
पर करते नहीं ग़ौर ख़्वास और अवाम।
वारिस होना दलील फ़रज़ंदी है,
मीरास न पा सका कभी कोई ग़ुलाम।

करते रहे अमामे अदावत से ग़ुलाम,
मीरा से पिदर पाई मगर मैंने तमाम।
इस दावए बातिल से सितमगारों को,
हासिल यह हुआ कर गए मुझको बदनाम।

नजीतन अब नासिख़ के दिन पहले की बनिस्पत कुछ ज़्यादा ही बेफ़िकरी और आराम के साथ गुज़रने लगे थे। उन दिनों लखनऊ के राजधानी हो जाने पर ये फैज़ाबाद छोड़कर लखनऊ चल दिये। यहां पर ये ताउम्र रहे। लखनऊ के टकसाली मुहल्ले में इनका घर था।

ये बड़े ही कसरती जवान थे। अपनी छोटी-सी उम्र से ही इन्हें कसरत करने का शौक लग गया था। यहां से इनकी प्रवृति पहलवानों जैसी होने लगी, हालांकि कुश्तियां लड़ने जैसा कोई शौक न था। ये ख़ुद तो कसरत करते ही थे और अपने दोस्तों व पहचान वालों को भी कसरत करने की सलाह देते और उनका हौसला भी बढ़ाते थे। इनको अच्छा ख़ासा और तगड़ा शरीर मिला था। हर रोज़ ये हज़ार-बारह सौ डंड लगाते थे। अगर मौसम अच्छा रहा तो डंड मारने की तादाद बढ़ भी जाती थी, लेकिन घटती कभी नहीं थी। इनका क़द लंबा और छाती चौड़ी थी। अपना सिर मुंड़ाये रहते थे जिसके कारण ये पूरे पहलवान नज़र आते थे। खारूवें की लुंगी पहनकर शेर की तरह सिर ऊपर उठाये और छाती फैलाये ही बैठा करते थे। उनकी इस शक्ल को देखकर कोई ये नहीं कह सकता था कि ये शायर हैं, पर शायरी इनके दिलो दिमाग़ में मौजूद और रची-बसी रहती थी। जाड़े के दिनों में भी ये तंजेब का कुरता पहना करते थे। कभी कुछ ज़्यादा ही ज़रूरत महसूस हुई तो ये लखनऊ की छींट का दोहरा कुरता पहिन लेते थे। जब भी ये किसी पर ग़ुस्सा हो जाते तो 'बेअदब गुस्ताख़, दुमकटा भैंसा' कहा करते थे। ये इनका 'तकिया कलाम' था।

खाना तो रोज़ दिन और रात मिलाकर एक ही बार खाते थे। एक बार में वो पांच सेर खाना खाते थे, देखने वाले उनकी खुराक देखकर दंग रह जाते थे। जब किसी मौसम में उन्हें कोई मौसमी फल पसंद आ जाता तो बस सिर्फ़ फल ही खाते थे और उस दिन अन्न का आहार बिलकुल ही नहीं करते थे, बल्कि फलों के टोकरों के टोकरे चट कर जाते थे। जामुन पर जी आ गया तो फिर घर में जामुन के ढेर लग जाते और फिर ढेरों के ढेर चट कर जाते। नांद में पानी भरवा देते और उसमें फलों के ढेर डाल देते। नांद के पानी में जब फल ठंडे हो जाते तो वे नांद के पास ही आसन जमाके बैठ जाते और पूरी नांद ख़ाली करके ही उठते। बरसात के दिनों में जब भुट्टे निकलते तो आंगन में अंगीठी सुलग जाती। नमक, मिरची और नींबू पास में

रख लेते। भुट्टे अंगीठी पे सिकते रहते और ये नमक, मिरची, नींबू रगड़-रगड़कर खाते थे। उसके बाद बोरे के बोरे भुट्टों का वारा-न्यारा कर देते। हर रुत में दो-तीन बार इस तरह से फलाहार करना एक मामूली-सी बात ही होती।

इनके खाना खाने का वक्त सबको मालूम रहता था। ये खाना हमेशा अकेले में ही खाते थे। इनका खाना खाने का तरीक़ा अंग्रेज़ों से काफ़ी मिलता जुलता था। कई चीज़ों को एक साथ इकट्ठा करके नहीं खाते थे। इनका नौकर फिर एक-एक चीज़ लाकर पेश करता, ये जी भरकर खाते और प्याला या थाली बाजू में रख देते। उसके बाद दूसरी चीज़ पेश करता, वे उसी तरह खाते और बर्तन बर्तनों के पास रख देते। फिर तीसरी चीज़, चौथी, पांचवीं, छठवीं चीज़, इस तरह वो एक-एक करके सब कुछ साफ़ कर जाते थे। ये कहते थे कि एक साथ मिलाकर खाना खाने से खाने का मज़ा नहीं आता है। चीज़ों के अलग-अलग स्वाद का पता ही नहीं चलता। जब ये खाना खा चुके होते तो बग़ल में बर्तनों का एक पहाड़ जैसा खड़ा हो जाता था। इनका आकार देखने से जाना जा सकता था कि पांच सेर खाना इनके लिए वाजिब ही था।

आग़ा कलब हुसैन खां इनके ख़ास दोस्तों में से थे। वे भी अच्छे कसरती शहसवार और ताक़तवार शख़्स थे। उन्हें भी शायरी का बेहद शौक़ था। ख़ां साहब इनके यहां पर महीनों पड़े रहते थे। एक बार ख़ां साहब सोरांव के तहसीलदार थे, तब उन्होंने नासिख़ को वहां की हरियाली और जंगल की सैर के लिए दावत दी। उनकी दावत क़ुबूल कर वहां गये। एक दिन वहां पर इनके लिए उन्होंने ख़ास-ख़ास स्वादिष्ट खाने बनवाये गये। इनको खाना खाने में ज़रा देर हो गई। उसी समय कुछ नौकर अपना-अपना खाना लेकर ड्योढ़ी से निकले। इन्होंने सबको पास बुलाकर पूछा कि यह खाना किसके लिये ले जा रहे हो? उत्तर मिला- यह हम लोगों का खाना है। उन्होंने सबके खाने वहां रखवा लिये। पूरा का पूरा खाना खाकर चाट-पोंछकर खाली बर्तन उनके हवाले कर दिये और कहा कि हमारा खाना तुम लोग खा लेना, जबकि खाना बचा ही न था। आग़ा कलब हुसैन खां समाचार मिलते ही वे दौड़े चले आये लेकिन तब तक तो सारा कांड ही ख़त्म हो चुका था।

यह इनका एक नियम था कि रात के आख़िरी पहर में ये कसरत शुरू करते थे और सुबह सूरज के निकलते तक करते। इनके बाल-बच्चे तो थे ही नहीं। इनकी शादी के बारे में कोई हवाला किसी किताब में नहीं मिला है। इसलिये ये माना जाता है कि इनकी शादी नहीं हुई थी। कसरत करने के बाद ये काफ़ी देर सुस्ताकर अपने बदन को आराम देते। नहाने के बाद ये किसी सहन में जागर फ़र्श पर बैठ जाते। सबेरे से ही इनके शागिर्दों का आना-जाना शुरू हो जाता था। उनसे ये चर्चा करते, उनके शेरों को सुधारते। दोपहर तक सब चले जाते। उसके बाद ये दरवाज़ा बंद कर खाना खाने बैठ जाते। खाने के भारी वज़न को अपने पेट में समेट कर आराम करते थे। तीसरे पहर नींद से जाग जाते थे। शाम के वक़्त फिर शेरो शायरी का माहोल बन जाता था। चूंकि इनके शागिर्दों का आना शुरू हो जाता था। कुछ की ग़ज़लों के बाबद ये तुरंत इसलाह कर देते और कुछ काग़ज अपने पास रख लेते। शाम ख़त्म होने के पहले ही वे अपने शागिर्दों को विदा कर देते। इस दौरान वे अपने नौकर को भी छुट्टी दे देते। उसके बाद वो अंदर से दरवाज़े पर ताला लगाकर कोठे पर चढ़कर किसी कमरे में जाकर अकेले में बैठ जाते। नौकर जाने के पहले ही शागिर्दों की लिखी ग़ज़लें एक खारुवें की थैली में भरकर उस कमरे में रख जाता था। थोड़ी देर वहां शांत होकर आराम से बैठे रहते। फिर वे उठकर थैली में से ग़ज़लें निकालकर एक-एक को देखते। देखते ही देखते वो अपनी शायरी की दुनिया में खो जाते थे। इस दौरान वे शागिर्दों के कलामों को सुधारते रहते। उनकी तबिअत

अगर उमंग में आ जाती तो ख़ुद भी कोई ग़ज़ल लिख लेते थे। रात का आख़िरी पहर शुरू होते ही काग़ज़ को तह करके रख लेते थे और कसरत में लग जाते, जो सूरज निकलते तक जारी रहती।

हुक़्क़ा पीने का इन्हें बड़ा शौक़ था। इन्हें हुक़्क़ा खरीदने का भी उतना ही शौक़ था जितना पीने का। ये तरह-तरह के छोटे-बड़े नक्काशीदार हुक़्के मंगाया करते थे। काफ़ी कुछ तो ये नज़राने के तौर पर जाते थे। उन्हें दिल से सजाकर घर में रखते थे। कलियों, गुड़गुड़ियों, सटक, पेंचवां, चौगानी और मदरियों से एक पूरी कोठड़ी भरी रहती थी। घर में जब भी कोई महफ़िल सजती तो हुक़्क़ों की नुमाईश-सी लग जाती। शायरी की महफ़िल में सभी मेहमानों और शायरों के सामने अलग-अलग एक-एक हुक़्का रखा जाता था। ऐसा कभी नहीं होता कि एक ही हुक़्क़ा सबका मुंह चूमता फिरे।

इनके बारे में लोगों का कहना था कि इनकी एक जिन से दोस्ती थी। एक दिन ये मुगदर घुमा रहे थे कि सामने देखा तो एक आदमी और भी खड़ा हुआ मुगदर घुमा रहा था। अपनी जवानी के जोश में ये उससे भिड़ गये। काफ़ी देर तक इन दोनों में ज़ोर आज़माईश होती रही। फिर इन्होंने पूछा कि तू कौन है? उसने जवाब दिया- मैं जिन हूं। तुम्हारा कसरत करने का तरीक़ा मुझे बहुत पसंद है, इसीलिए कभी कभार इधर भी आ निकलता हूं। तुम्हारे खाने में भी अक़सर शरीक हो जाता हूं। मगर बग़ैर जान-पहचान के प्रेम का आनंद नहीं आता है। इसलिये आज ख़ुद को ज़ाहिर कर रहा हूं। बस उस दिन दोनों में जान-पहचान हो गई। इसी जिन ने उसे ज़हर वाली रोटी से भी आगाह किया था। जिन से जान-पहचान होने से पहले जब ये खाना खाने बैठते थे कभी-कभी इनके सामने से रोटियां ग़ायब हो जाया करती थीं। एक साहब तो यहां तक भी फ़रमाते थे कि कभी-कभी खाना खाते-खाते कोई चीज़ बिना किसी वजह से खिड़की से बाहर भी फेंक दिया करते थे। लोगों का यह भी मानना था कि यह एक मनगढ़ंत कहानी है, बस इसके अलावा कुछ भी नहीं है। पांच सेर खाना खाने वाले के लिये इस तरह के क़िस्से गढ़े जाना एक मामूली बात है।

ताउम्र इन्होंने किसी की भी नौकरी नहीं की। पास में धन-दौलत भी थी, इज़्ज़त शोहरत भी थी और शौक़ीन मिज़ाजों की सोहबत भी थी, तो फिर और किस चीज़ की इन्हें ज़रूरत थी। ये पहली-पहली बार प्रयाग आए हुए थे। उन दिनों हैदराबाद से राजा चन्दूलाल ने इन्हें बारह हज़ार रुपये की रक़म भेजकर बुलावा भेजा। नासिख़ बहुत ख़ुद्दार तबिअत के इंसान थे। इन्होंने वो रक़म वापिस कर दी और जवाब में लिख भेजा कि यहां से जाऊंगा तो अब फ़क़त लखनऊ ही जाऊंगा और कहीं नहीं। राजा ने दोबारा पन्द्रह हज़ार रुपये की रक़म के साथ गुजारिश की कि आप यहां आ जाईएगा तो दरबारी-शायर के ख़िताब से नवाज़ा जायेगा। यहां पर आपको पूरी आजादी रहेगी, राज दरबार में हाज़िरी दाख़िल करने की कोई पाबंदी नहीं रहेगी। जब चाहें आप आयें, दिल न चाहे तो न आयें। हमसे मुलाक़ात भी आपकी ख़ुशी पर ही रहेगी। रुपये अपने एक दोस्त के पास रखवा दिये। अपनी ज़रूरत के हिसाब से ख़र्च करते रहे।

ज़िंदगी भर ये फैज़ाबाद, लखनऊ, प्रयाग, काशी और अज़ीमाबाद, पटना से आगे नहीं गये। इनका दिल हमेशा लखनऊ से ही जुड़ा रहता था। लखनऊ से इन्हें एक गहरी मुहब्बत रही। लखनऊ से बाहर होते ही इनकी तड़प ज़्यादा बढ़ जाती थी। इनकी लखनऊ के लिए छटपटाना, इनके इस शेर से ज़ाहिर होता है-

दश्त से कब वतन को लौटूंगा,
कि छठा अब तो साल आ पहुंचा।

नासिख़ बड़ी ही आज़ाद तबिअत के मालिक थे। कभी-कभी नवाब से नहीं पटती तो कुछ दिनों के लिये लखनऊ से ही ग़ायब हो जाते थे।

एक दिन एक साहब इनसे मुलाक़ात के लिये आये। उस वक़्त ये अपने कुछ दोस्तों के साथ आंगन में कुर्सियों पर बैठे थे। वे साहब भी वहीं एक कुर्सी पर बैठ गये। उनके हाथ में छड़ी थी। उस साहब की कुर्सी के सामने मिट्टी का एक ढेला पड़ा हुआ था। वो साहब उस छड़ी से उस ढेले को धीरे-धीरे तोड़ने में लगे हुए थे। इतने लोगों की अदबी चर्चा पर ध्यान दिये बगैर उस मिट्टी के ढेले पर ध्यान लगाये उसे तोड़ने में मशगूल थे। अकसर कुछ लोगों की एक आदत होती है किसी को अहमियत न देकर, उसे बेकार समझकर उंगलियों से मिट्टी कुरेदते रहेंगे, दांतों से तिनके तोड़ते रहेंगे या दांतों से अपनी उंगलियों के नाख़ून कुतरते रहेंगे। उसे लगातार मिट्टी का ढेला तोड़ते देख नासिख़ का सब्र जाता रहा। उन्होंने अपने नौकर को आवाज़ लगाई तो नौकर हाज़िर हुआ। इन्होंने नौकर को ये हुक्म दिया कि एक टोकरा भर कर मिट्टी के ढेले इन साहब के सामने लाकर डाल दो ताकि ये अच्छी तरह से अपना शौक़ पूरा कर सकें।

इनके शागिर्दों में ज़्यादातर सब अमीरज़ादे ही थे। एक दिन शाह ग़ुलाम आज़म इनकी सेवा में हाज़िर हुए। नासिख़ तख़त पर शीतल पाटी बिछाकर बैठे थे। वो भी उसी शीतल पाटी पर बैठ गये। अपनी आदत के मुताबिक़ वे लगे शीतल पाटी के तिनके तोड़ने और नह से नोचने लगे। नासिख़ उसे देखते रहे, देखते रहे। उसी वक्त उन्होंने नौकर को आवाज़ दी। उन्होंने नौकर से एक झाडू मंगवाकर उनके सामने रखवा दी और कहा- लीजिये, जी भर के तिनके तोड़िये, शीतल पार्टी नोचियेगा तो फिर यहां यह कहां मिलेगी। उस्ताद की बात पर शागिर्द बेचारे शर्म से पानी-पानी होकर रह गये।

एक दिन नासिख़ अपने घर के लॉन में बैठे थे। वे शेर बनाने की धुन में थे। एक साहब आकर बैठ गये। ये बहुत ही बेचैन हो गये। उठकर चहलकद़मी करने लगे। फिर बैठ गये। पर वे हज़रत शायर के मूड को समझ नहीं रहे थे। वे टस से मस न हुए। तहज़ीब के ख़याल से जाने के लिए भी कह नहीं सकते थे। तबिअत भी ऐसी उभार पर आई थी कि शायरी का लालच नहीं छोड़ सकते थे। ये बार-बार उठ और बैठ रहे थे, पर वे हज़रत इस बात को समझने को तैयार न थे। तब उन्होंने चिलम से आग लेकर पुआल की टटी पर रख दी और बैठकर आराम से लिखने लगे। टटी सुलगने लगी, धुंआ होने लगा। वे उठ खड़े हुए बोले- शेख़, साहब ये क्या हो रहा है? शेख़ साहब ने उनका हाथ पकड़ लिया और कहा- जाते कहां हो? अब तो हम दोनों यहीं जलकर राख होंगे। तुमने मेरे मज़मून को ख़ाक में मिला दिया, मेरे दिल को जलाकर राख कर दिया, भला अब मैं तुम्हें कैसे जाने दूंगा? तुम्हें भी मेरे साथ जलना होगा।

शायर अपनी शायरी का ग़ुलाम तो होता ही है, लेकिन वो अपनी तबिअत का मालिक ख़ुद होता है। नासिख़ की चुलबुली-सी तबिअत और अक्खड़पन के बहुत सारे क़िस्से मशहूर हैं। इसी तरह एक दिन एक शख़्स और आये, और आकर ऐसे जम गये कि उठने का नाम ही न लें। ये बुरी तरह उकता गये। इन्होंने नौकर को बुलाकर कहा- भाई, मज़दूरों को बुलाकर सामान उठवाओ। नौकर उनका मुंह ताकने लगा तो बोले- मुंह क्या ताकते हो? घर पर तो आपने क़ब्ज़ा कर ही लिया है। ऐसा न हो कि सामान भी हाथ से जाता रहे। यह सुनकर वह शख़्स मुंह लटकाये चल दिये।

प्रयाग में एक दिन ये एक मुशायरे में शामिल हुए। वहां पर इन्होंने जो ग़ज़ल पढ़ी, उसका मतला कुछ इस तरह था-

दिल अब महवेतर-सा हुआ चाहता है।
य' काबा कलीसा हुआ चाहता है।

वहां पर एक कम उम्र भोलेभाले लड़के ने भी उसी तरह अपनी ग़ज़ल पढ़ी, जिसका मतला यह था-

दिल उस बुत पै शैदा हुआ चाहता है।
ख़ुदा जाने अब क्या हुआ चाहता है।

उसके इस मतले पर पूरी महफिल में धूम मच गई। सब वाह-वाह करने लगे। नासिख़ बड़े ही कद्रदां और इंसाफ पसंद थे। इन्होंने पास बुलाकर उसकी पीठ ठोंकी और कहा- तुम्हारा मतला मतलों में आफ़ताब है। मैं अपना पहला मिसरा ग़ज़ल में से निकाल डालूंगा।

एक दिन ये किसी सौदागर की कोठी पर गये। उसका लड़का जो बहुत सुंदर था, सामने लेटा सो रहा था। आंखें अधखुली-सी थीं। वे देखकर मुग्ध हो गये, मुंह से एक मिसरा निकल पड़ा-

है चश्म नीम बाज़ अजब ख़्वाबे नाज़ है।

पर दूसरा मिसरा बैठता न था। घर आने पर भी ये उसी फ़िक्र में लगे रहे। इनके शागिर्द वज़ीर मिलने आये। फ़िक्र का कारण जानने पर उन्होंने दूसरा मिसरा लगा दिया। जिससे ये बड़े खुश हुए। पूरा शेर कुछ यूं मुकम्मिल हुआ-

है चश्म नीम बाज़ अजब ख़्वाबे नाज़ है।
फ़ितना तो सो रहा है दरे फ़ितना बाज़ है।

एक दिन वज़ीर ने अपना एक शेर सुनाया-

वो जुल्फ़ लेती है ताबो दिलो तवां अपना।
अंधेरी रात में लुटता है कारवां अपना।

नासिख़ साहब बड़े खुश हुए और वज़ीर को इन्होंने ईनाम दिया। ये वज़ीर को अपने अन्य शागिर्दों से अधिक प्यार करते थे। वज़ीर पहले आतिश के शागिर्द थे, बाद में ये नासिख़ के हो गये।

नासिख़ शायरी में किसी के शागिर्द न थे। फारसी की तआलीम इन्हें हाफ़िज़ वारिस अली लखनवी से मिली थी। अरबी का ज्ञान भी किसी क़दर अच्छा था। बचपन में ये ग़ज़लें बनाया करते थे, पर झिझक के कारण किसी को भी दिखाते न थे। एक बार ये मीर तक़ी मीर के पास ले गये। मीर ने इसलाह न दी। ये लौट आये। इन्होंने सोचा- मीर तक़ी मीर भी तो आख़िर आदमी है, कोई फ़रिश्ता तो है नहीं। तब से ये ग़ज़लें लिखकर रख लेते, कुछ दिनों के बाद उसे फिर पढ़ते और ज़रूरी कांट-छांट करके फिर उसे रख लेते। कुछ दिन बीत जाने के बाद उसे फिर पढ़ते और कुछ हेर-फेर करते। इस तरह करते-करते वह अपना इसलाह खुद ही करने लगे। जब तक पूरी दिलजमई न हुई, इन्होंने न किसी को अपनी ग़ज़ल सुनाई और न मुशायरे में पढ़ीं। मिर्ज़ा हाजी साहब के मकान पर मुशायरा होता था। इंशा, जरअत, मसहफ़ी ये सब जमा होते थे। ये भी वहां जाते, पर सुना करते थे, कहते कुछ न थे। इन शायरों की आपस में खूब चोंचें चलती थीं। इन पर भी रंग चढ़ता जाता था। जब उन शायरों ने मैदान छोड़ा, तब नासिख़ मैदान में आ गये। मिर्ज़ा हाजी और क़तील ने इनकी खूब हौसला अफ़ज़ाई की। उन्हीं दिनों आतिश भी चमकने लगे थे। एक बार वे महीनों बाद फैज़ाबाद से आये। मुशायरे में उन्होंने नासिख़ की ग़ज़लें सुनीं। वे ईर्ष्या से तड़प कर रह गये। मुशायरे में उन्होंने इतने जोश में आकर ग़ज़ल पढ़ी कि छाती का खून मुंह से निकलने लगा। बस,

उसी दिन से दोनों में बिगाड़ हुआ। दोनों की आपस में हमेशा चख-चख रही और लखनऊ वालों ने दोनों तरफ होकर खूब तमाशे देखे और मज़े लिये।

नासिख़ के तीन दीवान हैं, जिसमें से दो मशहूर हुए। एक प्रयाग में शाया हुआ। परेशानी के दिनों में तैयार हुआ था, इसलिए उसका नाम 'दफ़्तरे परेशान' रखा गया। इन दीवानों के अलावा एक मसनवी 'नज़्म सिराज' और एक 'मौजूद शरीफ़' भी इनका लिखा हुआ है। कहते हैं कि 'नज़्म सिराज़' में आला दरजे की शायरी नहीं थी। नासिख़ तारीख़ें भी बहुत लिखा करते थे। मसलन की छोटे से छोटे हादसे को भी तारीख़ बना देते थे। यहां तक कि इनकी तबिअत नासाज़ होने पर भी उसे तारीख़ बना देते थे। इनकी ग़ज़लों में नाज़ुक ख़याली भी पाई जाती है। इनकी शायरी में शब्दों का संगठन, बयान की सफ़ाई, साफ़गोई और मुहावरों का उचित प्रयोग भी ख़ूब किया गया है।

जब कोई अपरिचित शायरी का रसिया इनके पास और शायरी सुनने की इच्छा ज़ाहिर करता, तब उसका इम्तहान लेने के लिये ये कुछ अटपटे और हल्के शेर उसके सामने रख छोड़ते। उसे सुनाते। यदि वह सुनते ही बेतहाशा ख़ुशामदी तारीफ़ करने लगता तो ये वहां से उठकर शेर सुनाना बंद कर अलग हट जाते। यदि शेर सुनकर वो चुप ही रहता है और दाद नहीं देकर सोच में पड़ जाता है, तब ये समझते कि सामने वाला कोई जानकार शख़्सियत है। तब ये उसे अच्छी-अच्छी ग़ज़लें सुनाते। इनके अटपटे शेरों में से नमूने के तौर पर एक शेर यह देखें-

आदमी मख़मल में देखे मोरचे बादाम में।
टूटी दरिया की कलाई ज़ुल्फ़ी उलझी दाम में।

अक़सर ये अपने मुंह से शेर कम सुनाते थे। जब भी कोई सुनने की तमन्ना से इनके पास आता तो ये दीवान उठाकर उनके सामने रख देते और कहते कि इसमें से जो कुछ भी पसंद हो, पढ़ लीजिए।

लखनऊ से बाहर रहने पर इनसे लखनऊ की जुदाई सही नहीं जाती थी। प्रयाग में इन्होंने अपने इस दिली दर्द को एक शेर में कुछ इस तरह ज़ाहिर किया था।

एक तिरबेनी है दो आंखें मेरी।
अब इलाहाबाद भी पंजाब है।

नासिख़ पहले सुन्नी जमात में थे, फिर ये शिया हो गए। वे बहुत ही सरल और मिलनसार थे, मगर उसूल के पक्के थे। ये रात-दिन अपने ख़यालात में इस क़दर डूबे रहते थे कि लोग इन्हें मग़रूर और रूखी तबिअत का आदमी समझते थे। एक बात ज़रूर थी कि ये शिष्टाचार के नियमों की पाबंदी में बड़े सख़्त थे, जैसा कि यहां लिखी घटनाओं से साबित होता है। तहज़ीब और तमीज़ वाले लोगों की सोहबत से बड़े ही ख़ुश रहते थे।

नासिख़ की शायरीः

दिल उसको दिया हमने तक़सीर इसे कहते हैं।
मारा ग़मे फ़ुरकत ने ताज़ीर इसे कहते हैं।
हम ख़्वाब में वां पहुंचे तदबीर इसे कहते हैं।
वह नींद से चौंक उठे तक़दीर इसे कहते हैं।
जो मुझसे गुरेज़ां था कल उसको मैं घर अपने,
बातों में लगा लाया तक़रीर इसे कहते हैं।
मैं ख़ाक हुआ मरकर वह फ़ातिहे को आया,
अकसीर इसे कहते हैं तसख़ीर इसे कहते हैं।
दीवानी सी जंगल में फिरती है पड़ी लैला,
जज़्बे दिले आशिक़ की तासीर इसे कहते हैं।
पी जब कि शराब उसने कुन्दन-सा बदन उसका,
सोना इसे कहते हैं अकसीर इसे कहते हैं।
शक्ल उसकी तसव्वुर ने खींची वरक़े दिल पर,
नक़्क़ाश इसे कहते हैं तसवीर इसे कहते हैं।
बेजुर्म किया बिस्मिल लाखों ही जवानों को,
सफ़्फ़ाक इसे कहते हैं बेपीर इसे कहते हैं।
महफ़िल से उठान का जब क़स्द किया उसने,
दानिस्ता मैं ग़शलाया तज़बीर इसे कहते हैं।
सौ क़त्ल किये ख़ूं हैं अबरू में न मिज़गां में,
शमशीर इसे कहते हैं और तीर इसे कहते हैं।
जितना वह गुरेज़ां है दर पै दिले नालां है,
सैयाद इसे कहते हैं नख़चीर इसे कहते हैं।
अंजाम को कुछ सोचो क्या क़िस्र बनाते हो,
आबाद करो दिल को तासीर इसे कहते हैं।
हैं पेशेनज़र अपने हर वक़्त तसव्वुर में,
परियों की बस ऐ नासिख़ तसख़ीर इसे कहते हैं।

❖ ❖ ❖

दम बुलबुले असीर का तन से निकल गया।
झोंका नसीम का ज्यों ही सन से निकल गया।
लाया व साथ ग़ैर को मेरे जनाज़े पर,
शोला-सा एक जेब कफ़न से निकल गया।
अब के बहार में य' हुआ जोशए जुनूं,
सारा लहू मारे बदन से निकल गया।
उस इश्क़े गुल के जाते ही बस आ गई खिज़ां,

हर गुल भी साथ बू के चमन से निकल गया।
सुनसान मिश्ल वादिये गुरबत है लखनऊ,
शायद कि नासिख़ आज वतन से निकल गया।

❖ ❖ ❖

जो उस परी से शबे वस्ल में रुकाट हो।
मुझे भी एक जनाज़ा हो या छपरखट हो।
मजाल क्या कि तेरे घर में पांव मैं रक्खूं,
यह आरजू है मेरा सर हो तेरी चौखट हो।
हुजूम रखते हैं जांबाज़ यूं तेरे आगे,
जुआरियों का दिवाली को जैसे जमघट हो।
लिपट के यार से सोता हूं मांगता हूं दुआ,
तमाम उम्र बसर या रब एक करवट हो।
जलाओ ग़ैरों को मुझसे जो गरमियां करके,
तुम्हारे कूचे में तय्यार एक मरघट हो।
व मुंह छुपाते हैं जब तक हिजाब से शबे वस्ल,
इज़ारे सुबह से शब का न दूर घूंघट हो।
मैं जां बलब हूं गला काटो या गले से लगो,
जो इसमें आपको मंजूर हो सो झटपट हो।
करे कि ज़िक्र खुदा ऐ सनम भला किस वक़्त,
जिसे कि आठ पहर तेरे नाम की रट हो।
जो दिल को देते हो नासिख़ तो कुछ समझ कर दो,
कहीं य मुफ़्त में देखो न माल तलपट हो।

❖ ❖ ❖

तेरे जाते ही हवा रंगे चमन हो जायेगा।
बर्ग़ गुल जो है व बर्गे यासमन हो जायेगा।
बाम पर नंगे न आओ तुम शबे महताब में,
चांदनी पड़ जायेगी मैला बदन हो जायेगा।
फ़िक्र उरयानी नहीं मुझ नातवाने इश्क़ को,
पोस्त ढीला होके तन पर पैरहन हो जायेगा।
गर उठाकर शहर से सहरा में बिठलाओगे तुम,
बस वहीं मिस्ले दरख़्त अपना वतन हो जायेगा।
क्य अचंभा है तुझे नासिख़ फ़िराके यार में,
एक दिन नादां फ़िराक़े रुहो तन हो जायेगा।

❖ ❖ ❖

धूप बेहतर है शबे फ़ुरक़त की बदतर चांदनी।
सायक़े की तौर से पड़ती है मुझ पर चांदनी।

ख़ूब रोऊं ऐ शबे ग़म है मुक़द्दर चांदनी।
बाद बारिश साफ़ हो जाती है अकसर चांदनी।
हो गया हूं नातवां ऐसा शबे फ़ुरकत में मैं,
जिस्मे लाग़र पर है मिस्ले संगमरमर चांदनी।
धूप आती है नज़र तारीक साये की तरह,
मेरे घर में है अंधेरे के बराबर चांदनी।
मेरे घर की राह कतरा कर निकल जाता है चांद,
रहती है फ़ुरक़त की शब बाहर ही बाहर चांदनी।
ख़ाकसारी भी न छोड़े दे ख़ुदा जिसको उरुज,
आसमां पर माहेताबां है ज़मीं पर चांदनी।
भूल कर ओ चांद के टुकड़े इधर आ जा कभी,
मेरे वीराने में भी हो जाय दम भर चादनी।
क्या शबे महताब में बे यार जाऊं बाग़ में,
सारे पत्तों को बना देती है खंजर चांदनी।
नुक़रई मूबाफ़ उस काफ़िर की चोटी में नहीं,
यह वो शब है जिसने कर ली है मसख़्ख़र चांदनी।
ग़ैर तारकी शबे फ़ुरक़त में ऐ नासिख़ नहीं,
हां मगर जख़्मी हूं तो निकले मुक़र्रर चांदनी।

❖ ❖ ❖

आवाज़ है मानिन्द मज़ामीर गले में।
गोया तेरी तहरीर है तक़रीर गले में।
लिपटी है जो वां जुल्फ़े गिरहगीर गले में।
यां भी तो कई मन की है ज़ंज़ीर गले में।
दीवाना किया है तेरी सूरत ने परीरू,
हो तौक़ के बदले तेरी तस्वीर गले में।
ऐ जान कोई अपना गला काट मरेगा,
लटकाओ न यों नाज से शमशीर गले में।
जुज़ ख़ाक दरे यार दवा दो न तबीबों,
वल्लाह अटक जायेगी अकसीर गले में।
किस दरजा सुनहरी तेरी रंगत है परीरू,
रस्सी हुई कुंदन की भी ज़ंजीर गले में।
है मल्के निसारा में तमन्ना यही नासिख़,
फांसी हो वही जुल्फ़े गिरहगीर गले में।

❖ ❖ ❖

ख़ाक में मिल जाईये ऐसा अखाड़ा चाहिये।
लड़के कुश्ती देवे हस्ती को पछाड़ा चाहिये।

और तख़्तों की हमारी क़ब्र में हाजत नहीं,
ख़ानए महबूब का कोई किवाड़ा चाहिए।
इन्तहाए लाग़री से जब नज़र आया न मैं,
हंसके वो कहने लगे बिस्तर को झाड़ा चाहिये।
आंसुओं से हिज्र में बरसात रखिये साल भर,
हमको गरमी चाहिए हरग़िज न जाड़ा चाहिये।
मर गया हूं हसरते नज़्ज़ारए अब्रू में मैं,
ऐन काबे में मेरे लाशे को को गाड़ा चाहिये।
लड़ते हैं परियों से कुश्ती पहलवाने इश्क़ है,
हमको नासिख़ राजा इन्दर को अखाड़ा चाहिये।

❖ ❖ ❖

ख़त जो हम कर चुके तहरीर तो पहुंचाने को,
आशियानों से निकल आये कबूतर बाहर।

❖ ❖ ❖

फिर बहार आई चमन में ज़ख़्म दिल आले हुए।
फिर मेरे दाग़े जिगर आतिश के परकाले हुए।
किस तरह छोड़ूं यकायक उसकी ज़ुल्फ़ों का ख़याल,
एक मुद्दत से य' काले नाग हैं पाले हुए।
याद जब आया चमन में वह निहाले बाग़ हुस्न,
यह क़लम लबरेज़ अश्कों से मेरे याले हुए।
वह परी पैकर कहा करता है अकसर फ़ख़्र से,
अब तो 'नासिख़' भी हमारे चाहने वाले हुए।

❖ ❖ ❖

है अजब तरह की वहशत तेरे दीवाने में।
जी न आबादी में लगता है न वीराने में।
आफ़ताब उसमें अगर आवे तवा बन जाये,
नूर का दख़्ल नहीं मेरे सियहखाने में।
नाज़ुकी से हुआ क़ातिल मेरी हालत का शरीक,
यां लगा ज़ख़्म तो वां दर्द उठा शाने में।
नोरा कर शौक़ से दिल खोलके सर्फ़अ क्या है,
खौफ़ बदहज़मी का नासिख़ नहीं ग़म खाने में।

❖ ❖ ❖

माहे नौ है मिस्ल अब्रू लेकिन उसका रू नहीं।
माहे कामिल सूरते रू है मगर अब्रू नहीं।
कौन-सा तन है कि मिस्ले रुह जिसमें तू नहीं।
कौन गुल है जो तेरा मस्कन बरंगे बू नहीं।

जामे नरगिस में कहां शबनम जो निकले आफ़ताब,
यार के आगे मेरी आंखों में इक आंसू नहीं।
जिस्म ऐसा घुल गया है मुझ मरीज़े इश्क़ का,
देखकर कहते हैं सब तावीज़ है बाज़ू नहीं।

❖ ❖ ❖

मरतबा कम हिरसे रिफ़अत से हमारा हो गया।
आफ़ताब इतना हुआ ऊंचा कि तारा हो गया।

❖ ❖ ❖

तेरे कूचे में खड़ा रहता हूं मैं ऐ यार चुप।
रात-दिन जिस शक्ल से हो सूरते दीवार चुप।
क़ीमत इस शीरीं ज़बानी से बयां यूसुफ़ ने की,
रह गया हैरत से सारा मिश्र का बाज़ार चुप।
फ़ाश होते हैं कमाले इश्क़ में इसरारे इश्क़,
जोशे मस्ती में नहीं मुमकिन कि हो मयख़्वार चुप।
तेरे कूचे में जो करता हूं फ़ुगां माज़ूर हूं,
किस तरह गुलज़ार में हो बुलबुले गुलज़ार चुप।
है क़यामत सुहबते अरबाबे गफ़लत का असर,
पास होता है जो कोई रहते हैं बेदार चुप।
ख़्वाब में भी यार के शिकवे का आया गर ख़याल,
बोल उट्ठा पास अदब हां ऐ लबे इज़हार चुप।
रौंदने वाले न हरगिज़ दूर से हो नाराज़न,
राव्र रो गर पायमाली रो न हो हर ख़ार चुप।
क्यों नहीं देता किसी को तू जवाब ऐ संगदिल,
सुन के जब आवाज़ को रहते नहीं कुहसार चुप।
लाल होती है ज़बानें नासिख़ अपने सामने,
बुग्ज़ से दुश्मन रहें बस सुन के यह अशआर चुप।

❖ ❖ ❖

आतिशे इश्क़ वह है जिसमें समुंदर जल जाय।
इक शरर जाय जो पत्थर में तो पत्थर जल जाय।
तन बदन फूंक दिया है शबे फ़ुरक़त ने मेरा,
क्या अजब है जो मेरे जिस्म से बिस्तर जल जाय।
दोस्त कहते हैं उसे साथ जो जो आफ़त में,
शमा के जलने से परवाना न क्यों कर जल जाय।
है व' परकालए आफ़त क़दे मौज़ूं तेरा,
दीजिये उससे जो तशबीह सनोबर जल जाय।

आतशीं चेहरा है हर शाहिदे मज़मूं नासिख़,
क्या अजब है मेरे अशआर का दफ़्तर जल जाय।

❖ ❖ ❖

चोट दिल को जो लगे आहे रसा पैदा हो।
सदमा शीशे को जो पहुंचे तो सदा पैदा हो।
हम हैं बीमारे मुहब्बत य' दुआ मांगते हैं,
मिस्ल अकसीर न दुनिया में दवा पैदा हो।
कह रहा है जरसे क़लब व आवाज़ बलंद,
गुम हो रहबर तो अभी राहे ख़ुदा पैदा हो।
य' कुछ असबाब के हम बंदे ही मुहताज नहीं,
न जुबां हो तो कहां नामे ख़ुदा पैदा हो।
क्या मुबारक है मेरा दश्ते जुनूं ऐ नासिख़,
बैज़ए बूम भी टूटे तो हुमा पैदा हो।

❖ ❖ ❖

पोंछता अश्क अगर गोशए दामां होता।
चाक करता मैं जूनूं में जो गरेबां होता।
माल मिलता जो फ़लक से ज़र्रे जां होता।
सर न होता तो मयस्सर मुझे सामां होता।
उस्तरा मुंह प जो फिरने नहीं देता है बजा,
महवे दीदार से क्योंकर ख़ते क़ुरआं होता।
अपने होंटो से जो इक बार लगा लेता वह,
है यहीं साग़रे मय चश्मए हैवां होता।
हू व वहशी कि अगर दश्त में फिरता शब को,
आगे मशआलची वही ग़ोले बयाबां होता।
ख़ूं रुलाता वहीं नासूर बनाकर गर्दन,
ज़ख़्म भी गर मेरे तन पर कभी ख़ंदां होता।
ऐ बुतों होती अगर मेहरो मुहब्बत तुममें,
कोई काफ़िर भी न वल्लाह मुसलमां होता।
ऐ अजूल, एक दिन आख़िर मुझे आना है वले,
आज आती शबे फ़ुरक़त में तो एहसां होता।
हसरते दिल नहीं देता है निकलने 'नासिख़'
हाथ सल होते मयस्सर जो गरेबां होता।

❖ ❖ ❖

वायज़ा मस्जिद से अब जाते हैं मैख़ाने को हम।
फेंक कर ज़रफ़े वज़ू लेते हैं पैमाने को हम।

क्या मगस बैठे भला उस शोला रू के जिस्म पर,
अपने दाग़ों से जला देते हैं परवाने को हम।
तेरे आगे कहते हैं गुल खोलकर बाज़ूए बर्ग,
गुलशन आलम से हैं तय्यार उड़ जाने को हम।
कौन करता है बुतों के आगे सिजदा ज़ाहिदा,
सर को दे दे मार के तोड़ेंगे बुतख़ाने को हम।
बोसए ख़ाले ज़नख़दां से शफ़ा होगी हमें,
क्या करेंगे ऐ तबीब बस तेरे बुहदाने को हम।
बांधते हैं अपने दिल में ज़ुल्फ़े जानां का ख़याल,
इस तरह ज़ंजीर पहनाते हैं दीवाने को हम।
अक़्ल खोदी थी जो ऐ नासिख़ जूनूने इश्क़ में,
आशना समझा किये इक उम्र बेगाने को हम।

❖ ❖ ❖

आज मुझको दश्ते वहशत में वतन याद आ गया।
बूए गुल को बाद बरबादी चमन या आ गया।
हूं वो वहशी ज़ीस्त पर भूला रहा पोशाक को,
जब कफ़न पहना तो मुझको पैरहन याद आ गया।
तंग मुझ पर हो गया अय्याम फ़ुरक़त में जहां,
ऐ परीरु क्या मुझे तेरा दहन याद आ गया।
जब नहाया मैं तो आया गुस्ले मय्य का ख़याल,
क़ता जब होने लगे कपड़े कफ़न याद आ गया।
ऐ अज़ीज़ों आज मेरा जी न डूबा जाय क्यों,
अपने यूसुफ का मुझे चाहे ज़क़न याद आ गया।
हूं जो यूं ख़ामोश ऐ हमदम नहीं तुझसे ख़फ़ा,
आज मुझको वो हसीने कम सुख़न याद आ गया।
अपने सर को फोड़कर अब जान शीरीं क्यों न दूं,
बस्तियों पर मुझको 'नासिख' कोहकन याद आ गया।

❖ ❖ ❖

साथ लाये हैं अज़ल से दीद का आज़ार हम।
गुलशने आलम में क्या हैं नरगिसे बीमार हम।
बह गये हैं वायज़ा गिरदाबे दौरे जाम से,
ज़ीस्त भर होंगे न इस दरियाए मय से पार हम।
गर नज़र आता नहीं इक लमा वह नूरे निगह,
करते हैं अपनी नज़र से आंसुओं का तार हम।
हैं जो ग़ाफ़िल उनको सूली पर भी आ जाती है नींद,
पंम्बए तोशक प हैं मंसूर से होशियार हम।

उम्र गुज़री इक बुते काफ़िर नज़र आता नहीं,
हश्र में क्योंकर ख़ुदा का पायेंगे दीदार हम।
हो व काफ़िर जिसको दीदारे ख़ुदा की हो हवस,
ओ बुते काफ़िर तेरे हैं तालिबे दीदार हम।

❖ ❖ ❖

लगादे शोलए आरिज़ से गर वह आग गुलशन को।
बाकबो सीख़ समझे बुलबुले शाख़ें नशेमन को।
वह अकसीर आतिशे ग़म कि है अपनी आहे सोज़ांने,
तिलाई एक दम में कर दिया ज़ंजीरे आहन को।
चबाकर पान ज़ालिम ने किये गुलगूं लबो दन्दां,
बनाया मादने याक़ूत क्या हीरे के मादन को।
गरेबाने सहर है जैसे हो रंगे शफ़क़ लाज़िम,
न छोड़ेगा लहू मेरा कभी क़ातिल के दामन को।
मसायब नज़्म करता हूं शबे तारीक हिज़रां के,
बनाया शमए बज़्में फ़िक्र मैंने तबए रौशन को।
छुरी देखो जो उस रश्के चमन के दस्ते नाज़ुक में,
भुलाया बुलबुलाने बाग़ ने शाख़े नशेमन को।
चढ़ाये नाफ़ए मुश्कीं समझ कर कुश्तए काकुल,
गिज़ालाने बियाबां ने जो देखा मेरे मदफन को।
भला ग़ैर अज़ ग़ज़ल ख़्वानी हो मुझसे काम क्या नासिख़,
बजुज़ नाला नहीं आता है कुछ मुर्गे नवाज़न को।

❖ ❖ ❖

जीते जी जाऊं मैं क्योंकर कूए जानां छोड़कर।
बुलबुले नालां कहां जावे गुलिस्तां छोड़कर।
चाहिये वहशत में जामा चाके होना रुह का,
दामने क़ातिल का यूं अपना गरेबां छोड़कर।
वस्ले जानां में नज़र आया महे शाबां मुझे,
सब्ज़ा क्या देखूं ख़ते रुख़सारे जानां छोड़कर।
वस्ले जानां किसकी क़िस्मत में हमेशा है दिला,
जाती है इक रोज़ आख़िर जिस्म को जां छोड़कर।
मैंने जब आंखों के मज़मूं का पढ़ा वहशत में शेर,
कूए जानां को चले आहू बयाबां छोड़कर।
हूर है साक़ी मेरा क्योंकर हो मय मुझपर हराम,
वायज़ा करता है क्या बातें तू ईमां छोड़कर।
हा इलाही वस्ल जिन्नत में भी मुझको यार का,
कब व इन्सां है जो मांगे हूर इन्सां छोड़कर।

रोशनी की सैर जब मैंने शबे फ़ुरक़त में की,
शोले आ लपटे मुझे सर्वे चराग़ां छोड़कर।
हो वतन में ख़ाक मेरे गौहरे मज़मूं की क़द्र,
लाल क़ीमत को पहुंचता है बदख़्शां छोड़कर।
मर गया य 'नासिख़े' मयकश जो सारे मयफ़रोश,
मसजिदों में बैठे अपनी-अपनी दुकां छोड़कर।

❖ ❖ ❖

मेरा सीना है मशरिक़ आफ़ताबे दाग़े हिजरां का।
तुलूए सुबहे महशर चाक है मेरे गरेबां का।
कफ़न की जब सफेदी देखता हूं कुंजे मरक़द में,
तो आलम याद आता है शबे महताबे हिजरां का।
किसी खुरशीद रु के जज़्ब दिल ने आज खींचा है,
कि नूरे सुबह सादिक़ है ग़ुबार अपने बयाबां का।
तहे शमशीर क़ातिल किस क़दर वश्शाश था 'नासिख'
कि आलम हर दहाने ज़ख़्मपुर है रु ए ख़ंदा का।

❖ ❖ ❖

कुछ शेरः

यों नज़ाकत से गिरां सुरमा है चश्मे यार को।
जिस तरह हो रात भारी मरदुमे बीमार को।

सियहबख़्ती में कोई कब किसी का साथ देता है।
कि तारीकी में साया भी जुदा होता है इन्सां से।

क्यों नहीं होता मुझे ग़म आशिक़े जाबांज़ का।
देख रोती है बरुए लाशा परवाना शमां।

सरे उश्शाक़ यहां बिकते हैं माशूक वहां।
कू ए क़ातिल है जुदा मिस्र का बाज़ार जुदा।

अयां है मेहरो मह का फ़र्क़ तुझमें और यूसुफ़ में।
भला सोने के आगे ख़ाक हो तौक़ीर चांदी की।

है सितारा ज़ू ज़नब या रुख है ज़ुल्फ़े यार में।
खाल है खुरशीद में तिल है यह रुखसार में।

गुलेज़ारों की जो महफिल में गया वह गुलेतर।
हो गये ज़र्द जो दो-चार तो दो-चार सफेद।

वस्ल में था सुबह से बेज़ार मैं।
हिज्र की शब मुझसे है बेज़ारे सुबह।

भेजना ख़त का किया उस बुत ने बंद।
अब खुदाया मौत का पैग़ाम भेज।

दे घटा को न मेरे दीदए तर से निस्बत।
आबरु मेरी न हम चश्मों में ऐ यार घटा

यूं न बातें चबा-चबा के करो।
मेहरबां बात है नबात नहीं।

इस क़दर खाया तेरी फ़ुरक़त में ग़म।
दिल हमारा ज़िंदगी से सेर है।

जान बचने की कोई सूरत नज़र आती नहीं।
ले चली फ़िरदौस को फ़ुरक़त मुझे इक हूर की।

मुतज़र्रिर न हो दिमाग़ कभी।
गुल न हो अक्ल का चराग़ कभी।

उसके हां आफ़ताब आरिज़ है।
दिन ही आठों पहर है रात नहीं।

जी में है रख के सर मैं सो जाऊं।
तकिया मख़मल का है तुम्हारा पेट।

बदन शराब कशी से खुमे शराब बना।
है अपनी रुह बदन में बरंग बूए शराब।

कहरुबा में है कशिश आहनरुबा में जज़्ब है।
दिल बचे क्योंकर हमारा दिलरुबा के सामने।

तमना है साक़ी कभी बज़्मे मय में।
वो सरशार हो और होशियार मैं हूं।

सिवाय मक़ जमाने में रस्मोराह नहीं।
वह कौन जा रहा है जहां चाह ज़ेर काह नहीं।

तायरे रुह को कर देते हैं क्योंकर बिस्मिल।
तीर रखते हैं परीरु न कमां रखते हैं।
वह हमीं हैं इश्क से लड़ते हैं जो ख़म ठोंककर।
वरना नासिख़ इस क़द्र किस पहलवां में ज़ोर है।

हिर फिर के दायरे ही में रखता हूं मैं क़दम।
आई कहां से गरदिशें परकार पांव में।

मैं गों कि हुस्न से ज़ाहिर में मिस्ले माह नहीं।
हज़ार शुक्र कि बातिन मेरा सियाह नहीं।

मेरी आंखों ने मुझे देख के वह कुछ देखा।
कि ज़बाने मजा पर शिकवा है बीनाई का।

कि ख़ुदा ने काफ़िरों पर ऐ सनम जिन्नत हराम।
वरना किसकी आंख पड़ती तेरे होते हूर पर।

वो आफ़ताब न हो किस तरह से बे साया।
हुआ न सर मैं कभी सायए सहाब जुदा।

है य' वह राह कि ता अर्श पहुंचता है बशर।
दिल में दरवाज़ा है इस गुम्बदे मीनाई का।

मिसी आलूदा लब पर रंग पा है।
तमाशा है तहे आतिश धुवां है।

सैकड़ों आहें करूं पर दख़्ल क्या आवाज़ का।
तीर जो देवे सदा है नुक़्स तीरन्दाज़ का।

❖ ❖ ❖

12

आतिश

आतिश सिपाहिया ठाठ वाले मस्त कलंदर शायर थे। नासिख़ के दौर के शायर आतिश की नासिख़ के साथ हुई नोंक-झोंक के कई क़िस्से अदब की तारीख़ में मशहूर हुए। बावजूद इसके भी इन दोनों में मुहब्बत भी थी। दोनों में एक ख़ास रहन-सहन का भी फर्क था, नासिख़ साहब के पहलवानी ठाठ थे और आतिश के सिपहिया जैसे रंग-ढंग रहे, तो फिर शायरी में नोंक-झोंक होना कोई अचम्भे वाली बात नहीं है। ये अपनी-अपनी अना ही थी। इनका नाम ख़्वाजा हैदर अली, इनके वालिद का नाम ख़्वाजा अली बख़्श था। अदब की दुनिया में 'आतिश' तख़ल्लुस से मशहूर हुए। इनके जन्म के बारे में कुछ भी तय नहीं है क्योंकि यहां पर अदीबों के अलग-अलग दावे हैं, फिर भी किताबों में इनका इंतक़ाल संवत् 1902 दर्ज किया गया है जो इनकी शायरी के दौर को दर्ज करता है। आतिश के वालिद पहले दिल्ली के रहने वाले थे, लेकिन बाद में ये आकर लखनऊ के बाशिन्दे बन गए और यहीं पर आतिश का जन्म हुआ था। ये ख़्वाजाज़ादों के ख़ानदान से तआलुक़ रखने वाले थे। ख़ानदान में पीरो मुर्रिद और फ़कीरी का एक सिलसिला जारी रहा। पीरो मुर्शिद की इस रिवायत के क़ायम रहते हुए भी इन्होंने शायरी का दामन थाम लिया। आगे चलकर इन्होंने अपनी पुश्तैनी फ़कीरी की रिवायत को छोड़ दिया और सिर्फ शायरी में डूब कर रह गये। हालांकि शेर और पद लिखने का शौक़ बचपन से ही था और फिर आगे चलकर इनका ये शौक़ परवान चढ़ा। ये बचपन से आज़ाद ख़याली आजाद माहोल में जीने के क़ायल रहे जिसके कारण ही ये अपनी तआलीम मुकम्मल नहीं कर पाये। तआलीम पूरी न होने के बावजूद भी ये बड़े ही प्रतिभा के धनी थे। इनकी प्रतिभा और क़ाबिलियत ने इनकी तआलीम की कमी को पूरा किया। अरबी और फ़ारसी में इन्हें महारत हासिल थी। ये अपने समय के उस्ताद शायरों में गिने जाते थे। इनके सैकड़ों शागिर्द थे। इतना सब होने के कारण भी इनकी तबीअत में फ़कीरी की ख़ुशबू मौजूद थी, शायद ये पुश्तैनी तासीर इनके खून में ही थी। कहते हैं कि फूल अपना रंग तो बदल सकता है लेकिन ख़ुशबू नहीं।

ये उस्ताद मसहफ़ी के शागिर्द थे। इनकी शायरी ने इनके नाम को तो चमकाया ही, लेकिन उस्ताद मसहफ़ी के नाम को भी चार चांद लगा दिये। इनकी शायरी में और मसहफ़ी के शायरी में जो फ़र्क है वो अंधेरे और उजाले का फ़र्क है। मसहफ़ी के बारे में यह बात मशहूर है कि उनका कोई उस्ताद नहीं था और न इन्होंने किसी का शागिर्द बनने की कोशिश की। गर्दिश और मुफ़लिसी के दिनों में ये अपनी ग़ज़लें बेच दिया करते थे। ऐसा उर्दू अदब की तारीख़ कहती है।

आतिश के रहन-सहन का ठाठ ऐसा था कि ये बुढ़ापे तक कमर में तलवार ज़रूर बांधते

थे। सिर पर कभी लहराकर झूलती हुई ज़ुल्फ़ें, कभी हैदरी चोटी, उसी में सब्ज़ी का एक तुर्रा लगाये रहते थे। कभी-कभी सिर पर एक बांकी टोपी, भौं पर धरे बांके तिरछे बने जिधर चाहते, चले जाते थे। इस रहन-सहन की अदा में ये शायर कम और सिपहसालार ज़्यादा लगते थे। हालांकि दिल से बहुत ही भोले-भाले और सीधे-सादे आदमी लगते थे। उनकी माली हालात इतनी अच्छी नहीं थी। लखनऊ में ये बाली खां की सराय में एक पुराने मकान में रहते थे। उस मुहल्ले के एक तरफ जंगल था। ये हमेशा ही उस उजाड़ जंगल में घूमते फिरते रहते थे।

ये दिल से दरिया दिल थे और ख़ैरात पर भरोसा करते थे। उस दौर में इन्हें लखनऊ दरबार से अस्सी रुपया माहवार मिलते थे। उस रक़म में कुल पन्द्रह रुपये गिनकर घर में दिया करते थे ताकि घर का महीने भर का ख़र्चा चल सके। बक़ाया रक़म को वे ख़ैरात में गरीबों को या ज़रूरतमंदों में बांट दिया करते थे। कभी-कभी महीना पूरा होने के पहले हाथ ख़ाली हो जाता था। ऐसे हालात में कभी-कभी घर में फ़ांका भी हो जाया करता था। इस पर भी घर के दरवाज़े पर एक घोड़ा ज़रूर बंधा रहता था और उसके दाने-पानी का बराबर बन्दोबस्त रहता था। ये घर रहें चाहे जंगल में पड़े हों, इनके शागिर्द इन्हें खोज ही लेते थे। शागिर्दों में कुछ ऐसे भी थे जिन्हें मालूम पड़ने पर इनके घरवालों को खाने-पीने की कोई तक़लीफ़ न होने देते थे और इनकी ज़रूरतों पर पैनी नज़र रखते थे। एक ग़ैरतमंद इंसान होने के वजह से ये अपनी तकलीफ़ें किसी को भी नहीं बतलाते थे। हमेशा मीर दोस्तअली ख़लील को इनकी ख़िदमत का मौक़ा मिलता था। कई शागिर्द तो इन्हें माहवारी मदद के हिसाब से कुछ न कुछ दे ही दिया करते थे हालांकि इनकी कोई तमन्ना नहीं थी।

आतिश बड़े ही आज़ाद और अपने मन के मौजी थे। इसी मनमौजी आदत की वजह से ये दरबार में भी कभी-कभार ही जाते थे। मन ने कहा तो चले गये दरबार में, मन न माने तो दरबार बिल्कुल न जाते। इन्होंने अपनी जिंदगी में नवाब या किसी अमीर उमराव की तारीफ़ में कभी कोई क़सीदा नहीं कहा। ये कहीं और आते-जाते भी कम थे, सिवाय मुशायरों के। अपने टूटे-फूटे घर के आंगन में छप्पर की छाया में बोरिया बिछाकर अकेले बैठे-बैठे अपनी शायरी में खोये रहते। एक मस्तमौला फ़कीर की तरह ज़िंदगी को गुज़ारते थे। अमीरों की बनिस्पत ये ग़रीबों को अधिक चाहते थे। जब भी कोई ग़रीब इनके दरवाज़े पर आता था तो अपनी हैसियत के मुताबिक़ उनकी ख़िदमत करते और उससे बड़ी मुहब्बत से गुफ़्तगू करते थे। अगर कोई अमीर उनके दरवाज़े पर आता तो वे उसे बाहर ही बाहर से लौटा देते थे। कभी कोई अमीर भूले-भटके उनके छप्पर तक आ भी जाता तो उसे सलाम करने के बाद भी बैठने के लिये उनके हुक्म का इंतज़ार करना पड़ता था। थोड़ी देर बाद वे उसकी तरफ देखते और कहते- हूं, क्यों साहब? बोरिये को देखते हो? कपड़े खराब हो जायेंगे। यही तो इस फ़क़ीर का तकिया है। यहां पर अमीरों की मसनदें और रेशमी तकिये कहां है? नतीजतन वो शख़्स शर्मशार होकर उसी बोरिये पर बैठ जाता। अंजाम ये रहा कि गरीब से गरीब और अमीर से अमीर आदमी भी आते तो सलाम करने के बाद उसी बोरिये पर बैठ जाते और फिर अपनी-अपनी आन-बान निभाकर चले जाते।

एक दिन ये अच्छे भले चंगे बैठे थे कि क़ज़ा का पैग़ाम आया। ऐसा पुरज़ोर हवा का झकोरा आया कि इस रोशन चराग़ को बुझा गया। आतिश के घर में मिट्टी के ढेर के सिवाय क्या मिलता? इनके शागिर्द मीर दोस्तअली ख़लील ने इनकी क़ब्र नशीनी तक की सभी रस्में पूरी की। रस्में ही अदा नहीं कि बल्कि एक शागिर्द होने का पूरा-पूरा फर्ज़ भी अदा किया। आतिश अपने पीछे

बीवी, एक लड़का और लड़की को छोड़कर इस दुनिया से रुख़सत हुए थे। अब मसला उनके परिवार का था, जब कोई भी रिश्तेदार उनके परिवार की जवाबदारी लेने को तैयार न हुआ तो परिवार वालों के भरण-पोषण, दुख-दर्द की सारी जवाबदारी ख़लील ने अपने ऊपर ले ली।

आतिश और नासिख़, ये दोनों एक दौर के शायर रहे थे। इन दोनों में बड़ी नोंक-झोंक चला करती थी। इनकी नोंक-झोंक के ढेर सारे क़िस्से मशहूर भी हुए। चाहे फिर मुशायरा हो या घर बाहर की मुलाक़ातें हों, दोनों की शायरी आपस में टकरा ही जाती थीं। दोनों एक-दूसरे पर मौक़ा मिलते ही चोट करने में चूकते नहीं थे। एक बार नवाब आग़ा मीर के यहां मुशायरा हुआ। वे नासिख़ के बड़े ही हिमायती और तरफ़दार थे। नवाब आग़ा मीर का इरादा मुशायरे में सबके सामने नासिख़ को ख़िलअत देने का था। उस ज़माने में शायर को तरही का मिसरा देने का चलन था, जिसमें शायर को एक मिसरा दिया जाता था। उसी मिसरे के मज़मून पर कलाम कहना पड़ता था। नासिख़ के कुछ यार लोगों ने तरही का मिसरा आतिश के पास उस समय भिजवाया जब मुशायरे को सिर्फ एक दिन बचा रह गया था।

उनका इरादा यह था कि आतिश को कलाम गढ़ने का कम से कम समय मिल पाये ताकि आतिश उस मुशायरे में अपना कलाम न कह सकें। उनके इस बर्ताव से आतिश बेचारे जल-भुनकर रह गए। इसका असर ये हुआ कि उन्होंने इस मुशायरे में जाने से इनकार कर दिया और कहा- लखनऊ अब रहने लायक़ नहीं रहा है, अब वे लखनऊ में नहीं रहेंगे। ये अपने अलग़ मिज़ाज के शख़्स थे। ये बात जब इनके शागिर्दों ने सुनी तो सबके सब दौड़े आतिश के पास पहुंच गए। शागिर्दों ने जमा होकर उन्हें बहुत समझाया और मनाने की काशिश की। उन्हें मनाना कोई खेल न था, उन्होंने तसल्ली दी कि आप बिलकुल परवाह न करें, हम जो इतने शागिर्द आपके साथ हैं। हम सब लोग अगर दो-दो शेर भी कहेंगे तो सैकड़ों शेर हो जाएंगे। आतिश टस से मस न हुए, और झुंझला कर उठ गए। उठकर जाकर शहर के बाहर एक मस्ज़िद में चुपचाप बैठ गए। काफ़ी देर तक गुमसुम और चुप-चुप ही बैठे रहे। दिमाग अपना काम कर रहा था और दिल अपना। इसी तरह सोचते-सोचते मस्ज़िद में ग़ज़ल तैयार हो गई। वापिस घर आये और मुशायरे में जाने की तैयारी करने लगे। मुशायरे में जाते समय वे काफ़ी गुस्से से भरे हुए थे। इसलिए अपने साथ में एक कड़ाबीन भी भरकर ले गए थे। वहां पर जाकर ऐसी जगह पर बैठ गए, जहां पर वे ठीक नासिख़ का आमना-सामना पड़ सके। ये कड़ाबीन के साथ ख़ुद भी गुस्से से भरे हुए थे। बार-बार कड़ाबीन उठाते और फिर रख देते थे। वे काफ़ी बेकस और बेबसी की अवस्था में थे। उधर नासिख़ भी चोट करने के लिए बेसब्र हुए जा रहे थे। मुशायरा शुरू हुआ और जब शमा घूमकर नासिख़ के सामने आई, तो नासिख़ ने ग़ज़ल में ग़ज़ल का मतला आतिश को निशाना बनाते हुए कुछ इस तरह से कहा-

मिसी आलूदह लब पर रंग पां हैं।
तमाशा है तहे आतिश धुआं है।

मतला सुनकर आतिश ने अपने ऊपर हुए वार को समझा और वे आग बबूला होकर रह गए, वे बड़ी की बेसब्री से अपनी बारी के आने का इंतज़ार करने ले। घूम-फिरकर जब शमा आतिश के सामने आई तो उन्होंने भी वार करने की पूरी तैयारी कर रखी थी। इन्होंने भी नासिख़ की तरह ग़ज़ल के मतले का जवाब भी अपनी ग़ज़ल के मतले से ही कुछ इस तरह तल्ख़ अंदाज़ में दिया-

यह किस रश्के मसीहा का मकां है।
ज़मी जिसकी चहारूम आसमां है।

आतिश के इस मतले के शेर के तेवर ने पूरे मुशायरे के माहोल को तनावपूर्ण बना के रख दिया और शायरों के दिलों में खलबली-सी मच गई। नवाब आग़ा मीर ने शेर को समझ, कि वार उन्हीं पर हुआ है, और ये वार उस पर नासिख़ की वजह से ही हुआ है, मुशायरे के इस माहोल से नवाब ख़ुद भी दहशत में आ गए थे। नवाब इतना डर गए कि कहीं आतिश कड़ाबीन नासिख़ पर न चला दें। नवाब ने फिर भी सूझ-बूझ से काम लेते हुए चुपके से दरोग़ा को इशारा करके पास बुलाया और एक ख़िलअत और मंगाने को कहा। ख़िलअत आने के बाद नवाब ने उन दोनों को ही ख़िलअत देकर उनका एहतराम किया। इस तरह नवाब ने अपनी अक़्लमंदी से मुशायरे के माहोल को संभाला।

एक-दूसरे के जबरदस्त मुख़ालिफ़ होने के बावजूद भी जब नासिख़ की मृत्यु हुई तो आतिश ने आंसू बहाकर मातमपुर्सी की थी। ऐसा कहा जाता है नासिख़ के इस दुनिया से कूच कर जाने के बाद आतिश ने शेर कहना ही छोड़ दिया था। नासिख़ के इंतक़ाल बाद भी आतिश नौ बरस तक ज़िंदा रहे।

एक क़िस्सा ये भी है कि आतिश के एक शागिर्द निठल्ले बैठे-बैठे घबरा गए, उनका इरादा शहर छोड़कर बाहर जाने का हुआ। अपना इरादा उसने जब उस्ताद पर जाहिर किया तो आतिश ने कहा- मियां, कहां जाओगे? ख़ुदा जो दे, उसी में और उस जमीं पर खुश रहना चाहिए। एक दिन शागिर्द उनके पास विदा लेने आया और कहने लगा- उस्ताद जी, कल मैं बनारस जा रहा हूं। बनारस से कोई चीज़ लानी हो तो हुक्म दीजिएगा। आतिश ने उसे गौर से देखा और फिर हंसकर कहा- कोई चीज़ तो मत लाना, हां, इतना जरूर करना कि वहां के ख़ुदा को हमारा सलाम कह देना। उस्ताद की बातें सुनकर शागिर्द हैरान होकर रह गया। सोच में पड़ गया और जब उससे रहा न गया तो बोला- हज़रते उस्ताद, यहां के ख़ुदा से वहां का ख़ुदा क्या जुदा है? थोड़ी देर तो आतिश साहब चुपचाप उसे देखते रहे और फिर बोले- शायद, हो सकता है यहां का ख़ुदा कंजूस है और वहां का ख़ुदा सख़ी और दाता होगा। शागिर्द बेचारा शर्मसार होकर रह गया क्योंकि वो उस्ताद के फ़लसफ़े को समझ गया था। उसके बाद उसने बनारस जाने का अपना इरादा बदल दिया। ये वो दौर था जब शागिर्द अपने उस्ताद की इज़्ज़त दिल से करते थे और अक़ीदत रुह से।

आतिश कभी नमाज़ अता नहीं करते थे। एक दिन यूं ही बैठे-बैठे उन्हें नमाज़ का ख़याल आया। इन्होंने अपने एक शागिर्द से कहा- मियां, हमें भी नमाज़ सिखाओ। उनका वो शागिर्द सुन्नी मत से तआलुक रखता था। उसने उन्हें सुन्नत जमात की नमाज़ सिखा दी और साथ ही यह भी कह दिया कि उस्ताद, ख़ुदा की इबादत जितना हो सके, उतना ही परदे के अंदर रहकर की जाये तो इबादत क़ामयाब होती है और ख़ुदा इसे क़बूल करते हैं। एक भोले-भाले और सीधे सादे स्वभाव के आतिश घर का दरवाज़ा बंद करके नमाज़ पढ़ा करते थे। मीर दोस्तअली ख़लील सभी शागिर्दों में इनके खास शागिर्द थे जो कि इनके दिल से जुड़े हुए थे। ख़लील पर इनको इतना भरोसा था कि वे उससे अपने दिल की बातें कर लिया करते थे, उनसे भीतर-बाहर कहीं कुछ भी दुराव-छिपाव नहीं था। एक दिन ख़लील ने इनको नमाज़ पढ़ते हुए देख लिया। वे कुछ परेशान और हैरान होकर रह गए। आख़िर उसने पूछ ही लिया- उस्ताद जी, आपका मजहब क्या

है? इन्होंने जवाब दिया- शिया। तब ख़लील ने कहा- लेकिन आप नमाज़ तो सुन्नियों की पढ़ते हैं। इन्होंने कहा- भई, मैं क्या जानूं? फलां आदमी ने जैसा सिखाया, मैं वैसा ही करता रहा। मुझे क्या मालूम कि एक ख़ुदा की दो-दो नमाज़ें भी हुआ करती हैं। उस दिन के बाद ये शिया ज़मात की नमाज़ ही पढ़ने लगे। इससे ज़ाहिर होता है कि ये कितने सीधे और सच्चे इंसान थे।

कहते हैं कि उस दौर में जितने शागिर्द आतिश को नसीब हुए थे, उतने शागिर्द किसी उस्ताद शायर को शायद ही नसीब हुए हों। इनके शागिर्दों में मीर दोस्तअली ख़लील खास और एक ऐसे शागिर्द रहे कि जिसने एक बेटे की तरह शागिर्द होने का फर्ज़ निभाया था। इनके अलावा रिन्द, सबा, जलील, बिस्मिल और 'गुलज़ार नसीम', ये मसनवी लिखने वाले पंडित दयाशंकर शर्मा 'नसीम' थे। कहते हैं कि 'गुलज़ार नसीम' ये मसनवी काफ़ी मक़बूल हुई लेकिन शायर अल्ताफ़ हुसैन 'हाली' के ऐतराज़ करने और उसमें से नुक़्श निकालने पर ये विवादों के घेरे में आ गई थी।

आतिश के कितने दीवान थे और कितने दीवान शाअे हुए, इसके बारे में ठोस जानकारी हासिल नहीं हो पाई है। हां, ये ज़रूर कहा जाता है कि एक दीवान शाअे हुआ था। वो भी उनकी सलामती के दौर में ही। जो कि उस दौर में बहुत ही मक़बूल हुआ था और बड़ी क़दर की गई थी। अब आतिश की ग़ज़लें बड़े इज़्ज़त से गाई जाती हैं, ग़ज़लों से बड़ी-बड़ी महफ़िलें सजाई जाती हैं। गवैयों ने उन ग़ज़लों को शोहरत के मक़ाम तक पहुंचाया। आतिश की शायरी की ज़बान मुहावरेदार और लखनऊ की बोलचाल की ज़ुबान का एक बेहतर नमूना है।

आतिश की शायरी :

निकलती किस तरह है जाने मुज़तर देखते जाओ।
हमारे पास से जाओ तो फिर कर देखते जाओ।
नसीमे नौबहारी की तरह आये हो गुलशन में,
तमाशाए गुलो सर्वो सनोबर देखते जाओ।
जिधर जाते हो हर घर में से यह आवाज़ आती है,
मसीहा हो जो बीमारों को दम भर देखते जाओ।
क़दम अन्दाज़ से बाहर हुए जाते हैं साहब के,
सितम रफ़्तार में करती है ठोकर देखते जाओ।
मिले वह राह में अबकी तो कहता हूं जो हो सो हो,
दिखो दो घर मुझे अपना मेरा घर देखते जाओ।
ख़िरामे नाज़ में आशिक़ से हो इसका इशारा भी,
कुछ अपनी तेग़े अबरू का भी जौहर देखते जाओ।
रविश मस्ताना चलते हो क़दम मस्ताना पड़ते हैं,
ख़ुदा के वास्ते बहरे पयंबर देखते जाओ।
कोई उनसे कहे मुंह फेर कर जो क़त्ल करते हो,
तड़पता है तुम्हारा कुश्ता क्यों कर देखते जाओ।
निगाहें लुत्फ़ का शायक़ है तहतो फ़ौक़ का आलम,

कभी नीचे नज़र हो गाह ऊपर देखते जाओ।
कभी हिल जाती है अबरू कभी जुंबिश है मिज़गां को,
दिखाते हो हमें शमशीरो ख़ंजर देखते जाओ।
नक़ाब यक दिन पलटकर तुमने यह मुंह से न फ़रमाया,
जमाले आफ़ताबे ज़र्रा परवर देखते जाओ।
न फेरा उससे मुंह 'आतिश' जो कुछ दरपेश आ जावे,
दिखाता है जो आंखों को मुक़द्दर देखते जाओ।

❖ ❖ ❖

ख़ुदा सर दे तो सौदा दे तेरी ज़ुल्फ़ें परीशां का।
जो आंखे हों तो नज़ारा हो ऐसे सम्बुलिस्तां का।
सुना करता हूं इनको छेड़ कर पांवों से मैं मजनूं,
मेरी ज़ंजीर का नाला है अफ़साना बयाबां का।

❖ ❖ ❖

य' किस रश्के मसीहा का मकां है।
ज़मीं जिसकी चहारुम आसमां है।
ख़ुदा पिनहां है आलम आशकारा,
निहां है गंज वीराना अयां है।
दिले रोशन है रोशनगर की मंज़िल,
य' आईना सिकंदर का मकां है।
तकल्लुफ़ से बरी है हुस्ने ज़ाती,
क़बाए गुल में गुल बूटा कहां है।
पसीजेगा कभी तो दिल किसी का,
हमेशा अपनी आंखों का धुआं है।
बरंगे बू हूं गुलशन में मैं बुलबुल,
बग़ल गुंचे की मेरा आशियां है।
शिगुफ़्ता रहती है ख़ातिर हमेशा,
क़नागत भी बहारें बे ख़िज़ां है।
चमन की सैर पर होता है झगड़ा,
कमर मेरी है दस्ते बाग़बां है।
बहुत आता है याद ऐ सब्र मस्कन,
खुदा खुश रक्खे तुझको तू जहां है।
इलाही एक दिल किस किसको दूं मैं,
हज़ारों बुत हैं यां हिंदोस्तां है।
यहीं होता है खुशबू ही से इसकी,
किसी गुलरू का गुंचा इत्रदां है।
वतन में अपने अहले शोख़ की तरह,

सफ़र में रोज़ो शब रेगे रवां है।
सहर होवे कहीं शबनम करे कूच,
गुलो बुलबुल के दरिया दरमियां है।
सआदत मंद किस्मत पर है शाकिर,
हुमा को मग़्ज़े बादाम इस्तख़्वां है।
दिले बेताब जो इसमें गिरे हैं?
दफ़न जानां का पारे का कुंआ है।
जरस के साथ दिल रहते हैं नालां,
मेरे यूसुफ़ का आशिक़ कारवां है।
न कह रिन्दों को हर्फ़े सख़्त वाइज़,
दुरस्त अहले जहन्नुम की ज़ुबां है।
क़दे महबूब को शायर कहैं सरो,
क़यामत का य' तो 'आतिश' निशां है।

❖ ❖ ❖

बाग़बां इंसाफ़ पर बुलबुल को आया चाहिये।
पैंजनी इसको ज़रे गुल की पिन्हाया चाहिये।
फर्शे गुल बुलबुल की नीयत से बिछाया चाहिये,
शमअ परवानों की ख़ातिर से जलाया चाहिये।
पान भी खाओ जमाई है तो मिस्सी की धड़ी,
शाम तो देखो शफ़क़ को भी दिखाया चाहिये।
बोसा इस लब का है क़ूवत बख़्श रुहे नातवां,
ऐसी याक़ती मुअस्सर हो तो खाया चाहिये।
इश्क़ में हद्दे अदब से आगे रहता है क़दम,
शाख़े गुल बन पर से बुलबुल को उड़ाया चाहिये।
हाले दिल कुछ-कुछ कहा मैंने तो बोला सुनके यार,
बस इबारत हो चुकी मतलब प' आया चाहिये।
रंग ज़र्दो चश्मतर से कीजिये दावा-ए-इश्क़,
दो गवाहे हाल इस कज़िये के लाया चाहिये।
ख़ातिरे 'आतिश' से कहिये चंद ज़ुज़ शेर और भी,
बे निशां का नाम बाक़ी छोड़ जाया चाहिये।

❖ ❖ ❖

गेसुए मुश्कीं रूख़े महबूब तक आने लगे।
चश्मए ख़ुरशेद में भी सांप लहराने लगी।
आंख फेरी तूने जिसमे दम फ़ना उसका हुआ,
मुर्दों के आसार ज़िदों में नज़र आने लगे।
मुश्क की बू सूंघकर यक बददिमाग़ी-सी हुई,

याद जुल्फ़े यार आई सर को टकराने लगी।
दम फ़ना करने लगी तेरी कमर की जूस्तजू,
आशिक़े जांबाज़ हस्ती से अदम जाने लगी।
मर भी जाऊं तो न 'आतिश' गोर पर आये व गुल,
कारे तमकीं को गुरूरे हुस्न फ़रमाने लगे।

❖ ❖ ❖

तड़पते हैं न रोते हैं न हम फ़रियाद करते हैं।
सनम की याद में हरदम ख़ुदा को याद करते हैं।
उन्हीं के इश्क़ में हम नालए फ़रियाद करते हैं,
इलाही देखिये किस दिन हमें वे याद करते हैं।
शबे फ़ुरक़त में क्या-क्या सांप लहराते हैं सीने पर,
तुम्हारी काकुले पेचां को जब हम याद करते हैं।
नया यह जज़्बए दिल औ नई तासीर उल्फ़त से,
हमें वह भूल बैठे हैं जिन्हें हम याद करते हैं।

❖ ❖ ❖

यार को मैंने मुझे यार ने सोने न दिया।
रात भर नालए बेदार ने सोने न दिया।
एक शब बुलबुले बेताब के जागे न नसीब,
पहलुए गुल में कभी ख़ार ने सोने न दिया।
सैल गिरियां से मेरी नींद उड़ी मर्दुम की,
ज़िक्रे बामो दरो दीवार ने सोने न दिया।
शाम से वस्ल की शब आंख न झपकी मेरी,
शादिये दौलते दीदार ने सोने न दिया।
सच है ग़मख़्वारिए बीमार अज़ाबे जां है,
तादमे मर्ग दिले ज़ार ने सोने न दिया।
दर्द सर शाम से उस जुल्फ़ के सौदे में रहा,
सुबह तक मुझको शबे तार ने सोने न दिया।
तकिया तक पहलू में उस गुल ने न रक्खा 'आतिश'
ग़ैर को साथ कभी यार ने सोने न दिया।

❖ ❖ ❖

ख़ाना ख़राब नालों की बलबें शरारतें।
बहती हैं पानी हो हो के संगो इमारतें।
सर कौन-सा है जिसमें कि सौदा नहीं तेरा,
होती हैं तेरे नक़्शे क़दम की ज़ियारतें।
ख़ाना है गंजफ़ा का हरेक क़ब्रे शहरे इश्क़,

घर-घर है बादशाहियां घर-घर वज़ारतें।
दीदारे यार बर्क़ तजल्ली से कम नहीं,
बंद आंखें होंगी देंगी दुआयें बसारतें।
आंखों में अपने दौलते बेदार है वो ख़्वाब,
होती हैं तेरे वस्ल की जिनमें बशारते।
कहते हैं मादरो पिदरे मेहरबां को बद,
करते हैं वह जो अर्ज़ो समा की हिकारतें।
गोया ज़बान हो तो करे शुक्र आदमी,
समझे जो तू तो करते हैं यह गुंगा इशारते।
ज़ेरे ज़मीं भी याद हैं हफ़्त आसमां के ज़ुल्म,
भूला नहीं मैं संगदिलों की शरारतें।
ख़िज़्रो मसीह काटते हैं इश्क से गला,
तू भी तो कर शहादों की अपनी ज़ियारतें।
आलम को लूट खाया है इक पेट के लिये,
इस ग़ार में गई है हज़ारों ही ग़ारतें।
बाक़ी रहेगा नाम हमारा निशां के साथ,
अपनी भी चन्द बेतें हैं अपनी इमारतें।
अहले जहां का हाल है क्या हम से क्या कहें,
बदगोइयां हैं पीछे तो मुंह पर इशारतें।
आशिक़ हैं हमको मद्देनज़र कूए यार है,
काबा के हाजियों को मुबारक ज़ियारतें।
ऐसी खिलाफ़ हम से हुई है हवाए दहर,
काफ़ूर खाईये तो है पैदा हरारतें।

❖ ❖ ❖

सुन तो सही जहां में है तेरा फ़साना क्या?
कहती है तुझको ख़ल्के ख़ुदा ग़ैबाना क्या?
क्या-क्या है उलझता तेरी ज़ुल्फों के तार से,
बख़ियातलब हैं सीनए सदचाक शाना क्या?
ज़ेरे ज़मीं से आता है जो गुल सो ज़र ब क़फ,
कारूं ने रास्ते में लुटाया ख़ज़ाना क्या?
उड़ता है शौक़े राहते मंज़िल से अस्पे उम्र,
महमेज़ किसको कहते हैं औ ताज़ियाना क्या?
ज़ीना सबा का ढूंढती है अपने मुश्ते ख़ाक,
बामें बलंद यार का है आस्ताना क्या?
चारो तरफ़ से सूरते जानां हो जलवागर,
दिल साफ़ हो तेरा तो है आईनाख़ाना क्या?
सैयाद असीरे दामे रगे गुल है अन्दलीफ,

दिखला रहा है छुप के उसे आबोदाना क्या?
तबलो अलम ही पास है अपने न मुल्को माल,
हमसे ख़िलाफ़ होके करेगा ज़माना क्या?
आती है किस तरह से मेरी क़ब्ज़े रुह हो,
देखूं तो मौत ढूंढ रही है बहाना क्या?
होता है ज़र्द सुनके जो नामर्द मुद्दई,
रुस्तम की दास्तां है हमारा फ़साना क्या?
सैयादे गुलअज़ार दिखाता है सैरे बाग़,
बुलबुल क़फ़स में याद करे आशियाना क्या?
तिरछी नज़र से तायरे दिल हो चुका शिकार,
जब तीर कज पड़ेगा उड़ेगा निशाना क्या?
बेताब है कमाल हमारा दिले हज़ीं,
मेहमां सराय जिस्म का होगा रवाना क्या?
यां मुद्दई हसद से न दे दाद तो न दे,
आतिश ग़ज़ल य तूने लिखी आशिक़ाना क्या?

❖ ❖ ❖

दहन पर हैं उनके गुमां कैसे कैसे।
कलाम आये हैं दरमियां कैसे कैसे।
ज़मीने चमन गुल खिलाती है क्या क्या?
बदलता है रंग आसमां कैसे कैसे।
तुम्हारे शहीदों में दाख़िल हुए हैं,
गुलो लाला ओ अरगवां कैसे कैसे।
बहार आई है नश्शे में झूमते हैं,
मुरीदाने पीरे मुग़ां कैसे कैसे।
अजब क्या छुटा रुह से जामए तन,
लुटे राह में कारवां कैसे कैसे।
तबे हिज्र की काहिशों ने किये हैं,
जुदा पोश्त से उस्तख़ां कैसे कैसे।
न मुड़कर भी बेदर्द क़ातिल ने देखा,
तड़पते रहे नीमजां कैसे कैसे।
न गोरे सिकंदर न है क़ब्रे दारा,
मिटे नामियों के निशां कैसे कैसे।
बहारे गुलिस्ता की है आमद आमद,
ख़ुशी फिरते हैं बाग़वां कैसे कैसे।
तवज्जह ने तेरी हमारे मसीहा,
तवानां किये नातवां कैसे कैसे।

दिले दीदये अहले आलम में घर है,
तुम्हारे लिये हैं मकां कैसे कैसे।
ग़मो गुस्सा वो रंजोअन्दोहो हिरयां,
हमारे भी हैं महवेबां कैसे कैसे।
करे जिस क़दर शुक्रे नेअमत वो कम है,
मज़े लूटती है ज़बां कैसे कैसे।

❖ ❖ ❖

हवाए दौर मेरा ख़ुश गवार राह में है।
ख़िज़ां चमन से है रुख़सत राह में है।
नादानवाज़ कोई शह सवार राह में है,
बलंद आज निहायत ग़ुबार राह में है।
शबाब तक नहीं पहुंचा है आलमे तिफ़्ली,
हिनोज़ हुस्न जवानीए यार राह में है।
अदम के कूच की लाज़िम है फ़िक्र हस्ती में,
न कोई शहर न कोई दयार राह में है।
तरीक़े इश्क़ में ऐ दिल असाए आह है शर्त,
कहीं चढ़ाव किसी जा उतार राह में है।
सबीले इश्क़ का सालिक है वाइजों की न सुन,
ठगों के कहने का क्या एतबार राह में है।
जगह है रहम की यार एक ठोकर इसको भी,
शहीदे नाज़ का तेरे मज़ार राह में है।
न बदरक़ा है न कोई रफ़ीक साथ अपने,
फ़क़त इनायते परवरदिगार राह में है।
न जायें आप अभी दोपहर गर्मी की,
बहुत सी गई बहुत सा ग़ुबार राह में है।
सफ़र है शर्त मुसाफ़िर नवाज़ बहुतेरे,
हज़ारहा शजरे सायादार राह में है।
मक़ाम तक भी हम अपने पहुंच ही जायेंगे,
ख़ुदा तो दोस्त है दुश्मन हज़ार राह में है।
पता य' कूचए क़ातिल का सुन रख ऐ क़ासिद,
बजाए संग निशां एक मज़ार राह में है।
पयादे पा हूं रवां सूए कूचए क़ातिल,
अज़ल मेरी मेरे सर पर सवार राह में है।
थके जो पांव तो चल सर के बल न ठहर 'आतिश'
गुले मुराद है मंज़िल में ख़ार राह में है।

❖ ❖ ❖

मेरे सनम का किसी को मकां नहीं मालूम।
ख़ुदा का नाम सुना है निशां नहीं मालूम।
अख़ीर हो गये गफ़लत में दिन जवानी के,
बहारे उम्र हुई कब ख़िज़ां नहीं मालूम।
मेरी तरह तो नहीं इसको इश्क का आज़ार,
यह ज़र्द रहती है क्यों ज़ाफ़रां नहीं मालूम।
जहां वो कारे जहां से हूं बेख़बर बदमस्त,
किधर ज़मीं है किधर आसमां नहीं मालूम।
मेरी तुम्हारी मुहब्बत है शुहरए आफ़ाक़,
किसे हक़ीक़तों माहो कितां नहीं मालूम।
मिला था खिज़्र का किस तरह चश्मए है वां,
हमें तो यार का अपने दहां नहीं मालूम।
छुटेंगे ज़ीस्त के फंदे से कौन दिन 'आतिश'
जनाज़ा होगा कब अपना रवां नहीं मालूम।

❖ ❖ ❖

लगाती आग बिजली की चमक है ख़ानए तन में।
बरसता मेंह नहीं बेयार ख़ाक उड़ती है सावन में।
बहारें लाला ओ गुल से लगी है आग गुलशन में,
गरेबां फाड़ कर चल बैठिये सहरा के दामन में।
यह सौदाई शहादत है हमारे सर को ऐ क़ातिल,
मेरी तलवार का दम भरती है जो रग है गर्दन में।
नहीं रोज़न जो क़सरे यार में परवा नहीं हमको,
निगाहें शौक़ रखना करती है दीवारे आहन में।
जूनूं के जोश में यकजा नहीं दम भर क़रार आता,
कभी गुलशन से सहरा में कभी सहरा से गुलशन में।
शरीफ़े काबा को काबा मुबारक हम तो ऐ 'आतिश'
बुतों को घूरने को जाते हैं दैरे बरहमन में।

❖ ❖ ❖

कूचे से यार के न सबा दूर फेंक इसे,
मुद्दत के बाद आई है ख़ाक अपनी राह पर।

❖ ❖ ❖

अदम से जानिबे हस्ती तलाशे यार में आये।
हवाए गुल में हम किस वादिये पुरख़ार में आये।
न चीन ए तुर्क बेरहा अबरुए ख़मख़ार में आये।
लगा ख़ामी का धब्बा बल जहां तलवार में आये।
उठाये बारे इश्क़ इस आलमे ग़द्दार में आये।

कहां से हम कहां पकड़े हुए बेगार में आये।
इशारा है यही उनके लबे शीरीं के ख़ालों का,
मिलाने को नमक हम शरबते दीदार में आये।
न दी बू एक ने ऐ गुलबदन तेरे पसीने की,
हज़ारों इत्र खिंच कर तबलए अत्तार में आये।
ख़रीददारों में आशिक़ अपने नामों को हैं लिखवाते,
तमाशा है वो यूसुफ़ बन के हैं बाजार में आये।
रहा ऐ बादशाहे हुस्न तू किस क़स्रे आली में,
हुमा बहरे सआदत सायए दीवार में आये।
बज़ू होते हैं मय से ख़िश्ते ख़ुम पर शुक्र के सिजदे,
नमाज़ी लोग भी हैं ख़ानए ख़ुम्मार में आये।
किया है हुस्न ने सुलताने ख़ूबां चाहिये तुमको,
मिले दाद उनको फ़रयादी जो हैं सरकार में आये।
उड़े होश अपने नज़्ज़ारे में ऐ कल तेरी सूरत के,
ग़श आया जब मक़ामें नरगिसे बीमार में आये।
जवानी है कहां अब यार की वह सूरते तिफ़ली,
हुए ढंग और ही रंग और ही रुख़सार में आये।
बजा करते हैं नहवी एहतिमाले सिद्क़ कज़्ब 'आतिश'
बहुत से मुख़्तलिफ़ अहवाल भी अख़बार में आये।

❖ ❖ ❖

'आतिश' यही दुआ है ख़ुदाए करीम से,
मुहताज ऐ करीम न कीजो बख़ील का।

❖ ❖ ❖

आये भी लोग बैठे भी उठ भी खड़े हुए,
मैं जा ही ढूंढता तेरी महफ़िल में रह गया।

❖ ❖ ❖

मगर इसको फ़रेबे नरगिसे मस्ताना आता है।
उलटती है सफ़े गर्दिश में जब पैमाना आता है।
निहायत दिल को है मरग़ूब बोसा ख़ाले मुश्कीं का,
दहन तक अपने कल तक देखिये यह दाना आता है।
तलब दीनार करके ज़न मुरीदी हो नहीं सकती,
ख़याले आबरुए हिम्मते मर्दाना आता है।
ज़ियारत होगी काबे की यही ताबीर है इसकी,
कई शब से हमारे ख़्वाब में बुतख़ाना आता है।
फंसा देता है मुर्ग़े दिल को दामे ज़ुल्फ़े पेचां में,

तुम्हारे ख़ाले रुख़ को भी फ़रेबे दाना आता है।
अताबो लुत्फ़ जो फ़रमाओ हर सूरत से राज़ी है,
शिक़ायत से नहीं वाक़िफ़ हमें शुकराना आता है।
ख़ुदा का घर है बुतख़ाना हमारा दिल नहीं 'आतिश'
मक़ामे आशना है यां नहीं बेगाना आता है।

❖ ❖ ❖

मुलाक़ात इसलिए तुझसे बुते बे पीर कम कर दी।
कि तूने ग़ैर के आगे मेरी तौक़ीर कम कर दी।
तुम्हारे अपने बेगाने मेरे सब ख़त पकड़ते हैं,
इसी से अपने हाले दिल की बस तहरीर कम कर दी।
ज़रा भूले से जो मेरे जनाज़े वो आ निकले,
नमाज़ी इस क़दर भूले कि यक तकबीर कम कर दी।
परेशां क्यों न हो दिल मेरा काकुल के कतरने से,
कि तूने क़ैदियों की तौल में ज़ंजीर कम कर दी।
अज़ीज़ों को दवा से जब मरज़ बढ़ता नज़र आया,
मुझे तक़दीर पर छोड़ा मेरी तदबीर कम कर दी।
बचाने के लिए 'आतिश' से दोज़ख़ के फ़रिश्तों को,
हमारी आह की अल्लाह ने तासीर कम कर दी।

❖ ❖ ❖

फ़रेबे हुस्न से गब्रो मुसलमां का चलन बिगड़ा।
ख़ुदा की याद भूला शेख बुत से बरहमन बिगड़ा।
तकल्लुफ़ क्या जो खोई जाने शीरीं फोड़कर सर को,
जा ग़ैरत थी तो फिर ख़ुसरो से होता कोहकन बिगड़ा।
किसी की जब कोई तकलीद करता है मैं रोता हूं,
हंसा गुल की तरह गुंचा जहां उसका दहन बिगड़ा।
तवंगर था बनी थी जब तक उस महबूब आलम से,
मैं मुफ़लिस हो गया जिस रोज़ से वह सीमतन बिगड़ा।
लगे मुंह भी चिढ़ाने देते देते गालियां साहब,
ज़बां बिगड़ी तो बिगड़ी थी ख़बर ली जै दहन बिगड़ा।
बनावट कैफ़ मय से खुल गई उस शाख़ की 'आतिश'
लगाकर मुंह से पैमाना को वह पयमां शिकन बिगड़ा।

❖ ❖ ❖

ख़ुदा ने बर्क़ तजल्ली तुझे जमाल किया।
हमारी आंखों को दीदार का ख़याल दिया।
किसी को मुल्क दिया है किसी को माल दिया,

फ़कीर हूं मुझे अल्लाह ने य' हाल दिया।
शरफ़ से दस्तख़ते यार के फिरा महरूम,
जवाब साफ़ मिला लिख के जब सवाल दिया।
शबे विसाल में उस चेहरए मुनौवर से,
हटाके ज़ुल्फ़ को 'आतिश' बला को टाल दिया।

❖ ❖ ❖

कुछ शेर :

चाल है मुझ नातवां की मुर्ग़ बिस्मिल की तड़प,
हर क़दम पर है यहीं यहां रह गया वहां रह गया।

मुश्ताक़े दर्दे इश्क़ जिगर भी है दिल भी है,
खाऊं किधर की चोट बचाऊं किधर की चोट।

दो नियामतें हैं मेरी हैं मैं हूं फ़क़ीर मस्त,
यक नान ख़ुश्क एक पियाला शराब का।

बाग़े आलम का हरेक गुल है ख़ुदा की सूरत,
बाग़बां कौन है इसका य' चमन है किस का।

तां चंद करूं सीने में मैं आहो फ़ुग़ां बंद।
कब तक रहे इस घर में इलाही य धुआं बंद।

वहशी थे बूए गुल की तरह से जहां में हम।
निकले तो फिर के आये न अपने मकां में हम।

बराबर जान के रक्खा है उसको मरते मरते तक,
हमारी क़ब्र पर रोया करेगी आरज़ू बरसों।
दीवानगी ने क्या क्या आलम दिखा दिये हैं।
परियों ने खिड़कियों के परदे उठा दिये हैं।

बाज़िए इश्क़ जुज़ अन्दोह ग़मों रंज नहीं।
खेल ले हर कोई जिसको य' वो शतरंज नहीं।

बदन सा शहर नहीं दिल सा बादशाह नहीं।
हवास ख़म्सा से बेहतर कोई सिपाह नहीं।

जामे शराबे इश्क़ से दोनों हैं बेख़बर,
बुलबुल चमन में मस्त है हम कूए यार में।

मुहब्बत से बना लेते हैं अपना दोस्त दुश्मन को।
झुकाती है हमारी अज़ीज़ी सरकश की गरदन को।

तेग़ में जौहर कहां वह अबुए ख़मदार के।
ज़ख़्म दिखलाई नहीं देते हैं इस तलवार के।

तुम सैर करके क्या फिरे अंधेर हो गया,
बाज़ार आ के रौनक़े बाज़ार ले चले।
बाज़ारे दहर में न रही जिंस दिल पसंद,
सौदा जो था वो तेरे ख़रीदार ले चले।

आंखें नहीं हैं चेहरे पर तेरे फ़क़ीर के,
दो ठीकरे हैं भीख के दीदार के लिये।

मेरी ईज़ा के लिये मुर्दे में जां आती है,
काटने दौड़ती है माहिये बे आब मुझे।

नालए बुलबुले शैदा में अगर है तासीर,
दस्ते सैयाद में गुलचीं का गरेबां होगा।

काम हिम्मत से जवां मर्द अगर लेता है।
सांप के मार के गंजीनए ज़र लेता है।

हज़ारों हसरतें जावेंगी मेरे साथ दुनिया से,
शरारो बर्क़ से भी अरसए हस्ती को कम पाया।

कूचए महबूब में मैं ख़ानए काबा में शेख़,
बुतकदे में बरहमन आतिश कदे में गब्र है।

जब संभाला उस परी पैकर ने कुछ हुस्नो शबाब,
शीया सुन्नी हो गये हिन्दू मुसलमां हो गये।

❖ ❖ ❖

13

नज़ीर

नज़ीर अकबराबादी के नाम से मशहूर नज़ीर एक ऐसे कवि शायर हैं जिन्होंने जितनी उर्दू शायरी की ख़िदमत की, उतनी ही हिंदी साहित्य की सेवा भी की। मीर और अमीर ख़ुसरो के नक़्शेक़दम पर चलकर अगर इन्होंने उर्दू की ख़िदमत की है, तो सूरदास और रसखान की परंपरा का निर्वाह करते हुए हिंदी की सेवा भी की है। संत फकीर प्रवृत्ति के कवि शायर नज़ीर किसी भाषा और संप्रदाय से ऊपर उठकर एक निर्विवाद शायर रहे। इनका जन्म संवत् 1797 में हुआ और संवत् 1877 में स्वर्गवास हुआ। मियां नज़ीर आगरा के अकबराबाद के ताजगंज मोहल्ले में रहते थे। इसी ब्रजभूमि का असर इनके काव्य में साफ़-साफ़ झलकता है। इनकी जिंदगी का आख़िरी दौर भी वहीं पर बीता और जब इनका इंतक़ाल हुआ तो इन्हें मोहल्ला ताजगंज की ज़मीन दफ़्न के लिए नसीब हुई।

मियां नज़ीर मकतब में लड़कों को पढ़ाया करते थे। उस दौर में पेशवा जब आगरा में नजरबंद थे, तब बहुत दिनों तक नज़ीर उनके लड़कों को महल में पढ़ाने जाया करते थे, चूंकि उन दिनों हिंदुस्तान की सारी रियासतों पर अंग्रेज़ों का ही क़ब्ज़ा हआ करता था। आगरा के माईथान मोहल्ले में ये सेठों और महाजनों के लड़कों को भी पढ़ाने जाया करते थे, जिसके कारण उनकी जीविका अच्छी तरह से चलती थी। ऐसा कहा जाता है कि आगरा के पेशवा ने उन्हें एक छोटी-सी घोड़ी भी दे दखी थी। उसी घोड़ी पर ही बैठकर नज़ीर पेशवा के लड़कों को और महाजनों के लड़कों को पढ़ाने जाया करते थे। मकतब में आना हो, अपने दोस्तों, हबीबों से मुलाकात करनी हो या बाज़ार से सौदा सुलुफ़ वगैरह ख़रीदने जाना हो तो ये इसी घोड़ी का ही इस्तेमाल करते थे। शहर के सारे ही लड़कों से इनकी खूब ही छनती थी, जिसका कारण इनकी कविता और शायरी की प्रसिद्धि रही थी। जब भी ये घर के बाहर निकलते या कुछ सयाने लागों के साथ बैठे होते तो इनके साथ लड़कों का अच्छा ख़ासा हुजूम भी रहता था। इनकी मक़बूलियत का सबसे बड़ा कारण यह भी था कि ये शहर के लड़कों को उनकी पसंद के हिसाब से शेर और कवितायें भी लिखकर देते थे। इनके कलामों को वे शहर के गली कूचों में गाते फिरते थे। आगरा में ये इतने ज़यादा लोकप्रिय थे कि इनके इंतकाल के बाद भी इनकी क़ब्र पर हर बरस होली के मौक़े पर एक बहुत बड़ा मेला लगता था। लोग वहां पर उस जलसे में बड़ी तादाद में आते थे। उस जलसे में शरीक़ होने वाले रतजगा करते थे और इनकी शायरी और कविताओं का पारायण करते थे, कवि सम्मेलन और मुशायरे हुआ करते थे। आजकल वो मेला और जलसा बंद हो गया है।

नज़ीर पूर्णरूप से वेदांती शख़्सियत थे और सूफ़ी धर्म के बहुत बड़े अनुयायी थे, वे इंसानियत के परस्तार थे। एक मुसलमान शायर होकर भी वे हिंदुओं के देवी-देवताओं की प्रशंसा में कविताएं लिखा करते थे।

नज़ीर खासोआम के शायर थे। इन्होंने किसी भी बादशाह या रईसों की तारीफ़ में क़सीदे नहीं बुने। नज़ीर न तो लालची स्वभाव के थे और न ही किसी की ख़ुशामद करना जानते थे, बल्कि ये अपनी हैसियत से भी ज़्यादा दानवीर इंसान थे। ये ख़ैरात में भरोसा करते थे। एक दिन का वाक़या है कि ये मकतब से हर माह मिलने वाली तनख़्वाह लेकर घर को लौट रहे थे। रास्ते में किसी ग़रीब ने अपनी कन्या के विवाह के लिए माली मदद के इनसे निवेदन किया। उस गरीब की मजबूरी और ज़रूरत को देखते हुए तनखाह की सारी रक़म खुशी-खुशी उसे दे दी। आगरा के लोग इन्हें कोई साधु या फ़क़ीर मानकर इनकी इज़्ज़त करते थे। इनकी कविताएं किसी एक समुदाय की निजी थाती न होकर बल्कि हिंदुओं और मुसलमानों में समान रूप से लोकप्रिय और मुहब्बत से पढ़ी और सुनी जाती थी। अकसर ऐसा देखा जाता कि यदि कोई मुसलमान संत फ़क़ीर किसी हिंदू को देखते या मिलते तो नज़ीर का ये कलाम जरूर गाते-

क्या-क्या कहूं मैं कृष्ण कन्हैया का बालपन।
ऐसा था बांसुरी के बजैया का बालपन।

और जब कोई हिंदू संत किसी मुसलमान को देखते या मिलते तो नज़ीर का शेर कहने लगते-

गर दिल की सफ़ा चाहे तो कलमे को पढ़ा कर।
यह कलमा वह कलमा है कि दिन-रात जपा कर।

आपसी प्रेम भाव और सामाजिक सौहार्द की इससे बड़ी मसाल हो ही नहीं सकती।

शाहबाज़ साहब औरंगाबादी ने अपने दबिस्ताने नज़ीर की भूमिका में लिखा है कि 'यह तो मशहूर है कि नज़ीर मुल्ला थे और मकतब में पढ़ाया करते थे। नज़ीर गो देखने में बहुत ही मुनकसिर और मुतावाइज़ थे और ख़ाकसारी थे कि सिवाय ज़मीन के आसमान की तरफ़ नज़र उठाकर भी नहीं देखते थे, लेकिन उनके ख़यालात हमेशा अर्श पर ही रहते थे। हरचन्द उनके मकतब में मामूली लड़के होते थे मगर अपनी बलंद ख़याली से उनको आलमे कुदूस के तलाज़मे दिन-रात दस्तबस्ता नज़र आते थे।

नज़ीर हक़ीकत में अपने समय के एक प्रणेता थे और सैयद मक़रबी से भी बढ़कर थे। बावजूद इसके उन्होंने सदरुस्सदूरी नहीं की, इब्तदा से इन्तहा तक महवे इसलाह ज़रूर रहे थे जबकि उन्होंने अलीगढ़ कॉलेज की तरह बज़ाहिर कोई क़ौमी मदरसा कायम नहीं किया, मगर मानियन उनका दबिस्तान रफ़ीउश्शान जरूर था और हनोज़ है। अलीगढ़ कॉलेज मुमकिन है कि ज़माने के इन्क़लाब से मादूम हो जावे, मगर दबिस्ताने नज़ीर जब तक उर्दू ज़बान सलामत है, दुनिया से मादूम नहीं हो सकता। दबिस्तान नज़ीर वह कॉलेज है, जिसका बुनियादी पत्थर नज़ीर के हकीमाना दिल से रखा हुआ है, जिसका मसला नज़ीर के शायराना दस्तों ने फ़राहम किया है, जिसकी तामीर शोहरते आम ने की और मरम्मत मक़बूलिये अवाम के ज़रिये से बराबर क़यामत तक रहेगी। यह वह कॉलेज है, जिसकी क्लासें दिन-रात खुली हैं, जिसके प्रोफ़ेसर हर वक़्त अपनी ड्यूटी पर हाज़िर रहते हैं, जहां लेक्चरों का सिलसिला कभी मुनक़िता नहीं होता और सबसे बड़ी बात यह है कि जहां तालिबइल्म हर मज़हब और मिल्लत के बिला फ़र्क तआलीम पाते हैं। मुबारक हैं वह लोग जो इस कॉलेज का कोर्स पूरा करके अख़लाकी युनिवर्सिटी का सबसे आला और बकारआमद पास हासिल करते हैं।

नज़ीर के बारे में दानिशवरों और अलग-अलग विद्वानों का अपना अलग-अलग दृष्टिकोण रहा है। शाहबाज़ औरंगाबादी साहब ने जहां इन्हें अख़लाकी युनविर्सिटी की न हिलने वाली बुनियाद

कहा है, वहीं पर कुछ ज़हीनतर शख़्सियतों ने इस भक्त और फ़कीर कवि को अश्लील शायर भी कहा है। हिंदुस्तानी विद्वानों के अलावा योरोपीय विद्वानों के भी अपने अलग मत हैं, जैसे सर फ़ेलन का दृष्टिकोण भी एक अंग्रेज सर जार्ज ग्रियर्सन से मेल नहीं खाता, अपनी-अपनी सोच है, अपना-अपना नज़रिया है।

सर फ़ेलन साहब का मत है कि ''योरोपिय दृष्टि से हिंदोस्तानी में नज़ीर ही एकमात्र कवि शायर कहे जा सकते हैं। नज़ीर में वह सब गुण थे जो किसी प्रतिभाशाली पुरुष में होते हैं। उनका काव्य ही उनका जीवन चरित्र है। वे वास्तव में बड़े स्वतंत्र प्रवृत्ति के और भाग्य के भले या बुरे किसी चक्र की परवाह नहीं करते थे। उन्होंने कभी भी अपनी रचनाओं के संग्रह करने की परवाह नहीं की। जिस किसी ने मांगा, चाहे वह मित्र हो या कोई शिष्य, वे उसे दे दिया करते थे। नज़ीर ही एकमात्र कवि थे जिन्होंने बच्चों की ममता पर कविता की है और दीनहीन अभागे व पीड़ित लोगों के साथ सहानुभूति प्रकट की है। नज़ीर ने मातृभाषा की वह सेवा की है जो अंग्रेजी में शेक्सपियर और चासर ही कर सके।''

सर फ़ेलन के दृष्टिकोण से ये साबित होता है कि नज़ीर एक ऐसा शायर था जो आम अवाम से जुड़ा हुआ था और काव्य की जो भाषा शैली थी वो सर्वसाधारण के लिए ग्राह्य और सहज थी, इन्होंने साहित्य केवल रचा ही नहीं बल्कि भाषा और अदब की बड़ी ही अक़ीदत के साथ खिदमत की। लेकिन बावजूद इसके सर जार्ज ग्रियर्सन का नज़रिया सर फ़ेलन से बाबस्ता नहीं है बल्कि एकदम ही मुख़ालिफ लगता है।

सर फ़ेलन की राय के बाद जब दूसरे अंग्रेज़ सर जार्ज ग्रियर्सन का अपना नज़रिया भी नज़ीर की कविता के बारे में ज़रा देख लिया जाये ''यद्यपि नज़ीर की रचना एक विशेष प्रकार की रूचि वाले पाठकों में ही आदरणीय है, पर तुलसीदास, सूरदास और मलिक मोहम्मद जायसी तथा उसी समय के अन्य धुरंधर कवियों की कविताओं की तरह सर्वसाधारण में ग्राह्य नहीं। साधारण बोलचाल में होने पर भी इनकी कविता ऐसी अश्लील है कि उसको अंग्रेज़ी में शिष्ट, सभ्य और शिक्षा प्राप्त लोगों का समाज सर्वथा पढ़ने के लायक भी नहीं समझता।''

दो अंग्रेज़ विद्वानों के बयानों को पढ़कर ऐसा लगता है कि सर जार्ज ग्रियर्सन नज़ीर की कविता को समझने में नाक़ामयाब रहे हैं, इन्होंने नज़ीर को केवल पढ़ा है, उनकी कविता की गहराई से समझने की कोशिश ही नहीं की होगी, जितना कि सर फ़ेलन ने समझा था। लगता है कि ग्रियर्सन ने एक जासूसी उपन्यास की तरह से पढ़के रख दिया होगा और बेमतलब की बयानबाज़ी कर दी। जिस साहित्य को अश्लील कहा है, तो ये साबित होता है कि उन्हें या तो कोई दिमाग़ी बीमारी रही होगी या फिर हिंदोस्तानी अदब और साहित्य का इल्म सिफ़र ही रहा होगा। साहित्य के नौरसों का ज्ञान नहीं रहा होगा। जिस कविता शायरी को उन्होंने अश्लील कहा होगा तो महसूस होता है उन्हें शृंगार रस की मालूमात नहीं। जहां प्रेम है, वहां इंसान है और जहां इंसान है, वहां शृंगार है और शृंगार हमारी कविता और शायरी में आ जाना लाज़िमी है। जनाब ग्रियर्सन ने, हमारे साहित्य के नौ रसों में एक शृंगार रस भी है, ये नहीं पढ़ा होगा और अगर पढ़ा होगा तो समझा नहीं हागा, इसलिये उसने शृंगार रस को अश्लील कह दिया। शृंगार रस तो कभी-कभी हमारे भक्ति रस में घुस जाता है। फिर चाहे वह संयोग शृंगार हो या वियोग शृंगार हो, स्वरूप कुछ भी हो सकता है। ये शृंगार सूरदास और रसखान के काव्य में भी पाया जाता है तो ग़ालिब, मीर और मोमिन की शायरी में पाया जाता है जिसे दुनिया ने भी चाहा और सराहा है। आबोहवा, तहज़ीब और सोच का असर तो

इल्मोअदब पर पड़ना ही है, वह चाहे मग़रिब की हो या मशरिक़ की हो। ग्रियर्सन का बयान भी इसी की देन रहा होगा।

इन दोनों अंग्रेज़ विद्वानों का नज़रिया किसी हद तक सही था भी और नहीं भी था। ये अलग-अलग लोगों की अलग-अलग सोच रही। लोगों का यह भी मानना था कि इन दोनों कथन में अतिशयोक्ति थी। किसी ने यह कहा कि नज़ीर की मातृभाषा की सेवा की तुलना चासर और शेक्सपियर से करना ये अतिशयोक्ति का ही प्रमाण था। किसी ने कहा कि भक्त कवि की शायरी को अश्लील कहना और अंग्रेज़ी के सभ्य शिक्षित लोगों के बीच मान्यता न मिलना और उनके गले न उतरना, हिंदोस्तानी विद्वानों और पाठकों की तुलना में अंग्रेज़ों के शिक्षित समाज के लोगों का समझदार कहना भी अतिशयोक्ति ही मानी जा सकती है। जबकि इनकी रचनाओं का बहुतायत में शिष्ट और शिक्षा प्राप्त सज्जनों के सर्वथा पढ़ने योग्य है, इसलिये अश्लील कहकर कलंकित करना भी मुनासिब नहीं है। प्रयोगात्मक रूप से इनकी कविता शायरी को बुलंदी का मक़ाम हासिल था, ये पहले ही कहा जा चुका है। 'रागसागरोद्‌भव' और 'राग कल्पद्रुम' में नज़ीर की कविताओं का जो प्रकाशन हुआ है, वह पुस्तक प्रणेता की रूचि विशेष का द्योतक है, न कि नज़ीर की कविताओं का दिग्दर्शन माना जायेगा। एक कवि शायर यदि गीतकार होने के साथ-साथ वह गज़लगो है तो यह स्वाभाविक ही है कि उसके गीतों में ग़ज़ल की ख़ुशबू आ जाये और ग़ज़लों में गीतों की महक आ जाये। ये हक़ीक़त नज़ीर की रचनाओं में दिखाई पड़ती है। कुछ हिंदी रचनाकारों का ये मानना है कि उर्दू शायरों की शायरी में खुलापन और अश्लीलता अकसर देखी जाती है। अगर श्रृंगार पक्ष को ध्यान में रखकर किसी रचना को पढ़ा जाये तो अश्लीलता का जो भ्रम दिमाग़ में है, वह निकल जायेगा।

नज़ीर ने हिंदुओं के प्रति जिस सद्‌भाव का प्रदर्शन किया है, वह उर्दू अदब में एकदम ही नई बात है। कुछ लोगों का कहना है कि नज़ीर के न पहले और न बाद में किसी मुसलमान शायर ने हिंदुओं के देवी-देवताओं, त्योहारों और मेलों-ठेलों के संबंध में ऐसी वर्णनात्मक और लालित्यपूर्ण सर्वप्रिय रचनाओं की रचना की जिससे दोनों समुदायों में सद्‌भावना और सांप्रदायिक प्यार-मुहब्बत का चलन बढ़ता ही गया। नज़ीर की यह नायाब कोशिश क़ाबिले तारीफ़ थी, जिसकी ओर अंग्रेज़ समालोचकों का ध्यान सबसे पहले जाना चाहिये था।

नज़ीर ने साहित्य के सभी रसों में कवितायें रची थी। इन्होंने गीत लेखन की विधा को अपनी कविता में प्रमुख स्थान दिया। उर्दू के क़रीब-क़रीब सभी शायरों ने फ़ारसी के शायरों का दामन थाम के रखा, लेकिन नज़ीर ने अपना रास्ता बिना किसी की उंगली पकड़े ख़ुद ही चुना। यहां पर भी कुछ मतभेद शायरों में रहे। ज़ौक़ के शागिर्द और उर्दू-अरबी-फारसी के दानिशवर प्रोफ़ेसर शम्सुलउल्मा मौलवी मुहम्मद हुसैन 'आज़ाद' ने 'आबेहयात' में नज़ीर की जीवनी को कोई जगह नहीं दी। क्या इसकी यह वजह तो नहीं कि नज़ीर ने 'कृष्ण कन्हैया का बालपन दिखा था? या इन्होंने आशिक़-माशूक़ों की आह-उह और चुलबुलाहट वाली शायरी कम की है?

जो हो, नज़ीर अपने ढंग के उर्दू के एक ही कवि थे। हम उर्दू कवियों में इनका होना ग़नीमत समझते हैं। नज़ीर ने अपने समय के क़रीब-क़रीब हरेक विषय पर कविताएं लिखीं हैं। इनकी कविताएं अलग-अलग छोटी-छोटी पुस्तकों के आकार में प्रकाशित हुईं। इनकी भक्ति रस के अलावा आदमी नामा, रोटी नामा, हंस नामा और जोगी नामा आदि नामों से पुस्तकें बाज़ार में बिकती हैं। अपने जीवन में दुनिया के विभिन्न विषयों को कविता से छुआ ही, और तो और, इन्होंने आगरा की ककड़ी तक को नहीं छोड़ा।

पद्यांशः

- श्रीकृष्ण की बाल लीला -

यारों सुनो य दधि के लुटैया का बालपन।
औ मधुपुरी नगर के बसैया का बालपन।
मोहन सरूप नृत्य करैया का बालपन।
वन-वन के ग्वाल गौवें चरैया का बालपन।
ऐसा था बांसुरी के बजैया का बालपन।
क्या-क्या कहूं मैं कृष्ण कन्हैया का बालपन।
ज़ाहिर में सुत तो नंद जसोदा के आप थे।
वरना वो आपी माई थे और आपी बाप थे।
परदे में बालपन के ये मिलाप थे।
जोती सरूप कहिये जिन्हें सो वो आप थे।
ऐसा था बांसुरी के बजैया का बालपन।
उनको तो बालपन से न था काम कुछ जरा।
संसार की जो रीति थी सका रखा बजा।
मालिक थे सह तो आपी उन्हें बालपन से क्या।
वां बालपन जवानी बुढ़ापा सब एक था।
ऐसा था बांसुरी के बजैया का बालपन।
बाले हो बिर्जराज जो दुनिया में आ गये।
लीला के लाख रंग तमाशे दिखा गये।
इस बालपन के रूप में कितनों को भा गये।
यह यह भी लहर थी जहां को जता गये।
ऐसा था बांसुरी के बजैया का बालपन।
सब मिलके यारों कृष्ण मुरारी की बोलो जै।
दधि चोर गोपीनाथ बिहारी की बोलो जै।
तुम भी नज़ीर कृष्ण मुरारी की बोलो जै।
गोबिद छैल कुंज बिहारी की बोलो जै।
ऐसा था बांसुरी के बजैया का बालपन।
क्या-क्या कहूं मैं कृष्ण कन्हैया का बालपन।

❖ ❖ ❖

- रुक्मिणी हरण लीला -

सुकदेव ने कथा य परीक्षत से है कही।
उसने सुनी तो उसका हुआ दिल बहुत ख़ुशी।
फिर भीषम एक राजा मुदर की जो मुंदरी।

थे पांच बेटे उसके बहुत सुंदर औ बली।
घर-बार उसका दौलतो हशमत से था भरा।।
बेटा बड़ा था उसका सो उसका रुकम था नाम।
औ रुक्मिनी थी बेटी बहुत खूब खुश ख़िराम।
गहना लिबास तन पै रहा था झमक रहा।।
नारद मुन यक दिन आये जहां पर थी रुक्मिनी।
औ उससे बात उन्होंने वो श्रीकृष्ण की कही।
लीला सुनाई वह सभी रूप और सरूप की।
जब रुक्मिनी ने खूबी तो श्रीकृष्ण की सुनी।
सुनते ही उनके हो गई जी-जान से फ़िदा।।
छिपती नहीं छिपाये से सूरत जो चाह की।
सखियां सहेलियां जो थीं औ लड़कियां सभी।
मां-बाप रुक्मिनी के भी औ चारो भाई भी।
बर रुक्मिनी के हों वही थे चाहते यही।
पर वह रुकम जो था सो पसन्द उसका यह न था।।
रखता था नाम उसका जो जदुबंस है जनम।
कांधे प उसके कामरी रहती है दम-ब-बम।
गौवें चराता फिरता है वन-वन में रख क़दम।
दौलत में और ज़ात में उससे बड़े हैं हम।
सिसुपाल चंदेरी का जो वर हो तो है भला।।
यह बातें वां रुकम से जो सुनती थी रुक्मिनी।
बेकल बहुत वो होती थी और दिल में कुढ़ती थी।
जब बेकली बहुत हुई और रह न सका जी।
एक चिट्ठी अपने हाल की हरि के तईं लिखी।
बाम्हन के हाथ द्वारका में दी वहीं भिजा।।
ऐ बिर्जराज कृष्ण मनोहर मदनगोपाल।
मैं दरशनों की आप के मुश्ताक हूं कमाल।
दिन-रात तुमसे मिलने को रहती हूं मैं निढाल।
दरशन से अपने मुझको भी आकर करो निहाल।
सब ध्यान में तुम्हारे ही रहता है मन लगा।।
ए कृष्ण जी तुम आओ कि अब वक़्त है यही।
अपने चरन से लाज रखे मेरी इस घड़ी।
हरि ने वो चिट्ठी पढ़ के मंगा रथ वो जगमगी।
होकर सवार जल्द चले वां से कृष्ण जी।
बाम्हन भी अपने साथ वो रथ में लिया बिठा।।
ज्यूं-ज्यूं वो हरि के आने में वां देर होती थी।
कोठे पं अपने रुक्मिनी वां चढ़ के रोती थी।

तकती थी हरि की राह न खाती न सोती थी।
बेकल की तरह फिरती थी औ होश खोती थी।
कुछ रुक्मिनी से रोने सिवा बन न आता था।।
इसमें मुकुंदपुर के जो हरि जाये तनक़रीब।
झलके कलस वो रथ के हुई रोशनी अजीब।
बोली खुशी हो मन में कि जागे मेरे नसीब।
खुश रुक्मिनी का जी हुआ ज्यूं गुल से अंदलीब।
बाम्हन ने भी वो आने को हर के दिया बता।।
बन ठन के वह खुशी से जो पूजा के तईं चली।
साथ उसके नारियां चलीं गाती बहुत खुशी।
सुंदर को जाती पांवों की पायल जो बाजती।
रूप और सरूप उसका बयां क्या करे कोई।
पहुंची ख़ुशी से वां जहां थी पूजने की जा।।
भीषम जो हरि के लेने को आया बहुत खुशी।
दरशन जो हरि के पाए तो बिनती बहुत-सी की।
इतने में रुक्मिनी जो भी हरि के लिए खड़ी।
दरशन जो पाए आ गया बस उसके जी में जी।
हरि ने पकड़ के हाथ लिया रथ में वां बिठा।।
सिसुपाल अपनी ले के कटक आ गया वहां।
बान उसके हरि ने काट भगाया उसे निदां।
आया रुकम जो बान धनुक ले के औ सिनां।
उसको भी हरि ने बांध लिया काट उसके बां।
बिनती से रुक्मिनी के दिया उसका जी छुड़ा।।
सिसुपाल और रुकम का हुआ जब ये हाल वां।
बलदेव जी ने उनके कटक सब भगाए वां।
ले रुक्मिनी को हरि हुए फिर द्वारका रवां।
जब आन पहुंचे ख़ुश हुए सब नर औ नारियां।
देखा जमाल उनका तो पाया बहुत भला।।

❖ ❖ ❖

- होली -

जब फ़ागुन रंग झमकते हों, तब देख बहारैं होली की।
और डफ़ के शोर खड़कते हों, तब देख बहारैं होली की।
परियों के रंग दमकते हों, तब देख बहारैं होली की।
खुम शीशे जाम छलकते हों, तब देख बहारैं होली की।
महबूब नशे में झुकते हों, तब देख बहारैं होली की।।
हो नाच रंगीनी परियों का बैठे हों गुलरू रंग भरे।

कुछ भागी तालें होती की कुछ नाज़ अदा के ढंग भरे।
दिल भूले देख बहारों की और कानों में आहंग भरे।
कुछ तबले खड़के रंग भरे कुछ ऐश के दम मुंहचंग भरे।
कुछ घुंघरू ताल झनकते हों, तब देख बहारैं होली की।।
औ एक तरफ़ दिल लेने को महबूब गवैयों के लड़के।
हर आन घड़ी गत भरते हों कुछ घट-बढ़के, कुछ बढ़-बढ़ के।
कुछ नाज़ तजाव लड़-लड़के, कुछ होली गावें अड़-अड़ के।
कुछ लचके शोख़ कमर पतली कुछ हाय चले कुछ तन फड़के।
कुछ काफ़िर नैन मटकते हों, तब देख बहारैं होली की।।
सामान जहां तक होता है इस इतशर के मतलूबों का।
सब कुछ सामान मुहैया हो औ बाग़ खिला हो ख़ूबों का।
हर आन शराबें ढलती हों मौर ठट्ठ हों रंग के डूबों का।
इस ऐश मज़े के आलम में एक गोल खड़ा महबूबों का।
कपड़ों पर रंग छिड़कते हो तब देख बहारै होली की।।
गुलज़ार लिखे हों परियों के और मजलिस की तैयारी हो।
कपड़ों पर रंग के छीटों से खुश रंग अजब गुलकारी हो।
मुंह लाल गुलाबी आंखें हों और हाथों में पिचकारी हो।
उस रंग भरी पिचकारी को अंगिया पर तक कर मारी हो।
सीनों से रंग ढलकते हों तब देख बहारैं होली की।

❖ ❖ ❖

- ब्रम्हानन्द -

हैं आशिक़ और माशूक़ जहां वां शाह वज़ीरी है बाबा।
नै रोना है नै धोना है नै दर्द असीरी है बाबा।
दिन-रात बहारैं चुहले हैं और ऐश सफ़ीरी है बाबा।
जो आशिक़ हुए सो जानैं है यह भेद फ़क़ीरी है बाबा।
हर आन हंसी हर आन ख़ुशी हर वक़्त अमीरी है बाबा।
जब आशिक़ मस्त फ़क़ीर हुए फिर क्या दिलगीरी है बाबा।
कुछ ज़ुल्म नहीं कुछ जोर नहीं कुछ दाद नहीं फ़रियाद नहीं।
कुछ क़ैद नहीं कुछ बन्द नहीं कुछ जब्र नहीं आज़ाद नहीं।
शागिर्द नहीं उस्ताद नहीं बीरान नहीं आबाद नहीं।
हैं जितनी बातें दुनिया की सब भूल गये कुछ याद नहीं।
हर आन हंसी हर आन ख़ुशी हर वक़्त अमीरी है बाबा।।
जिस सिम्त नज़र कर देखे हैं उस दिलबर की फुलवारी है।
कहीं सब्ज़ी की हरियाली है कहीं फूलों की गुलकारी है।
दिन-रात मगन ख़ुश बैठे हैं और आस उसी की भारी है।
बस आप ही वह दातारी है और आप ही वह भंडारी है।

हर आन हंसी हर आन ख़ुशी हर वक्त अमीरी है बाबा।
हम चाकर जिसके हुस्न के हैं वह दिलबर सबसे आला है।
उसने ही हमको जी बख़्शा उसने ही हमको पाला है।
दिल अपना भोलाभाला है औ इश्क़ बड़ा मतवाला है।
क्या कहिये और नज़ीर आगे अब कौन समझने वाला है।
हर आन हंसी हर आन ख़ुशी हर वक़्त अमीरी है बाबा।
जब आशिक़ मस्त फ़क़ीर हुए फिर क्या दिलगीरी है बाबा।

❖ ❖ ❖

- जोगी -

रात-दिन हिज्र में जोगी-सा बना फिरता हूं।
बेक़रारी से तेरे नाम की जपता सुमरन।
दोश पर बारे अलम कानों में ग़म के मुंदरे,
अश्कों के तार गले में सीला के नमन।
दम आदम आह की पोंगी से बजाना य' सदा,
देखिये कौन-से दिन हर हमें देंगे दरशन।
कोई कहता है कि जोगी जी किधर को आये,
सच कहो कौन-सी नगरी में तुम्हारा है वतन।
तुम तो आते हो नज़र हमको नये से जोगी,
सच कहो जोग लिया तुमने य' किसके कारन।
गर गुरु हुक्म हो बनवा दें तुम्हारा अस्थल,
शहर में बाग़ में या बर लबे दरियाए जुमन।
या कि मथुरा जो पसंद आये तो वां जगह लें,
या खदिर बन में महाबन में हो या बृन्दावन।
तब तो सुन-सुन के कहा मैंने य' उससे बाबा,
तुझको क्या काम फ़क़ीरों से य करना अनबन।
औ वतन पूछ हमारा तो य' सुन रख बाबा,
या गली दोस्त की या यार के घर का आंगन।
उसके कूचे में सदा मस्त रहा करते हैं,
वही बस्ती वही नगरी वही जंगल वही बन।
जब से उस शोख़ के फन्दे में फंसे टूट गये,
जितने थे मज़हबो मिल्लत के जहां में बंधन।
नाम को पूछो तो है नाम हमारा आशिक़,
सबसे आज़ाद हुए यार का लेकर दामन।
पंथ की पूछो तो जोगी न जनम के न अतीत,
इश्क़ के मेल में हम प्रेम का रखते हैं बरन।
गर रहें जीते तो जीने की नहीं फ़िक्र हमें,

और मर जायं तो हरगिज़ नहीं परवाय कफ़न।
हम में औ जोगी की सूरत में बड़ा फ़र्क है जान,
कहां जोगी की अदा औ कहां आशिक़ की फबन।
ख़ाक है यार के कूचे की भभूत अब हर आन,
हमने भी राख बनाई है जलाकर तन मन।
और अस्थल के बनाने की कही तूने जो बात,
यह बखेड़ा वो करे जिसके कने हो कुछ धन।
हम फ़क़ीरों की भला काम है क्या अस्थल की,
वही अस्थल है जहां मार के बैठे आसन।
जा पड़ें याद में उस शोख़ की जिस बस्ती में,
वही गोकुल है हमें और वही बृन्दावन।

❖ ❖ ❖

- कलजुग -

दुनिया अजब बाज़ार है, कुछ जिंस यां की साथ ले।
नेकी का बदला नेक है, बद से बदी की बात ले।
मेवा खिला मेवा मिले, फल फूल दे फल पात ले।
आराम दे आराम ले, दुख-दर्द दे आफ़ात ले।
कलजुग नहीं कर जुग है यह, यां दिन को दे औ रात ले।
यह खूब सौदा नक़्द है, इस हाथ दे उस हाथ ले।।
कांटा किसी को मत लगा, गो मिस्ले गुल फूला है तू।
वह तेरे हक़ में तीर है, किस बात पर भूला है तू।
मत आग में डाल और को, यक घास का पूला है तू।
सुन रख ये नुक़ता बेख़बर, किस बात पर भूला है तू।
कलजुग नहीं कर जुग है यह, यां दिन को दे और रात ले।।
यां ज़हर दे तो ज़हर ले, शक्कर में शक्कर देख ले।
नेकां को नेकी का मज़ा, मूज़ी को टक्कर देख ले।
गर तुझको यह बावर नहीं, तो तू भी गिरकर देख ले।
मोती दिये मोती मिले, पत्थर में पत्थर देख ले।
कलजुग नहीं कर जुग है यह, यां दिन को दे और रात ले।।
अपने नफ़े के वास्ते, मत और का नुक़सान कर।
तेरा भी नुक़सां होएगा, इस बात ऊपर ध्यान कर।
खाना जो खा तो देखकर, पानी जो पी तो छान कर।
यां पांव को फूंककर और खौफ़ से गुज़रान कर।
कलजुग नहीं कर जुग है यह, यां दिन को दे औ रात ले।
यह खूब सौदा नक़्द है, इस हाथ दे उस हाथ ले।।

❖ ❖ ❖

- आदमी -

दुनिया में बादशाह है सो है वह भी आदमी।
और मुफ़लिसो गदा है सो है वह भी आदमी।
ज़रदार बेनवा है सो है वह भी आदमी।
नेमत जो खा रहा है सो है वह भी आदमी।
टुकड़े जो मांगता है सो है वह भी आदमी।

मस्जिद भी आदमी ने बनाई है यां मियां।
बनते हैं आदमी ही इमाम और ख़ुतबा ख़्वां।
पढ़ते हैं आदमीही क़ुरां और निमाज़ यां।
और आदमी ही उनकी चुराते हैं जूतियां।
जो उनको ताड़ता है सो है वह भी है आदमी।

यां आदमी पै जान को वारे है आदमी।
और आदमी ही तेग़ से मारे है आदमी।
पगड़ी भी आदमी की उतारे है आदमी।
चिल्ला के आदमी को पुकारे है आदमी
और सुनके दौड़ता है सो है वह भी आदमी।

नाचे है आदमी ही बजा तालियों को यार।
और आदमी ही डाले है अपनी इज़ार उतार।
नंगा खड़ा उछलता है होकर ज़लील ख़्वार।
सब आदमी ही हंसते हैं देख उसको बार-बार।
और वह जो मसख़रा है सो है वह भी आदमी।

यां आदमी ही क़हर से लड़ते हैं घूर-घूर।
और आदमी ही देख उन्हें भागते हैं दूर।
चाकर गुलाम आदमी और आदमी मजूर।
यां तक कि आदमी ही उठाते हैं जाज़रूर।
और जिसने वह फिरा है सो है वह भी आदमी।

तबले मंजीरे दायरे सारंगियां बजा।
गाते हैं आदमी ही हर इक तरह जाबजा।
रंडी भी आदमी ही नचाते हैं गत लगा।
वह आदमी ही नाचै है और देखा यह मज़ा।
जो नाच देखता है सो है वह भी आदमी।

एक ऐसे हैं कि जिनके बिछे है नये पलंग।
फूलों की सेज उन पै झमकता है ताज़ा रंग।
सोते हैं लिपटे छाती से माशूक़ शोख़ संग।
सौ-सौ तरह से ऐश के करते हैं रंग ढंग।
और ख़ाक में पड़ा है सो है वह भी आदमी।

अशराफ़ और कमीने से ले शाह ता वज़ीर।
है आदमी ही साहबे इज़्ज़त भी और हक़ीर।
यां आदमी मुरीद है और आदमी ही पीर।
अच्छा भी आदमी ही कहाता है ऐ नज़ीर।
और सबसे जो बुरा है सो है वह भी आदमी।

दुनिया में बादशाह है सो है वह भी आदमी।
और मुफ़लिसो गदा है सो है वह भी आदमी।

❖ ❖ ❖

नज़ीर की शायरीः

वो मुझको देख कुछ इस ढब से शर्मसार हुआ।
कि मैं हया ही पर उसकी फ़क़त निसार हुआ।
सभों को हंस के दिये बोसे औ हमें गाली,
हज़ार शुक्र भला इस कद्र तो प्यार हुआ।
हमारे मरने को हां तुम तो झूठ समझे थे,
कहा रक़ीब ने लो अब तो एतबार हुआ।
क़रार करके न आया वो संग दिल काफ़िर,
पड़े क़रार पै पत्थर ये कुछ क़रार हुआ।
गले का हार जो उस दिन गुल बदन के टूट गया,
तो डर नज़र का वही उसको एक बार हुआ।
किसी से और तो कुछ बस चला न उसका नज़ीर,
निदान मेरे ही आकर गले का हार हुआ।

❖ ❖ ❖

मर मर मुझे कहता था सो मरता हूं मैं यारों,
अब लाओ कहां है वो मेरा कोसने वाला।
क़ासिद तू मेरा नाम तो लीजो न व लेकिन,
कहना कोई करता है तेरा चाहने वाला।
जंगल में मेरे हाल पै कोई भी न रोया,

गर फूट के रोया तो मेरे पांव का छाला।
औरों को जो गिरते हुए देखा तो लिया थाम,
हम गिर भी पड़े तो भी न ज़ालिम ने संभाला।

❖ ❖ ❖

बोसे की तलब की तो कहा नाज़ से चल दूर,
और दिल को कहा ले तो वहीं हंसके कहा ला।
मुझ ज़ुल्फ़ के मारे को न ज़ंजीर पिन्हाओ,
काफ़ी है मेरे क़ैद को एक मकड़ी का जाला।
वह आप से रूठा नहीं मनने का नज़ीर आह,
क्या देखे है चल पांव पकड़ और उसको मना ला।

❖ ❖ ❖

यारों मैं चुप रहूं भला ताकै।
मख्खियां तो बहुत दूर हुई दर पै।
चले आते हैं ग़ोल पै दर पै।
शोर है गुल है भिनभिनाहट है।
कोई थूकै कोई करे है कै।
इस क़दर धूम मख्खियों की है।
कपड़ा जिनका फटा पुराना है।
वह तो कुल मक्खियों ने साना है।
पायजामा तमाम छाना है।
बाक़ी अंदर का बैठ जाना है।
वह भी मंज़िल को अब करेंगी तै।
इस कद़र धूम मक्खियों की है।

❖ ❖ ❖

मेरे बग़ल में जो वह गुलज़ार होता था।
निहाल ऐश के दिल के चमन में बोता था।
तमाम रात भी औ कुहनियां व लातै थीं,
न सोने देता था मुझको न आप सोता था।
जो बात हिज्र की आती तो अपने दामन से,
व आंसू पोंछता जाता था औ मैं रोता था।
मसकती चोली तो लोगों से छिपके सीने को,
व तागे बटता था और मैं सूई पिरोता था।
हुआ न तुझको ख़ुमार आख़िर उन शराबों का,
'नज़ीर' आह इसी रोज़ को मैं रोता था।

❖ ❖ ❖

बिलफ़र्ज अगर हम हुए हव्वा के शिकम से,
आदम के तईं पूछिये वह किसका जना है।
हिकमत का उलट-फेर नहीं जिसकी नज़र में,
वह कहते हैं ग़ाफिल ये बक़ा है ये फ़ना है।
यक उसकी दवा समझी नहीं जाती 'नज़ीर' आह,
कुछ और ही माजून का नुस्ख़ा ये बना है।

❖ ❖ ❖

तनहा न उसे अपने दिले तंग में पहिचान।
हर बाग़ में हर दश्त में हर संग में पहिचान।
बेरंग में बारंग में नैरंग में पहिचान।
मंज़िल में मुक़ामात में फरसंग में पहिचान।
नित रुम में औ हिंद में जौ जंग में पहिचान।
हर राह में हर साथ में हर संग में पहिचान।
हर अज़्म इरादे में हर आहंग में पहिचान।
हर घूम में हर सुलह में हर जंग में पहिचान।
हर आन में हर बात में हर ढंग में पहिचान।
आशिक़ है तो दिलबर को हर रंग में पहिचान।

❖ ❖ ❖

जब मैं सुना कि यार का दिल मुझ से हट गया।
सुनते ही इसके मेरा कलेजा उलट गया।
छीना था दिल को चश्म ने लेकिन मैं क्या करूं।
ऊपर ही ऊपर उस सफ़े मिज़गां में बंट गया।
क्या खेलता है नट की कला आंखों-आंखों में,
दिल साफ़ ले लिया है जो पूछा तो नट गया।
आंखों में मेरे सुबह क़यामत गयी झमक,
सीने से उस परी के जो परदा हट गया।
आंखें तुम्हारी क्या फिरीं इस वक़्त मेरी जान,
सच पूछिये तो मुझसे ज़माना उलट गया।

❖ ❖ ❖

दूर से आये थे साक़ी सुनके मयख़ाने को हम।
बस तरसते ही चले अफ़सोस पैमाने को हम।
मय भी है मीना भी है साग़र भी है साक़ी नहीं,
दिल में आता है लगा दें आग मयख़ाने को हम।
बाग़ में लगता नहीं सहरा से घबराता है दिल,
अब कहां ले जा के बैठें ऐसे दीवाने को हम।

क्या हुई तक़सीर हमसे तू बता दे ऐ 'नज़ीर'
ताकि शादी मर्ग समझें ऐसे मर जाने को हम।

❖ ❖ ❖

न था मालूम उल्फ़त में कि ग़म खाना भी होता है।
जिगर को बेकली औ दिल का घबराना भी होता है।
सिसकना आह करना अश्क भर लाना भी होता है।
तड़पना लोटना बेताब हो जाना भी होता है।
कफ़े अफ़सोस को मलमल के पछताना भी होता है।
किये पर अपने फिर आपी ही दुख पाना भी होता है।

❖ ❖ ❖

आदम यक दमड़ी की हुक़्या को रहे आज़िज सदा,
हमको क्या क्या पेंचवां और गुड़गुड़ी पर नाज़ है।
ग़ौर से देखा तो अब यह वह मसल है ऐ 'नज़ीर'
बाप ने पिदड़ी न मारी बेटा नीरंदाज है।

❖ ❖ ❖

पुकारा क़ासिदे अश्क आज फौजे ग़म के हाथों से,
हुआ ताराज़ पहले शहरे जां दिल का नगर पीछे।
सुनो मैं ख़ूं को अपने साथ ले आया हूं औ बाक़ी,
चले आते हैं उठते-बैठते लख़्ते जिगर पीछे।

❖ ❖ ❖

ऐश कर ख़ूबां में ऐ दिल, शादमानी फिर कहां।
शादमानी गर रही तो, जिंदगानी फिर कहां।
लज़्ज़ते जन्नत के मेवों की बहुत होंगी वहां,
पर ये मीठी गालियां ख़ूबा की खानी फिर कहां।

❖ ❖ ❖

झगड़ा न करे मिल्लतो मज़हब का कोई यां।
जिस राह में जो आन पड़े ख़ुश रहे हर आं।
जुन्नार गले था कि बग़ल बीच को क़ुरआं,
आशिक़ तो कलंदर है न हिन्दू न मुसलमां।

❖ ❖ ❖

14

नसीम

इतने सारे उर्दू और फ़ारसी के शायरों के बीच में उर्दू के एक शायर ऐसे भी हैं जो कि हिंदू कुनबे से तआलुक़ रखता था। 'गुलज़ार नसीम' इस मसनवी को लिखने के बाद ये शायर चर्चाओं और विवादों के घेरे में आ गये। 'गुलज़ार नसीम' को किसी ने पसंद किया तो किसी ने नुक़्ताचीनी की थी। इनका पूरा नाम पं. दयाशंकर कौल, पिता का नाम पं. गंगाप्रसाद कौल था। ये 'नसीम' तख़ल्लुस रखते थे। इनका जन्म संवत् 1868 को लखनऊ में हुआ था और इंतक़ाल संवत् 1900 में हुआ। ये मौलाना अल्ताफ़ हुसैन 'हाली' के दौर के शायर थे।

नसीम को शुरुआत में उर्दू और फ़ारसी की शिक्षा मिली थी। बड़े होने पर ये शाही फ़ौज में वकील बने। इसके बावजूद भी अपनी रोज़ी-रोटी के लिए काम करते हुए भी अदब और शायरी के प्रति इनकी दिलचस्पी कम न थी। इन्होंने पुराने कवियों और शायरों के कलामों को दिल की गहराई व दिलचस्पी से पढ़ा ही नहीं बल्कि समझा भी कि शायरी क्या होती है। दिन-ब-दिन अदब और शायरी के प्रति इनका झुकाव बढ़ता गया, जिसका नतीजा यह निकला कि बीस वर्ष की उम्र तक आते-आते ये ख़ुद भी अच्छे-अच्छे कलाम कहने लग गये थे। शायरी में ये 'आतिश' को अपना उस्ताद मानते थे। इन पर शायरी का जुनून कुछ ऐसा सवार हुआ कि पच्चीस बरस की उम्र आते-आते 'गुलजार नसीम' यह मसनवी लिख डाली। 'गुलजार नसीम' यह मसनवी पूरे होने से पहले एक शायर जनाब मीर हसन की मसनवी 'सहरुल्बयान' बाजार में आ चुकी थी। 'सहरुल्बयान' की चारो तरफ धूम मच चुकी थी और काफ़ी चर्चा में भी थी। 'सहरुल्बयान' से नसीम बहुत ही मुतासिर हुए और इसी से इन्हें 'गुलज़ार नसीम' लिखने का हौसला मिला। 'गुलज़ार नसीम' शाये होने के बाद मीर हसन की 'सहरुल्बयान' मसनवी फीकी पड़ गई थी। इसके शाये होने के पहले नसीम 'गुलज़ार नसीम' को लेकर इसलाह के लिए अपने उस्ताद 'आतिश' के पास गए, तब उस बड़े से पोथे को देखकर बोले- अरे भाई! इतनी बड़ी मसनवी कौन पढ़ेगा? या तुम ही पढ़ोगे चूंकि तुमने लिखा है। या इसलाह के लिए मैं इसे एक बार देख जाऊंगा। अपने उस्ताद के हुक्म की इज़्ज़त करते हुए नसीम ने 'गुलज़ार नसीम' को कांट-छांट कर छोटा कर दिया। जो ख़याल चार मिसरों में लिखे थे, उन्हें कसकर एक ही मिसरे में कर दिया। 'आतिश' ने अपने शागिर्द की इस कोशिश पर बेहद खुशी ज़ाहिर की और फिर इसके बाद इन्होंने इस पर इसलाह के लिए अपनी कलम उठाई। लेकिन 'आतिश' की इसलाह नसीम को बिलकुल पसंद नहीं आई और फिर नसीम ने जैसा लिखा था, उसे वैसा का वैसा ही रहने दिया। बात कुछ नसीम को जंची नहीं, अपने ख़याल के साथ कोई ज़बरदस्ती करे, शायर को यह बात गंवारा न हुई थी, इसलिए जैसी भी मसनवी 'गुलज़ार नसीम' लिखी गई थी, वैसी ही रखी गई, यह शायर की अपनी ग़ैरत ही थी। इसके कुछ असर ऐसे

भी हुए कि बहुत से शायरों ने जब देखा कि पानी सर से ऊपर जा रहा था, तो 'गुलज़ार नसीम' पर तब्सरे होने भी शुरू हो गए थे। कुछ बद्‌दिमाग़ और कमज़र्फ लोगों को 'गुलज़ार नसीम' की कामयाबी और मक़बुलियत हज़म नहीं हो पा रही थी, इसलिए ये अफ़वाहें फैलाने लगे कि यह मसनवी 'आतिश' की लिखी हुई है, 'नसीम' की नहीं है। उन्होंने इस बात को साबित करने के लिए जी जान से कोशिश करने लगे लेकिन वे नाक़ाम रहे। एक हिंदू शायर की कलम से ऐसी शानदार मसनवी लिखा जाना, उनके लिए अपने आप में शर्मिंदा होने जैसी बात थी। 'गुलज़ार नसीम' की शायरी ख़ुद इस बात का सबूत है कि वो 'आतिश' की नहीं है क्योंकि 'आतिश' की भाषा शैली अलग ही रही थी, जिसका 'गुलजार नसीम' की शैली से कोई मेल नहीं था। नसीम के अन्य कलामों और ग़ज़लों के तौर तरीक़ों, भाषा शैली व उनमें महावरों का इस्तेमाल किया जाना 'गुलज़ार नसीम' से बिलकुल मिलता-जुलता था। नतीजतन ख़ासोआम में यह साबित हो गया कि 'गुलजार नसीम' नसीम की ख़ुद की लिखी हुई रचना है। यह भी साबित हो गया कि इसे नसीम की रचना न मानकर, 'आतिश' की रचना बतलाना सिर्फ़ सीनाजोरी के सिवाय कुछ भी नहीं। 'गुलज़ार नसीम' उर्दू शायरी का मुकुट है और एक हिंदू शायर के लिये यह बड़े ही फ़ख़्र की बात थी कि दूसरे के मैदान में जाकर अपना बाग़-बग़ीचा बनाकर महकाने के साथ-साथ अपना सर बुलंद रखा और वह भी ऊंचाई तक रखा।

'आतिश' के देखने के बाद एक वाक़्या यूं भी हुआ कि 'गुलज़ार नसीम' ये मसनवी एक बहुत ही बड़े मुशायरे में, जिसमें लखनऊ के क़रीब-क़रीब बहुत से मशहूरो मआरुफ़ शोअराओं और उर्दू अदब की नामी-गिरामी हस्तियों और अदबी तआलुक़ रखने वाले लोगों के बीच में पढ़ी गई। वहां पर से ज़बर्दस्त दाद मिली और लोगों ने दिल खोलकर तारीफ़ की। 'गुलज़ार नसीम' का पहला संस्करण बाज़ार में आते ही हाथोहाथ बिक गया। जिससे नसीम शोहरत की बुलंदियों पर पहुंच चुके थे। शायरी की गहराई और उसके मर्म को समझने वाले लोगों ने आंकते हुए इसे मीर हसन की मसनवी 'सहरुल्बयान' से किसी भी दर्जे से कम नहीं माना। उसके बाद हुआ यूं कि वक़्त ने इस बात का फ़ैसला कर दिया कि नसीम की मसनवी मीर हसन की मसनवी से कहीं ज़्यादा बढ़कर ही है।

नसीम ने अपनी छोटी-सी ज़िंदगी के अरसे में ही अपने शानदार शाहकार 'गुलज़ार नसीम' की शोहरत का पूरा सुख भोगा और भरपूर मज़ा लिया था। लेकिन बड़े ही अफ़सोस की बात यह है कि 'गुलज़ार नसीम' के शाये होने के बाद ठीक एक बरस के अंदर ही हैज़े की बीमारी से सहर की महकाने वाली हवाओं की मानिंद ख़ुशबू का खुशग़वार झोंका देकर इन फ़ानी जहान से रुख़सत हो गए और अपनी हयात से न जाने किधर निकल गए, लेकिन अपनी शोहरत को छोड़ गए। इंतक़ाल के वक़्त इनकी उम्र सिर्फ बत्तीस बरस की ही थी।

नसीम बड़े ही ख़ुश मिज़ाज़ और हाज़िर जवाबी में माहिर थे। एक क़िस्सा कुछ यूं भी है कि एक बार एक मुशायरे में लखनऊ के नामी गिरामी शोअरा हाज़िर थे, वहां पर ये बुलाए गए थे। अभी मुशायरा होने में ज़रा देर थी। शेख़ नासिख़ ने नसीम से मुख़ातिब होते हुए कहा- पंडित जी, देखिए एक मिसरा कहा है, दूसरा मिसरा कुछ सूझ नहीं रहा है। और मिसरा कहा-

"शेख ने मस्जिद बना मिसमार बुतख़ाना किया।"

नासिख़ के मुंह से यह मिसरा निकलना था कि नसीम ने तुरंत ही दूसरा मिसरा लगा दिया-

"तब तो यक सूरत भी थी अब साफ़ वीराना किया।"

इतना सुनना था कि सारी महफ़िल में हंसी और ठिठोली के फ़व्वारे छूट गए, लोग फड़क उठे। वाह-वाह की झड़ी लग गई। नासिख़ ने शायरी की आड़ लेकर मज़हबी चोट की थी, लेकिन नसीम ने उन्हें वहीं के वहीं पूरा ठंडा कर दिया।

एक दिन आतिश के घर पर उनके शागिर्दों का मेला-सा लगा हुआ था। रिन्द, सबा और ख़लील जैसे शागिर्द शायर हाज़िर थे। नसीम भी वहां पर मौजूद थे। सुबह का समय था और बहुत ही सुहाना मौसम था, बरसात का मौसम था और बारिश की झड़ी लगी थी। सभी की तबीअतें उमंगों से उमड़ी हुई थीं। ऐसे में शागिर्दों ने आतिश से गुज़ारिश की कि उस्ताद इस सुहावने मौसम में कोई फड़कती हुई ग़ज़ल कह डालिए। आतिश ने सबकी गुज़ारिश को मानते हुए कहा- अच्छा, मैं बोलता जाता हूं और आप लोग लिखते जाईये। आतिश ने बड़ा ही मूड बनाकर ग़ज़ल लिखाई, जिसका मतला इस प्रकार था-

दहन पर हैं उनके गुमां कैसे-कैसे।
कलाम आते हैं दरमियां कैसे-कैसे।

नसीम की तबीअत भी पूरी तरह से उमंग पर थी। इन्होंने आतिश के शेरों को पंचपदों में लिखना शुरू कर दिया, वैसे भी नसीम को पंचपदी कविता में महारत हासिल थी। पंचपद पांच मिसरों से मिलकर बनते हैं। जितनी देर में आतिश अपने शेर के बारे में सोचते, उतनी ही देर में नसीम उन दो मिसरों के शेर पर अपने तीन मिसरे और लगा चुके होते थे। इस तरह वे हर शेर को पंचपदी बना देते थे। कोई-कोई मिसरे तो इतने बेमिसाल और बाकमल बन गए थे कि कोई शायर बरसों तक भी सोचता तो शायद ही वैसा कह पाता। नमूने के तौर पर पढ़ने वालों के लिए उनके दो पंचपदे दिये जा रहे हैं-

न ख़ूनी कफ़न है न घायल हुए हैं।
न ज़ख़्मी बदन हैं न बिसमिल हुए हैं।।
लहू मल के कुरतों में दाख़िल हुए हैं।
तुम्हारे शहीदों में शामिल हुए हैं।।
गुलो लाला औ अरग़वां कैसे-कैसे।

कोई जानता है किसी को ख़बर है।
कि परदे में कौन ऐ सनम जलवागर है।।
कहीं कुछ ख़याल और कहीं कुछ नज़र है।
दिलो दीदए अहले आलम में घर है।।
तुम्हारे लिये हैं मकां कैसे-कैसे।

इनमें पहले के चार मिसरे तो नसीम के हैं और पांचवां मिसरा आतिश का है। आतिश की यह ग़ज़ल चौदह-पन्द्रह शेरों की बनी थी। नसीम ने सब पर अपने चार-चार मिसरे लगा दिये। आतिश के शागिर्दों में एक थे सबा। सबा और नसीम में गहरी दोस्ताना मुहब्बत रही। इन दोनों की यारी मशहूर थी। सबा यूं भी उर्दू के मोतबर शायरों में थे। इन्हें शायरी की दुनिया में मक़बूलियत हासिल थी। नसीम के इंतक़ाल के बाद सबा बहुत ही ज़्यादा दुखी हो गए। अपने यार के बिछोह में अपने दर्द को कुछ इस तरह व्यक्त किया-

उठ गये हैं नसीम जिस दिन से,
ऐ सबा, वह हवा-ए बाग़ नहीं।

जहां सबा से इतनी गहरी दोस्ती थी, वहीं आतिश के दूसरे शागिर्द थे रिन्द साहब, ये नसीम के ज़बरदस्त मुखालिफ़ रहे थे। एक मुशायरे में नसीम ने रिन्द की एक मशहूर ग़ज़ल पर पंचपदे पढ़े। रिन्द गुस्से के मारे आपे से बाहर हो गए और नसीम को मारने के लिए तलवार निकाल ली। नसीम भी जवांमर्द थे। उन्होंने उठकर कहा- तलवार पर मत इतराइयेगा, ऐसी तलवारें तो यहां पर थप्पड़ मारकर छीन ली जाती हैं। कुछ समझदार लोगों ने बीच-बचाव कर मामले को शांत किया। इसी तरह के एक-दो मामलों के चलते, रिन्द का मनमुटाव और दुश्मनी बढ़ती ही गई जो कि आख़िर तक रही।

नसीम बड़ी ही आज़ाद तबीअत के इंसान थे। इन्होंने धन-दौलत की बढ़ोत्तरी के लिए मोहताजी और लाचारी ज़ाहिर नहीं की, हालांकि ये अगर चाहते तो शाही दरबार में इनका दाख़िला बड़ी ही आसानी से हो सकता था, जहां पर इनकी काफ़ी क़दर होती और हो सकता था कि इन्हें मनसबदारी के साथ-साथ जागीर भी मिल जाती। दरबार के बड़े-बड़े ओहदेदारों की इन पर नज़रें करम भी थीं। लेकिन इन्होंने अपनी शायरी को रोज़ी-रोटी का ज़रिया नहीं बनने दिया। ये हमेशा ख़ुद्दारी पर क़ायम रहे।

एक बार का किस्सा है कि अमजद अली शाह एक तवायफ़ के कोठे पर तशरीफ लाए हुए थे। तवायफ़ ने उनके सामने 'नसीम' की एक बड़ी ही मशहूर ग़ज़ल गाई। ग़ज़ल का मतला कुछ इस तरह से था-

जब न जीते जी मेरे काम आयेगी।
क्या य' दुनिया आक़बत बख़्शायेगी।

मतला सुनकर नवाब अमजद अली शाह ग़ज़ल में पूरी तरह डूब से गए। अब तवायफ़ ने ग़ज़ल का मक़ते वाला शेर गाया, जो यूं था-

जां निकल जायेगी तन से ऐ 'नसीम',
गुल को बू ए गुल हवा बतलायेगी।

शायरी के क़द्रदान रहे नवाब अमजद अली शाह ने उससे पूछा- क्या यह ग़ज़ल उसी नसीम की है जिसने 'गुलज़ार नसीम' मसनवी लिखी थी? तवायफ़ ने जवाब दिया- जी हां हुजूर। इतना सुनना था कि नवाब वाह-वाह कर उठे और हुक्म दे दिया कि उस सुख़नवर बाकमाल को दरबारे शाह में इज़्ज़त और शान के साथ हाज़िर किया जाए। उनके दरबारी और ओहदेदार एक-दूसरे का चेहरा देखने लगे। नवाब अमजद अली शाह के पूछने पर उन्होंने बताया- हुज़ूर, जिस अज़ीमोशान और मोतबर शायर की बात कर रहे हैं, वो इस जहाने फ़ानी से रुख़सत हो चुके हैं। वे जन्नतनशीन हो चुके हैं। इतना सुनकर नवाब को बेहद अफसोस हुआ और पछताने लगे कि वे उससे मिल न सके।

नसीम ने मरने के दो-तीन घंटे पहले अपनी ज़िंदगी का आख़री शेर ये कहा था-

पहुंची न राहत हमसे किसी को बल्कि अज़ीयत कोश हुए।
जान पड़ी तब बारे शिकम थे मरके बबाले दोश हुए।

इस शेर को पढ़ने के बाद ऐसा महसूस होता है कि नसीम को अपने मरने का इशारा ऊपरवाले से मिल चुका था।

नसीम बड़े ही होनहार शायर थे। नसीम के दौर में लखनऊ मुसलमानी तहज़ीब और उर्दू अदब का मरकज़ हो रहा था। हालांकि कुछ लोगों का ये ख़याल रहा था कि वो दौर उर्दू शायरी के गिरावट का दौर था। पर बुझने वाले चराग़ की मानिंद वह आख़री बार ज़ोर मार रही थी। नासिख़ और आतिश की शायरी का जादू जमके चल रहा था। दूसरी तरफ़ अनीस और दबीर के मरसिये अपना अलग ही रंग बिखेरते जा रहे थे। कुल मिलाकर अपनी-अपनी डफली और अपना-अपना राग अलापते जा रहे थे शायर। इस दौर और माहोल में वज़ीर, सबा, रिन्द और खलील जैसे नौजवान शायरों की शोख़ तबीअतें एक अलग ही क़यामत बरपा कर रही थीं। लखनऊ को आतिशी तपन गरमा रही थी, चूंकि माहोल आतिश और उनके शागिर्दों से जगमगा रहा था, लेकिन कुछ तो काफ़ी क़ामयाब और कुछ नाक़ाम भी रहे। क़द्रदानी में भी कमी-सी आ गई थी। ऐसे प्रतिस्पर्धा के दौर में एक हिंदू शायर का शायरों के बीच में पहले दर्जे में जाकर बैठना कोई आसान काम नहीं था, बस मुश्किलों का सामना करने जैसा था। लेकिन इस मुश्कि़ल दौर में यह नसीम का ही काम था कि अपनी क़ाबिलियत से केवल टक्कर ही नहीं लेना, बल्कि सभी को मोहकर अपनी शायरी से जकड़ लेना, ये हुनर एक नज़ीर पेश करता है। इन्होंने ऐसे-ऐसे अदबी चमत्कार किए कि इनकी धाक सभी पर जम गई और शोहरत हासिल कर ली थी।

'गुलज़ार नसीम' नसीम की पहचान बन गई। इस मसनवी से लोग इन्हें जानने लगे थे, हालांकि अपनी बत्तीस साल की छोटी-सी उम्र में इन्होंने कुछ ज़्यादा नहीं लिखा। वह दौर कि़स्सा गोई का भी दौर था। अफ़सानों को शायरी में बांधकर लिखना या किसी की तारीफ़ में शेर लिखने की क़वायद को मसनवी कहा जाता था। 'गुलज़ार नसीम' में नसीम ने गुल बकावली के किस्से को शायरी में बांध लिया था, यानी कि सामान किसी और का था, पर रस्सी नसीम की थी। 'गुलज़ार नसीम' की शुरुआती से चार शेर कुछ इस तरह से कहे गए हैं-

हर शाख़ में है शिगूफ़ा कारी।
समरा है कलम का हम्दे बारी।
करता है य' दो ज़बां से यकसर।
हम्दे हक़ व मदहते पयंबर।
पांच उंगलियों में य' हर्फ़े ज़न है।
यानी की मुतीय पंजतन है।
ख़त्म इस प' हुई सुख़नपरस्ती।
करता है ज़बां की पेशदस्ती।

सारा कि़स्सा इस एक ही छंद में बयान किया गया है। इस शायर ने जिस किसी भी नज़ारे पर अपनी कलम चलाई है उसे जिंदा करके रख दिया है, यूं लगता है कि हर नज़ारा अपनी रंगत को साथ लेकर झूमता नज़र आता है। दिल के भावों व ख़यालों का ज़ाहिर होना, जिसमें अच्छे-अच्छे महावरों का बहुत ही ख़ूबसूरत इस्तेमाल किया है कि प्रकृति का वर्णन हर दिल को मोहने में क़ामयाब हो गया है। बस-

"कागज़ प' रख दिया है दिल निकालकर।"

गुल बकावली का कि़स्सा वैसे तो जगत विख्यात ही रहा था, लेकिन नसीम ने अपनी शायरी में इसकी सांसों में एक तूफ़ान-सा ला दिया। इस कि़स्से में फूल का ग़ायब हो जाना और बकावली का बेचैन

हो जाना। बकावली की उस बेचैनी को नसीम ने उसके दर्द को अपनी कलम से कुछ ज़्यादा ही उभार कर, उसे उजागर करके रख दिया है, जो इस प्रकार है-

देखा तो वह गुल हवा हुआ है।
कुछ और ही गुल खिला हुआ है।।
घबराई कि हैं, किधर गया गुल।
झुंझलाई कि कौन दे गया जुल।।
है, है, मेरा फूल ले गया कौन।
है, है, मुझे ख़ार दे गया कौन।।
हाय उस प' अगर पड़ा नहीं है।
बू होके तो गुल उड़ा नहीं है।।
नरगिस तू दिखा किधर गया गुल।
सौतन तू बता किधर गया गुल।।
सम्बुल तेरा ताज़ियाना लाना।
शमशाद उन्हें सूली पर चढ़ाना।।
थर्राई ख़बासें सूरते बेद।
एक-एक से पूछने लगी भेद।।

मीर असन की मसनवी 'सहरुल्बयान' में एक-एक बाब और उसके ख़याल को कुछ ज़रूरत से ज़्यादा ही लंबा करके रख दिया गया है और शब्दों का इस्तेमाल भी खींच कर किया गया है। शायरी में भी तनाव की अवस्था तक खींचा-तानी है। मगर नसीम की मसनवी 'गुलजार नसीम' की ख़ासियत यह है कि उसमें थोड़े से अलफ़ाज़ों में बड़ी बात की गई है। भावों की बात आती है तो एक ऊंचाई नज़र आती है। कहते हैं कि शायरी की ऐसी ऊंचाई और ख़याल की पुख़्तग़ी मीर हसन नहीं कर पाए। नमूने के तौर पर 'गुलज़ार नसीम' के कुछ शेर पढ़ने वालों की कसौटी पर कसने के लिए यहां दिए जा रहे हैं-

ऐ आईनादारे ख़ुदनुमाई।
ऐ सुरमए चश्म आशनाई।

❖ ❖ ❖

यक शब थी कि ख़ाल रुए शामत।
या मरदुमे दीदए क़यामत।

❖ ❖ ❖

इन्सां से झुकी परी की गर्दन।
कांटे से रुका हवा का दामन।

❖ ❖ ❖

आने लगे बैठे-बैठे चक्कर।
फ़ानूसे ख़याल बन गया घर।

❖ ❖ ❖

महरम जो हटी थी उस क़मर की।
बुरजों प से चांदनी थी सरकी।

❖ ❖ ❖

क्या लुत्फ़ जो ग़ैर परदा खोले।
जादू वह ओ सर प' चढ़के बोले।

❖ ❖ ❖

ग़म राह नहीं कि साथ दीजै।
दुख बोझ नहीं कि बांट लीजै।

❖ ❖ ❖

पानी तहे ख़ाक गो रवां है।
लौ शोले की सूए आसमां है।

❖ ❖ ❖

इन्सां व परी का सामना क्या?
मुट्ठी में हवा का थामना क्या,

❖ ❖ ❖

आता हो तो हाथ से न दीजै।
जाता हो तो उसका ग़म न कीजै।

❖ ❖ ❖

दरवेश रवां रहे तो बेहतर।
आबे दरिया बहे तो बेहतर।

❖ ❖ ❖

क्यों मुंह प' शफ़क़ ख़ुशी से फूली।
क्या शामे विसाल राह भूली।

❖ ❖ ❖

क्या रंग ज़माने ने दिखाये।
गुल लेने गये थे दाग़ लाये।

❖ ❖ ❖

रातों को जो गिनती थी सितारे।
दिन गिनने लगी ख़ुशी के मारे।

❖ ❖ ❖

मौलाना अल्ताफ़ हुसेन 'हाली' ने 'गुलजार नसीम' पर कुछ एतराज़ ज़ाहिर किया था। हाली का मानना था कि इस मसनवी को बढ़ा-चढ़ाकर लिखा गया है, अधिक रस पैदा करने का काम किया गया, जिससे मूल दोषों को छुपाया जा सके। हालांकि हाली एक नेक शायर और ख़ुदापरस्त इंसान

थे, इसलिए कुछ लोगों ने इन्हें और उनके एतराज़ को सही करार दिया तो कुछ लोगों ने उन पर भेदभाव के बर्ताव की तोहमत लगाई। जिसका उन्होंने समय-समय पर खुलासा भी किया था। कुछ हिंदी के कवियों की सोच का स्तर ऐसा भी हो गया कि उन्होंने यहां तक कहा- उर्दू में एक बेहतर और खूबसूरत मनसवी लिखने का सेहरा एक हिंदी के कवि के सर पर था, ये बड़े फ़ख़्र की बात है। इसलिए उर्दू वालों को और मौलाना अल्ताफ़ हुसेन हाली को सहन नहीं हुआ, यही नुक़्ताचीनी का एक बड़ा सबब है। लेकिन, ये घटिया दर्जे की सोच थी। पर 'हाली' साहब का स्वभाव ऐसा नहीं था। वे ख़ुद एक मोतबर शायर होने के साथ-साथ क़द्रदान इंसान थे। हाली बहुत ही साधु स्वभाव के थे। वे कभी किसी की भी बुराई नहीं करते थे। इनको जानने वाले और मिलने वाले लोगों का कहना था कि 'गुलज़ार नसीम' पर उन्होंने जो भी तब्सरा किया है या अपने ख़यालात रखे हैं, इसमें कुछ भ्रम की स्थिति हो सकती है, पर बुरी नीयत से नुक़्ताचीनी की गई है, ऐसा कुछ भी नहीं दिखाई पड़ता है। बल्कि 'हाली' की साहित्यिक निष्पक्षता का प्रमाण हिंदी के कवियों के पास भी हुआ करता था। इसकी एक शानदार मिसाल ये है कि कई बरस पहले हिंदी के सुप्रसिद्ध एक समालोचक पंडित पद्मसिंह शर्मा ने 'सतसई संहार' नामक एक लेख 'सरस्वती' में लिखा। इस लेख में प्रसंगवश इन्होंने 'बिहारी' के एक दोहे को उर्दू के एक शेर से बढ़ाकर बता दिया। इस पर बड़ा विवाद खड़ा हुआ। पंडित पद्मसिंह शर्मा यह पूरा मामला हाली साहब के सामने ख़त के जरिये पेश किया। तबीअत नासाज़ होने के बावजूद भी हाली साहब ने ध्यान से पढ़ने के बाद जो जवाब दिया, वो उनकी योग्यता, फ़राख़दिली और निष्पक्षता का बहुत बड़ा सबूत और मिसाल थी। उन्होंने जो जवाब लिखा था, वो कुछ तरह था- जनाब मन, इनायत नामे का जवाब भेजने में इस सबब देर हुई कि मैं आंखों की शिकायत के सबब लिखता-पढ़ता बहुत कम हूं। अकसर तहरीरों में दूसरे का मोहताज रहता हूं और बग़ैर सख़्त ज़रूरत के जवाब नहीं लिखता।

बिहारी सतसई के दोहे और एक उर्दू के शेर के मुतालिक जो आपने मेरी राय दरयाफ़्त की है, सो मेरे नज़दीक शेर को दोहे के मज़मून से कुछ निस्बत नहीं है। शायर कैसा ही नामुमकिन उल्वक़ूअ मज़मून बांधे, जब उसके साथ गोया की क़ैद लगा दी, फिर नामुमकिन नामुमकिन नहीं रहता।

नसीम की ग़ज़लों और शायरी का कोई बहुत बड़ा जख़ीरा नहीं मिलता, चूंकि उम्र ने उन्हें इसका कोई मौक़ा ही नहीं दिया था। नसीम के गुज़रने के बहुत दिन बाद उनकी ग़ज़लें जमा की गईं। कुछ लोगों का कहना है कि ग़ज़लों के उस मजमुअे में कुछ दिगर शायरों के भी कलाम थे, सच क्या है यह ख़ुदा ही जाने। उनके पीछे 'गुलज़ार नसीम' और एक मजमुआ ही सिर्फ़ याद बनके रह गया।

नसीम की शायरी :

करती थी जो भूक प्यास बस में।
आंसू पीती थी खाके कसमें।
जामा से जो ज़िंदगी के थी तंग।
कपड़ों के एवज़ बदलती थी रंग।
सूरत में ख़याल रह गई वह।
हैयत में मिसाल रह गई वह।

❖ ❖ ❖

रुहे रवां व जिस्म की सूरत मैं क्या कहूं,
झोंका हवा का था इधर आया उधर गया।
समझा है हक़ को अपनी ही जानिब हरेक शख़्स,
यह चांद उसके साथ चला जो जिधर गया।
तूफ़ाने नूह इसमें हो या शोरे हश्र हो,
होना जो कुछ है होगा जो गुज़रा गुज़र गया।
गुज़रा जहां से मैं तो कहा सुनके यार ने,
क़िस्सा गया फ़साद गया दर्दे सर गया।
कागज़ सियाह करते हो किसके लिये 'नसीम'
आया जवाब ख़त तुम्हें औ नामाबर गया।

❖ ❖ ❖

इश्क़ में दिल बन के दीवाना चला।
आशना से हो के बेगाना चला।
बे ज़बानों को भी आई है ज़बान,
बेड़ी गुल करती है दीवाना चला।
इश्क़बाजी बाज़िए शतरंज है,
चाल नांदा रह गया दाना चला।
शब जो आया बज़्म में वह शोला रु,
शमा गुल करने को परवाना चला।
बूए गुल गुंचा से कहती है 'नसीम'
बात निकली मुंह से अफ़साना चला।

❖ ❖ ❖

कहानी कहके सुलाते थे यार को सो अब,
फ़साना उम्र हुई ख़्वाब वह ख़याल हुआ।
जुनूं की चाकज़नी ने असर किया वां भी,
जो ख़त में हाल लिखा था वो ख़त का हाल हुआ।

❖ ❖ ❖

शरीके़ बज़्म हुए हो तो दूर कीजे हिजाब,
जो निकले नाचने फिर क्या लिहाज़ घूंघट का।

❖ ❖ ❖

बजुज़ गोरे ग़रीबां नक्शे पा थे फिर नहीं आगे,
यहीं तक हर मुसाफ़िर ने पता पाया है मंज़िल का।
ज़बाने मौज ने तूफ़ान जोड़ा आशनाओं पर,
हुबाबे बहर तू भी तोड़ अपना आबला दिल का।
'नसीम' अपने ही आमालों से गर्दिश है ज़माने की,
रवां किश्ती पर आता है नज़र हर नख़ल साहिल का।

❖ ❖ ❖

कूचए जानां की मिलती थी न राह,
बंद की आंखें तो रस्ता खुल गया।

❖ ❖ ❖

बुतों को जो देखा गुनह क्या हमारा,
ख़ुदाई ख़ुदा की तमाशा हमारा।
बुतों की गली छोड़कर कौन जाये,
यहीं से है काबे को सिजदा हमारा।

❖ ❖ ❖

य' तस्वीरे चेहरा उतर क्यों गया है,
खिंचे किससे हो क्या है नक़्शा हमारा।
नसीम इस चमन में गुलेतर की सूरत,
फटे कपड़े रखते हैं परदा हमारा।

❖ ❖ ❖

कल तक जो शमा महफिले ऐशो निशात थे,
जलता नहीं चराग़ भी आज उनकी गोर पर।

❖ ❖ ❖

दिल ब दिल आईना है दैरो हरम,
हक़ जो पूछो एक दर है दो तरफ़।
ख़्वाह काबा ख़्वाह बुतख़ाने को जा,
दश्ते दिल का रह गुज़र है दो तरफ़।
कुफ़्रो ईमां दोनों ही जानिब की सुने,
इसलिये गोशे बशर है दो तरफ़।

❖ ❖ ❖

दिल से हरदम हमें आवाज़े बुका आती है।
बंद कानों को भी गिरिया की सदा आती है।

दिल से है आंख तक आई असर ग़रमीए शौक़,
अश्क़ हसरत से निगह आबला पा आती है।
गुल हुआ कोई चराग़े सहरी ओ बुलबुल,
हाथ मलती हुई पत्तों से सबा आती है।
छू लिया धोखे से दामाने सबा तूने तो क्या,
ग़ुंचए गुल कहीं मुट्ठी में हवा आती है।
जिस क़दर वस्ले बुतां का तुम्हें रहता है फ़िराक़,
'नसीम' ऐ उतनी कभी यादे ख़ुदा आती है।

❖ ❖ ❖

जब न जीते जी मेरे काम आयेगी।
क्या य' दुनिया आक़बत बख़्शायेगी।
जब मिले दो दिल मुख़िल फिर कौन है,
बैठ जाओ ख़ुद हया उठ जायेगी।
जां निकल जायेगी तन से ऐ 'नसीम'
गुल को बुए गुल हवा बतलायेगी।

❖ ❖ ❖

कान में सबके अपनी बात न डाल,
आबरू मिस्ले आबे गौहर है।
अब तो जाते हैं उस गली में 'नसीम'
हो रहेगा जो कुछ मुक़द्दर है।

❖ ❖ ❖

ख़ुम न बनकर ख़ुद गरज़ हो जाईये।
मिस्ले साग़र और के काम आईये।
सब्र रुख़सत हो तो जाने दीजिये,
बेक़रारी आये तो ठहराईये।
दिल में है दिखलाईये तासीरे इश्क़,
ठंडी सांसों से उन्हें ग़रमाईये।

❖ ❖ ❖

मैं बोसा लूंगा बहाने बताईये न मुझे।
जो दिल लिया है तो क़ीमत दिखलाईये न मुझे।
तुम्हें रक़ीब की ख़ातिर है लो मैं जाता हूं,
उठाईये न हया को बिठाइये न मुझे।

❖ ❖ ❖

हम तुम हैं जो एक फिर जुदाई कैसी?
दिल ही न मिला तो आशनाई कैसी?
काफ़िर न घमंड रख ख़ुदआराई का,
सब कुछ हो जो बुत तो ख़ुदाई कैसी,

❖ ❖ ❖

अहदे पीरी में रवाना हुए यों होश हवास,
सुबह को जैसे मुसाफ़िर से हो मंज़िल ख़ाली।

❖ ❖ ❖

आन में फ़र्क न जाने दीजे।
जान अगर जाये तो जाने दीजे।

❖ ❖ ❖

❑❑❑